현업에서 쓰는 기술로
빡세게 배워서 분석가 되기

파이썬 데이터 분석가 되기 +챗GPT

〈되기〉 시리즈는 이름 그대로 IT 분야에서 성장하려는 여러분을 위해 준비한 책입니다.
엄선된 IT 기술들을 로드맵과 함께 제시하고, 실무 중심으로 공부할 수 있도록 안내합니다.
여러분이 해당 분야에서 실무자로 빠르게 성장할 수 있도록 지원하겠습니다.

환영합니다, 파이썬 입문 그다음 책을 소개합니다!

환 영 합 니 다. 데이터 분석가가 되고 싶은데 무엇을 어떻게 할지 모르겠는 분이라면, 잘 찾아오셨습니다. 이 책은 파이썬을 공부했거나, 데이터 분석에 입문하고 싶은 분들에게 필요한 내용을 알려줍니다. 데이터 분석의 기본을 체계적으로 다지고 싶은 예비 데이터 분석가에게 유용합니다. 처음에 공부하면 이해하기 어려운 추상적인 데이터 구성은 그림과 함께 설명하여 아주 쉽게 읽을 수 있습니다.

데이터 분석 분야에 꼭 필요한 파이썬, 넘파이, 판다스, 맷플롯립, 시본, 그리고 데이터 수집에 필요한 뷰티풀수프까지! 이 책 한 권으로 데이터 분석에 입문해보세요!

Point 1
입문자를 위한 데이터 분석 로드맵

데이터 분석에 입문할 때 겪은 난감함을 생각했습니다. 무엇을 어떻게 할지 몰랐습니다. 로드맵이 필요했습니다. 하지만 누구도 제대로 된 로드맵을 제공해주지 않았습니다.
그래서 이 책은 로드맵을 제공합니다. 데이터 분석 입문에 필요한 내용을 모두 담기 위해 노력했습니다. 로드맵과 함께 어떤 방향으로 나아가야 할지 바라보며 공부해보세요.

Point 2
실무에 유용한 기술

기술은 빠르게 변합니다. 지금은 대세라도 지는 기술이 있고 아직은 미약하지만 뜨는 기술이 있습니다. 하지만 기본은 트렌드와 무관합니다. 변하지 않습니다. 그래서 기본은 탄탄하게 하면서도 실무에 필요한 내용도 함께 설명하기 위해 노력했습니다.

Point 3
챗GPT와 함께 공부하기

이제는 챗GPT를 사용하지 않는 사람이 없습니다. 챗GPT가 만능은 아니지만 잘만 사용하면 어려운 문제를 쉽게 해결할 수도 있고, 모르는 내용을 더 쉽게 공부할 수도 있습니다.
다만 챗GPT는 질문에 기술이 필요하고, 잘 쓰는 사람은 어떻게 질문하는지 알아둘 필요가 있습니다. 그래서 이 책은 중간 중간 챗GPT와 함께 공부합니다. 선생님의 질문 노하우를 보면서 챗GPT와 함께 공부해보세요.

데이터 분석 로드맵을 소개합니다

데이터 분석에 처음 입문했을 때, 무엇을 어떻게 해야 할지 몰라 막막했던 경험이 있었습니다. 그래서 이 책은 체계적인 로드맵을 제공합니다. 모든 기술을 한 번에 다 배울 수는 없지만 로드맵을 따라가면서 필요한 기술을 익히고 방향을 잡아나갈 수 있도록 구성했습니다. 로드맵과 함께 데이터 분석을 차근차근 배워보세요.

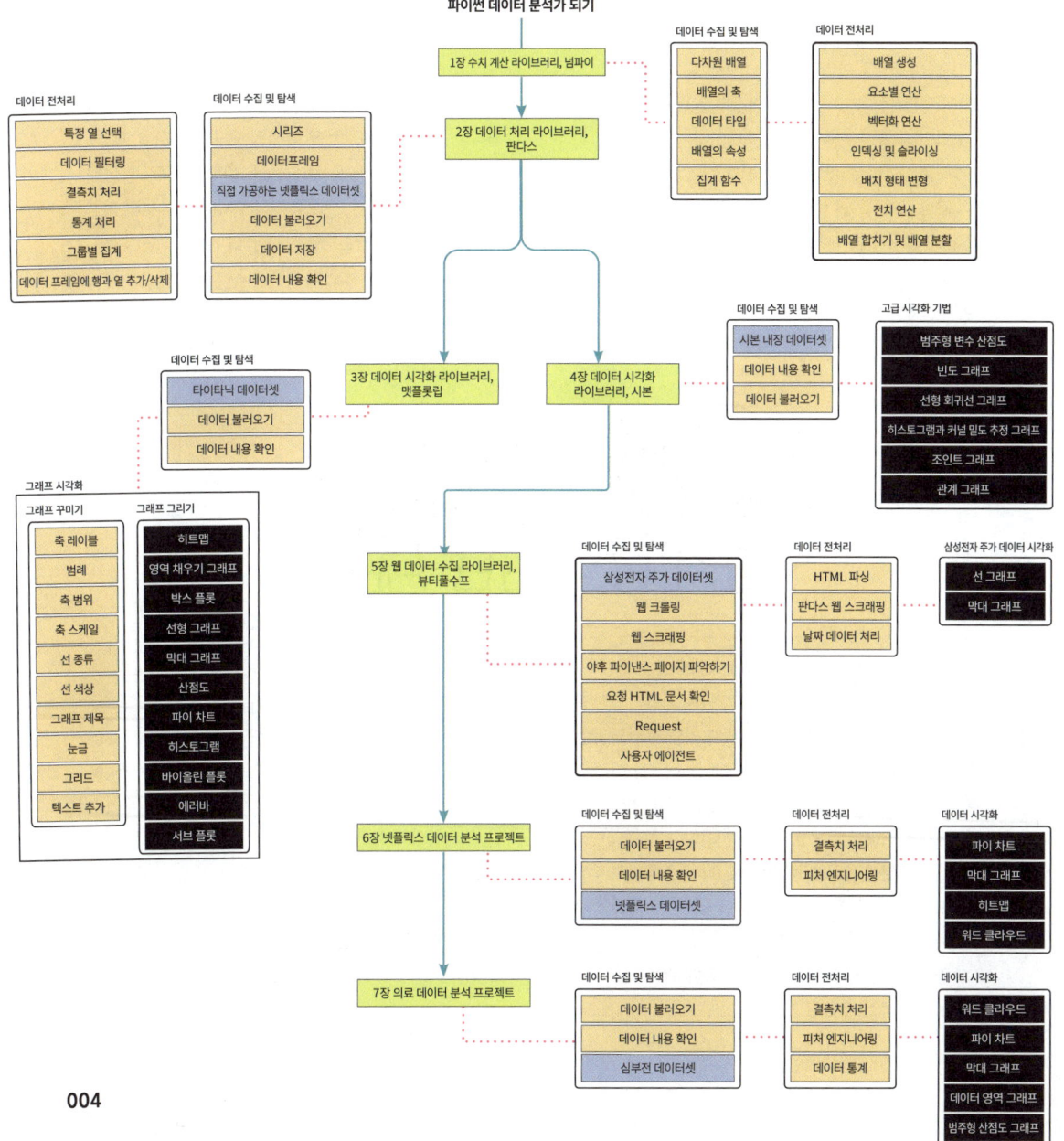

먼저 읽은 분이 추천합니다

이 책은 원고 단계, 조판 단계에서 베타 리딩을 진행했으며, 담당 편집자가 실습을 100% 진행했습니다. 또한 베타 리더께서 보내주신 의견을 바탕으로 더 좋은 원고로 만들어 출간했습니다. 참여해 주신 모든 분께 감사드립니다.

> 수많은 강의와 교재 속에서 망설이고 있는 데이터 분석 입문자가 있다면 이 책을 권해주고 싶다. 넘파이를 이용하여 배열을 만들고 간단한 숫자들을 처리하는 방법부터 맷플롯립과 시본을 이용한 데이터 분석 및 시각화 방법과 뷰티풀수프를 이용한 웹 데이터 수집과 주가 데이터 분석까지 살펴본 후, 넷플릭스 데이터와 의료 데이터 분석 프로젝트를 수행하다 보면 어느덧 데이터 분석 전문가의 길에 들어서고 있는 자신을 발견할 수 있을 것이다. 챗GPT로 데이터를 생성하여 활용하는 팁도 가득하다.
>
> 서강대학교 컴퓨터공학과 **박운상** 교수

> 파이썬 데이터 분석을 처음 접하는 독자들이 체계적으로 기초부터 차근차근 쌓아갈 수 있도록 세심하게 구성되어 있습니다. 그뿐만 아니라 실전 데이터 분석을 실무에 바로 적용할 수 있도록 넘파이, 판다스, 맷플롯립, 시본 등 필수 도구들의 활용 방법을 심도 있게 다루고 있습니다. 또 넷플릭스와 의료 데이터를 활용한 예제 프로젝트를 통해 흥미로운 실전 경험을 제공합니다. 파이썬과 데이터 분석을 처음 시작하는 분들뿐만 아니라, 실무에서 데이터 분석 역량을 발전시키고자 하는 분에게도 든든한 가이드가 되기를 기대합니다.
>
> 서울아산병원 빅데이터연구센터 **오지선** 소장

> 저자의 실무 경험과 전문성을 바탕으로 이번에 출간된 <파이썬 데이터 분석가 되기>는 저자의 풍부한 지식과 역량이 집약된 결실이라 할 수 있습니다. 특히 실무 경험을 바탕으로 한 다양한 코멘트는 독자가 직접 데이터를 분석하고 활용해 나가면서 문제 해결 능력을 키우고 스스로 성장할 수 있는 길을 제시합니다. 또한 급변하는 데이터 분석 환경에 등장한 챗GPT를 활용하여 책의 내용을 쉽게 습득할 수 있고 다양한 궁금증을 해결할 수 있도록 돕습니다.
>
> 숙명여자대학교 소프트웨어학부 **채희준** 교수

> 오랫동안 고민해왔던 파이썬 데이터 분석의 교재에 대한 고민을 말끔하게 씻어주는 책이다. 웹 크롤링, 넷플릭스 데이터 분석, 의료 데이터 분석이라는 3가지 프로젝트를 제시하여 데이터 전처리, 데이터 시각화 및 분석을 사례로 제시하였는데 데이터 분석가를 목표로 공부하려는 학생들에게 매우 적절하다.
> 파이썬 응용, 파이썬 데이터 시각화, 파이썬 데이터 분석 등의 주제나 교과목에서 교재로 사용하기에도 매우 유용한 도구라 할 수 있다.
>
> 숙명여자대학교 융합학부 **박영민** 교수

데이터 분석 5대장과 함께 공부하세요

넘파이^{Numpy}는 파이썬에서 수치 계산을 효율적으로 처리하는 라이브러리입니다. 다차원 배열 객체인 ndarray를 제공하며, 벡터 및 행렬 연산을 빠르게 수행할 수 있습니다. 또한, 다양한 수학 함수와 통계 함수도 지원하여 데이터 분석, 과학 계산, 머신러닝 등에 널리 사용됩니다.

판다스^{Pandas}는 파이썬에서 데이터 분석을 쉽게 할 수 있도록 돕는 라이브러리입니다. 주로 표 형식의 데이터를 다루는 데 사용되며, 데이터프레임^{DataFrame}과 시리즈^{Series} 같은 자료구조를 제공해 데이터 조작, 필터링, 정렬, 집계 등을 효율적으로 처리합니다. 엑셀, CSV 등 다양한 파일 형식에서 데이터를 불러오고 처리할 수 있어 데이터 분석, 전처리에 널리 활용됩니다.

맷플롯립^{Matplotlib}은 파이썬에서 데이터를 시각화하는 라이브러리입니다. 다양한 유형의 차트(선 그래프, 막대 그래프, 산점도 등)를 만들 수 있으며, 데이터를 시각적으로 표현해 분석 및 인사이트 도출을 돕습니다. 그래프의 스타일, 레이블, 축 등을 세밀하게 조정할 수 있어 데이터 시각화에 유연성과 강력한 기능을 제공합니다. 데이터 분석, 보고서 작성, 프레젠테이션 등에 자주 사용됩니다.

시본^{Seaborn}은 파이썬의 데이터 시각화 라이브러리로, 맷플롯립^{Matplotlib}을 기반으로 더 간편하고 아름다운 그래프를 만들 수 있도록 도와줍니다. 시본은 데이터 분석에 자주 쓰이는 히트맵, 카테고리형 그래프, 분포형 그래프 등을 손쉽게 만들 수 있습니다. 특히 판다스와 잘 통합되어 데이터프레임을 직접 시각화할 때 유용합니다. 시본을 사용하면 그래프의 스타일과 색상 팔레트를 간단하게 조정할 수 있습니다.

뷰티풀수프^{BeautifulSoup}는 웹 페이지의 HTML이나 XML 문서를 파싱^{parsing}하여 데이터를 추출하는 파이썬 라이브러리입니다. 웹 스크래핑을 할 때 주로 사용하며, 웹사이트의 구조를 분석해 원하는 데이터(텍스트, 링크, 이미지 등)를 손쉽게 추출할 수 있습니다. 웹 페이지에서 데이터를 가져오고, 그 내용을 파싱해 필요한 정보를 추출하는 과정에서 매우 유용합니다. 뷰티풀수프는 복잡한 HTML 구조도 직관적으로 탐색할 수 있도록 돕습니다.

학습 효율을 200% 올려주는 되기 가이드

초보자가 데이터 분석에 필요한 환경 설정을 하는 건 너무 어려운 일입니다. 물론 제대로 된 환경을 만들고 싶을 수도 있습니다만 그보다 더 중요한 건 기초 개념을 실습하고 익히는 것이죠. 그래서 이 책은 설치 없이 바로 공부할 수 있도록 구글 드라이브와 구글 코랩$^{google\ colab}$으로 실습을 안내합니다.

 ### 하나, 구글에 가입하세요(무료)

구글에 가입하면 파이썬 데이터 분석을 할 수 있는 코랩을 무료로 사용할 수 있습니다. 구글 계정을 준비해주세요.

 ### 둘, 내 드라이브에 코랩 파일을 만드세요

❶ 내 드라이브에 적당한 폴더를 만든 다음 ❷ 마우스 오른쪽 클릭 → ❸ 더보기 → ❹ Google Colaboratory를 누르면 구글 코랩 파일을 만들어 코랩을 사용할 수 있습니다.

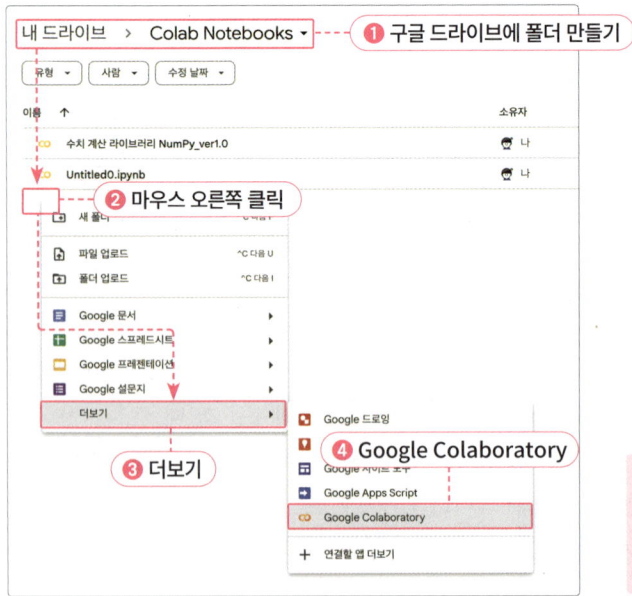

> 만약 [더보기]에 [Google Colaboratory]가 없다면 [연결할 앱 더보기]에서 설치해주세요.

셋, 코랩에서 코드를 입력하고 실행해보세요

❶ 처음 파일을 만들면 코드를 입력할 수 있는 줄이 있습니다. 만약 새로운 코드를 입력하고 싶으면 [+ 코드]를 누르면 코드를 입력할 수 있는 줄이 생깁니다. ❷ 코드를 다 입력한 다음에는 ▶를 누르거나 Shift + Enter 를 누르면 코드를 실행합니다. ❸ 코드를 실행한 결과는 코드 줄 아래에 바로 생깁니다. ❹ 코드를 실행하면 바로 다음 줄에 입력할 수 있는 줄이 생깁니다.

 넷, 실습용 파일은 모두 여기에 있습니다

실습에 필요한 파일은 모두 bit.ly/4e1LQay에 장별로 구분하여 업로드해두었습니다. 다운로드 링크는 실습 진행 중에 바로 확인할 수 있도록 본문에서도 안내합니다. 필요할 때마다 다운로드하여 활용하세요.

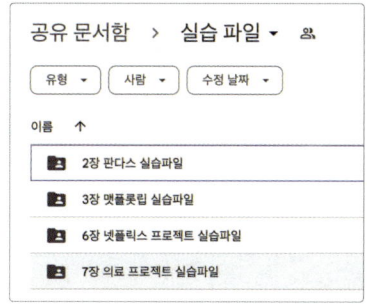 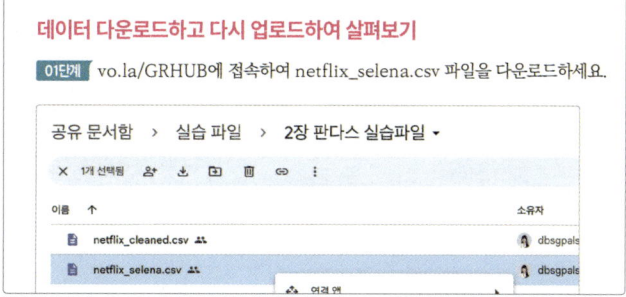

> 학습 효율을 200% 올려주는 되기 가이드

 다섯, 실습 화면을 왼쪽에, 정답 화면을 오른쪽에 놓고 실습하세요

데이터 분석이 처음이라면 내가 입력한 코드가 잘 실행되지 않을 수 있습니다. 초보라면 당연한 일입니다. 이 책은 그런 여러분들을 위해 실습 환경 파일과 정답 파일을 병렬로 제공합니다. 실습 화면을 왼쪽에, 정답 화면을 오른쪽에 두고 실습해보세요.

실습, 정답 코랩 파일은 bit.ly/4dXk2Ef에 있습니다.

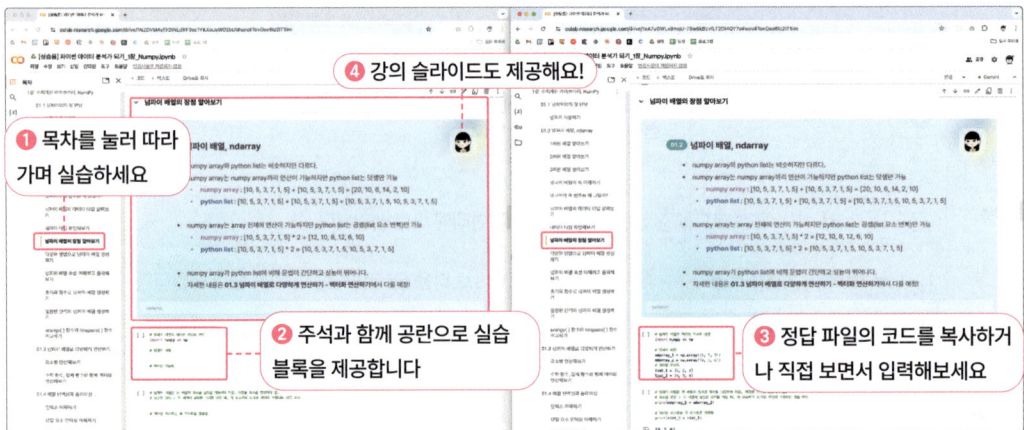

❶ 도서의 목차를 참고하여 실습 파일이나 정답 파일의 목차를 누르면 해당 위치로 이동합니다.

❷ 주석과 함께 공란으로 실습 블록을 준비했습니다. 여기에 실습 코드를 입력하세요.

❸ 같은 위치에 정답 코드를 제공합니다. 좌우로 눈을 맞춰가며 코드를 확인해보세요.

❹ 도서와 함께 보면 좋은 강의 슬라이드도 제공합니다.

 ### 여섯, 저자 선생님과 함께! 오픈카톡방을 활용하세요

책으로 봐도, 정답 코드를 봐도 어렵다면?! 저자 선생님과 함께 공부해보세요. 데이터 분석 입문자에게 길을 열어주고 싶은 선생님이 오픈카톡방에 계십니다. 오픈카톡방의 명령어를 활용해서 다양한 자료도 쉽게 얻어보세요.

- **오픈카톡방 링크** : open.kakao.com/o/gm8FtZUg

 ### 일곱, 유튜브 강의도 활용해보세요

저자 선생님 유튜브 동영상 강의도 있습니다. 함께 공부하거나 이동하면서 공부하고 싶을 때 유튜브 채널에 방문하여 영상으로 공부해보세요.

- **유튜브 채널 링크[셀레나쌤]** : www.youtube.com/@SELENASSAM

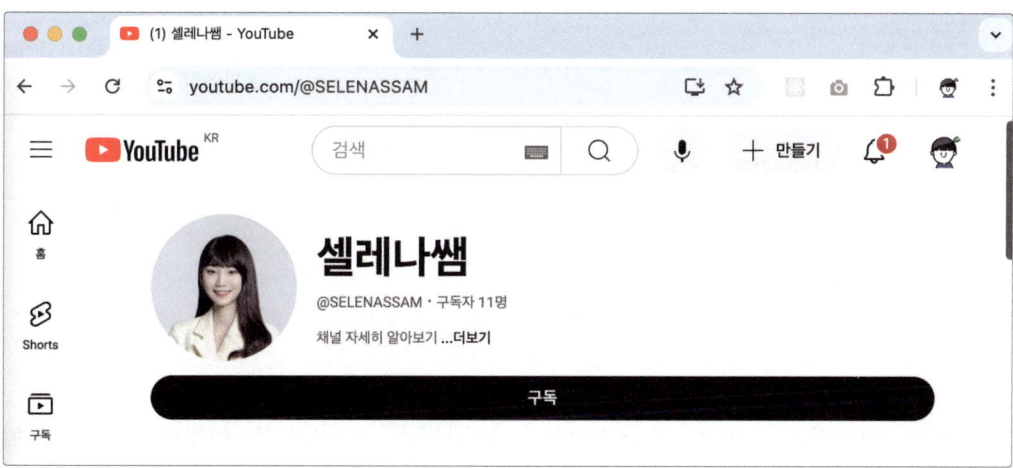

챗GPT 활용 가이드

이제 챗GPT와 같은 생성형 AI는 업무와 학습에 빠질 수 없는 요소가 되었습니다. 이 책에서는 챗GPT를 이렇게 활용해보기를 권장합니다.

⚠ 실습 진행 중 오류가 발생하면?

코랩 등의 대부분의 실습 환경에서는 코드 실행 후 오류가 발생하면 오류 메시지를 출력하여 안내합니다. 코드 작업이 익숙하다면 이 메시지로도 충분히 오류를 고칠 수 있습니다. 하지만 모든 것이 처음이라면 이 메시지의 해석도 많이 어렵습니다. 그럴 때 코드를 제법 잘 알고 있는 챗GPT를 활용하면 좋습니다.

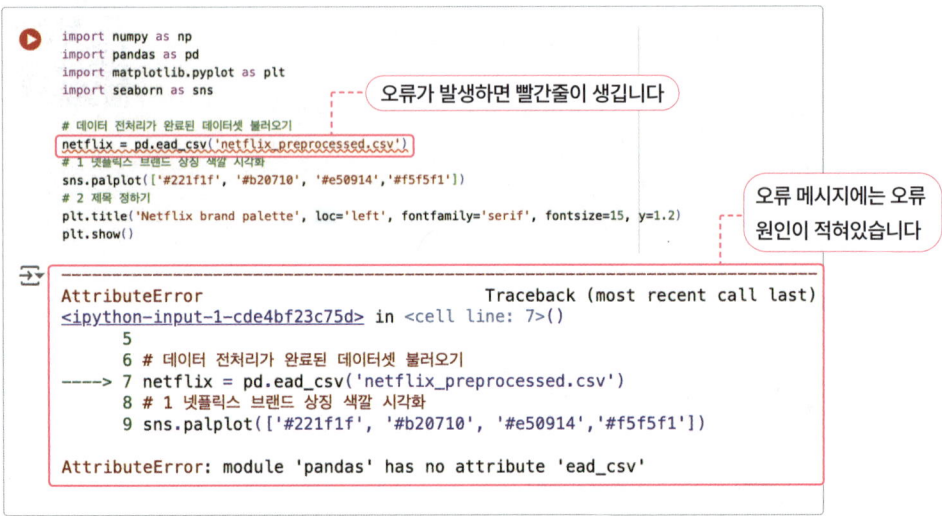

이렇게 챗GPT에게 ❶ '코드와 오류를 참고해서', ❷ '틀린 부분을 찾고', ❸ '이유를 설명하라'고 이야기해보세요. ❹ 이때 여러분이 작성한 코드도 그대로 제공하는 것이 가장 중요합니다.

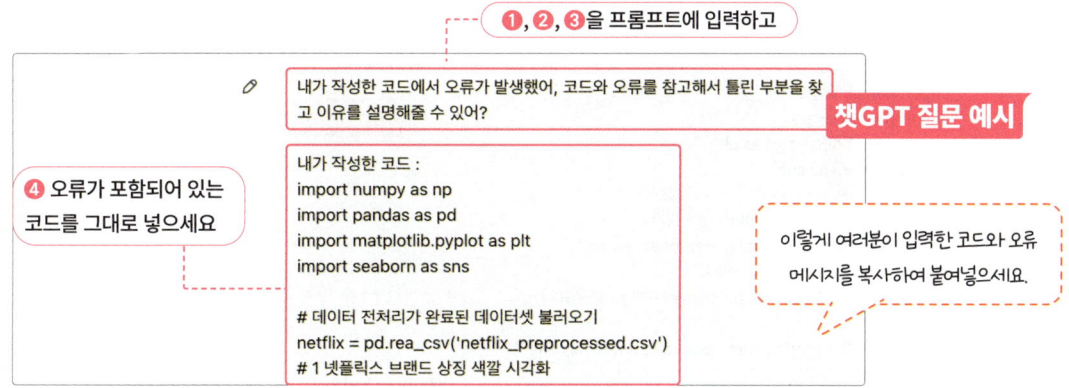

그러면 챗GPT가 여러분의 오류를 수정하고 이유를 친절히 알려줍니다. 여기서는 오타가 나서 발생한 오류였습니다. 오류가 왜 발생했는지 아무리 생각해봐도 모르겠다면 챗GPT를 활용해보세요. 분명 좋은 답을 줄 겁니다.

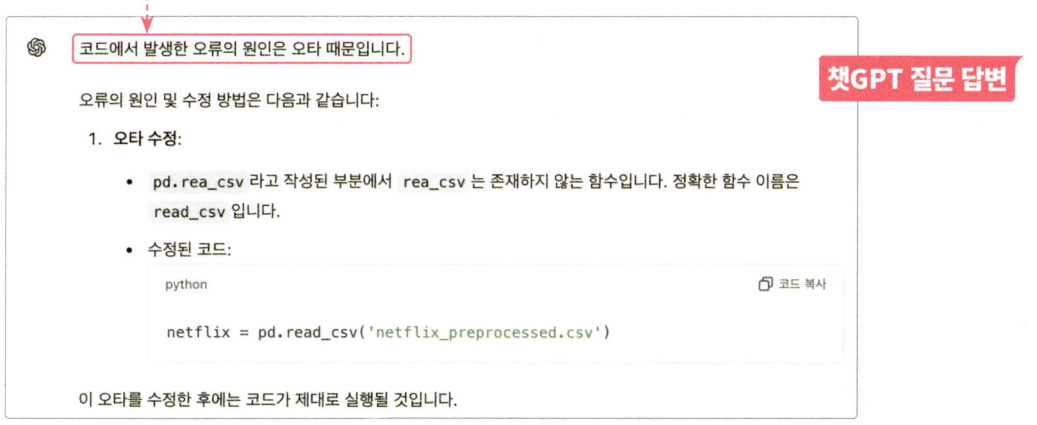

이건 어떨까? 다른 방식으로 실습해보고 싶다면?

학습 후에는 다른 방법으로도 공부해보고 싶은 마음이 드는 것이 인지상정입니다. 그럴 때는 공부한 내용을 넣은 다음에 적용하고 싶은 이론을 추가할 방법에 대해 물어보세요. 하나 예를 들어볼까요? 시각화 색 조합에 많은 에너지를 들이는 대신 챗GPT에게 부탁해보는 것이죠! 다음은 특정 색상에 대한 고민을 챗GPT에게 넘겨주는 예시입니다.

챗GPT 활용 가이드

챗GPT 질문 예시

```python
import numpy as np
import pandas as pd
import matplotlib.pyplot as plt
import seaborn as sns

# 데이터 전처리가 완료된 데이터셋 불러오기
netflix = pd.read_csv('netflix_preprocessed.csv')
# 1 넷플릭스 브랜드 상징 색깔 시각화
sns.palplot(['#221f1f', '#b20710', '#e50914','#f5f5f1'])
# 2 제목 정하기
plt.title('Netflix brand palette', loc='left', fontfamily='serif', fontsize=15,
y=1.2)
plt.show()
```

이런 코드가 있는데 브랜드 상징 색깔 시각화를 왓차 스타일로 바꾸고 싶어. 어떻게 하면 돼?

↳ 넷플릭스 스타일의 코드를 왓차 스타일로 바꿔달라고 제안했습니다

챗GPT 질문 답변

왓차(Watcha)의 브랜드 상징 색깔을 시각화하고 싶다면, 해당 브랜드에서 사용되는 주요 색상 코드로 색상 팔레트를 교체하면 됩니다. 넷플릭스 색상 대신 왓차의 색상 코드를 넣어서 `sns.palplot` 을 수정하면 됩니다.

왓차의 주요 색상은 주로 보라색(#5A00FF)과 핑크색(#FF4081) 등입니다. 이를 반영한 코드를 수정하면 아래와 같습니다.

↳ 왓차 색상 코드를 제안하여 / 기존 코드를 수정하여 결과를 만들어줍니다

```python
import numpy as np
import pandas as pd
import matplotlib.pyplot as plt
import seaborn as sns

# 데이터 전처리가 완료된 데이터셋 불러오기
netflix = pd.read_csv('netflix_preprocessed.csv')

# 1 왓차 브랜드 상징 색깔 시각화
sns.palplot(['#5A00FF', '#FF4081', '#FF00A5', '#FFFFFF'])

# 2 제목 정하기
plt.title('Watcha brand palette', loc='left', fontfamily='serif', fontsize=15,
y=1.2)
plt.show()
```

위 코드에서 넷플릭스 색상 코드를 왓차의 대표적인 색상으로 대체했습니다. 색상 코드는 필요에 따라 추가하거나 수정할 수 있습니다.

이렇게 특정 브랜드를 언급하여 색상을 받으면 색상 조합에 대한 고민은 가볍게 털어버릴 수도 있겠네요!

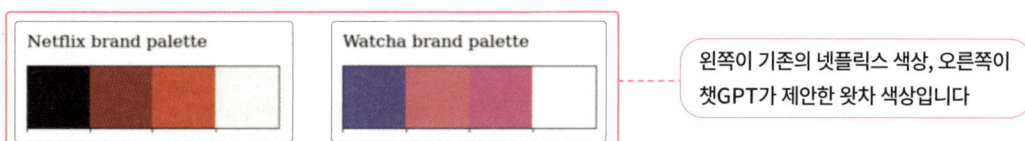

왼쪽이 기존의 넷플릭스 색상, 오른쪽이 챗GPT가 제안한 왓차 색상입니다

❓ 궁금해! 배운 개념의 차이점이 궁금해요

비슷한 개념 2개가 있을 때 아리송해서 궁금할 수 있습니다. 물론 대부분의 내용은 책에서 설명하지만요. 그럴 때는 책에서 배운 개념을 비교하는 질문을 해보는 것도 좋습니다. 처음에는 많은 양의 정보를 보여주면 받아들이기 어려울 수 있으므로 '500자 내외로 정리해달라'와 같은 요약 요청 문장을 넣는 것을 추천합니다.

> 맷플롯립과 시본의 차이점이 뭐야? 500자 내외로 쉽게 설명해줘

챗GPT 질문 예시

Matplotlib과 Seaborn은 모두 파이썬에서 데이터를 시각화하는 라이브러리지만, 주로 사용하는 목적과 기능에 차이가 있어요.

Matplotlib은 파이썬에서 가장 기본적이고 강력한 시각화 도구예요. 아주 유연하게 다양한 그래프를 그릴 수 있지만, 설정이 복잡하고 그래프의 기본 스타일이 단순해서 원하는 모양으로 만들려면 많은 코드가 필요할 수 있어요.

Seaborn은 Matplotlib을 기반으로 만들어졌지만, 통계적인 그래프를 쉽게 그리기 위한 기능들이 추가되었어요. Seaborn의 장점은 기본적으로 더 예쁘고 스타일이 잘 잡힌 그래프를 간단한 코드로 그릴 수 있다는 점이에요. 특히 데이터 분석에 자주 사용되는 히트맵, 상관 관계 그래프 등을 쉽게 그릴 수 있어요.

요약하면, **Matplotlib**은 복잡한 그래프를 그릴 때 유리하고, **Seaborn**은 간단한 코드로 시각적으로 예쁜 통계 그래프를 만들 때 유리해요.

목차

환영합니다, 파이썬 입문 그다음 책을 소개합니다! **002**
먼저 읽은 분이 추천합니다 **003**
데이터 분석 로드맵을 소개합니다 **004**
데이터 분석 5대장과 함께 공부하세요 **005**
학습 효율을 200% 올려주는 되기 가이드 **006**
챗GPT 활용 가이드 **010**

01장 수치 계산 라이브러리, 넘파이 **019**

01.1 넘파이와의 첫 만남 **021**
넘파이 사용하기 **021**

01.2 넘파이 배열, ndarray **023**
1차원 배열 알아보기 **023**
2차원 배열 알아보기 **024**
3차원 배열 알아보기 **025**
넘파이 배열의 축 이해하기 **026**
넘파이의 축 번호는 왜 그럴까? **027**
넘파이 배열의 데이터 타입 살펴보기 **029**
데이터 타입 확인해보기 **033**
넘파이 배열의 장점 알아보기 **035**
다양한 방법으로 넘파이 배열 생성하기 **037**
넘파이 배열 속성 이해하고 출력해보기 **039**
[챗GPT와 함께] 넘파이 3차원 배열 생성해보기 **041**
초기화 함수로 넘파이 배열 생성하기 **043**
일정한 간격의 넘파이 배열 생성하기 **045**
arange( ) 함수와 linspace( ) 함수 비교하기 **048**

01.3 넘파이 배열로 다양하게 연산하기 **050**
요소별 연산해보기 **050**
[챗GPT와 함께] 넘파이 사칙연산 구하기 **053**
수학 함수, 집계 함수와 함께 벡터화 연산해보기 **055**

01.4 배열 인덱싱과 슬라이싱 **061**
인덱스 이해하기 **061**
단일 요소 인덱싱 이해하기 **061**
슬라이싱 이해하기 **063**
논리형 인덱싱 이해하기 **064**
정수 배열 인덱싱 이해하기 **067**
[챗GPT와 함께] 넘파이 배열의 슬라이싱을 다른 프로그래밍 언어와 비교하기 **069**

01.5 배열의 형태 변형하기 **071**
배열의 형태를 변형하여 새 배열을 반환하는 reshape( ) 함수 **071**
[챗GPT와 함께] reshape( ) 함수에서 -1을 쓰는 이유는 뭘까? **074**
원본 배열의 형태를 변형하는 resize( ) 함수 **075**
1차원 배열로 변형하기 **077**
전치 연산하기 **078**

01.6 배열 합치고 분할하기 **080**
배열 합치기 **080**
배열 분할하기 **081**
학습 마무리 **083**
연습문제 **084**

02장 데이터 처리 라이브러리, 판다스 089

02.1 판다스 시작하기 091
판다스와 넘파이의 특징 091
판다스와 넘파이의 관계 092
판다스를 사용해야 하는 이유 092
시리즈란? 093
데이터프레임이란? 094
데이터 다운로드하고 다시 업로드하여 살펴보기 098
판다스의 데이터 타입 알아보기 101
쳇GPT와 함께 샘플 데이터 생성 후 판다스에서 읽어보기 102

02.2 데이터 내용 확인하기 103
데이터의 열과 행 확인하기 103
데이터의 처음과 마지막 부분 확인하기 106
데이터 구조 살펴보기 108
쳇GPT와 함께 데이터 구조 살펴보기 110

02.3 특정 열 선택하기 113
시리즈 반환하기 113
데이터프레임 반환하기 114
쳇GPT와 함께 판다스 특정 열 선택을 조건으로 활용하기 (1) 116
쳇GPT와 함께 판다스 특정 열 선택을 조건으로 활용하기 (2) 117

02.4 데이터 필터링하기 120
비교 연산자 >로 필터링하기 120
부정 연산자 ~로 필터링하기 122
논리 연산자 &나 |로 필터링하기 122
쳇GPT와 함께 데이터 필터링 기능 활용하기 125
loc[ ]와 iloc[ ]로 필터링하기 127
isin( ) 함수로 특정 값 필터링하기 131
쳇GPT와 함께 isin( ) 함수와 조건문 비교하기 132

02.5 결측치 처리하기 135
결측치가 뭐죠? 135
결측치 처리가 중요한 이유? 136
결측치 처리, 어떻게 해야 할까요? 137
결측치 확인하기 139
결측치 처리하기 142
결측치를 처리한 데이터프레임을 파일로 저장하기 145
쳇GPT와 함께 결측치에 대해 물어보자! 148

02.6 데이터 통계 처리하기 150
통계 구하기 150
그룹별 집계하기 158
쳇GPT와 함께 agg( ) 함수를 이용하여 통계 분석하기 161

02.7 데이터프레임에 행이나 열 추가하거나 삭제하기 164
행과 열 추가하기 164
행과 열 삭제하기 165
학습 마무리 167
연습문제 168

목차

03장 데이터 시각화 라이브러리, 맷플롯립 173

03.1 맷플롯립 시작하기 175
맷플롯립 소개 175
맷플롯립 사용하기 176
챗GPT와 함께 맷플롯립 장점 알아보기 179

03.2 그래프 꾸미기 181
축과 관련 있는 옵션 사용해보기 181
선과 관련 있는 옵션 사용해보기 189
챗GPT와 함께 맷플롯립 그래프 색상 설정하기 194
제목 관련 옵션 사용해보기 196
그래프 배경 관련 옵션 사용해보기 199
챗GPT와 함께 맷플롯립 그래프 그리기 204

03.3 다양한 그래프 그려보기 (1) 207
타이타닉 데이터셋 소개 208
선 그래프 : 객실 등급에 따른 생존율 표시하기 210
수직 막대 그래프 : 각 승선 항구에 따른 생존자 수
　확인하기 213
수평 막대 그래프 : 성별에 따른 생존자 수
　확인하기 216
산점도 그래프 : 나이와 요금, 생존 여부 확인하기 218
파이 차트 : 생존자, 사망자 비율 표현하기 222
히스토그램 : 승객의 나이 분포 표시하기 224

03.4 다양한 그래프 그려보기 (2) 228
히트맵 : 두 변수의 상관 관계를 표시하기 228
영역 채우기 그래프 : 나이대별 생존자와
　사망자 수 표현하기 231
박스 플롯 : 승객 나이의 데이터 분포, 중앙값,
　이상치 살펴보기 235
바이올린 플롯 : 승객 등급에 따른
　나이 분포 표시하기 240

챗GPT와 함께 맷플롯립 박스플롯과 바이올린 플롯
활용에 대해 알아보기 244
에러 바 : 요금의 평균과 표준편차 표현하기 247
챗GPT와 함께 맷플롯립 에러바를 이용한
기업 월간 주가 251

03.5 그래프 한꺼번에 그려보기 253
여러 종류의 그래프 그리는 방법 원리 설명 253
개별 서브플롯을 하나씩 생성하기 254
타이타닉 데이터셋으로 개별 서브플롯 하나씩
　그리기 255
개별 서브플롯을 동시에 생성하기 259
타이타닉 데이터셋으로 개별 서브플롯 동시에
　그리기 260
하나의 서브플롯에 여러 그래프 그리기 263
챗GPT와 함께 타이타닉 승객 등급별 요금 분포와
생존율 시각화 267

03.6 그래프 저장하기 269
학습 마무리 270
연습문제 271

04장 데이터 시각화 라이브러리, 시본 277

04.1 시본 기본 개념 알아보기 279
시본 자체 데이터셋 불러오기 279
팁 데이터셋 불러오기 280
🤖 챗GPT와 함께 Seaborn은 왜 별칭이 sns일까? 283

04.2 여섯 가지 그래프 이해하기 284
시본 그래프는 어떤 것들이 있을까? 284
범주형 변수 산점도 그래프 287
빈도 그래프 291
선형 회귀선이 있는 산점도 그래프 294
히스토그램과 커널 밀도 추정 그래프 296
조인트 그래프 299
관계 그래프 301
🤖 챗GPT와 함께 이상치 탐지 그래프는 어떤 그래프로? 304
학습 마무리 306
연습문제 307

05장 웹 데이터 수집 라이브러리, 뷰티풀수프 311

05.1 웹 데이터 수집 기본 개념 알아보기 313
웹 데이터를 수집할 때 주의할 점 313
🤖 챗GPT와 함께 robots.txt 알아보기 313
🤖 챗GPT와 함께 야후 파이낸스와 네이버 파이낸스의 robots.txt 비교하기 315
웹 데이터 수집 용어 정리하기 318
웹 스크래핑은 어떤 과정으로 수행될까? 319
뷰티풀수프를 사용한 웹 스크래핑 기초 사용 방법 알아보기 322
웹 스크래핑 원리 이해하기 323

05.2 야후 파이낸스 주가 데이터 웹 스크래핑하기 330
웹 페이지 파악하기 330
헤더 값 추가하기 332
헤더 추가하여 삼성전자 주가 페이지 요청하기 337
삼성전자 종목 일별 시세 페이지 요청하기 338
뷰티풀 수프로 데이터 추출하고 날짜, 원 표시하기 339
for문으로 순회하면서 전체 날짜, 종가 데이터 가져오기 346
수집한 데이터로 그래프 시각화하기 348
🤖 챗GPT와 함께 날짜와 종가 데이터로 막대 그래프 그리기 351
🤖 챗GPT와 함께 주식 데이터를 웹 스크래핑할 추가적인 사이트 354
학습 마무리 358
연습문제 359

목차

06장 넷플릭스 데이터 분석 프로젝트 361

06.1 넷플릭스 데이터 분석 프로젝트 소개 363
- 여기서 사용하는 라이브러리 363
- 데이터 분석 목표 363
- 데이터 전처리 과정 363
- 데이터 시각화 미리보기 363

06.2 넷플릭스 데이터셋 파악하기 366
- 캐글의 넷플릭스 데이터셋? 366
- 챗GPT와 함께 캐글의 데이터 분석할 데이터셋 추천받기! 367
- 넷플릭스 데이터셋 변수 살펴보기 368
- 넷플릭스 데이터셋 불러와 살펴보기 369

06.3 넷플릭스 데이터셋 결측치 처리하기 374
- 넷플릭스 결측치 비율 확인하고 처리하기 374

06.4 넷플릭스 피처 엔지니어링하기 379
- 피처 엔지니어링은 어디에 쓰이나요? 379
- 챗GPT와 함께 피처 엔지니어링 더 해보기 382

06.5 넷플릭스 시각화하기 384
- 데이터 전처리 완료한 데이터셋 불러오기 384
- 넷플릭스 색상 시각화하기 384
- 넷플릭스 오징어 게임 검색하기 385
- 넷플릭스 파이 차트 그리기 387
- 넷플릭스 막대 그래프 그리기 389
- 넷플릭스 히트맵 그리기 393
- 넷플릭스 워드 클라우드 402
- 챗GPT와 함께 워드 클라우드 더 해보기 404

학습 마무리 408

07장 의료 데이터 분석 프로젝트 409

07.1 의료 데이터 분석 프로젝트 소개 411
- 여기서 사용하는 라이브러리 411
- 데이터 분석 목표 411
- 데이터 전처리 과정 411
- 데이터 시각화 미리보기 411

07.2 의료 데이터셋 파악하기 415
- 심부전 데이터셋이란? 415
- 심부전 데이터셋 불러온 다음 내용 확인하기 416

07.3 심부전 데이터셋 필터링하기 420
- 논리형 인덱싱으로 데이터 필터링하기 420

07.4 심부전 데이터셋 결측치 처리하기 422
- 결측치 비율 확인하기 422
- 결측치 처리하기 423
- 결측치 처리 후에 결측치 개수 다시 확인하기 425
- 챗GPT와 함께 결측치를 처리하는 방법이 궁금해! 426

07.5 심부전 데이터셋 통계 처리하기 429
- 평균값과 중앙값 구하기 429
- 열의 빈도수 구하기 429
- 통계량 요약하기 430
- 그룹별 집계하기 432
- 챗GPT와 함께 심부전 데이터셋을 이용한 피처 엔지니어링 434

07.6 심부전 데이터셋 시각화하기 437
- 심부전 색상 시각화하기 437
- 심부전 파이 차트 그리기 437
- 심부전 빈도 그래프 그리기 439
- 심부전 데이터 영역 그래프 그리기 441
- 심부전 범주형 산점도 그래프 그리기 445
- 심부전 워드 클라우드 그리기 447
- 챗GPT와 함께 추가적인 시각화를 진행해보자 450

학습 마무리 453

찾아보기 454

01장

수치 계산 라이브러리, 넘파이

학습 목표

이번 장에서는 넘파이 라이브러리의 기본 개념과 데이터 분석에서 유용한 다양한 수치 계산 기법들을 배웁니다. 넘파이는 효율적으로 다차원 배열 연산을 수행할 수 있는 라이브러리입니다. 그래서 데이터 분석 및 과학 계산에서 널리 사용하죠. 먼저 넘파이의 핵심 기능을 이해하고, 이를 활용하여 복잡한 계산을 손쉽게 처리하는 방법을 학습하겠습니다. 이를 통해 데이터의 전처리부터 분석까지의 전체 흐름을 이해하고, 실제 데이터 분석에서 넘파이를 활용하여 효율적으로 데이터를 처리하는 능력을 갖추게 될 것입니다.

핵심 키워드

- 넘파이
- 다차원 배열
- 수치 계산
- 배열 연산
- 벡터화 연산
- 집계 함수
- 인덱싱
- 슬라이싱
- 배열 변형
- 전치 연산
- 배열 합치기
- 배열 분할

학습 코스

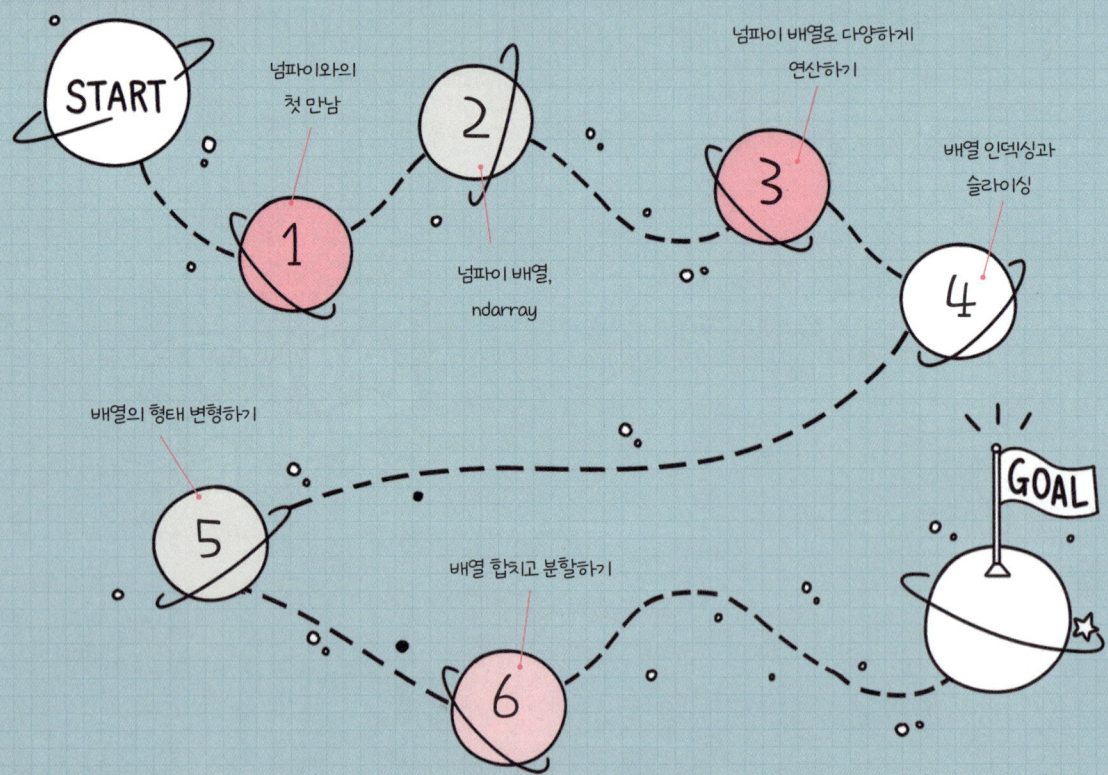

- START
- 1: 넘파이와의 첫 만남
- 2: 넘파이 배열, ndarray
- 3: 넘파이 배열로 다양하게 연산하기
- 4: 배열 인덱싱과 슬라이싱
- 5: 배열의 형태 변형하기
- 6: 배열 합치고 분할하기
- GOAL

01.1 넘파이와의 첫 만남

넘파이^{NumPy}는 **Num**erical **Py**thon의 줄임말로 파이썬 기반의 수치 계산 라이브러리입니다. 데이터 분석에서 수치 계산은 숫자 데이터를 다루는 것을 의미합니다. 숫자 데이터는 합계, 평균, 중앙값 등의 통계 수치로 요약하는 경우가 많습니다. 이를 효율적으로 처리하고 분석하려면 수치 계산을 할 수 있는 도구가 매우 중요하겠죠? 바로 그 도구가 넘파이입니다. 넘파이는 다차원 배열을 빠르게 처리하고, 배열을 조작하는 다양한 수학 함수도 제공하므로 선형대수나 통계를 수행할 때 유용합니다. 그럼 넘파이를 사용해봅시다.

> **실습을 시작하기 전에!** 본 책은 실습을 위한 코랩 파일과 정답 파일을 매 장마다 제공합니다. bit.ly/4dXk2Ef에 접속하여 두 파일을 좌우로 열어 펼쳐놓고 책을 보며 실습하세요. 그럼 더욱 편리하게 학습할 수 있습니다.

넘파이 사용하기

01단계 넘파이를 사용하려면 넘파이 라이브러리를 코드로 불러와야 합니다. 다음은 넘파이 라이브러리를 불러오는 코드입니다. 코드를 따라 작성한 다음 `Ctrl + Enter`를 눌러 실행해보세요.

> 파이썬은 알파벳 소문자와 대문자를 구분하므로 주의하여 입력하세요.

```
import numpy as np
```

import numpy는 라이브러리를 사용하기 위한 코드입니다. **import <라이브러리 이름>**과 같이 입력하면 라이브러리를 가져올 수 있습니다. 그리고 as np는 라이브러리를 별칭으로 지정하는 코드입니다. 별칭이 없으면 넘파이를 코드에서 사용할 때마다 numpy라고 지칭해야 합니다. 하지만 별칭을 사용하면 np라는 짧은 텍스트로 코드를 작성할 수 있습니다. **보통 넘파이는 np라는 별칭을 사용합니다. 이 책도 그렇게 하겠습니다.**

02단계 별칭으로 불러온 라이브러리를 사용해보겠습니다. 간단히 넘파이로 1차원 넘파이 배열을 만들고 print( ) 함수로 출력해봅니다. 배열이 무엇인지는 잠시 후 다루니까 우선은 설명을 따라와 주세요.

```
print(np.array([1, 2, 3]))
```

```
[1 2 3]
```
출력 결과

넘파이 라이브러리에 있는 array( )라는 함수를 사용했습니다. 이렇게 **np.<넘파이 함수, 속성>**과 같이 np. 뒤에 넘파이 함수 또는 속성을 작성합니다. array( ) 함수에 인수로 전달한 [1, 2, 3]은 파이썬 리스트이고 결괏값으로 받은 [1 2 3]은 넘파이 배열입니다. 이 둘은 생김새는 비슷하지만 실제로는 서로 다릅니다. 어떤 점이 다른지에 대해서는 '**01.2 넘파이 배열, ndarray**'에서 자세히 배우겠습니다.

> 배열은 영어로 어레이(array)라고 읽습니다.

03단계 앞서 별칭 as np를 사용하지 않고 넘파이를 사용할 수 있다고 이야기했습니다. 별칭을 붙이지 않고 다음과 같이 코드를 작성할 수도 있습니다.

```
import numpy

print(numpy.array([1, 2, 3]))
```

```
[1 2 3]
```
출력 결과

결과에서 보듯 별칭과 정식 라이브러리 이름을 사용하는 것에는 명칭 외에 용법에서 차이가 없습니다. 그럼 본격적으로 넘파이 배열을 공부해봅시다.

> 왜 파이썬 리스트는 영어 음차로 부르는데, 넘파이 배열은 어레이가 아니라 왜 우리말로 부를까요? 파이썬 리스트를 '목록'으로 부르는 경우는 없습니다. 그러므로 목록으로 부르면 안 됩니다. 그런데 넘파이 배열을 어레이로 부르기도 해요. '배열', '어레이' 둘 다 많이 사용합니다. 이 책에서는 더 쉬워보이는 '배열'로 부릅니다.

01.2 넘파이 배열, ndarray

넘파이의 핵심은 ndarray$^{\text{n-dimensional array}}$입니다. 아마 여러분이 넘파이에서 자주 다룰 데이터는 행렬 형태일 것이므로 ndarray를 가장 먼저 공부하겠습니다. 여기서 말하는 행렬은 수학에서 정의된 2차원 배열로, 데이터를 행과 열로 나누어 저장하고 연산할 수 있는 구조를 뜻합니다. ndarray는 1차원, 2차원, 3차원 배열 등 다양한 차원을 지원합니다. 여기서는 주로 1차원, 2차원, 3차원 배열에 대해 다루겠습니다.

1차원 배열 알아보기

1차원 배열은 값들이 하나의 행 또는 하나의 열 형태로 구성되어 있습니다. 그럼 바로 코드를 입력하며 1차원 배열이 무엇인지 알아보겠습니다.

1차원 배열의 형태

01단계 파이썬 리스트는 [ ] 기호 안에 쉼표로 구분한 요소를 넣어 표현합니다. 1차원 파이썬 리스트를 입력하여 넘파이 배열을 사용해보겠습니다.

```
import numpy as np

arr_1 = np.array([1, 2, 3, 4, 5])  # ❶ 파이썬 리스트를 넘파이 배열로 변환
print(arr_1)  # ❷ 넘파이 배열 출력
```

출력 결과
```
[1 2 3 4 5]
```

❶ np.array( ) 함수를 사용하여 파이썬 리스트 [1, 2, 3, 4, 5]를 넘파이 배열로 변환하고 arr_1 변수에 할당합니다.

❷ print(arr_1)으로 arr_1 변수를 출력합니다.

출력 결과를 보면 파이썬의 리스트와 비슷합니다. 하지만 파이썬 리스트는 [1, 2, 3, 4, 5]와 같이 출력하는 반면, 넘파이 배열은 [1 2 3 4 5]와 같이 출력합니다. 즉 쉼표 유무에 차이가 있습니다.

02단계 리스트와 배열 둘 다 다양한 수치 연산을 할 수 있습니다. 이를테면 파이썬 리스트에 *2 연산을 하면 같은 리스트를 2개 이어붙입니다. 반면 넘파이 1차원 배열에서는 각각의 요소에 곱셈 연산을 합니다. 우선 파이썬 리스트에 *2를 해봅시다.

```
[1, 2, 3, 4, 5] * 2
```

출력 결과
```
[1, 2, 3, 4, 5, 1, 2, 3, 4, 5]
```

결과를 보면 [1, 2, 3, 4, 5]를 2번 이어붙였습니다.

03단계 넘파이 1차원 배열은 다른 결과를 보여줍니다. 앞서 만든 arr_1 변수에 *2를 해봅시다.

> 각각의 요소에 한번에 연산하는 것을 벡터화 연산이라고 하는데 자세한 내용은 뒤에서 설명하겠습니다.

```
arr_1 * 2
```

출력 결과
```
array([2, 4, 6, 8, 10])
```

결과를 보면 각 요소에 2를 곱했습니다. 이처럼 넘파이 배열은 벡터화 연산으로 수치 연산을 편하게 할 수 있게 해줍니다. 자세한 내용은 이후 더 공부하겠습니다.

2차원 배열 알아보기

데이터 분석에서 2차원 배열은 표table 형태로 구성되어 있습니다. 가로를 행row, 세로를 열column이라고 합니다.

> 2차원 배열을 행렬 또는 매트릭스(matrix)로 부르기도 합니다.

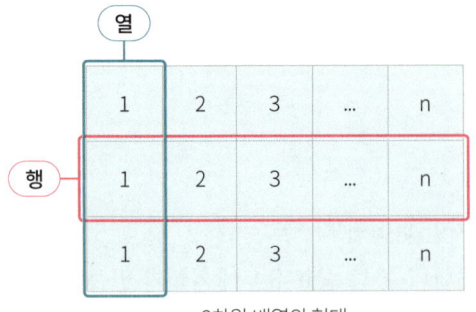

2차원 배열의 형태

> **01단계** 2차원 배열을 변수에 선언하여 사용해보겠습니다.

```
import numpy as np

arr_2 = np.array(
    [[1, 2, 3],
     [4, 5, 6],
     [7, 8, 9]]
)   # ❶ 파이썬 리스트를 ndarray로 변환
print(arr_2)
```

출력 결과
```
[[1 2 3]
 [4 5 6]
 [7 8 9]]
```

❶ np.array( ) 함수를 사용하여 파이썬 리스트 [[1, 2, 3], [4, 5, 6], [7, 8, 9]]를 넘파이 배열로 변환하고, 이를 arr_2 변수에 할당한 다음 출력했습니다. 결과를 보면 1차원 배열을 또 다른 배열이 감싼 형태입니다.

3차원 배열 알아보기

3차원 배열은 가로, 세로, 높이를 가지는 정육면체로 나타낼 수 있습니다.

> 3차원 배열은 큐브(cube)나 볼륨(volume)으로 부르기도 합니다.

3차원 배열의 형태

01단계 3차원 배열을 변수에 선언하여 사용해보겠습니다.

```
import numpy as np

arr_3 = np.array([[[1, 2, 3],
                   [4, 5, 6]],
                  [[7, 8, 9],
                   [10, 11, 12]],
                  [[13, 14, 15],
                   [16, 17, 18]]])  # ❶ 파이썬 리스트를 넘파이 배열로 변환
print(arr_3)
```

출력 결과
```
[[[ 1  2  3]
  [ 4  5  6]]

 [[ 7  8  9]
  [10 11 12]]

 [[13 14 15]
  [16 17 18]]]
```

❶ np.array( ) 함수를 사용하여 파이썬 리스트 [[[1, 2, 3], [4, 5, 6]], [[7, 8, 9], [10, 11, 12]], [[13, 14, 15], [16, 17, 18]]]을 넘파이 배열로 변환하고 arr_3 변수에 할당한 다음 출력했습니다. 결과를 보면 2차원 배열을 또 다른 배열이 감싸고 있습니다.

이를 통해 1차원 배열을 모아서 만든 것이 2차원 배열, 2차원 배열을 모아 만든 것이 3차원 배열임을 알 수 있습니다. 지금까지 넘파이 배열을 만들고 출력하여 형태를 살펴보았습니다. 넘파이 배열을 응용한 실습들은 이후 필요할 때마다 설명하겠습니다.

넘파이 배열의 축 이해하기

지금까지 1차원, 2차원, 3차원으로 구성한 넘파이 배열을 살펴보았습니다. 이를 시각적으로 표현한 것이 다음 그림입니다. 이때 넘파이 배열의 형태는 축 순서대로 크기를 표시하여 나타냅니다.

> 축은 영어로 axis라고 합니다.

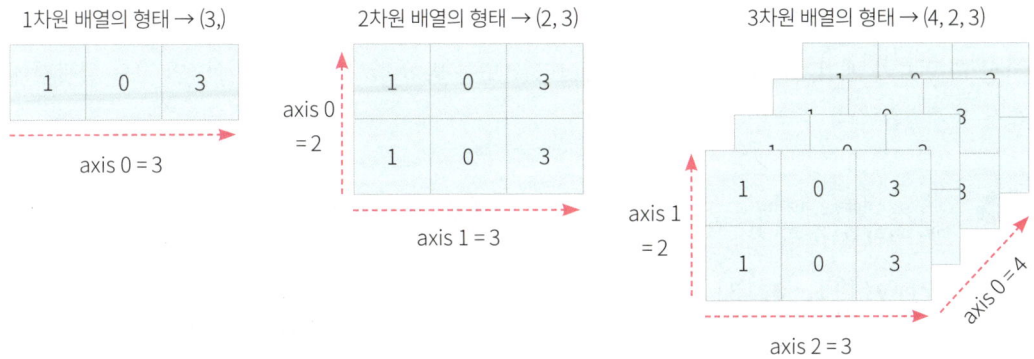

그림을 보면 axis 0, axis 1, axis 2로 표시한 축^{axis}이 보입니다. 이 축의 크기를 나열하여 각각의 넘파이 배열 형태를 표시합니다. 예를 들어 위 그림에서 3번째 그림인 3차원 배열의 형태는 axis 0의 크기가 4, axis 1의 크기가 2, axis 2의 크기가 3이므로 (4, 2, 3)이라고 이야기할 수 있습니다. 넘파이 배열 형태를 정리하자면 다음과 같습니다.

- 1차원 배열의 형태는 (3,)으로 표현합니다. axis 0의 크기는 3입니다.
- 가운데 있는 2차원 배열의 형태는 (2, 3)으로 표현합니다. axis 0 크기는 2, axis 1 크기는 3입니다.
- 오른쪽에 있는 3차원 배열의 형태는 (4, 2, 3)으로 표현합니다. axis 0, axis 1, axis 2의 크기는 각각 4, 2, 3입니다. 2 x 3 크기의 2차원 배열이 4개 쌓여 있는 모양을 나타냅니다.

넘파이의 축 번호는 왜 그럴까? `심화`

그런데 그림으로 보면 축 번호가 늘어나는 과정이 조금 이해가 안 될 수 있습니다. 이를테면 1차원 배열에서 2차원 배열로 확장하면서 축을 생각해보면 1차원 배열의 axis 0이 2차원 배열에서는 axis 1이 된 것 같습니다. 처음에 축 번호를 그림과 함께 이해하려고 하면 이상하게 느껴집니다. 왜 이런 순서로 축 번호를 붙인 것일까요?

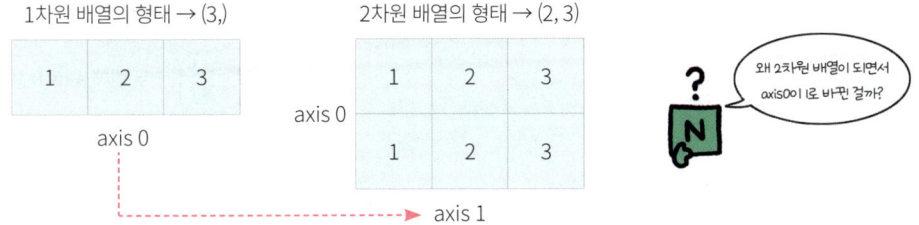

축 번호가 매겨지는 과정

사실 축 번호가 매겨지는 과정은 그림이 아니라 코드를 봐야 합니다. 2차원 배열의 코드 결괏값에 축을 표시했습니다.

```
import numpy as np
np.array([[1, 0, 3], [1, 0, 3]])
```
```
array([[1, 0, 3],
       [1, 0, 3]])      ← axis 0
```

```
import numpy as np
np.array([[1, 0, 3],
```
```
                        첫 번째 axis 0 요소
array([[1, 0, 3],
   두 번째 axis 0 요소  [1, 0, 3]])
```

```
import numpy as np
np.array([[1, 0, 3], [1, 0, 3]])
```
```
array([[1, 0, 3],        ← axis 1
       [1, 0, 3]])
```

```
import    두 번째 axis 1 요소
 첫 번째 axis 1 요소  [1, 0, 3],   세 번째 axis 1 요소
array([[1, 0, 3],
       [1, 0, 3]])
```

2차원 배열 [[1, 0, 3], [1, 0, 3]]은 1차원 배열이 2개 포함된 형태입니다. 여기서 축의 번호를 어떻게 매겼는지 살펴봅시다. 축의 번호는 바깥쪽부터 안쪽으로 순서대로 매깁니다. 결과를 보면 가장 바깥쪽 대괄호는 첫 번째 축 axis 0에 해당하며, 그다음의 안쪽 대괄호는 두 번째 축 axis 1에 해당합니다. 이렇게 축의 번호는 바깥쪽 차원에서 시작하여 안쪽으로 들어가면서 순서대로 매깁니다. 축의 크기도 봅시다. axis 0의 크기는 2이고, axis 1의 크기는 3입니다.

> axis 0은 2차원 배열에서 행, axis 1은 열을 의미하므로 이 2차원 배열은 2행 3열로 구성되어 있다고 말할 수도 있습니다.

조금 더 복잡한 차원에서 보겠습니다. 3차원 배열에서 축 번호를 매기는 순서를 봅시다.

```
import numpy as np
np.array([[[1, 0, 3], [1, 0, 3]],
          [[1, 0, 3], [1, 0, 3]],
          [[1, 0, 3], [1, 0, 3]],
          [[1, 0, 3], [1, 0, 3]]])
```
```
array([[[1, 0, 3],    ← axis 2
        [1, 0, 3]],   ← axis 1

       [[1, 0, 3],
        [1, 0, 3]],

       [[1, 0, 3],
        [1, 0, 3]],

       [[1, 0, 3],
        [1, 0, 3]]])  ← axis 0
```

```
import numpy as np
np.array([[[1, 0, 3], [1, 0, 3]],
          [[1, 0, 3], [1, 0, 3]],
          [[1, 0, 3], [1, 0, 3]],
          [[1, 0, 3], [1, 0, 3]]])
```
```
array([[[1, 0, 3],      첫 번째 axis 0 요소
        [1, 0, 3]],

       [[1, 0, 3],      두 번째 axis 0 요소
        [1, 0, 3]],

       [[1, 0, 3],      세 번째 axis 0 요소
        [1, 0, 3]],

       [[1, 0, 3],      네 번째 axis 0 요소
        [1, 0, 3]]])
```

```python
import numpy as np
np.array([[[1, 0, 3], [1, 0, 3]],
          [[1, 0, 3], [1, 0, 3]],
          [[1, 0, 3], [1, 0, 3]],
          [[1, 0, 3], [1, 0, 3]]])
```

```
array([[[1, 0, 3],      ← 첫 번째 axis 1 요소
        [1, 0, 3]],     ← 두 번째 axis 1 요소

       [[1, 0, 3],
        [1, 0, 3]],

       [[1, 0, 3],
        [1, 0, 3]],

       [[1, 0, 3],
        [1, 0, 3]]])
```

```python
import numpy as np
np.array([[[1, 0, 3], [1, 0, 3]],
          [[1, 0, 3], [1, 0, 3]],
          [[1, 0, 3], [1, 0, 3]],
          [[1, 0, 3], [1, 0, 3]]])
```

```
array([[[1, 0, 3],      ← 각각 첫 번째, 두 번째,
        [1, 0, 3]],        세 번째 axis 2 요소

       [[1, 0, 3],
        [1, 0, 3]],

       [[1, 0, 3],
        [1, 0, 3]],

       [[1, 0, 3],
        [1, 0, 3]]])
```

3차원 배열도 2차원 배열과 마찬가지로 축의 번호를 바깥쪽부터 안쪽으로 매깁니다. 결과를 보면 가장 바깥쪽 대괄호는 첫 번째 축 axis 0, 그 안쪽 대괄호는 두 번째 축 axis 1, 가장 안쪽의 대괄호가 세 번째 축 axis 2입니다. 축의 크기를 세는 방식도 같습니다. axis 0의 크기는 4, axis 1의 크기는 2, axis 2의 크기는 3이라고 할 수 있겠네요. 이 설명을 통해 넘파이 배열의 축 번호 개념이 잘 정리되었기를 바랍니다.

넘파이 배열의 데이터 타입 살펴보기

여기서는 넘파이 배열의 데이터 타입을 알아보겠습니다. 넘파이의 데이터 타입은 배열의 각 요소가 어떤 종류인지를 나타냅니다. 예를 들어 지금까지 우리가 본 [1 0 3 5]와 같은 넘파이 배열은 데이터 타입이 정수입니다. 데이터 타입은 어떻게 확인할 수 있을까요? 바로 dtype 속성을 통해 확인할 수 있습니다. 코드를 통해 바로 확인해봅시다.

01단계 넘파이 배열을 하나 만들어 변수에 넣고 .dtype을 입력한 결과를 출력해봅니다.

```python
import numpy as np

arr_1 = np.array([1, 2, 3, 4, 5])
print(arr_1.dtype)
```

```
int64
```

결괏값을 보면 int64입니다. int는 정수를 의미하고 64는 넘파이 배열 요소가 표현할 수 있는 수가 2^{64}개라는 것을 의미합니다. 컴퓨터 공학 지식으로 설명하면 int64는 64비트로 표현한 정수라고 할 수 있습니다.

데이터 타입을 축약한 표현, 데이터 타입 코드

그리고 데이터 타입 코드라는 것도 있습니다. 데이터 타입 코드는 데이터 타입을 축약하여 표현한 것입니다. 예를 들어 i8은 64비트 정수 데이터 타입을 나타냅니다. 이것은 넘파이와 같은 라이브러리에서 사용되는 표준 표기법 중 하나입니다. 여기서 i는 정수를 나타내고 8은 바이트 수를 나타냅니다. 이렇게 데이터 타입 코드를 사용하면 데이터 타입을 간결하게 표현할 수 있고, 코드를 읽고 이해하기 쉬워집니다. 구체적인 내용은 각 타입을 하나씩 알아보며 설명하겠습니다.

부호가 있는 정수

부호가 있는 정수는 양수, 음수, 0을 포함한 전체 정수 범위를 나타냅니다.

- **정수의 데이터 타입, int** : 데이터 타입은 integer의 줄임말인 **int**로 나타냅니다. int 뒤에는 숫자를 붙여 비트 단위 크기를 나타냅니다. 예를 들어 int8은 8비트 정수를 의미합니다. 즉, int8은 8개의 비트로 256(2^8)개의 정수를 표현할 수 있습니다. 이때 음수부터 양수까지 표현할 수 있도록 수의 범위는 -128부터 127까지입니다.
- **정수의 데이터 타입 코드, i** : 데이터 타입 코드는 integer의 첫 글자인 **i**로 나타냅니다. i 뒤에는 숫자를 붙여 바이트 단위 크기를 나타냅니다. 예를 들어 i1은 1바이트 정수를 의미합니다. 이때, 1바이트는 8비트를 의미합니다.

부호가 있는 정수는 주로 양수 및 음수 표현이 필요한 경우에 사용합니다. 예를 들어 온도, 금액, 속도가 있습니다. 그리고 덧셈과 뺄셈과 같이 수학적 연산에서 부호가 중요한 경우에도 활용합니다.

부호가 없는 정수

부호가 없는 정수는 양수, 0만을 나타냅니다.

- **부호가 없는 정수 데이터 타입, uint** : 데이터 타입은 unsigned integer의 줄임말인 **uint**로 표현합니다. uint 뒤에는 숫자를 붙여 비트 단위 크기를 나타냅니다. 예를 들어 unit8은 부호 없는 8비트 정수를 의미합니다. 즉, int8은 8개의 비트로 256(2^8)개의 정수를 표현할 수 있습니다. 이때 음수를 제외한 양수, 0만으로 표현할 수 있도록 수의 범위는 0부터 255까지입니다.

- **부호가 없는 정수 데이터 타입 코드, u** : 데이터 타입 코드는 unsigned integer의 첫 글자인 **u**로 나타냅니다. u 뒤에는 숫자를 붙여 바이트 단위 크기를 나타냅니다. 예를 들어 u1은 부호가 없는 1바이트 정수를 의미합니다.

부호가 없는 정수는 주로 이미지 처리를 할 때 사용합니다. 또한, 부호 비트를 사용하지 않기 때문에 메모리를 더 효율적으로 사용할 수 있습니다. 특히 대용량 데이터를 다룰 때 장점이 있습니다.

실수

컴퓨터에서는 실수를 부동소수점 표현 방식을 사용하여 근사치로 표현합니다. 그래서 사실 실수는 부동 소수점이라 부르는 것이 맞지만 실무에서는 실수라는 표현을 더 자주 사용하므로 앞으로 실수 타입으로 부르겠습니다.

> 부동 소수점은 컴퓨터 공학에서 공부하는 내용이고, 넘파이와는 거리가 있어 이 책에서 다루기는 적합하지 않습니다. 궁금하다면 부동 소수점을 검색하여 공부하고 돌아와도 좋습니다.

- **실수의 데이터 타입, float** : 데이터 타입은 floating point의 줄임말인 **float**으로 표현합니다. float 뒤에는 숫자를 붙여 비트 단위 크기를 나타냅니다. 예를 들어 float32는 32비트 실수를 의미합니다. 즉, float32는 32비트로 표현할 수 있는 실수로 대략 $3.4*10^{-38}$부터 $3.4*10^{+38}$ 범위를 표현할 수 있습니다. 이때 부호 비트를 사용하여 양수와 음수를 표현할 수 있습니다. 또한, 0도 포함합니다.
- **실수의 데이터 타입 코드, f** : 데이터 타입 코드는 floating point의 첫 글자인 **f**로 나타냅니다. f 뒤에는 숫자를 붙여 바이트 단위 크기를 나타냅니다. 예를 들어 f4는 4바이트 실수를 의미합니다. 이때 4바이트는 32비트를 의미합니다.

실수는 주로 연속적인 실수 값이 필요한 데이터나 연산에서 활용합니다. 예를 들어 데이터 분석에서 연속적인 특성이나 예측 값을 나타낼 때 사용할 수 있습니다. 시각화 작업에서 좌표, 색상 값 등을 다룰 때 실수 타입이 자주 활용됩니다.

논리형

논리형은 참^{True}과 거짓^{False}을 표현합니다.

- **논리형 데이터 타입, bool** : 데이터 타입은 boolean의 줄임말인 **bool**로 표현합니다.
- **논리형 데이터 타입 코드, ?** : 데이터 타입 코드는 **?**로 나타냅니다.

논리형은 주로 논리 연산, 조건에 따른 값 선택, 배열 요소 마스킹 등의 다양한 용도로 사용합니다. 예를 들어 배열의 각 요소에 조건을 적용할 때 해당 조건을 만족하면 True, 그렇지 않으면 False가 저장된 논리형 배열이 생성됩니다. 이처럼 논리형 타입은 데이터 조건부 선택 시 유용하게 활용합니다.

문자열

문자열은 유니코드 문자열과 ASCII 문자열을 씁니다. 현대 파이썬 프로그래밍은 주로 유니코드를 씁니다. 그 이유는 유니코드가 다양한 언어와 기호를 포함하고 있어 전 세계적으로 호환이 가능하기 때문입니다. ASCII 문자열은 간단한 제어 문자나 특정한 ASCII 기반 프로토콜을 처리할 때만 제한적으로 사용합니다. 간단히 알아보겠습니다.

- **유니코드 문자열의 데이터 타입과 데이터 타입 코드, str_, U** : 유니코드 문자열은 전 세계의 다양한 문자를 지원하며, 각 문자는 고유한 코드 포인트를 가지고 있습니다. 넘파이에서 유니코드 문자열을 저장할 때는 np.str_ 타입을 사용하며, 데이터 타입 코드는 U로 나타냅니다. 예를 들어 U10은 최대 10개의 유니코드 문자로 이루어진 문자열을 의미합니다. 유니코드 문자열은 전 세계의 모든 문자를 표현할 수 있는 표준 인코딩 방식으로, 다양한 언어와 특수 문자를 다룰 때 사용됩니다.
- **아스키 문자열의 데이터 타입과 데이터 타입 코드, bytes_, S** : 아스키 문자열은 영어 알파벳을 포함한 문자 집합을 지원하며, 각 문자는 8비트(1바이트)로 저장됩니다. 넘파이에서 아스키 문자열을 저장할 때는 np.bytes_ 타입을 사용하며, 데이터 타입 코드는 S로 나타냅니다. 예를 들어 S6은 최대 6개의 아스키 문자로 이루어진 문자열을 의미합니다. 아스키 문자열은 주로 영어로만 이루어진 경우나, 문자 집합이 아스키로 충분히 표현 가능한 경우에 사용됩니다. 유니코드에 비해 메모리를 적게 사용하므로 처리 속도가 빠를 수 있습니다.

> 아스키 코드표는 ko.wikipedia.org/wiki/ASCII에서 확인하세요.

지금까지 다양한 데이터 타입을 살펴봤습니다. 표로 정리한 내용을 눈으로 한 번 읽어보고 넘어가기 바랍니다.

데이터 타입	데이터 타입 코드	설명	예
int8 int16 int32 int64	i1 i2 i4 i8	부호가 있는 8비트 정수(-128 ~ 127) 부호가 있는 16비트 정수 부호가 있는 32비트 정수 부호가 있는 64비트 정수	[1 2 3 4]
uint8 uint16 uint32 uint64	u1 u2 u4 u8	부호가 없는 8비트 정수(0 ~ 255) 부호가 없는 16비트 정수 부호가 없는 32비트 정수 부호가 없는 64비트 정수	[1 2 3 4]
float16 float32 float64	f2 f4 f8	16비트 실수(2 바이트 실수) 32비트 실수(4 바이트 실수) 64비트 실수(8 바이트 실수)	[1.2 2.3 3.4 4.5]
complex64 complex128 complex256	c8 c16 c32	64비트 복소수(실수, 허수 각각 32비트) 128비트 복소수(실수, 허수 각각 64비트) 256비트 복소수(실수, 허수 각각 128비트)	[1.+2.j 3.+4.j 5.+6.j]
bool_	?	논리형(boolean)	[True False True]
str_	U	유니코드 문자열(unicode)	['가' '나' '다' '라']
bytes_	S	ASCII 문자열(string)	['A' 'B' 'C' 'D']
object_	object	파이썬 객체(python object)	[1 1.2 True '가']

아마 표를 보면 '이 데이터 타입들을 다 외워야 하는 건가요?'라고 질문할 수도 있습니다. 여러분이 지금 단계에서 이 데이터 타입을 모두 외울 필요는 없습니다. 실습을 반복하면서 익숙해지는 것이 중요합니다. 그럼 데이터 타입 관련 실습을 간단히 진행해봅시다.

데이터 타입 확인해보기

넘파이 배열의 데이터 타입은 **dtype** 속성을 사용하여 확인할 수 있습니다. 그리고 배열의 데이터 타입을 지정하고 싶다면, array( ) 함수의 **dtype** 매개변수에 인수로 데이터 타입 코드를 입력하여 나타낼 수 있습니다. 다음 코드를 작성하고 실행해봅시다.

01단계 dtype 속성을 사용하여 배열의 데이터 타입을 출력해보세요.

```
import numpy as np

print(np.array([1, 2, 3]).dtype)
```
출력 결과
```
int64
```

결과에서 보는 것처럼 정수로 구성된 넘파이 배열의 데이터 타입은 int64가 기본입니다.

02단계 만약 특정 데이터 타입을 지정하고 싶다면 다음과 같이 코드를 작성하면 됩니다. array( ) 함수의 dtype 매개변수에 데이터 타입을 인수로 입력하여 데이터 타입을 지정해보세요.

```
print(np.array([1, 2, 3], dtype='int8').dtype)
```
출력 결과
```
int8
```

dtype을 'int8'로 지정하여 기본 데이터 타입 int64가 아닌 int8이 나왔습니다. 이렇게 dtype을 특정 데이터 타입으로 지정하면 원하는 데이터 타입으로 넘파이 배열을 만들 수 있습니다.

03단계 앞에서 설명했던 데이터 타입 코드도 사용해봅시다. dtype 매개변수에 데이터 타입 코드를 인수로 입력하여 데이터 타입을 지정해보세요.

```
print(np.array([1, 2, 3], dtype='i1').dtype)
```
출력 결과
```
int8
```

02단계 np.array([1, 2, 3], dtype='int8').dtype 코드와 **03단계** np.array([1, 2, 3], dtype='i1').dtype 코드의 결과가 같습니다. 즉 dtype='i1'은 1바이트8비트 정수형 데이터 타입을 의미합니다. 넘파이에서 데이터 타입에 대해 편리하게 몇 가지 별칭을 제공하기 때문에, 실제로는 둘 중 어떤 것을 사용해도 결과는 동일합니다.

넘파이 배열의 장점 알아보기

여기까지 공부하면서 파이썬을 아는 독자라면 '왜 데이터 분석에 파이썬 리스트가 아니라 넘파이 배열을 쓰는 걸까?'라는 의문이 들 수 있습니다. 그 이유는 넘파이 배열을 사용해서 얻을 수 있는 장점이 분명히 있기 때문입니다. 보통 넘파이 배열의 장점은 다음 3가지를 많이 이야기합니다.

1 **메모리 사용 효율이 좋고, 계산 속도가 빠름** : 데이터 분석 분야에서는 대량의 데이터를 다루는 경우가 많으므로 메모리 사용 효율이 좋고 계산 속도가 빠른 넘파이를 사용하는 건 당연한 일입니다.

2 **선형 대수 연산 지원** : 선형 대수linear algebra 연산을 지원하여 이미지 처리의 특징 추출, 필터링, 패턴 인식에서 사용하기에 좋습니다. 또 머신러닝 알고리즘인 선형회귀, 신경망 등에서 넘파이의 선형 대수 연산을 빈번하게 활용합니다.

3 **벡터화 연산 지원** : 넘파이는 배열에 벡터화vectorized 연산을 지원합니다. **벡터화 연산은 배열의 모든 요소에 대해 루프 없이 한 번에 연산을 수행하는 연산 기법입니다.** 벡터화 연산에는, 같은 요소의 값을 한 번에 연산하는 요소별 연산, 값을 배열로 펼쳐서 적용하는 브로드캐스팅이 포함되어 있습니다.

정말 그런지 벡터화 연산의 요소별 연산과 브로드캐스팅을 예로 들어 넘파이 배열의 장점을 알아보겠습니다.

01단계 넘파이 배열과 파이썬 리스트를 선언해보겠습니다.

```python
import numpy as np

ndarray_1 = np.array([1, 2, 3]) # 넘파이 배열
ndarray_2 = np.array([4, 5, 6]) # 넘파이 배열
list_1 = [1, 2, 3] # 파이썬 리스트
list_2 = [4, 5, 6] # 파이썬 리스트
```

02단계 이제 덧셈 연산을 해봅시다. 위 코드에 이어서 다음 코드를 입력하고 실행해보세요.

```python
print(ndarray_1 + ndarray_2)   # 둘 다 덧셈 연산을 하지만 출력 결과가 다릅니다
print(list_1 + list_2)
```

출력 결과
```
[5 7 9]
[1, 2, 3, 4, 5, 6]
```

결괏값이 서로 다릅니다. **넘파이 배열은 두 배열의 요소를 일대일 대응하여 더했습니다. 이것이 요소별 연산입니다.** 반면 파이썬 리스트는 두 리스트를 연결했습니다. 만약 파이썬으로 넘파이와 같은 연산을 하고 싶다면 다음과 같이 for문으로 코드를 작성해야 합니다.

```
result_list = [x + y for x, y in zip(list_1, list_2)]
print(result_list)
```
for문으로 각 요소별 연산을 합니다

출력 결과
```
[5, 7, 9]
```

둘을 비교하면 넘파이가 덧셈 연산에 불필요한 루프를 사용하지 않아도 되므로 훨씬 효율적입니다. 심지어 연산에 드는 자원도 적습니다.

03단계 이번에는 브로드캐스팅을 해보겠습니다. 넘파이 배열과 파이썬 리스트에 2를 곱하면 어떻게 될까요?

```
print(ndarray_1 * 2)
print(list_1 * 2)
```
둘 다 곱셈 연산을 하지만 출력 결과가 다릅니다

출력 결과
```
[2 4 6]
[1, 2, 3, 1, 2, 3]
```

넘파이는 배열의 각 요소에 2를 곱하는 연산을 수행합니다. 이때 배열 간의 크기가 달라도 넘파이는 작은 배열을 자동으로 확장하여 같은 크기로 맞춘 후 연산을 수행합니다. 이것이 **브로드캐스팅**의 핵심입니다. 코드에서 볼 수 있듯이 넘파이 배열 ndarray_1에 2를 곱할 때 넘파이는 2를 [2 2 2]인 배열로 자동으로 확장하여 각 요소에 곱셈을 수행합니다. 반면, 파이썬 리스트는 곱셈 연산 시 리스트를 반복하여 붙이는 방식으로 동작합니다. 코드에서 볼 수 있듯이 리스트에 2를 곱하면 리스트가 2번 반복되어 하나가 됩니다.

이렇게 넘파이 배열은 벡터화 연산 덕분에 반복문을 사용하지 않고도 수학 및 통계 연산을 간단하게 수행할 수 있도록 설계되어 있으며, 합, 평균, 행렬 곱셈 등의 연산도 간단한 함수 호출로 처리할 수 있습니다. 자세한 내용은 '**01.3절 넘파이 배열로 다양하게 연산하기**'에서 요소별 연산과 벡터화 연산에 대해 더 자세하게 다룰 예정입니다.

다양한 방법으로 넘파이 배열 생성하기

넘파이는 배열을 만들 때 array( ) 함수에 파이썬 데이터를 인수로 전달하여 만듭니다. 이때 넘파이는 array( ) 함수에 넘어오는 인수의 데이터 타입을 보고 자동으로 타입을 지정하여 넘파이 배열을 생성합니다. 예를 들어 numpy.array([1.3, 7.4, 1.1])이라고 코드를 작성하면 넘파이가 파이썬 리스트의 요소들이 모두 실수임을 인식하여 실수 타입의 넘파이 배열을 생성합니다. 이제부터 다양한 방법으로 넘파이 배열을 생성하는 방법을 알아봅시다.

파이썬 리스트로 넘파이 배열 생성하기

01단계 파이썬 리스트를 이용하여 각 요소가 정수형, 실수형인 넘파이 배열을 생성해보겠습니다.

```python
import numpy as np

a = np.array([2, 3, 4]) # ❶ 넘파이 정수형 배열 생성
print(a) # 넘파이 배열 출력
print(a.dtype) # 넘파이 배열의 데이터 타입 출력
b = np.array([2.1, 3.2, 4.3]) # ❷ 넘파이 실수형 배열 생성
print(b)
print(b.dtype)
```

출력 결과
```
[2 3 4]
int64
[2.1 3.2 4.3]
float64
```

❶ np.array([2, 3, 4])와 같이 [2, 3, 4]를 array( ) 함수의 인수로 전달하여 넘파이 배열을 생성합니다. 데이터 타입 기본값은 int64입니다.

❷ 같은 방식으로 실수가 채워진 파이썬 리스트를 array( ) 함수의 인수로 전달하여 넘파이 배열을 생성했습니다. 실수 타입 기본값은 float64입니다.

파이썬 튜플로 넘파이 배열 생성하기

이번에는 파이썬 튜플로 문자열, 논리형 데이터 타입의 넘파이 배열을 생성하겠습니다. 참고로 파이썬 튜플은 순서가 있고 변경할 수 없는 콜렉션 자료형으로, 다양한 데이터를 한 번에 저장할 수

있습니다. 소괄호 ( )로 작성하며, 리스트와 달리 값을 변경하거나, 추가하거나, 삭제할 수 없습니다.

02단계 다음은 넘파이 문자열 배열을 생성하고, 데이터 타입을 확인하는 코드입니다.

```
c = np.array(('i', 'j', 'k')) # 넘파이 문자열 배열 생성
print(c)
print(c.dtype) # 데이터 타입 확인
```

출력 결과
```
['i' 'j' 'k']
<U1
```

c = np.array(('i', 'j', 'k'))은 파이썬 튜플로 넘파이 문자열 배열을 생성한 것입니다. 데이터 타입은 <U1입니다. U는 유니코드 문자열 데이터 타입을 의미하고, 1은 문자열 길이를 의미합니다. 그런데 <라는 문자가 보입니다. 이는 문자열의 길이를 특정할 때 나오는 기호입니다. 지금은 넘파이가 튜플에 있는 문자열 길이를 보고 자동으로 1로 설정한 것입니다.

03단계 다른 것도 해보겠습니다. 튜플에 불리언 데이터를 담아 넘파이 논리형 배열을 생성하고, 데이터 타입을 확인해봅니다.

```
d = np.array((True, True, False)) # 넘파이 논리형 배열 생성
print(d)
print(d.dtype)
```

출력 결과
```
[True True False]
bool
```

이 역시도 결과를 보면 쉼표가 없는 넘파이 배열을 출력합니다. 데이터 타입은 bool입니다. 넘파이에서는 bool_ 타입이 실제로 사용되지만, dtype을 출력할 때는 간단하게 bool로 표시됩니다.

dtype 매개변수로 넘파이 배열의 문자열 길이 지정하기

앞에서 <U1은 문자열의 길이가 1인 요소만 포함한다고 했습니다. 문자열의 길이를 더 길게 지정하려면 어떻게 해야 할까요? 그럴 때는 넘파이 배열 선언 시 array( ) 함수의 dtype 매개변수에 데이터 타입을 설정할 때 문자열의 길이를 지정해주면 됩니다.

04단계 다음은 넘파이 배열의 데이터 타입을 변경하여 문자열 길이를 조정하는 코드입니다.

```
e = np.array(['ab', 'cd', 'e'], dtype='<U2')  # 문자열 길이를 조절하여 배열 생성
print(e)
print(e.dtype)

['ab' 'cd' 'e']
<U2
```

출력 결과

배열 요소에는 길이가 1인 문자열과 길이가 2인 문자열을 혼합하여 넣었습니다. dtype 매개변수를 '<U2'로 지정했으므로 문제 없이 실행됩니다. 이와 같이 데이터 타입을 변경하여 문자열 배열의 길이를 조절할 수 있습니다.

넘파이 배열 속성 이해하고 출력해보기

이제 넘파이 배열의 대표 속성을 알아보겠습니다. 넘파이는 배열의 특징과 상태를 파악하기 위해 배열의 데이터 타입, 차원 개수 등을 알려주는 다양한 속성을 제공합니다. 이러한 속성은 여러분이 배열을 조작하고 분석하는 데 유용한 정보를 제공합니다. 어떤 속성이 있는지 다음 그림을 보면서 알아봅시다.

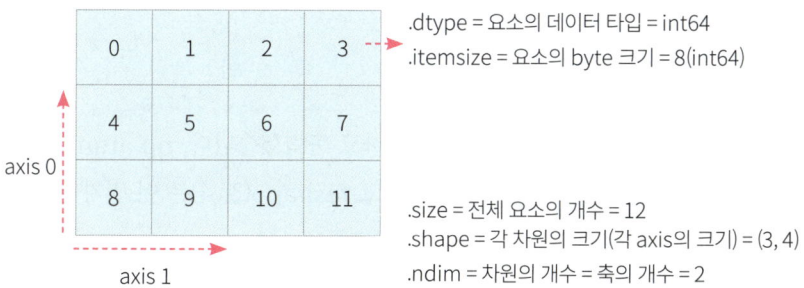

그림은 (3, 4) 크기의 2차원 배열입니다. 그림에 속성을 적어두었습니다. 속성은 넘파이 배열 변수 뒤에 . 기호와 dtype, itemsize 등을 차례대로 입력하여 얻어낼 수 있습니다. dtype 속성은 앞에서 데이터 타입을 알아볼 때 사용해보았습니다. 그림에 표현한 각 속성의 의미는 다음과 같습니다.

- **ndarray.shape** : 배열의 축 순서대로 크기를 튜플로 반환합니다. 위 그림을 보면 (3, 4)로 반환했습니다.

- **ndarray.ndim** : 차원의 개수를 반환합니다.
- **ndarray.dtype** : 배열 요소의 데이터 타입을 반환합니다.
- **ndarray.itemsize** : 배열 요소의 데이터 크기를 byte 단위로 반환합니다.
- **ndarray.size** : 배열의 총 요소 개수를 반환합니다.

이렇게 속성을 이용하면 넘파이 배열의 특징이나 상태를 파악하기 좋습니다. 그럼 하나씩 실습으로 확인해봅시다.

01단계 먼저 속성을 구할 넘파이 배열을 생성해보겠습니다. 그리고 지금까지는 파이썬 리스트로 넘파이 배열을 만들었지만 다른 방법으로도 만들어보겠습니다.

> arange(12).reshape(3, 4)와 같이 함수를 연이어 사용하는 방식을 체이닝이라고 합니다.

```python
import numpy as np

# a라는 변수에 (3, 4) 크기의 넘파이 2차원 배열 생성
a = np.arange(12).reshape(3, 4)
print(a)
```

출력 결과
```
[[ 0  1  2  3]
 [ 4  5  6  7]
 [ 8  9 10 11]]
```

arange( ) 함수와 reshape( ) 함수를 이용하여 배열을 생성하고 출력했습니다. np.arange(12) 함수는 0부터 11로 이루어진 1차원 배열을 생성합니다. 그리고 reshape(3, 4)는 이 일차원 배열의 형태를 (3, 4) 형태의 2차원 배열로 바꿔줍니다.

02단계 01단계에서 생성한 넘파이 배열 a를 이용하여 배열의 속성을 구하는 코드를 작성하겠습니다. 같은 파일에 다음 코드를 추가하세요.

```python
print(a.shape) # 배열의 차원과 차원의 크기 반환
print(a.ndim) # 배열의 차원 수 반환
print(a.dtype) # 배열의 데이터 타입 반환
print(a.itemsize) # 배열의 각 요소의 크기를 바이트 단위로 반환
```

```
print(a.size)  # 배열의 총 요소의 수 반환
```

```
(3, 4)
2
int64
8
12
```
출력 결과

앞에서 본 그림대로 2차원 배열을 만들고 속성을 출력하였습니다. 결괏값 해석은 이미 앞에서 했으므로 넘어가겠습니다.

챗GPT와 함께 넘파이 3차원 배열 생성해보기

챗GPT로 넘파이 3차원 배열을 생성하여 더 깊게 이해해보겠습니다.

> 넘파이 3차원 배열 예제로 여러 학급의 여러 학생의 국어, 영어, 수학 과목 시험 점수를 사용한 샘플을 만들어줘.

> 넘파이를 사용하여 3차원 배열로 여러 학급의 여러 학생들의 국어, 영어, 수학 과목 시험 점수를 나타내는 샘플을 만들어보겠습니다. 여기서는 예시로 3개의 학급, 각 학급당 4명의 학생, 각 학생당 3과목(국어, 영어, 수학)의 시험 점수를 생성합니다.

```
import numpy as np

# 각 학급에 4명의 학생, 각 학생이 3과목의 시험 점수를 가지고 있는 배열 생성
# 예시: 3개의 학급, 각 학급에 4명의 학생, 각 학생당 국어, 영어, 수학 점수
scores = np.random.randint(0, 101, size=(3, 4, 3))

# 학급별, 학생별, 과목별 점수를 출력
print("학급별 학생들의 점수 배열 (3차원 배열):")
print(scores)

# 학급, 학생, 과목별로 점수 출력
```

```
for class_idx in range(scores.shape[0]):
    print(f"\nClass {class_idx + 1}")
    for student_idx in range(scores.shape[1]):
        korean, english, math = scores[class_idx, student_idx]
        print(f"Student {student_idx + 1} - Korean: {korean}, English: {english}, Math: {math}")
```

출력 결과

```
학급별 학생들의 점수 배열 (3차원 배열):
[[[52 58 55]
  [11 52 65]
  [96 20 83]
  [ 3 54 99]]

 [[34 12  9]
  [18 29 97]
  [53 73 87]
  [66 75 92]]

 [[78 88 53]
  [20 42 17]
  [65 46 97]
  [37 54 82]]]

Class 1
Student 1 - Korean: 52, English: 58, Math: 55
...생략...
```

> 넘파이의 3차원 배열에서 첫 번째 축은 학급, 두 번째 축은 학생, 세 번째 축은 과목을 나타냅니다. 예를 들어 scores[0]은 첫 번째 학급의 모든 학생 성적을, scores[0, 2]는 첫 번째 학급의 세 번째 학생 성적을, scores[0, 2, 1]은 첫 번째 학급의 세 번째 학생의 영어 점수를 나타냅니다. 배열 구조와 축을 잘 이해하면 데이터를 쉽게 조회하고 분석할 수 있으며 평균, 최댓값, 최솟값 등의 통계치를 간편하게 계산할 수 있습니다.

초기화 함수로 넘파이 배열 생성하기

여기서는 초기화 함수를 이용하여 넘파이 배열을 생성하겠습니다. 초기화 함수를 이용하면 특정 값으로 넘파이 배열을 초기화할 수 있습니다. 예를 들어 0으로 초기화한 배열이나, 1로 초기화한 배열을 만들 수 있습니다. 빈 값으로 초기화한 배열도 만들 수 있습니다. 이런 특수한 배열들은 인공지능, 데이터 분석, 통계학, 컴퓨터 비전 분야에서 자주 사용합니다.

모든 요소가 0으로 초기화된 넘파이 배열 생성하기

zeros( ) 함수는 shape에 모양을 지정하여 모든 요소를 0으로 초기화합니다. 기본형은 다음과 같습니다.

```
np.zeros(shape, [dtype])  # 예 : np.zeros(shape = (2, 3))
```

shape 매개변수는 정수 튜플을 인수로 받습니다. 예를 들어 np.zeros(shape = (2, 3))은 (2, 3) 형태의 배열을 생성하고 배열의 모든 요소를 0으로 초기화합니다.

0	0	0
0	0	0

코드를 작성할 때 shape=는 생략할 수 있습니다. np.zeros((2, 3))로 작성해도 np.zeros(shape = (2, 3))으로 작성해도 결과는 같습니다. dtype 매개변수는 데이터 타입을 정의합니다. 0이라도 다 같은 0이 아니기 때문이죠. dtype의 기본값은 float64입니다.

01단계 np.zeros( ) 함수를 사용해 모든 요소가 0으로 초기화된 배열을 생성해보겠습니다.

```python
import numpy as np

# ❶ (3, 4) 크기의 배열을 생성하여 0으로 채움
print(np.zeros((3, 4)))
# ❷ (3, 4) 크기의 배열을 데이터 타입을 정수로 생성한 후, 0으로 채움
```

```
print(np.zeros((3, 4), dtype=int))
```

```
[[0. 0. 0. 0.]
 [0. 0. 0. 0.]
 [0. 0. 0. 0.]]
[[0 0 0 0]
 [0 0 0 0]
 [0 0 0 0]]
```

❶ 3행 4열의 배열을 생성하고 모든 요소를 0으로 초기화합니다. dtype에 별도의 인수를 설정하지 않았으므로 기본 데이터 타입 float64로 넘파이 배열을 만듭니다.

❷ dtype에 int를 설정하여 정수형 데이터 타입 2차원 배열을 출력했습니다.

모든 요소가 1로 초기화된 넘파이 배열 생성하기

넘파이의 ones( ) 함수는 모든 요소를 1로 초기화합니다. 기본형은 다음과 같습니다.

```
np.ones(shape, [dtype]) # 예 : np.ones((2, 3, 4))
```

1로 초기화된 배열은 이미지 처리 작업에서 마스크mask 배열을 생성하고 초기화할 때 주로 사용합니다. 마스크란 이미지 처리 작업에서 특정 영역을 선택하거나 필터링하는 데 사용되는 배열을 의미합니다. 또한 행렬 연산과 모델 초기화에도 유용하게 쓰입니다. 실습을 통해 ones( ) 함수를 익혀봅시다.

02단계 다음은 모든 요소가 1로 초기화된 배열을 생성하는 코드입니다.

```
# (2, 3, 4) 크기의 배열을 생성하여 데이터 타입을 정수로 설정한 후, 1로 채움
print(np.ones((2, 3, 4), dtype=int))
```

```
[[[1 1 1 1]
  [1 1 1 1]
  [1 1 1 1]]]
```

결과는 (2, 3, 4) 크기의 3차원 배열입니다. dtype를 int로 지정하여 배열의 모든 요소를 정수형으로 만들었습니다.

모든 요소가 비어 있는 넘파이 배열 생성하기

empty( ) 함수는 빈empty 배열을 생성합니다. 빈 배열은 모든 배열 요소가 초기화되지 않은 상태라는 뜻입니다. 기본형은 다음과 같습니다.

```
np.empty(shape)  # 예 : np.empty((2, 3))
```

empty( ) 함수는 비어 있는 배열을 빠르게 만드는 도구입니다. empty( ) 함수로 만든 배열은 처음에는 아무 의미 없는 값들로 채워져 있습니다. 왜냐하면 이 함수는 배열을 만들 때 배열을 만드는 시간을 절약하기 위해 값을 설정하는 과정을 생략하고 빈 공간만 만들기 때문입니다. 값은 나중에 여러분이 원하는 값을 넣으면 되는 것이죠. 그래서 empty( ) 함수는 큰 배열을 빠르게 만들기만 해야 할 때 유용한 함수입니다.

> 일반적으로는 zeros( ) 함수나 ones( ) 함수 등을 사용하여 배열을 안전하게 초기화하는 경우가 많습니다.

03단계 02단계에 이어서 지정된 모양을 가지는 빈 배열을 생성해보겠습니다.

```
# (2, 3) 크기의 빈 배열 생성
print(np.empty((2, 3)))
```

출력 결과
```
[[4.64184379e-310 0.00000000e+000 1.71457461e+214]
 [1.06097699e-153 1.31079597e+179 2.13043504e-313]]
```

2행 3열의 빈 배열이 만들어졌습니다. 결괏값은 메모리 공간에서 이전에 사용한 값이므로 여러분의 실행 결과와 다를 수 있습니다.

일정한 간격의 넘파이 배열 생성하기

넘파이는 일정한 간격의 배열을 생성할 수 있습니다. 예를 들어 1부터 시작해서 간격은 2이고, 요소를 5개 가진 배열 [1 3 5 7 9]를 만들 수 있습니다. 이렇게 일정한 간격의 배열을 만들 수 있으면 반복문을 대체하여 특정 작업을 수행하거나 간격을 균등하게 표시하여 그래프를 시각화할 수 있습니다. 또 다양한 수치 계산 및 데이터 처리 작업에서 유용하게 사용할 수 있습니다.

arange( ) 함수로 넘파이 배열 만들기

arange( ) 함수의 기본형은 다음과 같습니다.

```
np.arange(start, stop, step, dtype)
```

- **start** : 시작값입니다. 기본 인수값은 0입니다.
- **stop** : 종료값입니다. arange( ) 함수로 생성한 배열은 종료값을 포함하지 않습니다.
- **step** : 배열 요소 사이의 간격을 나타내는 숫자입니다. 기본 인수값은 1입니다.
- **dtype** : 배열의 데이터 타입을 지정합니다. 기본 타입은 start, stop, step 매개변수에 입력된 값을 보고 시퀀스의 데이터 타입으로 자동으로 결정합니다.

함수의 사용 방법은 다음과 같습니다.

```
np.arange(10, 30, 5, int)
np.arange(start = 10, stop = 30, step = 5, dtype = int)
```

두 함수는 모두 같은 결과를 반환합니다. 차이가 있다면 매개변수의 표시 유무입니다. 이렇게 함수를 사용할 때는 매개변수를 표시해도 되고 안 해도 됩니다. **이 책은 함수를 사용할 때 매개변수를 표시하지 않겠습니다.** 다만 매개변수를 표시하지 않으려면 함수를 사용할 때 매개변수 순서대로 인수를 전달해야 합니다. 만약 이렇게 매개변수 순서를 지키지 않고 인수를 전달하여 함수를 사용하면 다음과 같은 오류가 발생합니다.

> 데이터 타입이 있어야 할 위치에
> 정수 5가 있어서 오류 발생

```
np.arange(int, 10, 30, 5) # 오류 발생
```

```
TypeError Traceback (most recent call last)
<ipython-input-2-f1e9bbb9af0f> in <cell line: 1>()
----> 1 np.arange(int, 10, 30, 5) # 오류 발생
TypeError: Cannot interpret '5' as a data type
```

01단계 그럼 arange( ) 함수를 사용해서 넘파이 배열을 생성해봅시다.

```
import numpy as np

# ❶ 10 이상 30 미만까지 5 간격으로 생성
print(np.arange(10, 30, 5))
# ❷ 0 이상 2 미만까지 0.3 간격으로 생성
print(np.arange(start = 0, stop = 2, step = 0.3))
```

출력 결과
```
[10 15 20 25]
[0.  0.3 0.6 0.9 1.2 1.5 1.8]
```

❶ 간격은 5이고, 10 이상 30 미만 범위의 배열을 생성하는 코드입니다. start에는 10을, stop에는 30을 설정했습니다. 결과를 보면 10부터 5 간격으로 25까지 표현되었습니다. **이렇게 arange( ) 함수는 끝 범위 30은 배열에 포함하지 않습니다.**

❷ 간격은 0.3이고 0 이상 2 미만 범위의 배열을 생성합니다.

linspace( ) 함수로 넘파이 배열 만들기

다른 함수도 사용해봅시다. linspace( ) 함수는 arange( ) 함수와 비슷하지만 조금 더 구체적인 매개변수를 가지고 있습니다. 함수의 기본형은 다음과 같습니다.

```
np.linspace(start, stop, num, endpoint, retstep, dtype)
```

- **start** : 시작값입니다. 기본값은 0입니다.
- **stop** : 종료값입니다.
- **num** : 배열 요소 개수입니다. 기본값은 50입니다.
- **endpoint** : 종료값을 포함 여부를 나타내는 논리형 데이터 타입입니다. 기본값은 True입니다.
- **retstep** : 요소 사이의 간격을 반환할지 말지 여부를 나타내는 논리형 데이터 타입입니다. 기본값은 False입니다. True로 설정하면 간격도 함께 반환합니다.
- **dtype** : 배열의 데이터 타입을 지정합니다. 기본값은 실수입니다.

02단계 linspace() 함수로 간격은 10이고 1 이상 10 이하 범위로, 10개의 배열을 생성했습니다.

```
# 1 이상 10 이하까지 값을 가진 크기 10짜리 배열 생성
print(np.linspace(start = 1, stop = 10, num = 10, dtype = int))
[ 1  2  3  4  5  6  7  8  9 10]
```
출력 결과

endpoint 매개변수의 값을 따로 지정하지 않았지만 기본값이 True이므로 종료값 10을 배열에 포함하여 [1 2 3 4 5 6 7 8 9 10]을 출력합니다.

arange( ) 함수와 linspace( ) 함수 비교하기

arange( ) 함수와 linspace( ) 함수를 배웠습니다. 두 함수는 비슷하면서도 다릅니다. 어떤 점이 다른지 알아봅시다.

첫 번째, 쓰이는 곳이 다릅니다

arange( ) 함수는 지정한 간격으로 배열을 생성하므로 일정 간격을 강조해야 하는 데이터가 필요할 때 사용하기 좋습니다. 보통 arange( ) 함수는 시간과 날짜와 같은 시계열 데이터를 처리할 때 많이 사용합니다. 예를 들어 일정한 시간 간격으로 기록된 센서 데이터를 처리하거나, 주기적으로 발생하는 이벤트를 분석할 때 사용할 수 있습니다. 반면 linspace( ) 함수는 일정한 구간 데이터를 생성할 때 사용합니다. 예를 들어 x축을 특정 범위로 설정하고 그 범위에서 일정한 수의 데이터 위치를 생성하여 그래프를 그리는 경우에도 사용할 수 있습니다. 이처럼 데이터를 시각화하거나 구간별 통계량을 계산할 때 유용합니다.

두 번째, 범위를 지정하는 방식이 다릅니다

arange( ) 함수는 끝 범위를 포함하지 않습니다. 예를 들어 np.arange(0, 10, 2)는 0부터 10까지의 숫자를 2씩 증가하며 생성하지만 10(끝 범위)은 포함하지 않으므로 [0, 2, 4, 6, 8]을 반환합니다. 반면 linspace( ) 함수는 끝 범위를 포함합니다. 예를 들어 np.linspace(0, 10, 5)는 0부터 10까지의 범위에서 5개의 점을 균등하게 생성하여 [0.0, 2.5, 5.0, 7.5, 10.0]을 반환합니다. 끝 범위를 포함하지 않으려면 endpoint=False를 사용하면 됩니다.

세 번째, 반환 요소 개수를 지정하는 방식이 다릅니다

arange( ) 함수는 간격을 step으로 직접 지정하여 배열을 생성합니다. 예를 들어 np.arange(0, 10, 3)은 0부터 10까지의 숫자를 3씩 증가하며 생성하므로 [0, 3, 6, 9]을 반환합니다. 반환하는 요소 개수는 간격에 따라 달라집니다. 반면 linspace( ) 함수는 간격이 아닌 요소의 개수를 num으로 지정하여 일정한 구간에서 데이터를 균등하게 생성합니다. 예를 들어 np.linspace(0, 10, 4)는 0부터 10까지의 범위에서 4개의 점을 생성하여 [0.0, 3.33, 6.67, 10.0]을 반환합니다.

이처럼 arange( ) 함수와 linspace( ) 함수는 배열을 생성하는 방식과 사용 목적에서 차이가 있으며, 각각의 함수는 특정한 데이터 생성 상황에 따라 적절하게 선택해서 사용할 수 있습니다.

01.3 넘파이 배열로 다양하게 연산하기

여기서는 넘파이 배열로 다양하게 연산하는 방법을 더 자세히 알아봅니다. 앞에서 공부했던 벡터화 연산을 포함하여 다양한 실습을 해보겠습니다.

요소별 연산해보기

요소별 연산element-wise operation은 배열의 각 요소에 독립 연산을 수행하는 것입니다. 쉽게 말해 두 배열이 있을 때 같은 인덱스의 요소끼리 연산하는 것을 요소별 연산이라고 합니다.

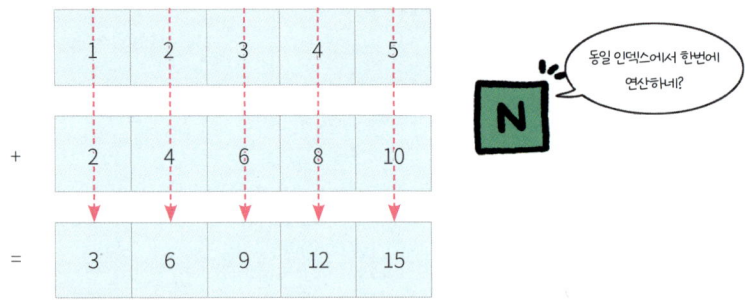

그림을 보면 1과 2를 더해 3을 만들고, 2와 4를 더해 6을 만듭니다. 넘파이는 요소별 연산으로 배열 간의 산술 연산, 비교 연산 등을 수행할 수 있습니다. 그럼 어떤 요소별 연산을 할 수 있는지 코드로 확인해보겠습니다.

요소별 연산으로 사칙 연산하기

01단계 요소별 연산으로 사칙 연산을 해보겠습니다.

```
import numpy as np

# a와 b 배열 생성하여 출력
a = np.array([10, 20, 30, 40])
b = np.arange(start = 1, stop = 5)
print(a)
print(b)

# 덧셈 연산
```

```
print(a + b)
# 뺄셈 연산
print(a - b)
# 곱셈 연산
print(a * b)
# 나눗셈 연산
print(a / b)
```

출력 결과

```
[10 20 30 40]
[1 2 3 4]
[11 22 33 44]
[ 9 18 27 36]
[ 10  40  90 160]
[10. 10. 10. 10.]
```

실행 결과를 보면 요소별 연산이 어떻게 되었는지 감을 잡을 수 있을 것입니다. 참고로 나눗셈 결과는 항상 실수를 반환합니다.

요소별 연산으로 행렬 곱셈하기

이번에는 2차원 배열로 행렬 곱셈을 해봅시다. 행렬 곱셈 연산자는 *가 아니라 @입니다.

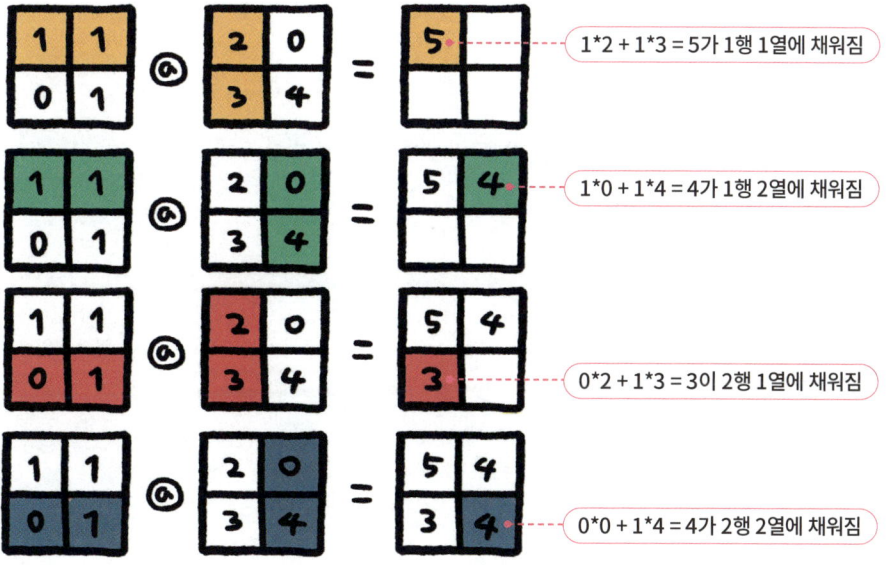

01.3 넘파이 배열로 다양하게 연산하기

행렬 곱셈의 연산 과정은 그림을 참고하기 바랍니다. 색칠한 부분과 오른쪽 결과 수식만 보면 쉽게 이해할 수 있을 것입니다. 만약 그림을 봐도 이해가 되지 않는다면 행렬 곱셈을 검색하여 공부하고 돌아와도 좋습니다.

02단계 2차원 배열을 생성하고 @ 연산자로 행렬 곱셈을 수행합니다. 이때 * 연산자로 요소별 곱셈한 결과를 비교했습니다.

```
# A와 B 배열 생성
A = np.array([[1, 1],
              [0, 1]])
B = np.array([[2, 0],
              [3, 4]])

# ❶ A * B : 요소별 곱셈 연산
print(A * B)
# ❷ A @ B : 행렬 곱셈 사용
print(A @ B)
```

출력 결과
```
[[2 0]
 [0 4]]
[[5 4]
 [3 4]]
```

요소별 연산으로 비교 연산하기

넘파이의 비교 연산은 사칙 연산과 비슷합니다. 같은 위치에 있는 배열 요소끼리 비교 연산을 수행하여 논리형 배열을 반환합니다.

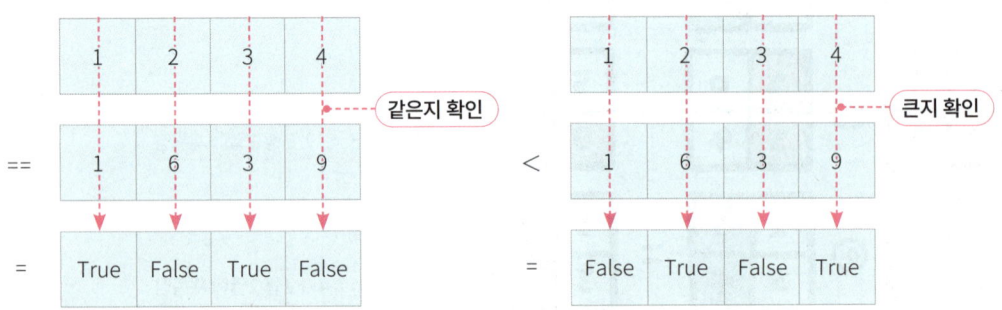

03단계 다음 코드를 입력하여 비교 연산을 사용해봅시다.

```
import numpy as np

# A와 B 배열 생성
A = np.array([1, 2, 3, 4])
B = np.array([1, 1, 3, 3])
# 비교 연산
print(A > B)  # ❶
print(A == B) # ❷
```

출력 결과
```
[False True False True]
[True False True False]
```

❶ A > B는 A와 B의 각 요소를 비교하여, A의 요소가 B의 요소보다 크면 True를 반환하고, 그렇지 않으면 False를 반환합니다. 따라서 [False True False True]를 출력합니다.

❷ A == B는 A와 B의 각 요소를 비교하여, A의 요소와 B의 요소가 같으면 True를 반환하고, 그렇지 않은 경우 False를 반환합니다. 따라서 [True False True False]를 출력합니다.

비교 연산은 배열 요소들을 비교하여 조건에 맞는 데이터를 필터링할 때 사용합니다. 예를 들어 특정 임곗값을 초과하는 데이터를 찾는 작업에 활용할 수 있습니다.

챗GPT와 함께 넘파이 사칙연산 구하기

챗GPT로 넘파이 사칙연산을 구해보겠습니다.

> 넘파이 배열의 사칙연산 예제로 2명의 학생들의 국어, 영어, 수학 과목 시험 점수를 사용한 샘플을 만들어서 총점과 평균을 구하는 예제를 만들어줘.

> 다음은 두 명의 학생들의 국어, 영어, 수학 과목 시험 점수를 사용하여 총점과 평균을 구하는 예제입니다. 두 학생의 점수를 각각 넘파이 배열로 만들고, 이 배열을 사용하여 사칙연산을 수행합니다.

```python
import numpy as np

# 두 명의 학생의 시험 점수를 배열로 생성합니다.
student1_scores = np.array([85, 90, 78])  # 학생 1의 점수 (국어, 영어, 수학)
student2_scores = np.array([92, 88, 95])  # 학생 2의 점수 (국어, 영어, 수학)

# 두 학생의 점수를 출력합니다.
print("학생 1의 점수:", student1_scores)
print("학생 2의 점수:", student2_scores)

# 두 학생의 총점을 구합니다.
total_scores = student1_scores + student2_scores
print("두 학생의 총점:", total_scores)

# 두 학생의 평균 점수를 구합니다.
average_scores = total_scores / 2
print("두 학생의 평균 점수:", average_scores)

# 각 학생의 총점과 평균을 구합니다.
student1_total = np.sum(student1_scores)
student2_total = np.sum(student2_scores)
student1_average = np.mean(student1_scores)
student2_average = np.mean(student2_scores)

print("학생 1의 총점:", student1_total)
print("학생 1의 평균 점수:", student1_average)
print("학생 2의 총점:", student2_total)
print("학생 2의 평균 점수:", student2_average)
```

코드에서는 두 명의 학생 각각의 국어, 영어, 수학 점수를 numpy 배열로 생성합니다. 그 후, 다음과 같은 연산을 수행합니다:

1 두 학생의 점수를 더하여 과목별 총점을 구합니다.
2 과목별 총점을 2로 나누어 과목별 평균 점수를 구합니다.
3 각 학생의 총점과 평균 점수를 구합니다.

출력 결과는 다음과 같습니다:

```
학생 1의 점수: [85 90 78]
학생 2의 점수: [92 88 95]
두 학생의 총점: [177 178 173]
두 학생의 평균 점수: [88.5 89.  86.5]
학생 1의 총점: 253
학생 1의 평균 점수: 84.33333333333333
학생 2의 총점: 275
학생 2의 평균 점수: 91.66666666666667
```

이를 통해 각 학생의 총점과 평균을 쉽게 계산할 수 있습니다.

> 챗GPT가 만들어준 코드와 실행 결과를 보면 넘파이를 사용해 두 학생 점수를 배열로 처리하고, 요소별 연산으로 총점과 평균을 잘 계산했음을 알 수 있습니다. 또 각 학생의 총점과 평균을 따로 계산하는 방법도 알려주었습니다. 이처럼 챗GPT를 잘 활용하면 추가 코드를 통해 다양한 계산을 확인해볼 수 있습니다.

수학 함수, 집계 함수와 함께 벡터화 연산해보기

벡터화 연산Vectorized operation은 반복문 없이 배열의 모든 요소에 연산을 적용하는 것이라고 설명했습니다. 여기서는 수학 함수 또는 집계 함수와 함께 벡터화 연산을 해보겠습니다. 다음은 sqrt( ) 함수를 사용한 예입니다.

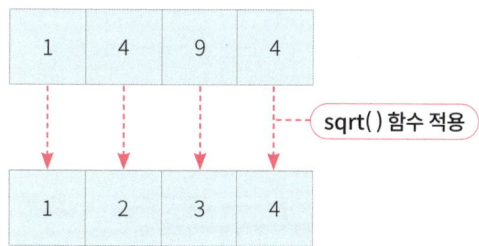

그림 위쪽이 원래 배열이고 아래쪽이 sqrt( ) 함수를 적용한 배열입니다. 이렇게 수학 함수와 함께 벡터화 연산을 할 수 있는 것도 넘파이 배열의 장점입니다.

수학 함수와 함께 벡터화 연산해보기

넘파이는 다양한 수학 함수를 제공합니다. 수학 함수는 배열의 모든 요소에 한 번에 연산을 적용합니다. 이를 통해 간결한 코드를 만들고 실행 시간을 줄일 수 있습니다.

01단계 수로 구성되어 있는 넘파이 배열을 하나 만들고 이것의 제곱근 넘파이 배열을 만들어보겠습니다.

```
import numpy as np

# A 배열 생성
A = np.array([4, 16, 25])
# ❶ 제곱근 함수
print(np.sqrt(A))
```

출력 결과
```
[2. 4. 5.]
```

❶ sqrt( ) 함수는 주어진 배열의 요소별 제곱근을 계산하여 반환합니다. 이렇게 넘파이에 수학 함수를 사용하면 배열의 전체에 한번에 연산을 적용하는 벡터화 연산을 수행합니다.

집계 함수와 함께 벡터화 연산해보기

집계 함수는 배열의 요소를 특정 기준에 따라 연산하고 결과를 반환하는 함수입니다. 집계 함수를 사용하면 배열의 요소를 쉽게 분석하고 통계 정보를 얻을 수 있습니다.

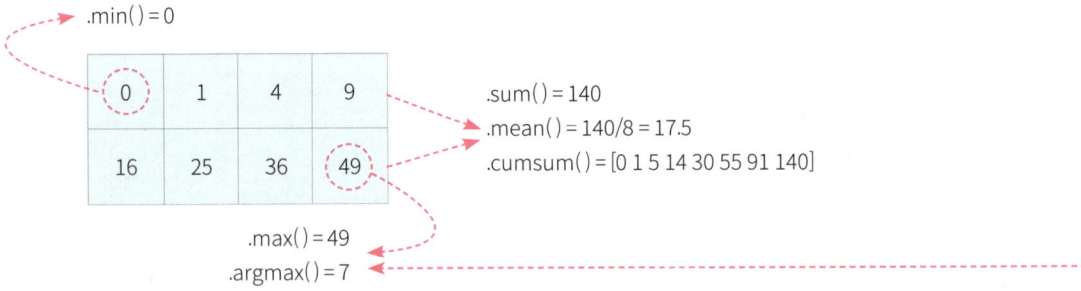

그림에 있는 집계 함수는 다음 표와 같습니다.

함수	설명	연산 과정	반환값
arr.sum()	배열의 모든 요소의 합	0 + 1 + 4 … 36 + 49	140
arr.mean()	배열 요소의 평균값	140 / 8	17.5
arr.min()	배열 요소 중 최솟값		0
arr.max()	배열 요소 중 최댓값		49
arr.cumsum()	배열 요소의 누적 합	[0, 0 + 1, 0 + 1 + 4 …]	[0 1 5 14 30 55 91 140]
arr.argmax()	배열에서 가장 큰 첫 번째 값의 인덱스		7

다른 집계 함수는 연산 과정이나 반환값만 봐도 쉽게 이해할 수 있을 것입니다. 이해하기 좀 어렵게 느껴질 만한 집계 함수만 설명하겠습니다.

- **cumsum( ) 함수** : 배열의 처음부터 각 위치의 누적 합을 계산하여 새로운 배열을 반환합니다. 연산 과정을 보면 0번째 위치의 값은 0번째까지만 누적하여 합하고, 1번째 위치의 값은 1번째 위치까지만 누적하여 합합니다.
- **argmax( ) 함수** : 배열에서 가장 큰 값을 나타내는 첫 번째 인덱스를 계산합니다. 그림에서 최댓값은 49고 그 값의 인덱스인 7을 반환합니다. 만약 49가 3번째 인덱스에도 있었으면 3을 반환했을 겁니다.

집계 함수들은 데이터 분석, 통계, 배열의 특성 파악 등 다양한 상황에서 유용하게 사용할 수 있습니다. 그럼 집계 함수를 사용해봅시다.

02단계 집계 함수를 통해 다차원 배열을 생성하고 조작하는 코드를 따라 작성해보세요.

```python
# a 배열 생성 & 출력
# 0부터 8 미만까지 출력하고 (2, 4) 크기로 재가공하고 제곱하여 출력
a = np.arange(8).reshape(2, 4)**2
print(a)

# 모든 요소의 합
print(a.sum())
# 모든 요소 중 평균
```

```
print(a.mean())
# 모든 요소 중 최솟값
print(a.min())
# 모든 요소 중 최댓값
print(a.max())
# 모든 요소의 누적합
print(a.cumsum())
# ❶ 모든 요소 중 최댓값의 인덱스
print(a.argmax())
```

출력 결과

```
[[ 0  1  4  9]
 [16 25 36 49]]
140
17.5
0
49
[0 1 5 14 30 55 91 140]
7
```

❶ a.argmax( ) 함수의 실행 결과만 다시 봅시다. 2차원 배열에서 인덱스는 배열을 펼친 후의 인덱스를 의미합니다. 배열 a를 펼치면 [0 1 4 9 16 25 36 49] 형태가 됩니다. 최댓값 49는 인덱스 7 위치에 있으므로 7을 출력합니다.

집계 함수에 축 사용해보기

앞서 축이라는 개념을 배웠습니다. 집계 함수에 축을 매개변수로 추가하면 축을 기준으로 집계 함수를 적용할 수 있습니다. 앞에서 배운 집계 함수에 축을 사용하는 모습을 그림으로 나타냈습니다.

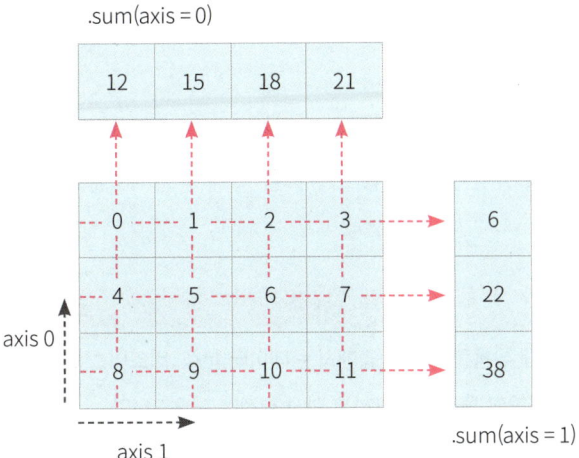

그림에서 보는 것처럼 [[0 1 2 3] [4 5 6 7] [8 9 10 11]] 배열에 a.sum(axis = 1)을 연산하면 axis 1 방향으로 합 연산을 수행하여 [6 22 38]을 반환합니다. axis 0도 마찬가지입니다. 그림을 통해 집계 함수에 축을 사용한다는 뜻이 무엇인지 알았기 바랍니다. 그럼 바로 코드를 작성해보겠습니다.

03단계 집계 함수에 축을 적용하는 다양한 코드를 작성하고 결과를 확인해봅시다.

```python
import numpy as np

# 0부터 8미만까지 출력하고 (2, 4) 크기로 재가공하고 제곱하여 출력
# a = array([[ 0,  1,  4,  9],
#            [16, 25, 36, 49]])
a = np.arange(8).reshape(2, 4)**2

# ❶ axis = 0은 열 기준으로 연산
print(a.mean(axis = 0))
# ❷ axis = 1은 행 기준으로 연산
print(a.max(axis = 1))
```

출력 결과
```
[ 8. 13. 20. 29.]
[ 9 49]
```

❶ mean( ) 함수에 axis = 0을 지정하여 a 배열의 열 방향으로 평균을 계산합니다. 결과는 [8. 13. 20. 29.]입니다.

❷ max( ) 함수에 axis = 1을 지정하여 a 배열의 행 방향으로 최댓값을 계산합니다. 결과는 [9 49]입니다. 이렇게 축 연산을 사용하면 배열의 특정 방향에 대한 집계 결과를 쉽게 얻을 수 있습니다.

> **셀레나의 조언** | **집계 함수는 현업에서 언제 사용할까요?**
>
> 집계 함수는 데이터를 요약하고 분석하는 데 유용합니다. 현업에서는 데이터 분석, 비즈니스 인텔리전스, 금융, 마케팅 등 다양한 분야에서 데이터의 특성을 파악하고 의사 결정에 활용합니다.
>
> - **데이터 요약** : 데이터의 합계, 평균, 중앙값, 최댓값, 최솟값을 계산하여 요약 통계 정보를 얻을 수 있습니다. 이를 통해 데이터의 전반적인 특성을 파악하고 비교할 수 있습니다.
>
> - **그룹화한 데이터 분석** : 데이터를 특정 기준에 따라 그룹화하고, 각 그룹 내에서의 집계를 계산할 수 있습니다. 예를 들어 판매 데이터에서 나라별, 지역별, 제품별로 그룹화하여 평균 판매량을 계산할 수 있습니다.
>
> - **데이터 필터링** : 특정 조건을 만족하는 데이터의 개수, 합계 등을 계산하여 조건에 맞는 데이터의 특성을 파악할 수 있습니다. 예를 들어 의료 데이터에서 특정 기간 동안의 환자를 추출하여 약물 투약 횟수를 계산하여 분석할 수 있습니다.

01.4 배열 인덱싱과 슬라이싱

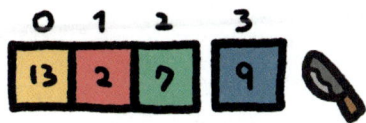

넘파이는 인덱싱과 슬라이싱을 지원합니다. 이를 활용하면 넘파이 배열에서 원하는 요소 또는 부분 배열을 선택할 수 있습니다.

인덱스 이해하기

넘파이 배열의 인덱싱과 슬라이싱을 이해하려면 넘파이 배열의 위치를 가리키는 인덱스를 이해해야 합니다. 인덱스는 다음 그림과 함께 설명하겠습니다.

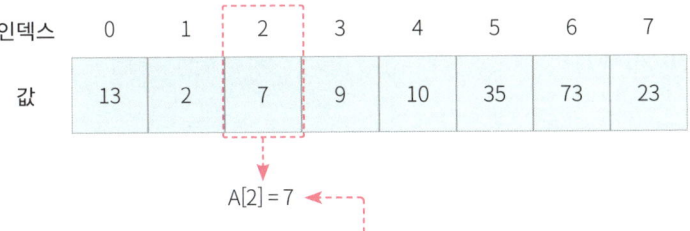

그림을 보면 넘파이 배열 위에 인덱스를 표시했습니다. 파이썬은 인덱스의 시작 번호가 0이므로 인덱스는 0부터 시작합니다. 이 인덱스로 배열 요소에 접근합니다. 예를 들어 넘파이 배열 A에서 3번째 요소에 접근하려면 A[2]라고 코드를 작성해야 합니다.

단일 요소 인덱싱 이해하기

앞에서 그림으로 본 것이 단일 요소 인덱싱입니다. 대괄호 [ ]로 배열의 특정 위치를 지정하여 값을 가져오는 방법입니다.

01단계 다음은 넘파이 1차원 배열의 특정 위치의 값을 가져오는 단일 요소 인덱싱 코드입니다.

```
import numpy as np

a = np.array([0, 1, 2, 3, 4, 5])
print(a)

# 인덱스가 0인, 인덱스가 3인 요소 출력
```

```
print(a[0]) # ❶
print(a[3]) # ❷

[0 1 2 3 4 5]
0
3
```

❶ a[0]을 사용하여 a 배열의 인덱스가 0인 요소를 선택합니다. 따라서 a[0]은 0입니다.

❷ a[3]으로 a 배열의 인덱스가 3인 요소를 선택합니다. 따라서 a[3]은 3입니다.

02단계 **01단계**에 이어서 2차원 배열의 특정 위치를 선택하는 코드를 따라 작성해보세요.

```
b = np.array([[0, 1, 2], [3, 4, 5]])
print(b)

# 인덱스가 [1, 0]인, 인덱스가 [1, 2]인 요소 출력
print(b[1, 0]) # ❶
print(b[1, 2]) # ❷

[[0 1 2]
 [3 4 5]]
3
5
```

❶ b 배열은 2차원 배열입니다. b[1, 0]은 행의 인덱스가 1이면서 열의 인덱스가 0인 요소를 선택합니다.

❷ b[1, 2]는 인덱스의 몇 번째 위치의 행과 열을 선택할까요? 맞습니다. 행의 인덱스가 1이면서 열의 인덱스가 2인 요소 5를 선택합니다.

아마 넘파이나 파이썬이 처음이라면 2차원 배열에서 인덱싱이 헷갈릴 수도 있습니다. 그럴 때는 바깥쪽에서 안쪽으로 한 단계씩 들어가며 인덱싱을 고려하면 쉽게 생각할 수 있습니다.

예를 들어 b[1, 2]는 바깥쪽에서 인덱스 1(빨간색 점선으로 감싼 것)을

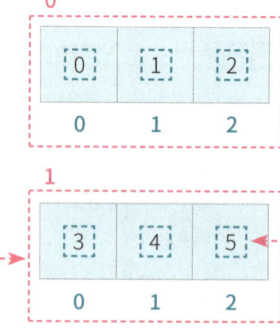

읽고, 그 다음에는 그 안에 있는 인덱스 2(하늘색 점선으로 감싼 것)를 읽으면 됩니다. 즉, b[1, 2]는 5입니다.

슬라이싱 이해하기

슬라이싱은 배열의 부분 집합을 선택하는 방법입니다. 앞서 배운 단일 요소 인덱싱의 확장 개념이라고 생각하면 됩니다. 슬라이싱은 A[0:3]과 같이 콜론 :을 사용하여 인덱스 범위를 선택합니다. 이때 시작 인덱스의 값은 결과에 포함하고, 끝 인덱스의 값은 결과에 포함하지 않습니다.

> 즉 시작 인덱스 이상부터 끝 인덱스 미만까지를 가져옵니다.

01단계 1차원 배열의 범위를 선택하는 코드를 따라 작성해보세요.

```python
import numpy as np

a = np.array([0, 1, 2, 3, 4, 5])
print(a)

# 인덱스 0 이상 인덱스 3 미만 범위의 요소 출력
print(a[0:3])
```

출력 결과
```
[0 1 2 3 4 5]
[0 1 2]
```

그림과 함께 결괏값을 살펴봅시다. a[0:3]은 a 배열의 인덱스가 0인 요소부터 인덱스가 2인 요소까지의 범위를 슬라이싱합니다. 이때 인덱스가 3인 요소는 포함하지 않습니다.

논리형 인덱싱 이해하기

논리형 인덱싱은 배열에서 조건에 따라 요소를 선택하는 방법입니다. 다음 그림처럼 배열에서 값이 4보다 큰 값만 추출하려면 어떻게 해야 할까요?

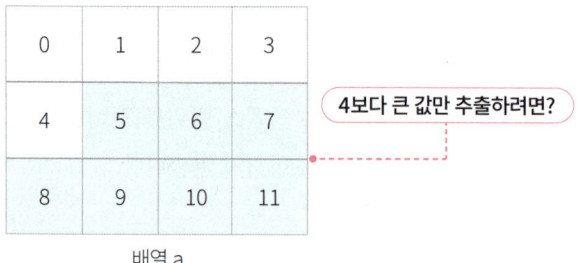
배열 a

넘파이에서 논리형 인덱싱을 사용하면 쉽게 추출할 수 있습니다. 이 과정은 총 2단계를 거칩니다. 각 단계를 자세히 살펴봅시다.

1단계 : 조건 연산으로 True, False 추출하기

4보다 큰 값을 추출하려면 배열에서 4보다 큰 값을 True와 False로 체크한 논리형 타입의 배열을 만들어야 합니다. 다음 코드를 이용하면 배열 a에서 값이 4보다 큰 값을 True/False로 체크한 같은 크기의 2차원 배열 b를 얻을 수 있습니다.

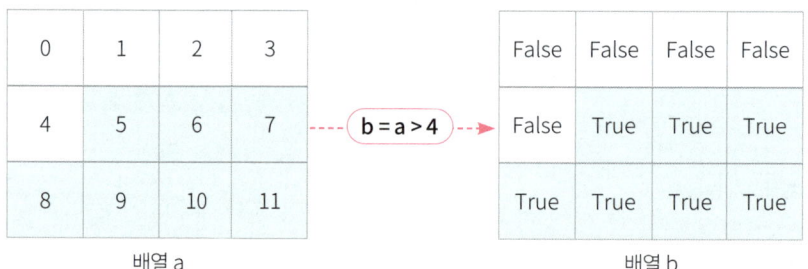
배열 a   배열 b

2단계 : 논리형 타입의 배열을 인덱싱에 사용하기

이제 a[b]를 실행합니다. 논리형 타입의 배열 b를 a의 인덱싱으로 사용한 것입니다. 그러면 True에 해당하는 값만 얻을 수 있습니다.

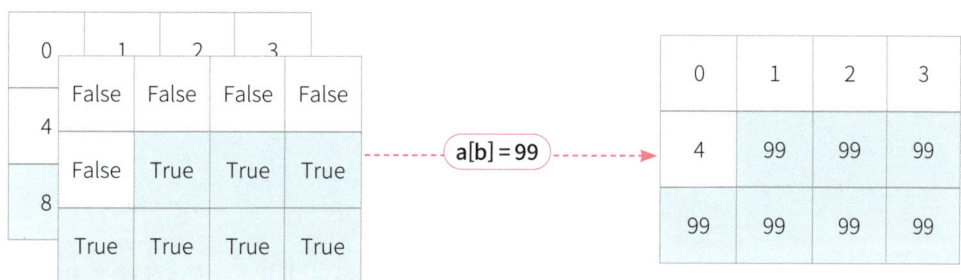

만약 a[b] = 99와 같은 코드를 실행하면 a에서 True에 해당하는 값만 99와 같은 특정 값으로 교체할 수도 있습니다. 다시 말해 논리형 타입의 인덱싱을 활용하면 True에 해당하는 값만 추출하거나 변경할 수도 있습니다.

현업에서 응용을 생각해본다면 의료 데이터를 분석할 때 18세 이상 환자의 정보만 추출하고 싶을 때 이런 기법이 유용할 것입니다. 그럼 실제로 실습을 진행해봅시다.

01단계 다음은 2차원 배열에서 4보다 큰 값에 일대일 대응하는 논리형 배열을 생성하는 코드입니다.

```python
import numpy as np

a = np.arange(12).reshape(3, 4)
print(a)

# a > 4 조건을 적용한 논리형 배열 생성
b = a > 4
print(b)
```

01.4 배열 인덱싱과 슬라이싱 **065**

```
[[ 0  1  2  3]
 [ 4  5  6  7]
 [ 8  9 10 11]]
[[False False False False]
 [False  True  True  True]
 [ True  True  True  True]]
```
출력 결과

결괏값은 앞에서 본 그림과 같습니다. a 배열에서 4보다 큰 값에 해당하는 것들에 대해서만 True 인 논리형 배열을 만들었습니다.

02단계 이제 논리형 인덱싱으로 값을 추출합니다.

```
print(a[b])  # ❶ 논리형 배열 b를 사용하여 조건에 맞는 요소를 추출
print(a[b].shape)  # ❷ 추출한 요소들의 배열 모양
```

```
[ 5  6  7  8  9 10 11]
(7,)
```
출력 결과

❶ b 논리형 배열의 True 값에 해당하는 a 배열의 요소들을 선택합니다. 즉, a 배열에서 조건을 만족하는 요소들만 선택합니다. 따라서 a[b]는 [5 6 7 8 9 10 11]을 출력합니다.

❷ a[b]의 형태를 확인합니다. a[b]는 1차원 배열이므로 형태는 (7,)을 출력합니다.

03단계 02단계에 이어서 논리형 배열을 이용하여 원본 a 배열의 값을 변경하는 코드를 따라 작성해보세요.

```
# 논리형 배열인 b를 이용하여 원본 a 배열의 값 변경하기(True인 값의 위치에 변경하기)
a[b] = 1000
print(a)
```

```
[[   0    1    2    3]
 [   4 1000 1000 1000]
 [1000 1000 1000 1000]]
```
출력 결과

True만 변경

a 배열에서 조건을 만족하는 요소들을 1000으로 변경합니다. 즉, a 배열에서 4보다 큰 모든 요소

들을 1000으로 대체합니다. 논리형 인덱싱은 넘파이 라이브러리에서 다차원 배열을 생성하고 조건을 만족하는 요소들을 선택하거나 변경할 때 활용합니다. 이러한 기능은 원하는 조건에 맞게 데이터를 추출하여 분석하는 데이터 분석에 유용합니다.

정수 배열 인덱싱 이해하기

정수 배열 인덱싱은 정수 배열을 사용하여 원하는 요소를 선택하거나 요소들을 재배열하는 방법입니다. 다음 배열 a가 있다고 해봅시다.

	0	1	2	3	4	5	6	7
a	0	1	4	9	16	25	36	49

여기서 인덱스가 1, 1, 3, 5인 요소만 추출해서 새로운 배열을 만들려면 어떻게 해야 할까요? 만약 인덱스가 1, 3, 5인 요소만 추출하고자 했다면 논리형 인덱싱으로도 어떻게든 할 수 있을 겁니다. 하지만 지금은 인덱스가 1인 요소를 2번 추출해서 새로운 배열을 만들어야 하는 문제가 있네요. 그럴 때는 이렇게 하면 됩니다.

❶ 배열 a에서 추출할 인덱스로 구성된 i 배열을 준비하고 ❷ a[i]를 연산하면 i에 있는 값을 인덱스 삼아 배열 a에서 가져올 수 있습니다. 이때 i 배열을 2차원 배열로 준비하면 추출한 배열의 형태를 1차원이 아니라 2차원으로도 만들 수 있습니다.

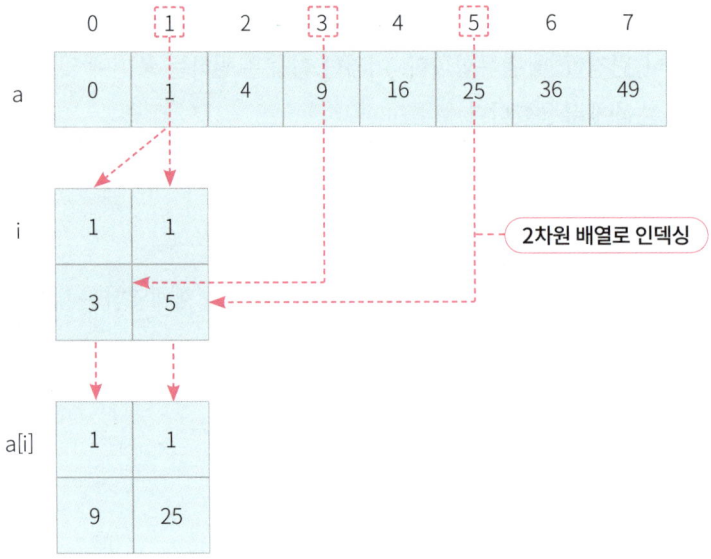

이처럼 정수 배열 인덱싱을 활용하면 원하는 값을 추출할 수 있습니다. 그럼 바로 실습을 진행해보겠습니다.

01단계 다음은 그림으로 본 예를 코드로 작성한 것입니다. 배열 a의 구성이 문자로 달라졌을 뿐이므로 크게 어려운 내용은 없을 것입니다.

```python
import numpy as np

a = np.array(['a', 'b', 'c', 'd', 'e', 'f', 'g', 'h'])
i = np.array([1, 1, 3, 4]) # ❶

# 배열 a에서 배열 i에 지정된 인덱스의 원소들을 출력
print(a[i]) # ❷
j = np.array([[3, 4], [5, 6]]) # ❸

# 배열 a에서 배열 j에 지정된 인덱스의 원소들을 출력
print(a[j]) # ❹
```

```
출력 결과
['b' 'b' 'd' 'e']
[['d' 'e']
 ['f' 'g']]
```

❶ 정수로 이루어진 [1 1 3 4] 넘파이 1차원 배열 i를 생성합니다.

❷ 배열 a에서 i를 인덱스로 사용하여 a의 해당 위치에 있는 원소들을 가져옵니다. i는 [1 1 3 4]이므로 a[1], a[1], a[3], a[4]에 해당하는 원소 'b', 'b', 'd', 'e'를 출력합니다.

❸ 배열 j는 [[3 4] [5 6]] 값을 가지는 2차원 배열입니다.

❹ print(a[j])도 배열 a에서 2차원 배열 j에 지정된 인덱스의 원소들을 출력합니다. 배열 j가 2차원 배열이므로 결과는 2차원 배열 형태입니다.

배열의 요소 재배열

02단계 앞에서 사용한 방법을 응용하면 원하는 순서로 배열의 요소들을 재배열할 수도 있습니다. 다음 코드는 0, 1, 2, 3 순서로 배치된 배열을 3, 2, 1, 0 순서로 뒤집습니다.

```
b = np.array(['a', 'b', 'c', 'd'])
k = np.array([3, 2, 1, 0])

# 배열 b에서 배열 k에 지정된 인덱스의 원소들을 재배열
b = b[k]
print(b)
```

```
['d' 'c' 'b' 'a']
```
출력 결과

 **넘파이 배열의 슬라이싱을 다른 프로그래밍 언어와 비교하기**

챗GPT로 넘파이 배열의 슬라이싱 개념을 다른 프로그래밍 언어와 비교하여 이해해보겠습니다.

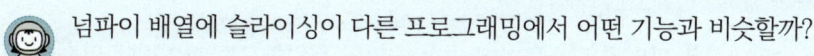 넘파이 배열에 슬라이싱이 다른 프로그래밍에서 어떤 기능과 비슷할까?

넘파이 배열의 슬라이싱은 다른 프로그래밍 언어의 리스트, 배열, 문자열에서 일부분(subset, 서브셋)을 추출하는 기능과 유사합니다. 몇 가지 예시를 통해 설명해보겠습니다.

파이썬 리스트

파이썬 리스트에서 슬라이싱을 사용하여 부분 리스트를 추출할 수 있습니다.

```python
my_list = [10, 20, 30, 40, 50]
subset = my_list[1:4]   # 인덱스 1 이상 4 미만 추출 (4는 포함되지 않음)
print(subset)   # 출력: [20, 30, 40]
```

자바스크립트 배열

자바스크립트에서도 slice( ) 함수를 사용하여 부분 배열을 추출할 수 있습니다.

```javascript
let myArray = [10, 20, 30, 40, 50];
let subset = myArray.slice(1, 4);   // 인덱스 1 이상 4 미만 추출 (4는 포함되지 않음)
console.log(subset);   // 출력: [20, 30, 40]
```

넘파이 배열

넘파이 배열에서 슬라이싱을 사용하여 부분 배열을 추출할 수 있습니다.

```python
import numpy as np

my_array = np.array([10, 20, 30, 40, 50])
subset = my_array[1:4]   # 인덱스 1 이상 4 미만 추출 (4는 포함되지 않음)
print(subset)   # 출력: [20, 30, 40]
```

이처럼 넘파이 배열의 슬라이싱은 파이썬 리스트의 슬라이싱이나 자바스크립트 배열의 slice( ) 함수와 매우 유사한 기능을 합니다. 인덱스 범위를 지정하여 부분 배열이나 리스트를 추출할 수 있습니다.

> 넘파이 배열의 슬라이싱은 파이썬 리스트 슬라이싱과 거의 동일하므로 파이썬에 익숙한 사용자라면 자연스럽게 넘파이 슬라이싱도 활용할 수 있습니다. 비교를 통해 새로운 개념을 공부하면 학습 효과가 높아집니다. 앞으로도 알고 있는 내용을 바탕으로 개념을 더 깊이 이해해보세요!

01.5 배열의 형태 변형하기

넘파이 배열은 형태를 변형할 수도 있습니다. 넘파이에서 배열의 형태를 변형할 때는 reshape( ) 함수와 resize( ) 함수를 사용합니다.

배열의 형태를 변형하여 새 배열을 반환하는 reshape( ) 함수

reshape( ) 함수는 원본 배열을 변경하지 않고, 원본 배열의 형태를 변형한 새로운 배열을 반환합니다. 이때 원본 배열의 데이터 순서는 유지되며, 배열의 차원이나 모양만 변경합니다. 다음 그림은 (3, 4) 형태의 배열을 (2, 6) 형태로 변형한 것입니다. 그림을 보면 배열의 모든 요소는 원본의 데이터 순서를 그대로 유지하며 구조만 재배열하고 있습니다.

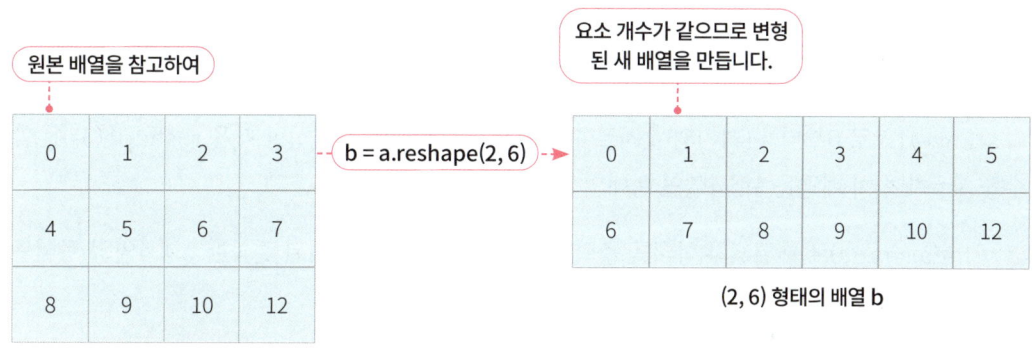

여기서 중요한 점은 요소 개수는 변경할 수 없다는 것입니다. 예를 들어 12개의 요소가 있는 배열을 10개 요소 구성인 (2, 5) 형태나 14개 요소 구성인 (2, 7) 형태로 바꿀 순 없습니다.

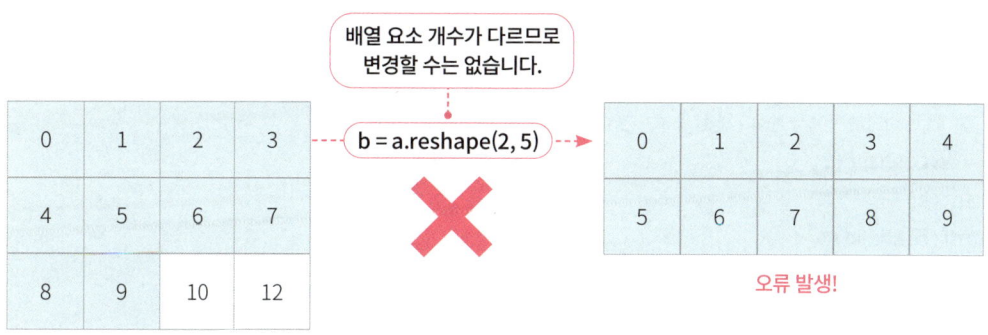

01단계 다음은 reshape( ) 함수로 (3, 4) 형태의 배열을 만드는 과정입니다.

```
import numpy as np

# ① a 배열 생성
a = np.arange(12).reshape(3, 4)
print(a)
print(a.shape) # ②
print(a.ndim)  # ③
```

출력 결과
```
[[ 0  1  2  3]
 [ 4  5  6  7]
 [ 8  9 10 11]]
(3, 4)
2
```

① arange(12)로 0부터 11까지의 숫자로 이루어진 1차원 배열을 생성한 다음 reshape(3, 4) 함수를 사용하여 이 배열을 3행 4열인 형태의 2차원 배열로 변환합니다.

② print(a.shape)로 배열 a의 형태를 출력합니다. 튜플 형태로 출력된 결과는 3행 4열의 형태를 의미합니다.

③ print(a.ndim)로 배열 a의 차원을 출력합니다. 배열 a가 2차원 배열이므로 2가 출력되었습니다.

02단계 이어서 a 배열을 다시 reshape( ) 함수로 변형하여 b에 저장합니다. 그럼 a에는 원본 배열이 남고 b에 새 배열이 생성됩니다. reshape( ) 함수는 새로운 배열을 반환한다는 특징에 집중하며 코드를 작성하세요.

```
# ① .reshape : 지정한 차원으로 변경하고 새로운 배열 반환
b = a.reshape(2, 6)
print(b)
print(b.shape)

# ② 원본 a 배열은 기존의 (3, 4) 형태 유지
print(a)
```

```
print(a.shape)
```

```
[[ 0  1  2  3  4  5]
 [ 6  7  8  9 10 11]]
(2, 6)
[[ 0  1  2  3]
 [ 4  5  6  7]
 [ 8  9 10 11]]
(3, 4)
```

❶ a 배열의 요소 개수는 유지하면서 2행 6열의 형태인 2차원 배열을 새로 반환하여 배열 b에 저장합니다.

❷ reshape( ) 함수는 원본 배열을 변경하지 않으므로 a 배열을 출력하면 원본이 그대로 남아 있습니다.

reshape( ) 함수에 -1을 인수로 전달하면 자동으로 요소 개수를 맞춥니다

reshape( ) 함수에 인수로 -1을 전달하면 변형하려는 배열에 맞게 요소 개수를 맞춰줍니다.

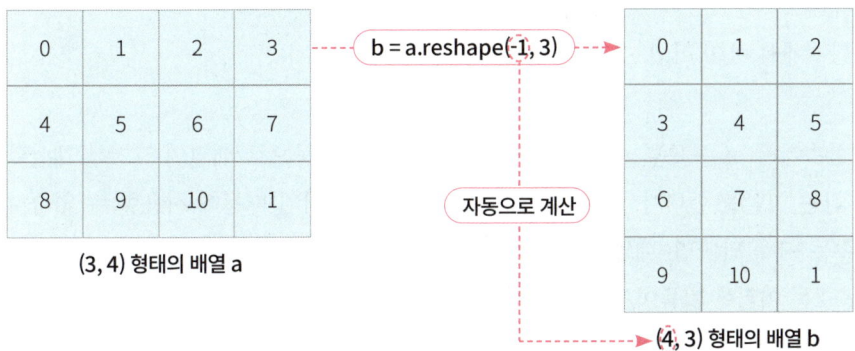

그림에서 보는 것처럼 reshape( ) 함수의 첫 번째 인수를 -1로, 두 번째 인수를 3으로 지정하면 첫 번째 인수인 -1에 해당하는 축은 자동으로 4로 계산하여 배열의 형태를 (4, 3)으로 결정합니다.

03단계 앞에서 입력한 코드에서 1번째 매개변수에 인수로 -1을 전달하여 다시 실행해보면 같은 결과를 얻을 수 있습니다. 실행 결과는 생략했습니다. 여러분이 직접 실행해보기 바랍니다.

```
# 1번째 매개변수에 -1을 전달해도 같은 결과가 나옴(자동 계산)
c = a.reshape(-1, 3)
```

챗GPT와 함께 reshape( ) 함수에서 -1을 쓰는 이유는 뭘까?

reshape( ) 함수에서 음수인 -1을 사용하는 이유가 궁금하여 챗GPT에게 물어보았습니다.

> reshape 함수에서 배열의 크기를 자동으로 계산하도록 지시하는 값으로 -1을 쓰는 이유를 간단히 설명해줘.

> reshape 함수에서 -1을 사용하는 이유는 배열의 크기를 자동으로 계산하도록 지시하기 위해서입니다. 이 기능은 사용자가 특정 차원의 크기를 자동으로 결정하도록 할 수 있게 하여, 다른 차원의 크기를 지정하면 전체 배열 크기에 맞춰서 자동으로 계산됩니다. 이는 넘파이의 철학인 코드의 간결성과 유연성을 극대화하기 위해 설계되었습니다. 넘파이는 배열 연산을 쉽게 하고 직관적으로 만드는 것을 목표로 하기 때문에, -1을 사용하여 크기를 자동으로 결정하는 기능을 제공합니다.

> reshape 함수에서 -1이 아닌 -2를 쓸 수 없어?

> reshape 함수에서 -1은 특별히 예약된 값으로, 넘파이가 자동으로 배열의 크기를 계산할 수 있도록 하는 역할을 합니다. -2는 이러한 예약된 값이 아니기 때문에 사용할 수 없습니다. reshape 함수는 -1을 만나면, 배열의 전체 원소 수를 유지하면서 나머지 차원의 크기를 자동으로 계산하지만, -2는 이러한 기능이 없습니다.

간단히 말해, reshape 함수는 -1만을 자동 크기 계산을 위한 특별한 지시어로 인식합니다. 다른 음수 값(예 : -2)은 예약되어 있지 않으며, 사용하면 오류가 발생하거나 의도하지 않은 결과를 초래할 수 있습니다. 넘파이의 설계에서 -1만을 자동 크기 계산을 위한 특별한 값으로 지정한 것은 사용의 일관성과 명확성을 보장하기 위한 것입니다.

따라서, reshape 함수에서 -1을 사용하는 것이 유일한 방법입니다. 다른 음수 값은 자동 크기 계산을 지원하지 않습니다.

-1이 넘파이에서 배열의 크기를 자동으로 계산해주는 특별한 값이라는 것을 꼭 기억하기 바랍니다. 만약 값이 잘 이해되지 않는다면 이렇게 챗GPT에게 질문하여 답을 받아보세요. 챗GPT의 답변을 보면서 공부한 내용을 보충하면 기능과 함께 중요성까지 명확히 이해할 수 있습니다.

원본 배열의 형태를 변형하는 resize( ) 함수

resize( ) 함수는 앞서 배운 reshape( ) 함수와는 다르게 원본 배열 자체를 변형합니다. 이 함수는 **새 배열을 반환하지 않고** 원본 배열의 구조를 변경하는 데 사용됩니다. 데이터 순서는 그대로 유지하면서, 배열의 차원과 모양만을 재조정합니다. resize( ) 함수는 원본 배열의 형태를 유연하게 조정할 수 있어 데이터를 분석하거나 시각화하기 전에 원하는 형태로 배열을 변형하는 데 유용합니다.

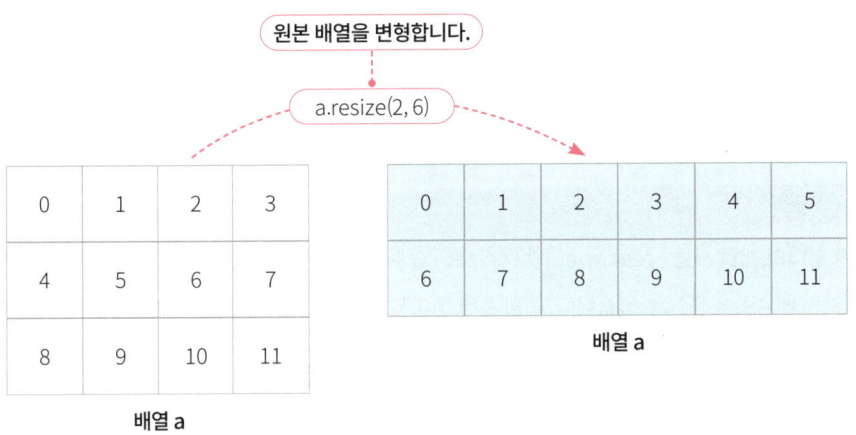

01단계 다음은 resize( ) 기본 실습 코드입니다. resize( ) 함수는 원본 배열 자체를 변형하므로 a를 출력하면 원본 배열이 변형된 상태일 것입니다. 그리고 resize( ) 함수는 반환값이 따로 없습니다.

```python
import numpy as np

# ① .resize() : 지정한 차원으로 변경하고 원본 배열 자체를 변경
a = np.arange(12)
a.resize(4, 3)
```

```
print(a)
print(a.shape)

# ❷ 따로 반환하는 값 없음
print(a.resize(4, 3))
```

```
[[ 0  1  2]
 [ 3  4  5]
 [ 6  7  8]
 [ 9 10 11]]
(4, 3)
None
```

❶ resize(4, 3) 함수를 사용하여 배열 a 형태를 4행 3열로 변경합니다.

❷ resize( ) 함수는 원본 배열을 변경만 하고 따로 반환값이 없으므로, resize(4, 3) 함수의 반환값은 None입니다.

셀레나의 조언 | reshape( ) 함수와 resize( ) 함수는 현업에서 언제 사용할까요?

1. **다양한 형태의 배열 사용** : reshape( )와 resize( ) 함수는 1차원 배열을 2차원 배열로 변경하거나, 다차원 배열로 조정할 수 있습니다. 예를 들어 이미지 처리에서 1차원 픽셀 데이터를 2차원 이미지 배열로 변환할 때 사용합니다.

2. **데이터 무결성 유지** : reshape( ) 함수는 원본 배열을 변경하지 않고 새로운 배열을 반환하여 데이터의 무결성을 유지하면서도 형태를 조정할 수 있습니다. 이는 모델 학습 과정에서 원본 데이터를 보존하면서 다양한 입력 형태로 데이터를 제공해야 할 때 유용합니다.

3. **메모리 관리** : resize( ) 함수는 원본 배열을 직접 변경하여 메모리를 효율적으로 관리할 수 있으며, 대규모 데이터 처리의 성능을 올릴 수 있습니다. 빅데이터 분석에서 메모리 사용량을 줄여서 원본 배열을 효율적으로 조정하기 위해 사용합니다.

1차원 배열로 변형하기

다차원 배열을 1차원 배열로 변형할 때는 ravel( ) 함수와 reshape(-1) 함수를 사용합니다.

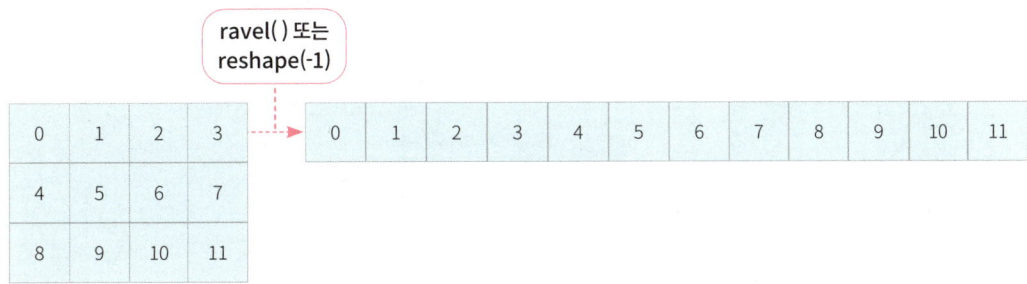

그림에서 보듯 ravel( ) 함수는 다차원 배열을 1차원 배열로 평탄화flatten합니다. 평탄화란 다차원 배열의 모든 요소를 하나의 행으로 나열하는 것을 의미합니다. 앞서 배운 reshape( ) 함수에 -1을 인자로 전달하는 방법도 있습니다. reshape( ) 함수에 -1을 인자로 전달하면 열 크기를 자동으로 계산하여 1차원 배열을 반환합니다.

01단계 다음은 (3, 4) 형태의 배열을 1차원 배열로 평탄화하는 코드입니다.

```python
import numpy as np

a = np.arange(12).reshape(3, 4)

# ❶ .ravel() : 1차원 배열로 크기 변경
print(a.ravel())
# ❷ .reshape(-1) : 1차원 배열로 크기 변경
print(a.reshape(-1))
```

출력 결과
```
[ 0  1  2  3  4  5  6  7  8  9 10 11]
[ 0  1  2  3  4  5  6  7  8  9 10 11]
```

0부터 11까지의 숫자로 이루어진 3행 4열인 형태의 2차원 배열 a를 만들고 ❶ ravel( ) 함수와 ❷ reshape(-1) 함수를 사용했습니다. 두 경우 모두 1차원 배열인 [0 1 2 3 4 5 6 7 8 9 10 11]을 출력합니다.

전치 연산하기

전치transpose는 넘파이 2차원 배열에서 사용합니다. 전치 연산은 행렬에서 행과 열을 서로 바꾸는 연산을 말합니다. 다음 그림을 보면 행과 열을 바꾼 것을 볼 수 있습니다.

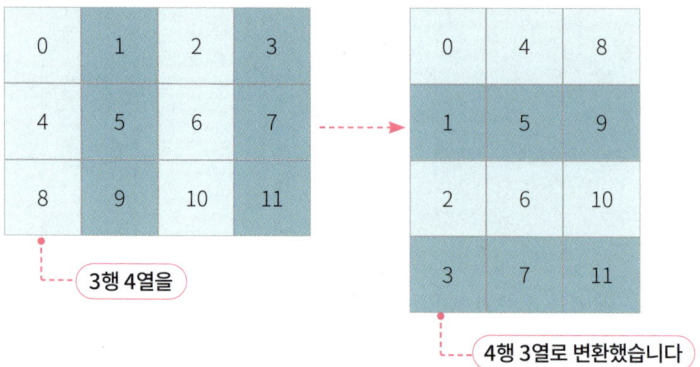

3행 4열을
4행 3열로 변환했습니다

2차원 배열의 행이 변형된 2차원 배열의 열이 되는 모습을 보면 전치 연산을 쉽게 이해할 수 있을 겁니다. a[1][0]을 a[0][1]로 바꾼다고 생각하면 됩니다. 전치 연산은 주로 선형대수학이나 데이터 분석에서 사용하며 2차원 배열의 형태를 변형하거나 연산을 수행하는 데 유용합니다. 넘파이 라이브러리에서는 T 속성을 사용하여 2차원 배열의 전치를 계산할 수 있습니다.

01단계 2차원 배열의 행과 열을 바꾸는 코드를 따라 작성해보세요.

```python
import numpy as np

A = np.arange(12).reshape(2, 6)
print(A)

# .T : [2, 6]을 [6, 2] 반환으로 전치(transpose) 변환
print(A.T)
print(A.T.shape)

# 만약 전치 형태로 원본 A 배열에 저장하고 싶다면, A배열에 A.T 값을 할당
A = A.T
print(A)
print(A.shape)
```

> 출력 결과

```
[[ 0  1  2  3  4  5]
 [ 6  7  8  9 10 11]]
[[ 0  6]
 [ 1  7]
 [ 2  8]
 [ 3  9]
 [ 4 10]
 [ 5 11]]
(6, 2)
[[ 0  6]
 [ 1  7]
 [ 2  8]
 [ 3  9]
 [ 4 10]
 [ 5 11]]
(6, 2)
```

T는 넘파이 배열의 전치를 수행하는 속성입니다. A.T는 A 배열의 전치된 결과를 반환합니다. 따라서 A 배열의 전치 형태인 6행 2열의 2차원 배열을 출력합니다. 또한 형태도 튜플인 (6, 2)로 출력합니다. 원본 A 배열을 변경하기 위해서는 A.T 배열을 A에 다시 할당해야 합니다. 할당 후 A를 다시 출력하면 전치된 배열을 출력합니다.

셀레나의 조언 | **전치 연산은 현업에서 언제 사용할까요?**

1. **데이터 분석** : 전치 연산으로 데이터프레임의 열과 행을 전환할 수 있습니다. 이는 특정 변수에 대한 통계량을 계산하거나 데이터를 새로운 형태로 재구성할 때 유용합니다.

2. **이미지 처리** : 이미지 데이터를 2차원 배열로 표현한 후, 전치 연산으로 이미지의 방향을 변경하거나 회전할 수 있습니다. 이는 이미지 변환 작업에 자주 활용합니다.

01.6 배열 합치고 분할하기

넘파이 라이브러리는 다차원 배열 연산을 지원하며, 배열을 합치거나 분할하는 유용한 함수를 제공합니다. 따라서 이러한 함수는 다양한 데이터를 효율적으로 조작하고 결합할 때 사용할 수 있습니다.

배열 합치기

넘파이 라이브러리의 vstack( ) 함수와 hstack( ) 함수는 다차원 배열을 수직 및 수평으로 합치는 데 사용합니다. 기본형은 다음과 같습니다.

> vstack의 v는 vertical, 수직이라는 뜻이고, hstack의 h는 horizontal, 수평이라는 뜻입니다.

```
np.vstack((배열1, 배열2, ...))
np.hstack((배열1, 배열2, ...))
```

vstack( ) 함수는 수직, 즉 위아래로 배열을 합칩니다. hstack( ) 함수는 수평으로 배열을 합치는 함수입니다. 그림을 보면 단번에 이해할 수 있을 겁니다.

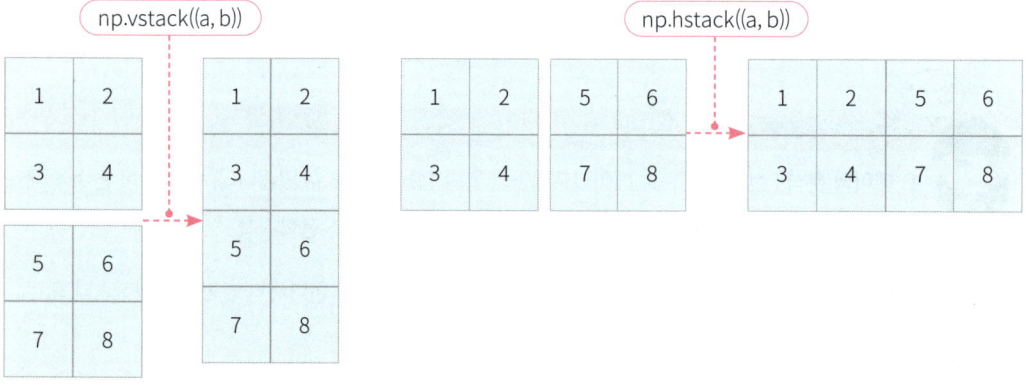

01단계 다차원 배열을 수직 및 수평으로 합치는 코드를 따라 작성해보세요.

```
import numpy as np
```

```python
# a 배열, b 배열 생성
a = np.array([1, 2, 3, 4]).reshape(2, 2)
b = np.array([5, 6, 7, 8]).reshape(2, 2)

# ❶ 수직으로 합치기
print(np.vstack((a, b)))
# ❷ 수평으로 합치기
print(np.hstack((a, b)))
```

```
출력 결과
[[1 2]
 [3 4]
 [5 6]
 [7 8]]
[[1 2 5 6]
 [3 4 7 8]]
```

❶ vstack( ) 함수를 사용하여 배열 a와 배열 b를 수직으로 합칩니다. 4행 2열의 새로운 2차원 배열을 생성하고 출력합니다.

❷ 이번엔 hstack( ) 함수를 사용하여 수평으로 합친 결과 2행 4열의 2차원 배열이 만들어졌습니다.

배열 분할하기

넘파이 라이브러리의 vsplit( ) 함수와 hsplit( ) 함수는 배열을 수직 또는 수평으로 분할하는 데 사용합니다. 두 함수의 기본형은 다음과 같습니다.

```
np.vsplit((배열1, 배열2, ...))
np.hsplit((배열1, 배열2, ...))
```

vsplit( ) 함수는 수직으로 배열을 분할하는 함수입니다. hsplit( ) 함수는 수평으로 배열을 분할합니다. 다음은 hsplit( ) 함수가 동작하는 방식을 그림으로 나타낸 것입니다.

01단계 다차원 배열을 수직 및 수평으로 분할하는 코드를 따라 작성해보세요.

```
import numpy as np

# a 배열, b 배열 생성
a = np.arange(12).reshape(2, 6)
print(a)

# ❶ 수직으로 분할하기
print(np.vsplit(a, 2))
# ❷ 수평으로 분할하기
print(np.hsplit(a, 3))
```

출력 결과
```
[array([[0, 1, 2, 3, 4, 5]]), array([[ 6, 7, 8, 9, 10, 11]])]
[array([[0, 1], [6, 7]]), array([[2, 3], [8, 9]]), array([[ 4, 5], [10, 11]])]
```

❶ vsplit( ) 함수를 사용하여 배열 a를 2개의 배열로 수직 분할합니다. 2행 6열의 배열이 2개의 1행 6열 배열로 나뉘었습니다.

❷ hsplit( ) 함수를 사용하여 배열 a를 3개의 배열로 수평 분할합니다. 2행 6열의 배열이 3개의 2행 2열 배열로 나뉘었습니다.

학습 마무리

넘파이는 효율적으로 다차원 배열 연산을 수행할 수 있는 라이브러리입니다. 이번 장에서는 데이터 분석에 유용한 다양한 수치 계산 기법들을 알아보았습니다. 핵심은 넘파이 배열을 이해하고 활용하는 것입니다. 이를 통해 복잡한 계산을 효율적으로 처리할 수 있습니다. 다음 장에서는 데이터 처리를 위한 판다스 라이브러리를 학습하겠습니다.

핵심 요약

1. **넘파이**는 다차원 배열을 효율적으로 처리하고 다양한 수학 함수를 제공하는 수치 계산 라이브러리로, 파이썬 리스트보다 연산 속도가 빠릅니다.
2. **넘파이 배열 생성**은 np.array( )로 파이썬 리스트를 넘파이 배열로 변환하여 생성할 수 있습니다.
3. **초기화 함수**인 zeros( ), ones( ), empty( )를 이용하여 초기화된 넘파이 배열을 생성할 수 있습니다.
4. **요소별 연산**은 같은 인덱스의 배열 요소끼리 연산하는 기법입니다.
5. **벡터화 연산**은 배열의 모든 요소에 대해 루프 없이 한 번에 연산하는 기법입니다.
6. **집계 함수**는 배열의 합, 평균, 최댓값 등의 통계 정보를 얻기 위해 사용됩니다.
7. **인덱싱과 슬라이싱**은 특정 요소를 선택하거나 배열의 부분 집합을 추출할 수 있습니다. 인덱싱은 배열의 특정 위치의 값을 선택하고, 슬라이싱은 배열의 특정 범위를 선택하여 새로운 배열을 생성합니다.
8. **논리형 인덱싱**은 조건에 맞는 배열 요소만을 선택하는 방법입니다. 조건을 적용하여 True 또는 False로 배열을 반환하고 이를 이용해 원하는 데이터만 추출할 수 있습니다.
9. **배열 변형**에서 reshape( )는 원본 배열을 유지한 채 배열의 형태를 변경해 새로운 배열을 반환하는 반면, resize( )는 원본 배열을 직접 변경합니다.
10. **배열의 합치기와 분할**에서 vstack( )와 hstack( )는 배열을 수직 및 수평으로 합치는 데 사용되며, vsplit( )와 hsplit( )는 배열을 수직 또는 수평으로 분할합니다.

연습문제

Selena 회사는 SNS 이벤트를 통해 특정 조건에 맞는 고객에게 상품을 제공하려고 합니다. 이를 위해 고객 데이터를 넘파이 배열로 분석하고 필요한 정보를 필터링하여 목표 고객을 추출하는 작업이 필요합니다. 고객 데이터에는 댓글 길이, 좋아요 수, 스팸 여부가 포함되어 있으며, 이 데이터를 정리하고 분석하여 최종적으로 상품을 받을 고객을 선정합니다.

> 연습 문제와 정답이 있는 코랩 파일은 bit.ly/4eNk3vR에 있습니다.

1. Selena 회사는 고객들의 댓글 길이, 좋아요 수, 그리고 스팸 여부 데이터를 수집했습니다. 각 고객의 데이터는 [댓글 길이, 좋아요 수, 스팸 여부(0: 정상, 1: 스팸)] 형태로 저장합니다. 다음 데이터를 사용하여 넘파이 배열을 생성하고 customer 변수에 저장한 후 출력하세요. 고객 데이터는 다음과 같습니다.

   - 첫 번째 고객 : 댓글 길이 150, 좋아요 수 25, 스팸 여부 0
   - 두 번째 고객 : 댓글 길이 200, 좋아요 수 30, 스팸 여부 0
   - 세 번째 고객 : 댓글 길이 50, 좋아요 수 10, 스팸 여부 1
   - 네 번째 고객 : 댓글 길이 300, 좋아요 수 45, 스팸 여부 0

   > 주요 개념 : 배열 생성

   출력 결과
   ```
   [[150  25  0]
    [200  30  0]
    [ 50  10  1]
    [300  45  0]]
   ```

2. Selena 회사는 고객들의 댓글 길이, 좋아요 수, 그리고 스팸 여부 데이터를 수집했습니다. 각 고객의 데이터는 [댓글 길이, 좋아요 수, 스팸 여부(0: 정상, 1: 스팸)] 형태로 저장됩니다. 아래의 출력 결과를 바탕으로 넘파이를 사용해 2차원 배열을 생성하세요.

   - 첫 번째 고객 : 댓글 길이 120, 좋아요 수 20, 스팸 여부 0

- 두 번째 고객 : 댓글 길이 180, 좋아요 수 35, 스팸 여부 1
- 세 번째 고객 : 댓글 길이 75, 좋아요 수 5, 스팸 여부 0
- 네 번째 고객 : 댓글 길이 160, 좋아요 수 25, 스팸 여부 0

주요 개념 : 배열 합치기

```
출력 결과
[[150  25   0]
 [200  30   0]
 [ 50  10   1]
 [300  45   0]
 [120  20   0]
 [180  35   1]
 [ 75   5   0]
 [160  25   0]]
```

3 Selena 회사는 모든 고객의 댓글 길이와 좋아요 수의 총합과 평균을 구하여 데이터 분석을 진행하려고 합니다. combined_data 배열을 사용하여 댓글 길이와 좋아요 수의 총합과 평균을 계산한 후, 아래와 같이 출력하세요.

- 댓글 길이와 좋아요 수의 총합을 계산하여 각각 total_comment_length와 total_likes에 저장하세요.
- 댓글 길이와 좋아요 수의 평균을 계산하여 각각 average_comment_length와 average_likes에 저장하세요.

주요 개념 : 집계 함수, 평균 계산

```
출력 결과
댓글 길이 총합: 1235
좋아요 수 총합: 195
댓글 길이 평균: 154.375
좋아요 수 평균: 24.375
```

4 Selena 회사는 고객 데이터를 분석하기 위해 모든 고객 데이터를 4개의 그룹으로 나누어 분석하려고 합니다. combined_data 배열을 위아래로 4등분하여 각각의 그룹을 출력하세요.

주요 개념 : 배열 분할

출력 결과
```
[array([[150,  25,   0], [200,  30,   0]]),
 array([[ 50,  10,   1], [300,  45,   0]]),
 array([[120,  20,   0], [180,  35,   1]]),
 array([[ 75,   5,   0], [160,  25,   0]])]
```

5 Selena 회사는 고객들 중 첫 번째, 세 번째, 다섯 번째 고객의 데이터만 추출하여 분석하려고 합니다. combined_data 배열에서 해당 고객의 데이터만 선택하여 selected_customers 변수에 저장한 후, 이를 출력하세요.

주요 개념 : 인덱싱, 슬라이싱

출력 결과
```
[[150  25   0]
 [ 50  10   1]
 [120  20   0]]
```

6 Selena 회사는 고객 데이터를 분석하기 위해 배열의 형태를 바꾸고자 합니다. 현재 7×3 형태의 배열을 3×7로 변형하고 전치 transpose 연산을 수행하세요.

주요 개념 : 배열 전치

출력 결과
```
[[150 200  50 300 120 180  75 160]
 [ 25  30  10  45  20  35   5  25]
 [  0   0   1   0   0   1   0   0]]
```

7 Selena 회사는 고객 데이터를 추가로 수집하기 위해 2명의 고객 데이터를 저장할 수 있는 빈 배열을 생성하려고 합니다. np.zeros() 함수를 사용하여 2x3 크기의 배열을 new_customers 변수에 생성하고, 결과를 출력하세요.

- 배열은 2명의 고객 데이터를 저장할 수 있도록 만들어야 하며, 모든 요소는 0으로 초기화되어야 합니다.

주요 개념 : 배열 합치기

출력 결과
```
[[0 0 0]
 [0 0 0]]
```

8 Selena 회사는 모든 고객의 좋아요 수에 10을 추가하여 데이터 분석을 진행하려고 합니다. combined_data 배열에서 모든 고객의 좋아요 수에 10을 더하고, 변경된 배열을 출력하세요.

- 단, 기존의 combined_data 배열에 직접 변경이 반영되도록 하세요.

주요 개념 : 요소별 연산

출력 결과
```
[[150  35   0]
 [200  40   0]
 [ 50  20   1]
 [300  55   0]
 [120  30   0]
 [180  45   1]
 [ 75  15   0]
 [160  35   0]]
```

9 Selena 회사는 특정 조건을 만족하는 고객들에게만 상품을 제공하려고 합니다. 상품을 받을 고객은 다음 조건을 모두 만족해야 합니다.

- 댓글 길이가 100 이상
- 좋아요 수가 20 이상
- 스팸 여부가 0 (정상 고객)

combined_data 배열에서 위 조건을 만족하는 고객들만 추출하여 selected_customers 변수에 저장하고, 이를 출력하세요.

주요 개념 : 논리형 인덱싱, 조건 필터링

출력 결과
```
[[150  35   0]
 [200  40   0]
 [300  55   0]
 [120  30   0]
 [160  35   0]]
```

10 Selena 회사는 특정 조건을 만족하는 고객들의 수를 파악하고자 합니다. 앞에서 조건에 맞는 고객을 추출한 selected_customers 배열을 사용하여, 상품을 받을 고객 수를 계산하고 출력하세요.

주요 개념 : 배열 속성 활용

출력 결과
```
상품을 받을 고객 수: 5
```

02장

데이터 처리 라이브러리, 판다스

학습 목표

이 장에서는 판다스 데이터 처리 라이브러리의 기본 개념과 데이터 분석에서 유용한 다양한 처리 기법들을 배웁니다. 판다스의 핵심 개념인 시리즈와 데이터프레임을 생성하고, 이를 활용하여 데이터를 조작하며 구조를 파악하는 방법을 익힐 것입니다. 또한 결측치 처리, 데이터 필터링, 그룹화, 집계, 병합 등의 기법을 통해 데이터를 효율적으로 분석하는 방법을 다룰 것입니다. 이러한 과정을 통해 데이터의 전처리부터 분석까지의 전체 흐름을 이해하고, 실제 데이터 분석에서 판다스를 활용하여 인사이트를 도출할 수 있는 능력을 갖추게 될 것입니다.

핵심 키워드

- 판다스
- 시리즈
- 데이터프레임
- 데이터 불러오기
- 데이터 저장
- 데이터 내용 확인
- 데이터 필터링
- 결측치 처리
- 데이터 통계 처리
- 그룹별 집계
- 데이터프레임에 행과 열 추가·삭제

학습 코스

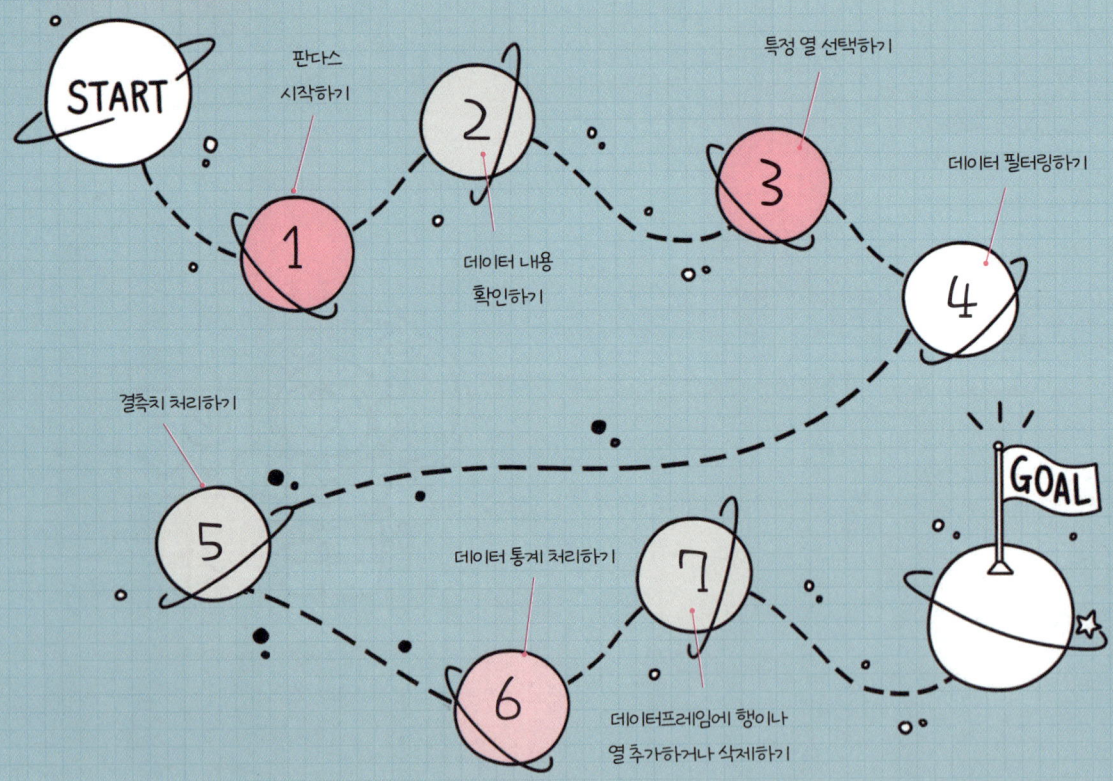

1. 판다스 시작하기
2. 데이터 내용 확인하기
3. 특정 열 선택하기
4. 데이터 필터링하기
5. 결측치 처리하기
6. 데이터 통계 처리하기
7. 데이터프레임에 행이나 열 추가하거나 삭제하기

02.1 판다스 시작하기

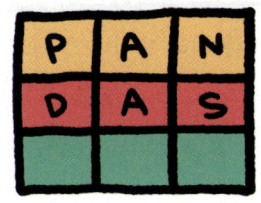

판다스pandas는 데이터 분석을 위한 파이썬 라이브러리입니다. 주로 행과 열로 이루어진 2차원 데이터를 다루는 데 사용하죠. 판다스는 데이터를 쉽게 불러올 수 있고, 데이터 필터링, 통계, 열과 행 처리와 같이 다양한 조작 작업을 수행할 수 있습니다. 판다스는 데이터 과학, 머신러닝, 경제 등 다양한 분야에서 널리 사용하고 있습니다. 그런데 여기까지 글을 읽으면 '그래서 넘파이와 판다스가 무엇이 다르길래 판다스를 써야 하나?'라는 생각이 들 수 있습니다. 넘파이와 판다스는 모두 파이썬을 이용한 데이터 분석에 유용한 라이브러리지만 각각 다른 목적과 특성을 가지고 있습니다.

> 판다스라는 이름의 유래는 계량경제학 용어인 **Pan**el **Da**ta에서 따온 것입니다. 판다와는 전혀 관련이 없는 이름이지만 많은 사람이 판다와 연관지어 이야기합니다.

> **실습을 시작하기 전에!** 본 책은 실습을 위한 코랩 파일과 정답 파일을 매 장마다 제공합니다. bit.ly/4dXk2Ef에 접속하여 두 파일을 좌우로 열어 펼쳐놓고 책을 보며 실습하세요. 그럼 더욱 편리하게 학습할 수 있습니다.

판다스와 넘파이의 특징

넘파이와 판다스의 특장점을 한마디로 정리하자면 넘파이는 다차원 배열을 다루기에 적합하고, 판다스는 표 형태의 데이터를 다루기에 적합하다고 할 수 있습니다. 넘파이의 특징은 다음과 같습니다.

- **넘파이 특징 1** : 파이썬 리스트보다 빠르고 효율적인 넘파이 배열을 제공
- **넘파이 특징 2** : 메모리를 효율적으로 사용
- **넘파이 특징 3** : 다양한 배열 연산 기능을 제공

판다스는 시리즈와 데이터프레임이라는 자료구조를 제공하는데, 시리즈는 표에서 하나의 열과 같은 역할을 하고, 데이터프레임은 표와 같은 역할을 합니다. 이러한 판다스의 특징은 다음과 같습니다.

- **판다스 특징 1** : 표 형태의 데이터를 바로 불러올 수 있음
- **판다스 특징 2** : 다양한 표 연산 기능을 제공

판다스와 넘파이의 관계

판다스는 넘파이 기반으로 구현되어 있습니다. 예를 들어 판다스는 넘파이의 다차원 배열을 이용하여 데이터프레임을 구현하고, 데이터프레임의 조작 및 처리를 위해 넘파이의 배열 기능을 활용합니다. 이러한 관점에서 보면 판다스는 넘파이를 기반으로 한다고 할 수 있습니다. 또한, 판다스는 넘파이의 배열과 함께 사용될 때 데이터 조작 및 분석을 보다 효율적으로 수행할 수 있습니다.

판다스를 사용해야 하는 이유

첫 번째 강력한 데이터 전처리 기능

- 판다스는 데이터 전처리를 위한 다양한 기능을 제공하여 데이터를 분석에 적합한 형태로 가공하고 정리할 수 있습니다. 예를 들어 결측값 처리, 필터링, 그룹화와 같은 작업을 통해 데이터를 손쉽게 조작할 수 있습니다. 결측값을 제거하거나 대체하여 데이터의 일관성을 유지하고, 특정 조건에 맞는 데이터를 필터링하거나 그룹화하여 정교한 분석을 수행할 수 있습니다. 이러한 기능은 이후 분석 과정에서 오류를 최소화하고, 정확한 결과를 도출하는 데 도움을 줍니다.

두 번째 유연하고 직관적인 인덱싱

- 판다스는 데이터프레임에서 데이터를 선택하고 조작할 수 있는 다양한 인덱싱 방법을 제공하여 데이터를 손쉽게 탐색하고 수정할 수 있습니다. 이를 통해 데이터 접근과 처리가 더욱 효율적이고 직관적으로 이루어집니다.

세 번째 통계 및 요약 정보 제공

- 판다스는 데이터의 통계적 특성과 요약 정보를 빠르게 파악할 수 있는 다양한 함수를 제공합니다. 이를 통해 데이터의 분포, 평균, 중앙값 등 주요 통계 정보를 손쉽게 확인할 수 있어, 데이터 분석의 기초 과정을 효과적으로 수행할 수 있습니다.

네 번째 시각화 지원

- 판다스는 시각화 라이브러리와 함께 사용되어 데이터의 트렌드와 패턴을 빠르게 시각화함으로써 인사이트를 효과적으로 도출할 수 있습니다.

이러한 이유로 넘파이는 기본적인 다차원 배열 처리에 주로 사용하고, 판다스는 데이터 조작 및 분석을 위해 사용됩니다. 이 점을 기억하면서 판다스 공부를 시작합시다.

시리즈란?

판다스는 시리즈와 데이터프레임이라는 구조화된 데이터 타입을 제공합니다. 시리즈는 1차원 배열과 같은 형태로 되어 있습니다. 인덱스^{index}와 값^{value}으로 구성되어 있고, 시리즈의 인덱스는 기본적으로 정수지만 원하는 데이터 타입으로 인덱스를 설정할 수 있습니다.

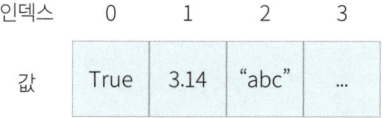

판다스의 시리즈는 파이썬 리스트와 넘파이의 배열과 유사하지만 시리즈는 데이터 필터링, 결측치 처리, 통계와 같은 다양한 데이터 조작을 할 수 있습니다. 현업에서는 데이터의 일관된 형식으로 관리하고 조작하는 데 유용하게 사용합니다. 그럼 시리즈를 만드는 방법부터 차근차근 알아봅시다.

01단계 판다스를 불러온 다음 파이썬 리스트를 Series( ) 함수에 넣어 시리즈를 생성하세요.

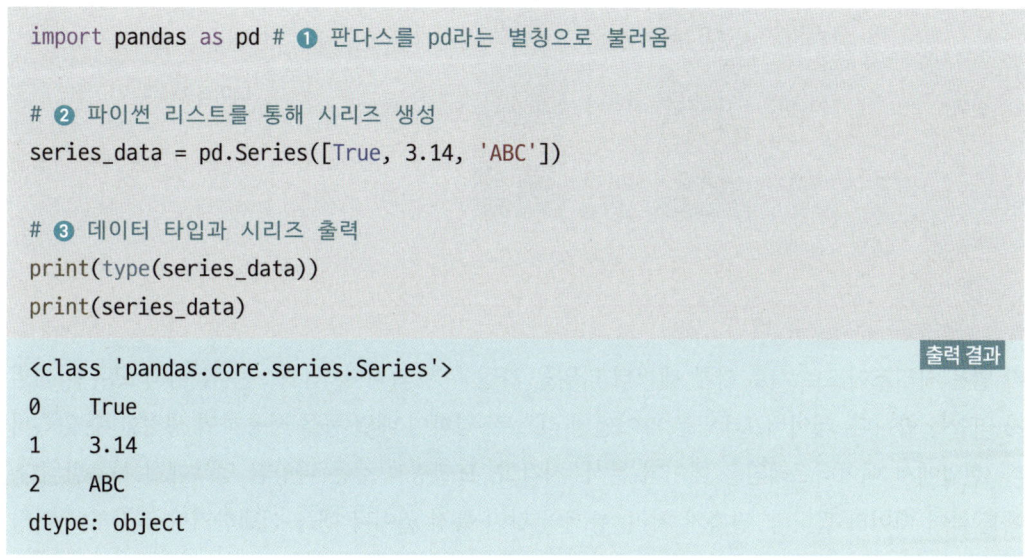

❶ 판다스 라이브러리를 사용하기 위해 import pandas as pd를 입력하여 판다스를 pd라는 별칭으로 불러왔습니다. 넘파이를 불러오며 사용했던 방식과 같습니다.

❷ pd.Series( ) 함수를 사용하여 시리즈를 생성합니다. pd.Series( ) 함수에 파이썬 리스트 [True,

3.14, 'ABC']를 인수로 전달하여 시리즈를 생성합니다. 생성한 시리즈는 3개의 값을 가지고 있으며, 각 값은 시리즈 내에서 고유한 인덱스를 가집니다. 인덱스는 0부터 시작하는 정수입니다.

❸ type( ) 함수를 사용하여 series_data의 타입을 출력합니다. 이 코드를 실행하면 시리즈의 타입인 pandas.core.series.Series를 출력합니다. 값을 출력하면 시리즈의 구성이 보입니다. 0부터 2까지 인덱스와 True, 3.14, ABC라는 값이 보입니다. dtype은 object로 출력됩니다. 이는 시리즈 내에 있는 값이 서로 다른 데이터 타입이기 때문입니다.

데이터프레임이란?

데이터프레임은 열^{column}과 인덱스^{index}로 이루어져 있는 2차원 배열 형태의 데이터 타입입니다. 이때 각 열은 시리즈입니다. 쉽게 말해 데이터프레임은 시리즈가 모인 것입니다.

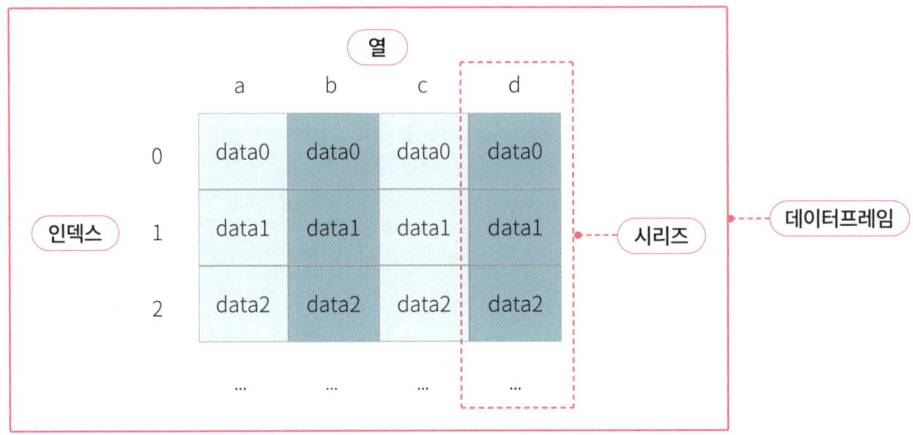

각 열은 시리즈이므로 서로 다른 데이터 타입을 가질 수 있습니다. 인덱스는 각 행의 고유한 식별자 역할을 합니다. 데이터프레임은 파이썬의 리스트, 넘파이 배열 등을 사용하여 생성할 수 있습니다. 현업에서 데이터프레임은 데이터 분석, 시각화, 모델링과 같은 다양한 업무에서 사용합니다. 예를 들어 데이터 필터링, 결측치 처리, 통계와 같이 특정 열이나 행을 선택하거나 조작하여 다양한 데이터 분석을 제공합니다. 또한 시각화를 위해 데이터를 필요한 형식으로 변환하고 그래프를 생성하는 데 활용합니다. 그리고 외부 데이터를 불러와서 데이터프레임으로 변환하여 처리하거나 머신러닝 모델 학습을 위한 전처리 단계에서 사용합니다.

01단계 데이터프레임도 만들어봅시다. 판다스를 불러오고 파이썬 딕셔너리를 이용하여 데이터프레임을 생성합니다. 결과를 출력할 때 print(df)가 아니라 df로 출력한 점이 눈에 띌 것입니다. 구글 코랩은 데이터프레임을 출력할 때 print( ) 함수를 쓰지 않으면 더 정돈한 모습으로 출력합니다. **앞으로 데이터프레임 출력은 print( ) 함수 없이 출력하겠습니다.**

```python
import pandas as pd

# ❶ 파이썬 딕셔너리를 통해 데이터프레임 생성
df = pd.DataFrame({'c0' : [1, 2, 3], 'c1' : [4, 5, 6]})

# ❷ 데이터 타입과 데이터프레임 출력
print(type(df))
df
```

출력 결과

```
<class 'pandas.core.frame.DataFrame'>
```

	c0	c1
0	1	4
1	2	5
2	3	6

❶ pd.DataFrame( ) 함수를 사용하여 데이터프레임을 생성합니다. pd.DataFrame( ) 함수에 {'c0' : [1, 2, 3], 'c1' : [4, 5, 6]}와 같은 딕셔너리를 전달하여 데이터프레임을 생성합니다. 딕셔너리의 키^{key}는 데이터프레임의 열 이름이 되고 딕셔너리의 값^{value}은 데이터프레임의 열에 포함된 데이터가 됩니다. 코드에서는 c0 열에 [1, 2, 3]을, c1 열에 [4, 5, 6]을 할당하였습니다.

❷ type( ) 함수를 사용하여 df의 타입을 출력합니다. 결괏값은 데이터프레임 타입인 pandas.core.frame.DataFrame을 출력합니다. 데이터프레임을 그대로 출력해보면 테이블 형태로 출력해줍니다. 머리 부분에는 c0, c1과 같이 열 이름이 보이고, 왼쪽 1열에는 인덱스가 보입니다. 인덱스는 0부터 2까지 자동으로 생성합니다.

넷플릭스 데이터프레임 직접 만들기

앞에서 만든 데이터프레임은 임의의 값으로 구성한 것이므로 조금 더 의미 있는 데이터프레임을 구성해보겠습니다. 파이썬 딕셔너리를 활용하여 데이터프레임을 생성하여 데이터를 구성해봅니다.

딕셔너리의 키는 열 이름, 딕셔너리의 값은 열의 데이터가 됩니다.

02단계 판다스를 불러오고 파이썬 딕셔너리를 이용하여 데이터프레임을 생성하는 코드를 작성해 봅시다. 입력해야 하는 양이 꽤 많을 수 있으므로 집중해서 입력해보기 바랍니다.

> 여기서 만든 데이터프레임은 bit.ly/4e1LQay에 파일로 업로드해뒀습니다. 여기서는 직접 입력하여 데이터프레임을 구성하는 연습을 한다 생각하고 한 번 해보기 바랍니다. 실제로 데이터 분석가들은 데이터를 직접 생성한 다음 이를 바탕으로 다양한 분석을 수행하는 경우가 많습니다.

```python
import pandas as pd
import numpy as np

# ❶ 딕셔너리에 넷플릭스 데이터 할당하기
dict_netflix = {
 'show_id':[1, 2, 3, 4, 5, 6, 7, 8],
 'type':['TV Show', 'TV Show', 'Movie', 'Movie', 'Movie', 'TV Show', 'Movie', 'Movie'],
 'title':['Squid Game', 'Stranger Things', 'Sherlock Holmes', 'Iron Man & Captain America: Heroes United', 'Bird Box', 'Anne with an E', 'About Time', 'Inception'],
 'director':[np.nan, np.nan, 'Guy Ritchie', 'Leo Riley', 'Susanne Bier', np.nan, 'Richard Curtis', 'Christopher Nolan'],
 'cast':['Lee Jung-jae', 'Winona Ryder', 'Robert Downey Jr', 'Adrian Pasdar', 'Sandra Bullock','Amybeth McNulty', 'Domhnall Gleeson', 'Leonardo DiCaprio'],
 'country':[np.nan, 'United States', 'United States, Germany', 'United States', 'United States', 'Canada', np.nan, 'United States'],
 'release_year':[2021, 2019, 2009, 2014, 2018, 2019, 2013, 2010],
 'duration':[300, 800, 128, 71, 124, 900, 123, 148],
 'listed_in':[np.nan, 'TV Horror', 'Action & Adventure', np.nan, np.nan, np.nan, np.nan, np.nan]}

# ❷ 딕셔너리로 데이터프레임 생성하기
netflix = pd.DataFrame(dict_netflix)
netflix
```

	show_id	type	title	director	cast	country	release_year	duration	listed_in
0	1	TV Show	Squid Game	NaN	Lee Jung-jae	NaN	2021	300	NaN
1	2	TV Show	Stranger Things	NaN	Winona Ryder	United States	2019	800	TV Horror
2	3	Movie	Sherlock Holmes	Guy Ritchie	Robert Downey Jr	United States, Germany	2009	128	Action & Adventure
3	4	Movie	Iron Man & Captain America: Heroes United	Leo Riley	Adrian Pasdar	United States	2014	71	NaN
4	5	Movie	Bird Box	Susanne Bier	Sandra Bullock	United States	2018	124	NaN
5	6	TV Show	Anne with an E	NaN	Amybeth McNulty	Canada	2019	900	NaN
6	7	Movie	About Time	Richard Curtis	Domhnall Gleeson	NaN	2013	123	NaN
7	8	Movie	Inception	Christopher Nolan	Leonardo DiCaprio	United States	2010	148	NaN

❶ dict_netflix 변수에 파이썬 딕셔너리 형태의 데이터를 정의합니다. 파이썬 딕셔너리는 키^{key}와 값^{value}의 대응관계로 이루어진 데이터 구조입니다. 이 코드는 show_id라는 키에 [1, 2, 3, 4, 5, 6, 7, 8]이라는 값을 할당합니다. 딕셔너리의 나머지 키와 값들의 설명은 동일하므로 생략합니다.

❷ pd.DataFrame( ) 함수를 사용하여 dict_netflix 딕셔너리를 데이터프레임으로 변환하고 netflix 변수에 할당합니다.

데이터프레임의 구성을 정리하면 다음과 같습니다.

변수 이름	변수 설명
show_id	각 쇼의 고유 ID
type	쇼의 카테고리로 영화 또는 TV 쇼
title	쇼의 이름
director	쇼의 감독 이름
cast	배우의 이름 및 쇼의 다른 출연진 정보
country	넷플릭스에서 프로그램을 시청할 수 있는 국가의 이름
release_year	쇼의 출시 연도
duration	쇼의 지속 시간
listed_in	쇼의 장르

여러분은 앞으로 이처럼 다양한 구성의 데이터들을 보게 될 것입니다. 하지만 매번 이렇게 데이터프레임을 직접 입력하는 것은 불편합니다. 그래서 앞으로는 다운로드한 csv 파일을 판다스로 읽어 분석하는 방식으로 공부를 진행하겠습니다. 그럼 다운로드한 데이터를 판다스에서 읽는 방식부터 차근차근 알아봅시다.

데이터 다운로드하고 다시 업로드하여 살펴보기

01단계 bit.ly/4e1LQay에 접속하여 netflix_selena.csv 파일을 다운로드하세요.

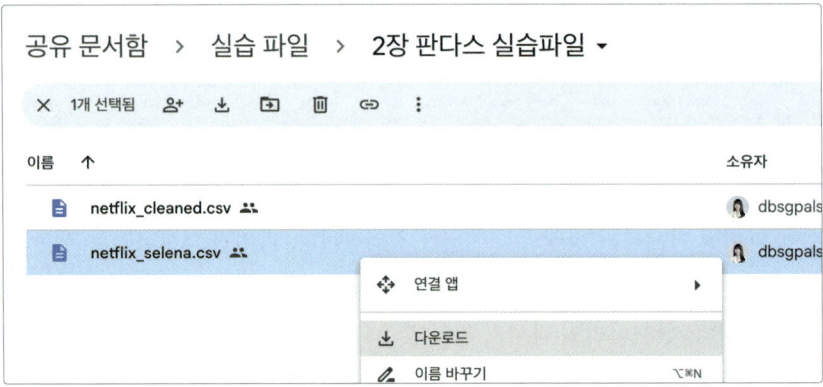

02단계 다운로드한 파일의 이름은 netflix_selena.csv입니다. 이 파일을 구글 코랩으로 불러오겠습니다. 구글 코랩의 왼쪽 화면에서 ❶ [메뉴 목록] 버튼을 눌러 메뉴를 펼친 다음 ❷ [폴더] 버튼을 누르고 ❸ [업로드] 버튼을 누르면 코랩에 csv 파일을 업로드할 수 있습니다.

03단계 업로드한 파일을 이제 세션으로 불러오겠습니다. 파일을 불러오는 함수는 파일 형식에 따라 다양한데 다음과 같은 함수를 사용합니다. 우리는 csv 파일을 활용할 것이므로 read_csv( ) 함수를 이용하여 파일을 세션으로 불러오겠습니다. 코드를 입력해봅시다.

파일 형식	입력 함수	출력 함수
CSV	read_csv()	to_csv()
Excel	read_excel()	to_excel()

JSON	read_json()	to_json()
SQL	read_sql()	to_sql()
HTML	read_html()	to_html()

```python
import pandas as pd

netflix = pd.read_csv("./netflix_selena.csv")
netflix
```

출력 결과

	show_id	type	title	director	cast	country	release_year	duration	listed_in
0	1	TV Show	Squid Game	NaN	Lee Jung-jae	NaN	2021	300	NaN
1	2	TV Show	Stranger Things	NaN	Winona Ryder	United States	2019	800	TV Horror
2	3	Movie	Sherlock Holmes	Guy Ritchie	Robert Downey Jr	United States, Germany	2009	128	Action & Adventure
3	4	Movie	Iron Man & Captain America: Heroes United	Leo Riley	Adrian Pasdar	United States	2014	71	NaN
4	5	Movie	Bird Box	Susanne Bier	Sandra Bullock	United States	2018	124	NaN
5	6	TV Show	Anne with an E	NaN	Amybeth McNulty	Canada	2019	900	NaN
6	7	Movie	About Time	Richard Curtis	Domhnall Gleeson	NaN	2013	123	NaN
7	8	Movie	Inception	Christopher Nolan	Leonardo DiCaprio	United States	2010	148	NaN

데이터를 확인해보면 파일을 잘 불러온 것을 알 수 있습니다.

04단계 아직 여러분은 아무런 데이터 조작을 하진 않았지만 어떠한 데이터 분석이나 정리를 끝낸 후 해당 데이터프레임을 파일로 저장하고 싶을 수도 있습니다. 데이터프레임을 csv 파일로 저장하고 싶다면 다음과 같이 데이터프레임에 .to_csv() 함수를 사용하면 됩니다.

```python
# CSV 파일 저장하기
netflix.to_csv('netflix_new.csv', index=False)
```

to_csv() 함수를 사용하여 netflix 변수에 저장한 데이터프레임을 netflix_new.csv라는 새 csv 파일로 저장합니다. 이렇게 하면 원본 데이터를 변경하지 않고 새 파일로 데이터를 내보낼 수 있습니다. index=False 매개변수는 행 이름을 파일에 저장하지 않도록 설정합니다.

05단계 코드를 실행하면 구글 코랩에 파일이 저장됩니다. 이때 왼쪽의 파일 목록에 파일이 바로 보이지 않으면 [새로고침]을 누르면 됩니다.

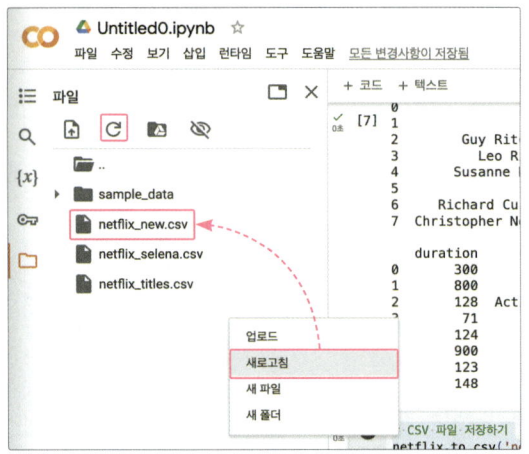

기본적인 파일 읽고 쓰기를 알아보았습니다. 이제는 본격적으로 데이터프레임을 살펴보는 방법을 알아보겠습니다. 마무리로 판다스 데이터 타입을 정리하고 넘어가겠습니다.

> **셀레나의 조언 | csv 파일은 무엇인가요?**
>
> csv 파일은 데이터를 텍스트와 쉼표로 구분하여 저장하는 파일 형식입니다. 파일이 텍스트와 쉼표만으로 이루어져 있어 구조가 매우 간단하고 용량이 작은 편입니다. 그래서 대용량의 데이터를 csv 파일 형식으로 처리하면 매우 유용합니다. 읽고 쓰는 속도가 빨라 데이터 분석에서 자주 활용합니다.

> **셀레나의 조언 | 왜 데이터프레임을 직접 입력해서 만드나요?**
>
> 실무에서 데이터 분석을 할 때 CSV 파일을 자주 사용하므로 데이터프레임을 직접 입력할 일은 많지 않습니다. 하지만 학습하는 과정에서는 직접 데이터프레임을 입력하여 생성하는 연습도 중요합니다. 직접 데이터프레임을 생성하면 데이터의 구조와 내용을 깊이 이해할 수 있으며, 데이터 전처리 및 조작 능력을 향상하는 데 도움이 됩니다. 특히 특정 조건을 가진 가상의 데이터를 생성하거나 테스트할 때 이 작업이 매우 유용합니다. 그러므로 이번 실습에서 직접 데이터를 만드는 방법을 연습해보았습니다. 무념무상으로 타이핑하기보다는 데이터프레임을 직접 만들면서 이 데이터를 어떻게 사용해야 할지 생각하며 만들어보세요.

판다스의 데이터 타입 알아보기

판다스는 다양한 데이터 타입을 제공합니다. 판다스의 데이터 타입은 시리즈와 데이터프레임의 열에 적용됩니다. 가장 기본적인 데이터 타입은 int, float, object입니다. 구체적인 내용은 표로 정리해두었습니다.

> 넘파이에서도 데이터 타입을 표로 정리하며 이야기했지만 외울 필요는 없습니다. 이런 것이 있구나 정도로 읽고 넘어가면 됩니다.

데이터 타입	설명	예
int	정수 데이터	1, 2, 3
float	실수 데이터	1.2, 2.3, 3.4
object	문자열 데이터 또는 혼합형 데이터	'Selena', 42, '2025-01-01'
category	한정된 고유한 값으로 구성된 범주형 데이터	'male', 'female'
bool	True 또는 False인 논리형 데이터	True, False
datetime	날짜 정보 데이터	'2050-01-01 09:00:00'
timedelta	시간 간격 데이터	'3 days'

판다스의 object 데이터 타입

판다스에서 object 데이터 타입은 다음과 같은 두 가지 방법으로 사용합니다.

1. **문자열 데이터** : 판다스에서 object 데이터 타입은 문자열 데이터를 저장할 때 사용합니다. 다른 언어에서 문자열 데이터를 string으로 처리하는데, 판다스는 그렇지 않습니다.
2. **혼합형 데이터** : 만약 한 열에 다양한 데이터 타입(숫자, 문자열, 날짜 등)을 혼합하면 판다스는 해당 열을 object로 간주합니다. 이때 object는 여러 데이터 타입을 포함할 수 있는 파이썬의 기본 객체형 데이터입니다. 예를 들어 숫자와 문자열이 섞여 있는 열은 자동으로 object 타입으로 간주합니다.

정리하자면 판다스에서 object 데이터 타입은 문자열이나 혼합 데이터를 표현할 때 사용합니다.

챗GPT와 함께 샘플 데이터 생성 후 판다스에서 읽어보기

챗GPT로 샘플 데이터를 생성해서 판다스에서 활용해볼 수도 있습니다. 저는 이렇게 질문하여 이런 데이터를 얻었습니다.

> 가상의 대한민국 날씨 데이터를 30일치만 만들어줘.
> csv 파일로 다운로드할 수 있게 해줘.

> 30일간의 가상 대한민국 날씨 데이터를 담은 CSV 파일이 생성되었습니다. 아래 링크를 클릭하여 다운로드할 수 있습니다.

[가상 대한민국 날씨 데이터 다운로드]

[가상 대한민국 날씨 데이터 다운로드]를 눌러 파일을 다운로드하면 가상의 데이터가 보입니다. 이것을 구글 코랩에 read_csv() 함수로 읽은 다음 데이터프레임을 출력해보겠습니다.

```
import pandas as pd

kr_weather = pd.read_csv("./korea_weather_data.csv")
kr_weather
```

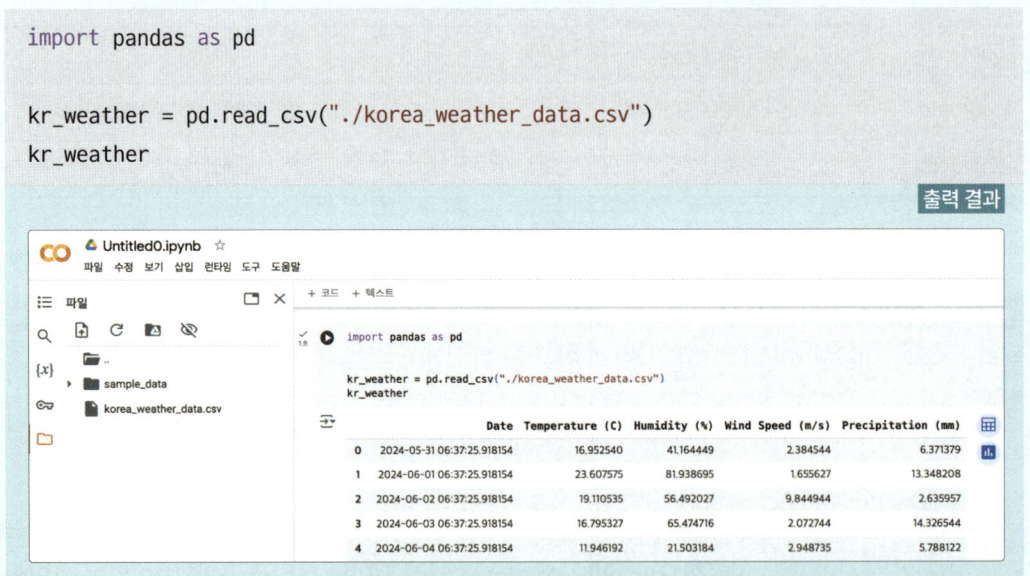

> 이처럼 챗GPT를 활용하면 본문에 나온 데이터 외에도 다양한 가상의 데이터를 만들어 분석 연습을 할 수 있습니다. 학습을 진행하다가 새로운 데이터셋이 필요하거나 추가 연습이 필요할 때 챗GPT를 통해 원하는 데이터를 쉽게 생성해보세요. 이를 통해 더욱 다양한 데이터 분석 경험을 쌓을 수 있을 것입니다.

02.2 데이터 내용 확인하기

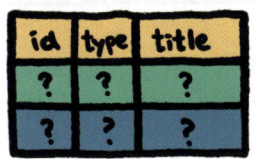

판다스에는 데이터의 내용을 확인하는 다양한 함수가 있습니다. 데이터를 조작하는 것도 아니고 보는 함수가 필요한 이유는 무엇일까요? 데이터 분석가가 데이터 분석 전에 데이터 내용을 확인하는 이유는 크게 세 가지입니다.

- **첫 번째** : 데이터 구조를 파악하여 분석에 적합한 형태로 가공할 수 있습니다.
- **두 번째** : 데이터의 일부 샘플을 확인할 수 있습니다. 이처럼 데이터의 일부를 보고 데이터의 형태와 값들을 빠르게 파악할 수 있습니다.
- **세 번째** : 열과 행의 개수와 같은 데이터 요약을 통해 데이터프레임의 기본 정보를 파악할 수 있습니다.

이러한 이유로 내용 확인 함수들을 사용하여 데이터프레임의 구조, 내용, 통계 특성을 파악하는 것은 데이터 분석에서 중요합니다. 그럼 바로 하나씩 알아봅시다.

데이터의 열과 행 확인하기

가장 먼저 해볼 함수는 열과 행을 확인하는 함수입니다. 데이터프레임의 열은 데이터의 특정 속성이나 변수를 나타냅니다. 예를 들어 데이터프레임이 환자의 진료 기록이라면, 열은 환자 번호, 몸무게, 키, 진단 약물 등을 가지고 있을 겁니다. 이런 열 이름을 볼 수 있다면 미리 데이터프레임에 들어 있는 데이터의 종류를 빠르게 파악할 수 있어 편리할 겁니다.

`01단계` netflix_selena.csv 파일을 read_csv( ) 함수로 읽어 데이터프레임으로 불러온 후 .columns를 이용하여 열 이름을 확인해봅시다.

```
import pandas as pd

netflix = pd.read_csv('netflix_selena.csv')
# 열 이름 확인
list(netflix.columns)
```

출력 결과
```
['show_id',
 'type',
```

```
 'title',
 'director',
 'cast',
 'country',
 'release_year',
 'duration',
 'listed_in']
```

netflix.columns는 데이터프레임의 모든 열의 이름을 반환하는 속성입니다. 이를 list( ) 함수로 감싸 출력하면 열 이름을 파이썬 리스트 형태로 변환하여 출력할 수 있습니다. 결과를 보면 csv 파일에 있는 열 이름을 나열해줍니다. 열 이름을 보면 제목, 감독, 출연 배우, 나라, 개봉일 등이 있음을 알 수 있습니다. 이를 통해 데이터 탐색 및 분석 초기 단계에서 데이터 구조를 빠르게 파악할 수 있습니다. 현업에서는 주로 열 이름을 확인하여 특정 열을 선택하거나, 여러 열을 동시에 선택하여 분석합니다. 파이썬은 대소문자를 구분하므로 .columns를 통해 정확한 열 이름을 확인하는 작업이 필수입니다.

02단계 이번에는 .index를 통해 데이터프레임의 모든 행의 인덱스를 확인해봅니다.

```
list(netflix.index)
```

출력 결과
```
[0, 1, 2, 3, 4, 5, 6, 7]
```

결과를 보면 행의 인덱스가 나옵니다. 숫자가 나와서 단순히 인덱스를 반환한다고 생각할 수 있습니다. 하지만 .index는 해당 데이터프레임의 인덱스 이름을 반환합니다. csv 파일을 엑셀과 같은 프로그램으로 열어서 살펴보면 인덱스라는 건 없습니다.

하지만 판다스는 데이터프레임의 인덱스로 번호를 자동으로 할당합니다. **02단계**에서는 자동으로 할당한 인덱스 값을 출력한 것입니다.

`03단계` 만약 데이터프레임으로 불러온 다음에 각 행에 인덱스 이름을 부여하면 인덱스에 이름을 붙일 수 있습니다. 한 번 해봅시다.

```
# 인덱스 이름을 0~7에서 "1행"~"8행"으로 수정
netflix.index = ["1행", "2행", "3행", "4행", "5행", "6행", "7행", "8행"]
netflix
```

출력 결과

	show_id	type	title	director	cast	country	release_year	duration	listed_in
1행	1	TV Show	Squid Game	NaN	Lee Jung-jae	NaN	2021	300	NaN
2행	2	TV Show	Stranger Things	NaN	Winona Ryder	United States	2019	800	TV Horror
3행	3	Movie	Sherlock Holmes	Guy Ritchie	Robert Downey Jr	United States, Germany	2009	128	Action & Adventure
4행	4	Movie	Iron Man & Captain America: Heroes	Leo Riley	Adrian	United States	2014	71	NaN

행 이름을 수정하니 가장 왼쪽 열에 인덱스 이름이 새로 생겼습니다.

`04단계` 인덱스 이름은 행을 구별하기 위한 식별자 역할을 합니다. 실제로 그런지 특정 인덱스만 짚어 출력해봅시다.

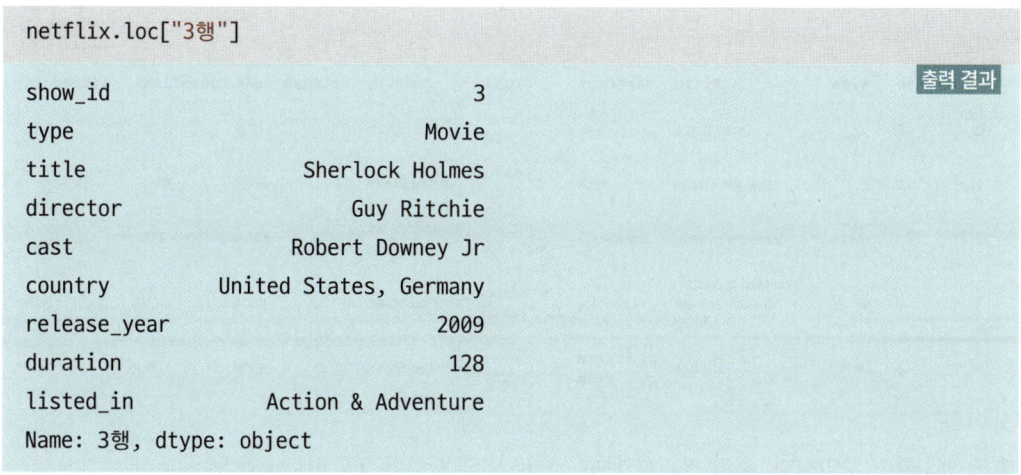

```
netflix.loc["3행"]
```

출력 결과

```
show_id                              3
type                             Movie
title                  Sherlock Holmes
director                   Guy Ritchie
cast                  Robert Downey Jr
country         United States, Germany
release_year                      2009
duration                           128
listed_in           Action & Adventure
Name: 3행, dtype: object
```

결과를 보면 3행 인덱스의 값만 보여줍니다. loc[ ]는 인덱스 이름으로 데이터를 가져올 수 있는 방법으로 이후 자세히 설명하겠습니다.

데이터의 처음과 마지막 부분 확인하기

판다스에서는 데이터프레임에서 첫 부분이나 또는 마지막 부분을 간단하게 확인할 수 있습니다. 이 함수들을 활용하면 데이터프레임이 매우 커도 전체 데이터 구조를 빠르게 파악할 수 있어 프로젝트의 방향성을 결정하는 데 도움이 됩니다.

데이터프레임의 앞 부분을 확인하는 head( ) 함수

데이터프레임의 앞 부분을 확인할 때는 head( ) 함수를 사용합니다. head(n)과 같이 함수에 숫자를 인수로 전달하면 첫 행부터 n개까지의 행을 보여주기도 합니다. 만약 값을 지정하지 않으면 5개의 행을 보여줍니다. 그럼 head( ) 함수를 사용해봅시다.

01단계 netflix_selena.csv 파일을 데이터프레임으로 불러온 다음 head( ) 함수를 사용합니다.

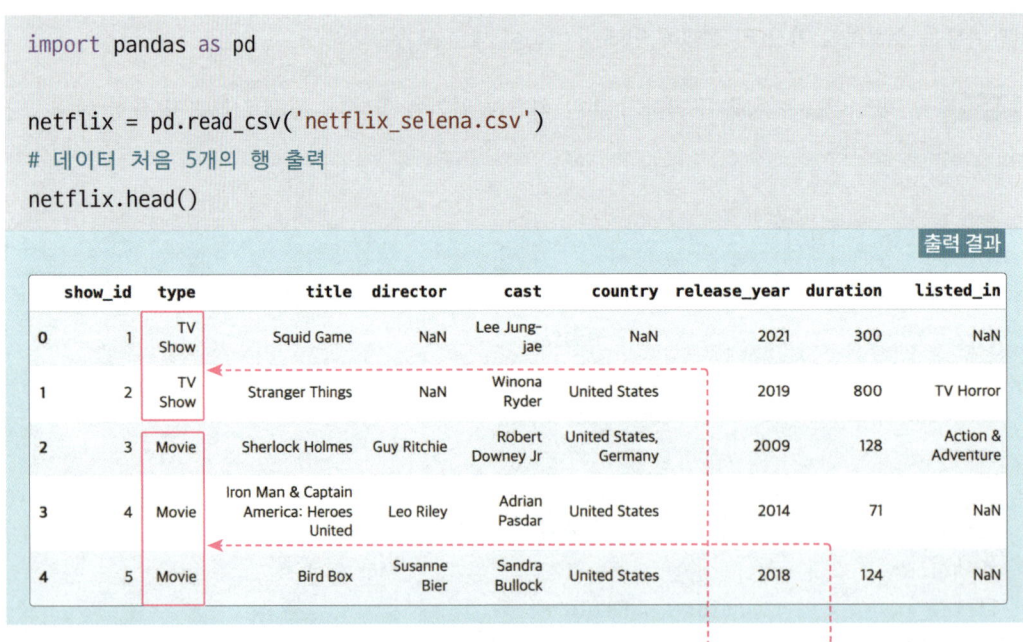

총 5개의 행이 보입니다. 출력 결과를 보면, type 열의 값들은 TV Show와 Movie라는 값으로 구분되어 있습니다. 현재 파일로 불러온 넷플릭스 데이터는 2가지 유형의 콘텐츠로 이루어져 있음을 알 수 있습니다. 데이터 분석을 할 때는 이런 방식으로 현재 불러온 파일에 어떤 데이터가 들어 있는지 빠르게 파악할 수 있습니다.

데이터프레임의 뒷 부분을 확인하는 tail( ) 함수

데이터프레임의 뒷 부분을 확인할 때는 tail( ) 함수를 사용합니다. tail(10)과 같이 숫자를 인수로 전달하면 head( ) 함수와 마찬가지로 끝에서 10개의 데이터를 보여줍니다. 기본값은 5입니다.

`02단계` **01단계**에 이어서 뒷 부분 행을 확인하는 코드를 작성해보세요.

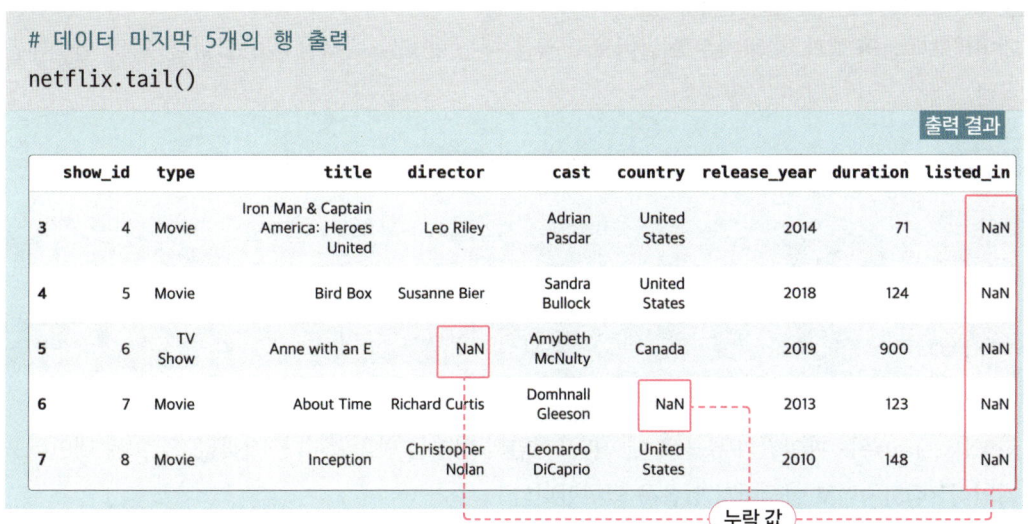

출력 결과를 보면 listed_in 열의 값들은 모두 누락된 정보인 NaN입니다. 그 외에도 director와 country 열에서도 누락된 정보인 NaN이 보입니다. 이 데이터를 처리할 때는 누락된 값을 처리할 방향을 정하는 게 좋을 것 같습니다.

tail( ) 함수는 뒷 부분에 있는 데이터 상태를 확인할 수 있습니다. 특히, 데이터가 시간순으로 정렬된 경우 마지막 데이터가 어떤 상태인지 파악하는 데 유용합니다. 그리고 위의 실습처럼 데이터프레임의 하위 부분에 이상치나 특이값이 존재하는지 확인할 수 있습니다. 예를 들어 누락된 값이나 예상치 못한 값이 데이터의 끝에 집중되어 있는지 파악하는 데 도움을 줍니다.

이렇듯 head( ) 함수와 tail( ) 함수를 사용하면 데이터를 빠르게 파악하여 앞으로 데이터를 어떻게 처리할지 생각하기 좋습니다. 또한 데이터의 시작과 끝이 일관성 있게 들어 있는지 확인할 수 있습니다. 그럼 다른 함수들도 알아봅시다.

데이터 구조 살펴보기

앞에서 공부한 대로 데이터를 직접 보는 방법도 있지만 shape와 같은 속성이나 info( ) 함수를 사용하면 데이터프레임의 구조와 열의 정보를 빠르게 파악할 수도 있습니다. 여기서는 데이터 정보를 살펴보는 다양한 함수와 속성을 알아봅니다.

행과 열의 개수를 확인하는 shape 속성

데이터프레임의 행과 열의 개수를 알아보고 싶을 때는 shape 속성을 사용합니다. 바로 실습해봅시다.

01단계 netflix_selena.csv 파일을 불러온 상태에서 다음 코드를 입력합시다.

```
# 행과 열의 개수 확인
netflix.shape
```

출력 결과
```
(8, 9)
```

netflix.shape는 파이썬의 튜플로 데이터프레임의 형태를 반환합니다. 결괏값 (8, 9)는 데이터프레임이 8행과 9열로 이루어져 있음을 의미합니다.

열 정보를 확인하는 info( ) 함수

데이터프레임의 열에 대한 요약 정보를 보고 싶을 때는 info( ) 함수를 사용합니다. 이를 통해 열의 이름, 누락되지 않은 값의 개수, 데이터 타입 등을 확인할 수 있습니다.

02단계 01단계에 이어서 열에 대한 요약 정보를 확인하는 코드를 작성하여 실행하세요.

```
# 열에 대한 요약 정보 확인
netflix.info()
```

출력 결과
```
<class 'pandas.core.frame.DataFrame'> ❶
RangeIndex: 8 entries, 0 to 7 ❷
Data columns (total 9 columns): ❸
```

```
 ❹#  ❺Column       ❻Non-Null Count  Dtype❼
---  ------        --------------   -----
 0   show_id       8 non-null       int64
 1   type          8 non-null       object
 2   title         8 non-null       object
 3   director      5 non-null       object
 4   cast          8 non-null       object
 5   country       6 non-null       object
 6   release_year  8 non-null       int64
 7   duration      8 non-null       int64
 8   listed_in     2 non-null       object
dtypes: int64(3), object(6) ❽
memory usage: 704.0+ bytes ❾
```

출력 결과를 정리하면 다음과 같습니다.

- ❶ **<class 'pandas.core.frame.DataFrame'>** : 데이터프레임의 클래스 정보입니다.

- ❷ **RangeIndex: 8 entries, 0 to 7** : 데이터프레임의 행 개수와 행의 범위입니다.

- ❸ **Data columns (total 9 columns)** : 데이터프레임의 열 개수입니다.

- ❹ **#** : 각 열의 위치 정보를 나타냅니다.

- ❺ **Column** : 각 열의 이름을 나타냅니다.

- ❻ **Non-Null Count** : 각 열에서 누락된 값(null)이 아닌(non-null) 값의 개수를 나타냅니다.

- ❼ **Dtype** : 데이터 타입을 나타냅니다.

- ❽ **dtypes**: int64(3), object(6)와 같이 데이터 타입을 요약하여 제공합니다.

- ❾ **memory usage** : 704.0+ bytes와 같이 데이터프레임이 메모리에서 사용하는 바이트 크기를 나타냅니다.

꽤 정보가 많습니다. 요약한 내용을 정리하면 넷플릭스 데이터프레임에는 8개의 행과 9개의 열이 있고, 각 열은 3가지의 정수형 데이터 타입과 여섯 가지 문자열 데이터 타입을 가지고 있음을 알 수 있습니다. 그리고 director, country, listed_in 열처럼 누락된 값이 있는 열도 있습니다.

이렇게 데이터프레임에 대한 요약 정보를 파악하면 데이터 분석에 큰 도움이 될 것입니다.

> non-null count가 8이 아니면 누락값이 있는 열입니다.

셀레나의 조언 | 판다스의 object 데이터 타입과 넘파이의 object 데이터 타입은 같을까요?

앞에서 문자열 데이터 타입이 object인 것이 눈에 띄었나요? 판다스의 object 데이터 타입과 넘파이의 object 데이터 타입은 비슷하지만 다른 개념입니다.

- 판다스의 object 데이터 타입은 주로 문자열 데이터를 포함하는 열을 의미합니다. 일반적으로 문자열이나 텍스트 데이터를 처리하는 데 사용합니다. 쉽게 말해 파이썬 문자열 데이터 타입과 유사합니다.
- 넘파이의 object 데이터 타입은 파이썬의 객체, 즉, object 타입을 포함한 배열을 의미합니다. 예를 들어 리스트, 딕셔너리 등 다양한 파이썬 객체가 포함될 수 있습니다.

같은 object 데이터 타입이라도 서로 다른 의미를 가지고 있음을 기억하기 바랍니다. 판다스는 문자열 데이터를 효율적으로 처리할 수 있는 반면, 넘파이는 다양한 파이썬 객체를 처리할 수 있는 유연성을 제공합니다. 하지만 넘파이 object 데이터 타입의 배열은 일반적인 수치형 배열보다 성능이 떨어집니다. 이 차이를 이해하면 데이터 처리 및 분석 작업에서 상황에 맞는 적절한 라이브러리를 사용할 수 있게 되어 데이터 처리 및 분석 작업의 효율성을 높일 수 있습니다.

챗GPT와 함께 데이터 구조 살펴보기

챗GPT로 데이터 구조를 살펴보겠습니다. 저는 이렇게 질문하여 이런 데이터를 얻었습니다.

> 판다스에서 shape 속성과, info( ) 함수를 실무에서 활용하는 예시를 간단히 보여줘.

> 판다스의 shape 속성과 info( ) 함수는 데이터 분석 작업에서 데이터프레임의 구조와 데이터 타입을 확인하는 데 매우 유용합니다. 실제 사용 예시를 통해 각각의 함수가 어떻게 사용되는지 보여드리겠습니다.

1. shape 속성

shape 속성은 데이터프레임의 행과 열의 수를 반환합니다. 이를 통해 데이터의 크기를 쉽게 확인할 수 있습니다.

```python
import pandas as pd
# 예제 데이터프레임 생성
data = {
    'name': ['Alice', 'Bob', 'Charlie', 'David', 'Eve'],
    'age': [24, 27, 22, 32, 29],
    'city': ['New York', 'Los Angeles', 'Chicago', 'Houston', 'Phoenix']
}
df = pd.DataFrame(data)
# 데이터프레임의 크기 확인
print("DataFrame shape:", df.shape)
```

출력 결과
```
DataFrame shape: (5, 3)
```

2. info() 함수

info() 함수는 데이터프레임의 요약 정보를 출력합니다. 여기에는 각 열의 데이터 타입, 누락된 값의 개수, 메모리 사용량 등이 포함됩니다.

```python
# 데이터프레임 정보 출력
df.info()
```

출력 결과
```
<class 'pandas.core.frame.DataFrame'>
RangeIndex: 5 entries, 0 to 4
Data columns (total 3 columns):
 #   Column  Non-Null Count  Dtype
---  ------  --------------  -----
 0   name    5 non-null      object
 1   age     5 non-null      int64
 2   city    5 non-null      object
dtypes: int64(1), object(2)
memory usage: 248.0+ bytes
```

실무 활용 예시

실제 데이터 분석 작업에서는 데이터의 크기와 구조를 빠르게 파악하는 것이 중요합니다. 이를 통해 데이터가 예상한 대로 로드되었는지 확인하고, 분석 또는 전처리 작업을 계획할 수 있습니다.

실무 시나리오

예를 들어 CSV 파일에서 데이터를 불러온 후 데이터의 구조와 누락된 값의 존재 여부를 확인하는 과정입니다.

```python
# CSV 파일에서 데이터 불러오기
df = pd.read_csv('data.csv')
# 데이터프레임의 크기 확인
print("DataFrame shape:", df.shape)
# 데이터프레임의 요약 정보 확인
df.info()
```

이 과정은 다음과 같은 작업에 유용합니다:

1 데이터의 행과 열의 개수를 확인하여 예상한 데이터와 일치하는지 확인.
2 각 열의 데이터 타입을 확인하여 필요한 전처리 작업(예 : 형 변환)이 있는지 파악.
3 누락된 값의 개수를 확인하여 데이터 정제 작업의 필요성을 평가.

이처럼 shape 속성과 info( ) 함수는 데이터의 전반적인 구조를 파악하고 초기 탐색을 수행하는 데 필수적인 도구입니다.

> 현업에서 shape 속성과 info( ) 함수는 단순히 데이터만 확인해보는 것이 아니라 데이터 분석 프로젝트를 시작하는 단계에서 데이터를 정확히 이해하기 위해 사용합니다. 데이터를 파악하면 초기에 예상치 못한 문제를 발견할 수 있기 때문이죠. 예를 들어 데이터의 크기가 예상보다 너무 크거나 반대로 너무 작다면 데이터 추출 과정에 문제가 있는지 되돌아볼 수 있습니다. 또는 누락값을 발견하여 추가 전처리를 진행할 수도 있습니다. 이런 문제들은 프로젝트를 진행하다 발견하는 것보다는 프로젝트를 진행하기 전에 발견하는 것이 좋겠죠. 초기에 데이터를 살펴보는 일은 후속 데이터 분석 방향을 성공적으로 할 수 있게 해줍니다.

02.3 특정 열 선택하기

판다스에서는 데이터프레임에서 특정 열을 선택하여 다시 시리즈 또는 데이터프레임으로 반환할 수 있습니다. 쉽게 생각해 데이터프레임에서 일부 조각을 추출하는 것입니다. 판다스를 활용하면 원하는 만큼 데이터를 가공할 수도 있습니다.

시리즈 반환하기

데이터프레임에서 하나의 열을 선택하여 시리즈를 추출하는 방법은 다음과 같이 2가지 방법이 있습니다.

1. **DataFrame['column_name']** : 대괄호 안에 열 이름을 따옴표와 함께 입력하여 열을 선택하는 방법입니다.
2. **DataFrame.column_name** : 점 다음에 열 이름을 입력하는 방법입니다. 이 방법은 열 이름에 공백과 특수 문자가 없는 경우에만 사용할 수 있어 자주 사용하는 방법은 아닙니다.

그럼 바로 실습해봅시다.

> **01단계** 이번에도 같은 파일을 사용합니다. netflix_selena.csv 파일을 불러와서 title 열을 시리즈로 반환해봅시다.

```python
import pandas as pd

netflix = pd.read_csv('netflix_selena.csv')
# title 열 선택, 대괄호 안에 열 이름을 따옴표와 함께 입력
title = netflix['title']
title.head()
```

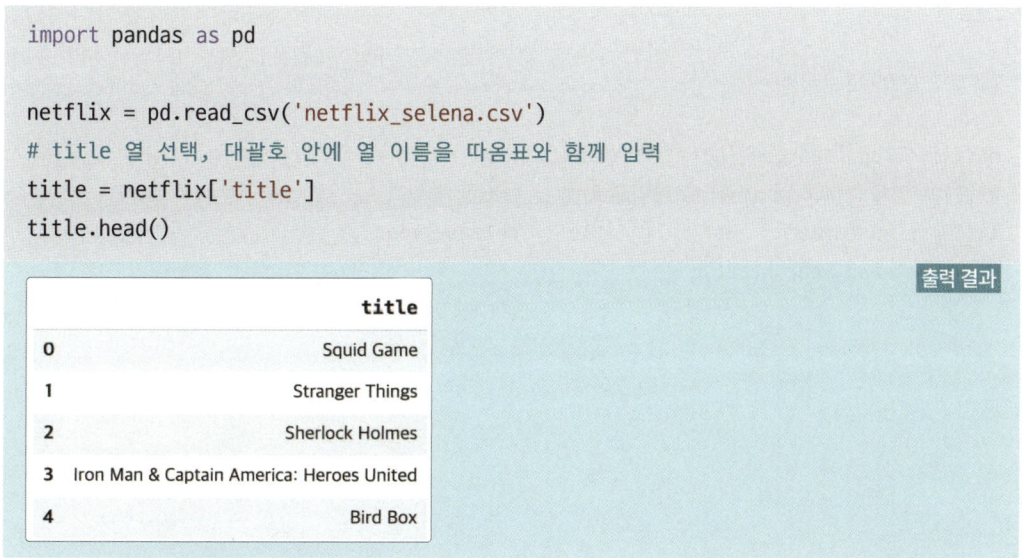

title = netflix['title']은 title 열을 선택하여 해당 열을 시리즈로 반환했고, 이를 title 변수에 저장했습니다. title의 head를 출력해보면 행을 보여줍니다. 데이터를 확인해보면 제목만 있습니다. title 열을 시리즈로 잘 추출한 것을 알 수 있습니다.

02단계 자주 사용하는 방법은 아니지만 점을 이용해 title 열을 선택하여 시리즈로 추출할 수도 있습니다. 결괏값은 같으므로 생략했습니다.

```
# title 열 선택, 점 다음에 열 이름 입력
title = netflix.title
title.head()
```

데이터프레임 반환하기

데이터프레임에서 여러 열을 선택하여 반환하면 데이터프레임을 추출할 수 있습니다. 앞에서 시리즈를 떼어내는 방법은 2가지였지만 데이터프레임을 추출하는 방법은 1가지입니다.

1 **DataFrame[['column_name_1', 'column_name_2', ...]]** : 이중 대괄호 안에 열 이름을 따옴표와 함께 입력하여 여러 열을 선택합니다. DataFrame은 기존 데이터프레임이고, column_name은 선택하려는 열 이름입니다.

01단계 netflix_selena.csv 파일을 다시 불러온 다음 title, release_year 열을 선택하여 데이터프레임으로 추출하겠습니다.

```
import pandas as pd

netflix = pd.read_csv('netflix_selena.csv')
# 2개의 열을 선택하여 데이터프레임으로 반환, 이중 대괄호 [[ ]] 안에 열 이름 입력
title_release_year = netflix[['title', 'release_year']]
title_release_year.head()
```

	title	release_year
0	Squid Game	2021
1	Stranger Things	2019
2	Sherlock Holmes	2009
3	Iron Man & Captain America: Heroes United	2014
4	Bird Box	2018

title_release_year = netflix[['title', 'release_year']]를 통해 넷플릭스 데이터프레임에서 title, release_year 열을 선택하여 데이터프레임으로 추출한 다음 title_release_year 변수에 저장했습니다.

1개의 열을 시리즈가 아니라 데이터프레임으로 반환하고 싶다면?

만약 하나의 열을 시리즈가 아닌 데이터프레임으로 추출하고 싶다면 같은 방법으로 이중 대괄호 [[ ]]를 사용하면 됩니다. 시리즈는 대괄호 1개만, 데이터프레임은 대괄호 2개를 사용한다고 기억해둡시다.

02단계 다음은 하나의 열을 데이터프레임으로 반환하는 코드입니다. 코드에서 보듯 이중 대괄호를 사용하여 시리즈가 아닌 데이터프레임 형태로 넷플릭스 데이터프레임에서 데이터를 떼어냈습니다.

```
title = netflix[['title']]
title.head()
```

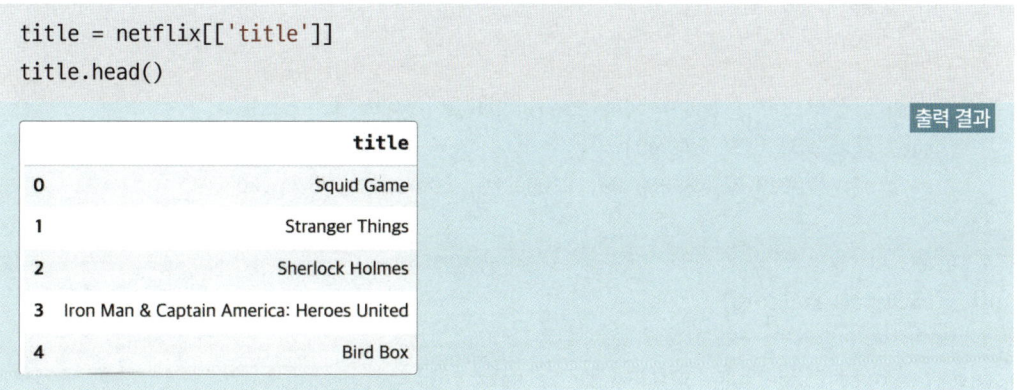

셀레나의 조언 | 판다스에서 특정 열을 선택하는 기능은 언제 사용할까요?

데이터 분석에서 특정 열을 선택하는 것은 매우 유용한 기능입니다. 예를 들어 데이터프레임에서 특정 열을 선택하면 그 열의 값들을 빠르게 확인할 수 있으며, 불필요한 열을 제외하고 필요한 열만 선택해 새로운 데이터프레임을 만들면 작업이 훨씬 간편해집니다. 이를 통해 특정 열에 대해 그룹화, 계산, 분석 등을 유연하게 수행할 수 있습니다.

챗GPT와 함께 판다스 특정 열 선택을 조건으로 활용하기 (1)

챗GPT를 이용하여 앞서 배운 특정 열을 선택하는 것을 조건으로 활용해서 이해해보겠습니다.

🙂 판다스에서 특정 열을 반환하는 기능을 조건문을 활용하는 예제를 만들어줘.

🤖 Pandas에서 조건문을 활용하여 특정 열을 반환하는 예제를 만들어보겠습니다. 예를 들어 직원 데이터가 포함된 DataFrame에서 나이가 30 이상인 직원의 이름과 급여를 반환하는 예제를 작성해보겠습니다.

```python
import pandas as pd

# 예제 데이터 생성
data = {
    'name': ['Alice', 'Bob', 'Charlie', 'David', 'Eve'],
    'age': [25, 30, 35, 28, 40],
    'salary': [70000.00, 80000.00, 90000.00, 60000.00, 95000.00]
}
# DataFrame 생성
df = pd.DataFrame(data)
# 나이가 30 이상인 직원의 이름과 급여 반환
result = df[df['age'] >= 30][['name', 'salary']]
# 결과 출력
print(result)
```

> 출력 결과
> ```
>    name   salary
> 1   Bob  80000.0
> 2 Charlie 90000.0
> 4   Eve  95000.0
> ```

1 DataFrame 생성 : 이름, 나이, 급여 열을 포함한 직원 데이터를 생성합니다.

2 조건문 사용 : df['age'] >= 30 조건문을 사용하여 나이가 30 이상인 직원들을 필터링합니다.

3 특정 열 반환 : 조건에 맞는 행들 중에서 name과 salary 열만 선택하여 반환합니다.

이 예제는 Pandas에서 조건문을 활용하여 특정 조건에 맞는 데이터를 필터링하고, 필요한 열만 반환하는 방법을 보여줍니다.

> 조건문을 활용한 필터링과 필요한 열 추출은 대규모 데이터셋에서 매우 유용합니다. 특정 기준에 맞는 데이터를 빠르게 선택하여 분석의 초점을 맞추고 불필요한 처리 시간을 줄여 분석 효율을 높일 수 있습니다.

챗GPT와 함께 판다스 특정 열 선택을 조건으로 활용하기 (2)

[챗GPT와 함께] 판다스 특정 열 선택을 조건으로 활용하기 (1)에 이어서 챗GPT를 이용하여 앞서 배운 특정 열 선택 방법을 활용해 평균값을 계산하고 필요한 열만 추출하는 과정을 살펴보겠습니다.

> 판다스를 이용하여 과목의 개인별 평균값을 낸 후 데이터프레임을 반환하는 기능을 이용하여 그 평균값만을 가져오는 코드를 짜줘.

> 먼저, 학생들의 과목 점수를 포함하는 데이터프레임을 생성한 후, 개인별 평균값을 계산하고, 그 평균값만을 포함하는 새로운 데이터프레임을 반환하는 코드를 작성해보겠습니다.

예제 코드

먼저, 예제 데이터를 사용하여 학생들의 과목 점수를 포함하는 데이터프레임을 생성합니다.

```python
import pandas as pd

# 예제 데이터프레임 생성
data = {
    'name': ['Alice', 'Bob', 'Charlie', 'David', 'Eve'],
    'math': [88, 92, 85, 95, 90],
    'science': [80, 85, 88, 92, 85],
    'english': [90, 87, 85, 88, 92]
}
df = pd.DataFrame(data)
```

각 학생의 과목별 점수의 평균을 계산하고, 그 결과를 새로운 데이터프레임으로 반환합니다.

```python
# 개인별 과목 점수의 평균값 계산
df['average'] = df[['math', 'science', 'english']].mean(axis=1)
# 이름과 평균값만을 포함하는 새로운 데이터프레임 생성
average_df = df[['name', 'average']]
print(average_df)
```

이 코드를 실행하면 다음과 같은 데이터프레임이 생성됩니다:

```
      name    average
0    Alice  86.000000
1      Bob  88.000000
2  Charlie  86.000000
3    David  91.666667
4      Eve  89.000000
```

요약

이 코드는 학생들의 과목 점수를 포함하는 데이터프레임에서 각 학생의 평균 점수를 계산하고, 이름과 평균 점수만을 포함하는 새로운 데이터프레임을 반환합니다. [[ ]]를 사용하여 필요한 열만 선택하여 새로운 데이터프레임을 생성하는 방법을 보여주고 있습니다.

판다스를 활용해 특정 열을 선택하고 평균값을 계산하는 방법을 살펴보았습니다. 이중 대괄호 [[ ]]를 사용한 열 추출은 필요한 정보를 빠르게 선택해 새로운 데이터프레임을 생성하는 효율적인 방식입니다. 이 접근법은 데이터 정제와 요약 통계에 매우 유용하며, 핵심 정보를 빠르게 파악해 효율적인 데이터 분석을 가능하게 합니다. 또한, 불필요한 데이터를 제거하여 메모리 사용량을 줄이고 처리 속도를 향상시킬 수 있습니다. 현업에서는 이 기법을 통해 복잡한 데이터셋을 간결하게 다루고, 의사결정에 필요한 핵심 지표를 신속히 도출하는 데 자주 활용합니다.

02.4 데이터 필터링하기

이번에는 데이터 필터링 방법을 알아봅시다. 데이터 필터링은 특정 조건을 사용하여 데이터프레임에서 원하는 데이터만 선택하는 과정을 의미합니다. 필터링을 통해 데이터프레임의 부분집합을 만들 수 있습니다. 이는 데이터 분석 작업에서 매우 유용한 기능입니다. 일반적인 필터링 과정은 아래와 같습니다.

1 **조건 만들기** : 데이터프레임의 특정 조건을 설정합니다. 예를 들어 넷플릭스 데이터에서 개봉연도가 2015 이후의 데이터만 골라보는 등의 작업을 설정할 수 있습니다.
2 **조건 적용** : 만든 조건을 데이터프레임에 적용하여 조건을 해당하는 행들을 선택합니다.

비교 연산자 >로 필터링하기

비교 연산자 >로 데이터프레임에서 행을 필터링하는 방법을 알아봅시다.

01단계 넷플릭스 데이터에서 2015년 이후에 나온 것들이 무엇인지 보고 싶다면 release_year가 2015년보다 클 때의 데이터만 필터링하면 됩니다.

```
import pandas as pd

netflix = pd.read_csv('netflix_selena.csv')
# 2015년 이후에 나온 콘텐츠만 추출(True, False 반환)
netflix['release_year'] > 2015
```

```
0    True
1    True
2    False
3    False
4    True
5    True
6    False
7    False
Name: release_year, dtype: bool
```

netflix['release_year'] > 2015를 보면 release_year에 해당하는 값 중 2015보다 큰 행의 값은 True, 2015보다 작거나 같은 값은 False라고 나오네요. 실제 값을 참고할 수 있도록 전체 넷플릭스 데이터를 두었습니다. 직접 비교해보세요.

02단계 이제 **01단계**의 결과를 이용하여 데이터를 필터링하겠습니다.

```
# 2015년 이후에 나온 콘텐츠 추출
more2015 = netflix[netflix['release_year'] > 2015] # ❶
more2015.head()
```

출력 결과

	show_id	type	title	director	cast	country	release_year	duration	listed_in
0	1	TV Show	Squid Game	NaN	Lee Jung-jae	NaN	2021	300	NaN
1	2	TV Show	Stranger Things	NaN	Winona Ryder	United States	2019	800	TV Horror
4	5	Movie	Bird Box	Susanne Bier	Sandra Bullock	United States	2018	124	NaN
5	6	TV Show	Anne with an E	NaN	Amybeth McNulty	Canada	2019	900	NaN

❶ more2015 = netflix[netflix['release_year'] > 2015]를 통해 netflix 데이터프레임에서 release_year 열의 값이 2015보다 큰 행들을 선택하여 more2015에 할당했습니다. 그런 다음 head( )로 more2015 데이터프레임의 첫 5개의 행을 출력했습니다. 결과를 살펴보면 release_year 열의 값이 2015보다 큰 행들을 선택한 결과가 보입니다. 열의 값이 각각 2021, 2019, 2018, 2019이므로 2015보다 값이 큽니다.

부정 연산자 ~로 필터링하기

이번에는 부정 연산자인 ~을 사용해봅시다. 이 연산자는 not이라는 의미를 가집니다. 즉, 현재 조건을 부정할 수 있습니다. 앞서 실습한 2015년 이후에 나온 넷플릭스 콘텐츠가 아닌, 즉, 2015년 이전에 나온 넷플릭스 콘텐츠를 보고 싶다면 어떻게 해야 할까요?

01단계 앞서 작성했던 netflix['release_year'] > 2015를 소괄호로 감싼 다음 맨 앞에 ~ 연산자를 사용하면 됩니다.

```
# 2015년 이전에 나온 콘텐츠만 추출
less2015 = netflix[~(netflix['release_year'] > 2015)]
less2015.head()
```

출력 결과

	show_id	type	title	director	cast	country	release_year	duration	listed_in
2	3	Movie	Sherlock Holmes	Guy Ritchie	Robert Downey Jr	United States, Germany	2009	128	Action & Adventure
3	4	Movie	Iron Man & Captain America: Heroes United	Leo Riley	Adrian Pasdar	United States	2014	71	NaN
6	7	Movie	About Time	Richard Curtis	Domhnall Gleeson	NaN	2013	123	NaN
7	8	Movie	Inception	Christopher Nolan	Leonardo DiCaprio	United States	2010	148	NaN

~ 연산자를 사용한 모습을 보면 > 연산자로 만든 조건을 전부 소괄호로 감싸 부정합니다. 실제로 결과도 조건을 부정한 결과인 release_year가 2015 이하인 값들이 나옵니다.

논리 연산자 &나 |로 필터링하기

이번에는 논리 연산자인 &이나 |로 데이터를 필터링해봅시다. &는 and라는 의미를 가지고 있고, |는 or라는 의미를 가지고 있습니다. 그리고 이 연산자들은 단독으로 쓰이지 않고 주로 앞에서 배운 비교 연산자와 함께 쓰입니다.

- **& 연산자** : 두 조건이 모두 참(True)일 때 참(True)을 반환
- **| 연산자** : 두 조건 중 하나라도 참(True)일 때 참(True)을 반환

예를 들어 환자 기록 데이터에서 65세 미만인 남자 환자만 추출하려면 다음과 같이 나이가 65세

미만이고(&) 성별이 남자인 사람을 추출해야 합니다.

- DataFrame[(DataFrame['age'] < 65) & (DataFrame['sex'] == 'Male')]

A 약물**이나** B 약물을 복용한 적이 있는 환자를 추출하려면 **| 연산자를 사용**하면 되겠죠!

- DataFrame[(DataFrame['A_Drug'] == True) | (DataFrame['B_Drug'] == 'True')]

01단계 다음은 & 연산자를 사용하여 2015년 이후에 나온 넷플릭스 콘텐츠이면서(&) 쇼의 장르가 TV Show인 콘텐츠를 추출하는 코드입니다.

```
import pandas as pd
netflix = pd.read_csv('netflix_selena.csv')

# 2015년 이후에 나온 콘텐츠이면서(&) 쇼의 장르가 TV show인 데이터 추출
(netflix['release_year'] > 2015) & (netflix['type'] == 'TV Show')
```

출력 결과
```
0     True
1     True
2    False
3    False
4    False
5     True
6    False
7    False
dtype: bool
```

(netflix['release_year'] > 2015) & (netflix['type'] == 'TV Show')로 netflix 데이터프레임에서 release_year 열의 값이 2015보다 크고 type 열의 값이 TV Show인지 여부를 확인하여 True, False로 추출했습니다.

02단계 이것을 활용하면 원하는 값을 추출할 수 있습니다. **01단계**의 코드를 조금만 수정해봅시다.

```
more2015_tv = netflix[(netflix['release_year'] > 2015) & (netflix['type'] ==
'TV Show')]
more2015_tv.head()
```

	show_id	type	title	director	cast	country	release_year	duration	listed_in
0	1	TV Show	Squid Game	NaN	Lee Jung-jae	NaN	2021	300	NaN
1	2	TV Show	Stranger Things	NaN	Winona Ryder	United States	2019	800	TV Horror
5	6	TV Show	Anne with an E	NaN	Amybeth McNulty	Canada	2019	900	NaN

netflix 데이터프레임에서 release_year 열의 값이 2015보다 크고 type 열의 값이 TV Show인 행들을 추출하여 새로운 데이터프레임인 more2015_tv에 저장하여 출력했습니다. 결과를 보면 2015년 이후에 나온 콘텐츠 중 장르가 TV Show인 데이터만 추출되었습니다.

03단계 이번에는 | 연산자를 사용해봅시다. 다음은 2015년 후에 나온 콘텐츠이거나 장르가 TV Show인 데이터만 필터링합니다.

```
# 조건 : 2015년 이후에 나온 콘텐츠이거나(|) 쇼의 장르가 TV show인 데이터 추출
more2015_or_tv = netflix[(netflix['release_year'] > 2015) | (netflix['type'] == 'TV Show')]
more2015_or_tv.head()
```

	show_id	type	title	director	cast	country	release_year	duration	listed_in
0	1	TV Show	Squid Game	NaN	Lee Jung-jae	NaN	2021	300	NaN
1	2	TV Show	Stranger Things	NaN	Winona Ryder	United States	2019	800	TV Horror
4	5	Movie	Bird Box	Susanne Bier	Sandra Bullock	United States	2018	124	NaN
5	6	TV Show	Anne with an E	NaN	Amybeth McNulty	Canada	2019	900	NaN

결과를 보면 2015년 이후에 나온 콘텐츠이거나 쇼의 장르가 TV Show인 데이터가 나왔습니다. 첫 번째 조건인 2015년 이후에 나온 콘텐츠에 해당하는 4개의 행이 추출되었고 두 번째 조건인 쇼의 장르가 TV Show에 해당하는 3개의 행이 추출되었습니다.

이렇듯 데이터 분석에서는 논리 연산자 &(and)와 |(or)는 매우 중요합니다. 논리 연산자는 데이터 필터링, 조건부 선택, 데이터 정렬 및 그룹화 등 다양한 데이터 조작 업무에 필수입니다.

- **데이터 필터링** : 특정 조건을 만족하는 데이터를 선택할 때 사용합니다. 예를 들어 넷플릭스 데이터에서 개봉 연도가 2018년 이후인 데이터만 선택할 수 있습니다.

- **조건부 선택** : 복잡한 조건을 결합하여 데이터를 선택할 때 사용합니다. 예를 들어 넷플릭스 데이터에서 개봉 연도가 2018년 이후이고 2022년 이전인 데이터만 선택할 수 있습니다.
- **데이터 정렬 및 그룹화** : 조건에 따라 데이터를 정렬하거나 그룹화하는 데 사용합니다. 예를 들어 넷플릭스 데이터에서 쇼의 장르 범주로 그룹화하고 연도가 2018년도인 데이터만 선택할 수 있습니다.
- **결측치 처리** : 결측치를 확인하고 처리하는 데 사용합니다. 결측치가 있는 행을 조건으로 찾고 부정 연산자를 이용하여 결측치가 있는 행을 제거할 수 있습니다.

이처럼 논리 연산자는 데이터 분석의 핵심 도구 중 하나로, 데이터를 효과적으로 탐색하고 분석하는 데 필수적입니다.

챗GPT와 함께 데이터 필터링 기능 활용하기

챗GPT로 비교, 부정, 논리 연산자를 이용하여 필터링을 활용해보겠습니다.

> 판다스의 데이터 필터링 기능(비교, 부정, 논리 연산자)들을 모두 활용해서 댓글 이벤트의 당첨자를 필터링하는 예제를 보여줘.

> pandas의 데이터 필터링 기능을 사용하여 댓글 이벤트의 당첨자를 필터링하는 예제를 보여드리겠습니다. 이 예제에서는 다양한 조건을 사용하여 데이터프레임에서 특정 조건을 만족하는 행들을 필터링할 것입니다.

먼저, 댓글 이벤트 참가자들의 정보를 포함하는 데이터프레임을 생성합니다.

```python
import pandas as pd
# 예제 데이터프레임 생성
data = {
    'name': ['Alice', 'Bob', 'Charlie', 'David', 'Eve', 'Frank', 'Grace', 'Hannah'],
    'comment_length': [150, 200, 50, 300, 120, 180, 75, 160],
    'likes': [25, 30, 10, 45, 20, 35, 5, 28],
    'is_spam': [False, False, True, False, False, True, False, False],
    'has_image': [True, False, True, True, False, False, True, True]
```

```
}
df = pd.DataFrame(data)
```

이벤트 당첨자를 필터링하는 조건은 다음과 같습니다:

1 댓글 길이는 100자 이상이어야 합니다.
2 좋아요 수가 20개 이상이어야 합니다.
3 스팸 댓글이 아니어야 합니다.
4 이미지가 포함된 댓글이어야 합니다.

위의 조건을 모두 만족하는 당첨자를 필터링하는 코드를 작성합니다.

```python
# 필터링 조건 설정
condition = (
    (df['comment_length'] >= 100) &   # 댓글 길이 100자 이상
    (df['likes'] >= 20) &             # 좋아요 20개 이상
    (~df['is_spam']) &                # 스팸 댓글이 아니어야 함
    (df['has_image'])                 # 이미지가 포함된 댓글이어야 함
)
# 조건을 만족하는 행들 필터링
winners_df = df[condition]
print(winners_df)
```

이 코드를 실행하면 다음과 같은 데이터프레임이 생성됩니다. 이 데이터프레임에는 이벤트 당첨자의 정보만 포함됩니다.

출력 결과

	name	comment_length	likes	is_spam	has_image
0	Alice	150	25	False	True
3	David	300	45	False	True
7	Hannah	160	28	False	True

이 코드는 pandas의 비교 연산자(>=), 부정 연산자(~), 논리 연산자(&)를 사용하여 여러 조건을 조합한 필터링을 수행하는 방법을 보여줍니다. 이와 같은 필터링 기능을 활용하면 복잡한 조건을 만족하는 데이터만을 쉽게 추출할 수 있습니다.

현업에서는 비교, 부정, 논리 연산자를 활용해 여러 조건을 동시에 적용하여 데이터를 필터링합니다. 예를 들어 마케팅 캠페인이나 이벤트 분석에서 나이는 30대 이상이고, 여성이면서, A라는 제품을 장바구니에 담은 고객을 추출하려면 이런 조건을 종합하여 사용해야 할 겁니다. 여러 조건을 적용한 필터링 기법을 익히면 실무에서 시간을 절약하고 분석 결과의 신뢰성을 높일 수 있을 것입니다.

loc[ ]와 iloc[ ]로 필터링하기

지금까지 비교 연산자나 부정 연산자, 논리 연산자로 데이터를 필터링했습니다. 만약 필터링하려는 열 이름이나 인덱스 번호를 알고 있다면 이런 연산자가 아니라 다른 방법인 loc[ ]나 iloc[ ]를 사용할 수도 있습니다. 이 방법은 데이터프레임의 원하는 부분에 조금 더 쉽게 접근하고 조작할 수 있어 실무에서 자주 사용합니다.

loc[ ]로 필터링하기

loc은 위치location의 줄임말입니다. 지명을 부르듯 데이터프레임의 특정 행의 인덱스나 열 이름을 이용하여 데이터에 접근하는 방식입니다. 보통 다음과 같은 패턴으로 사용합니다.

- **DataFrame.loc[row_name, column_name]** : 특정 행과 열을 선택하는 방법
- **DataFrame.loc[: , column_name]** : 전체 행과 하나의 열만 선택하는 방법
- **DataFrame.loc[: , [column_name_1, column_name_2, ...]]** : 전체 행과 여러 개의 열을 선택하는 방법
- **DataFrame.loc[row_name]** : 하나의 행만 선택하는 방법
- **DataFrame.loc[[row_name_1, row_name_2, ...]]** : 여러 개의 행을 선택하는 방법
- **DataFrame.loc[[row_name_1, row_name_2, ...], [column_name_1, column_name_2, ...]** : 여러 개의 행과 여러 개의 열을 선택하는 방법

패턴에 보이는 :가 눈에 띌 것입니다. 이것은 파이썬의 슬라이싱 기법입니다. 보통은 2:5과 같이 슬라이싱할 부분을 숫자와 콜론으로 표시하는데 숫자가 없으면 '전체 범위를 슬라이싱한다'는 것을 의미합니다. 쉽게 말해 DataFrame.loc[: , column_name]는 모든 행에서 특정 열 이름을 필터링하는 패턴이라고 생각하면 됩니다. 그럼 바로 loc[ ]부터 실습해봅시다.

01단계 netflix_selena.csv 파일을 불러 title, release_year 열을 필터링하는 loc[ ] 코드를 작성해보겠습니다.

```python
import pandas as pd

netflix = pd.read_csv('netflix_selena.csv')
# .loc[] : 데이터프레임의 행과 열의 이름을 사용
# 전체 행과 title과 release_year의 열을 출력
title_year = netflix.loc[ : , ['title', 'release_year']]
title_year.head()
```

출력 결과

	title	release_year
0	Squid Game	2021
1	Stranger Things	2019
2	Sherlock Holmes	2009
3	Iron Man & Captain America: Heroes United	2014
4	Bird Box	2018

title_year = netflix.loc[: , ['title', 'release_year']]를 보면 전체 행(:)을 대상으로 title, release_year 열 이름을 필터링하여 title_year 변수에 저장합니다. 결괏값은 데이터프레임이므로 출력했을 때 데이터프레임 형식으로 출력합니다. 출력에는 head( ) 함수를 사용하여 첫 5개 행만 출력했습니다.

02단계 이번에는 특정 행까지 지정해봅시다. 열 이름은 그대로 두고 행 인덱스 번호를 파이썬 리스트에 담아 loc[ ]에 사용해봅시다. 다음은 0, 1번째 행에서 title, release_year 열만 필터링합니다.

> netflix.loc[[0, 1], ['title', 'release_year']] 코드에서 0과 1은 행 인덱스 번호이지만, .loc[ ]의 관점에서는 행 이름으로 간주합니다.

```python
# .loc[] : 데이터프레임의 행과 열의 이름을 사용
# 0번째, 1번째 행과 title과 release_year의 열을 출력
title_year = netflix.loc[[0, 1], ['title', 'release_year']]
title_year.head()
```

	title	release_year
0	Squid Game	2021
1	Stranger Things	2019

03단계 행을 지정할 때 숫자가 아닌 이름으로 하고 싶다면 앞에서 배운대로 인덱스에 이름을 지정해준 다음 loc[ ]를 사용하면 됩니다. .index를 통해 행 이름을 지정하고 필터링해봅시다.

```
# .index : 행 이름 변경
netflix.index = ['A', 'B', 'C', 'D', 'E', 'F', 'G', 'H']
# .loc[] : 데이터프레임의 행과 열의 이름을 사용
# B, C 행과 title과 release_year의 열을 출력
title_year = netflix.loc[['B', 'C'], ['title', 'release_year']]
title_year.head()
```

	title	release_year
B	Stranger Things	2019
C	Sherlock Holmes	2009

코드를 보면 netflix.index = ['A', 'B', 'C', 'D', 'E', 'F', 'G', 'H']로 인덱스에 이름을 붙이고 loc[ ]에서 필터링할 때 사용했습니다. 필터링한 결괏값에도 지정한 인덱스 이름이 보입니다. 데이터 분석 시 인덱스에 이름을 붙여 결괏값을 보거나 필터링하고 싶다면 이렇게 인덱스에 이름을 지정하는 방식을 섞어도 좋습니다.

iloc[ ]로 필터링하기

iloc은 정수 위치^{integer location}의 약자로 정수값으로 필터링할 때 사용합니다. 사용 방식은 loc[ ]와 비슷하지만 필터링할 때 대상을 정수로 짚어내야 하는 점이 다릅니다. 사용 패턴은 다음과 같습니다.

- **DataFrame.iloc[row_index, column_index]** : 특정 행과 열을 선택하는 방법
- **DataFrame.iloc[:, column_index]** : 전체 행과 하나의 열만 선택하는 방법
- **DataFrame.iloc[:, [column_index_1, column_index_2, ...]]** : 전체 행과 여러 열을 선택하는 방법

- **DataFrame.iloc[row_index]** : 하나의 행만 선택하는 방법
- **DataFrame.iloc[[row_index_1, row_index_2, …]]** : 여러 행을 선택하는 방법
- **DataFrame.iloc[[row_index_1, row_index_2, …], [column_index_1, column_index_2, …]** : 여러 행과 여러 열을 선택하는 방법

01단계 다음은 3, 4 행과 1, 3 열을 필터링하는 코드입니다.

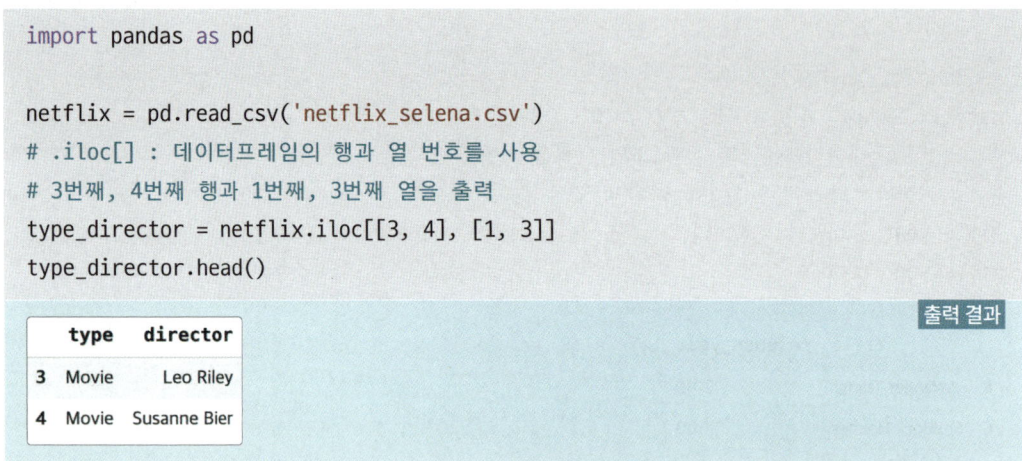

결괏값을 보면 3행, 4행과 1열, 3열 값을 필터링했습니다. 앞으로 loc[ ]나 iloc[ ]는 적절한 방식으로 자주 활용하겠습니다.

셀레나의 조언 | iloc를 이용하여 값 변경하기

iloc로 값을 변경할 수도 있습니다.

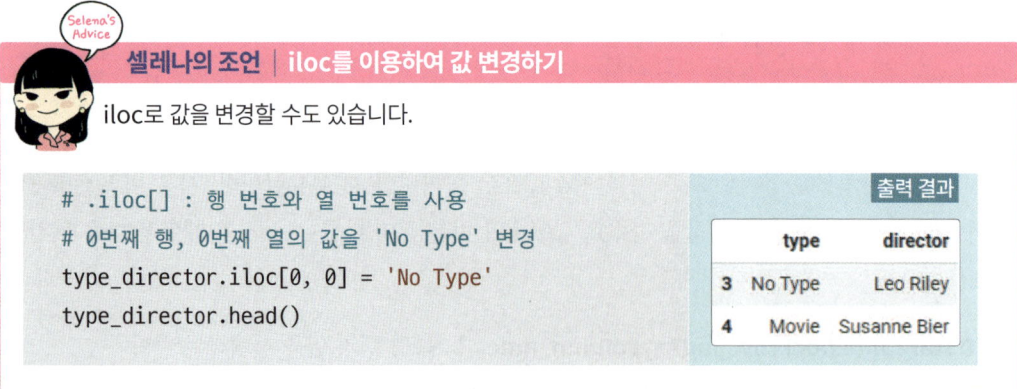

type_director.iloc[0, 0] = 'No Type'은 type_director 데이터프레임의 0번째 행의 인덱스와 0번째 열의 인덱스 자리에 No Type이라는 값을 할당합니다. 결과를 보면 2개의 행만 있으므로 2개의 행이 출력되었습니다.

isin() 함수로 특정 값 필터링하기

특정 값을 필터링하고 싶다면 isin() 함수를 사용하면 됩니다. isin() 함수는 시리즈 또는 데이터 프레임에서 특정 값이 포함되어 있는지 확인할 때 사용합니다.

01단계 다음은 쇼의 장르가 TV Show인 것을 isin() 함수로 확인하는 코드입니다.

```
# .isin(values) : 각 요소가 values에 포함된 값인지 파악하여 True/False 반환
# type 변수의 값이 TV Show일 경우는 True 반환, 아니라면 False 반환
netflix['type'].isin(['TV Show'])
```

출력 결과
```
0    True
1    True
2    False
3    False
4    False
5    True
6    False
7    False
Name: type, dtype: bool
```

netflix['type']으로 넷플릭스 데이터프레임에서 type 열을 선택한 다음 isin(['TV Show'])를 통해 type 열의 각 요소가 TV Show인지 확인했습니다. 결과를 보면 논리형 데이터 타입의 시리즈가 나옵니다. TV Show이면 True를, 그렇지 않으면 False를 출력합니다.

02단계 isin() 함수로 얻은 결과를 이용하여 type이 TV Show인 값만 필터링해봅시다.

```
# 논리형 인덱싱 + .isin( ) : 데이터의 특정 범위만 추출
# type 변수의 값이 TV Show일 경우만 추출하여 TV_Show 저장
TV_Show = netflix[netflix['type'].isin(['TV Show'])]
TV_Show.head()
```

출력 결과

	show_id	type	title	director	cast	country	release_year	duration	listed_in
0	1	TV Show	Squid Game	NaN	Lee Jung-jae	NaN	2021	300	NaN
1	2	TV Show	Stranger Things	NaN	Winona Ryder	United States	2019	800	TV Horror
5	6	TV Show	Anne with an E	NaN	Amybeth McNulty	Canada	2019	900	NaN

02.4 데이터 필터링하기

챗GPT와 함께 isin( ) 함수와 조건문 비교하기

챗GPT로 isin( ) 함수와 조건문을 비교해보겠습니다.

> pandas에서 값을 필터링할 때 isin( ) 함수를 사용하는 것과 조건문을 사용하는 것 중 어떤 게 나아?

> Pandas에서 값을 필터링할 때 isin( ) 함수를 사용하는 것과 조건문을 사용하는 것에는 각각의 장단점이 있습니다. 상황에 따라 더 적합한 방법을 선택하면 됩니다. 아래에서 두 방법의 장단점을 비교해 보겠습니다.

isin( ) 함수

isin( ) 함수는 특정 값의 리스트를 사용하여 데이터를 필터링할 때 유용합니다.

장점

1. **가독성**: 여러 값을 포함하는 조건을 간단하고 명확하게 표현할 수 있습니다.
2. **간결함**: 여러 조건을 하나의 함수로 처리할 수 있습니다.

단점

1. **유연성**: 조건이 복잡한 경우에는 사용하기 어려울 수 있습니다.
2. **고정된 값**: 동적 조건이나 복잡한 논리 조건을 처리하기에는 한계가 있습니다.

조건문

조건문은 다양한 논리 조건을 사용할 수 있어 유연성이 높습니다.

장점

1. **유연성**: 복잡한 조건이나 여러 조건을 조합할 수 있습니다.
2. **표현력**: &, |, ~ 등의 연산자를 사용하여 다양한 논리 조건을 표현할 수 있습니다.

단점

1. **가독성**: 조건이 많아지면 코드가 복잡해지고 가독성이 떨어질 수 있습니다.

2 장황함 : 여러 값을 포함하는 조건을 표현할 때 코드가 길어질 수 있습니다.

예제 비교

1. isin() 사용

```python
import pandas as pd
# 예제 데이터 생성
data = {
    'name': ['Alice', 'Bob', 'Charlie', 'David', 'Eve'],
    'age': [25, 30, 35, 28, 40],
    'department': ['HR', 'Engineering', 'HR', 'Engineering', 'HR']
}
df = pd.DataFrame(data)
# 특정 부서의 직원 필터링
departments = ['HR', 'Engineering']
filtered_df = df[df['department'].isin(departments)]
print(filtered_df)
```

2. 조건문 사용

```python
import pandas as pd
# 예제 데이터 생성
data = {
    'name': ['Alice', 'Bob', 'Charlie', 'David', 'Eve'],
    'age': [25, 30, 35, 28, 40],
    'department': ['HR', 'Engineering', 'HR', 'Engineering', 'HR']
}
df = pd.DataFrame(data)
# 특정 부서의 직원 필터링
filtered_df = df[(df['department'] == 'HR') | (df['department'] == 'Engineering')]
print(filtered_df)
```

결론
- 단순한 다중 값 조건 : isin( ) 함수가 더 가독성이 좋고 간결합니다.
- 복잡한 논리 조건 : 조건문이 더 유연하고 강력합니다.

따라서, 상황에 따라 isin( ) 함수와 조건문을 적절히 사용하면 됩니다. 일반적으로 다중 값을 체크할 때는 isin( )을, 복잡한 조건이 필요할 때는 조건문을 사용하는 것이 좋습니다.

 데이터를 필터링할 때 isin( ) 함수와 조건문을 사용하는 방법을 명확히 비교해 보았습니다.

- isin( ) 함수는 여러 값 중 하나에 해당하는 데이터를 간단하게 필터링할 때 유용합니다. 코드가 간결하고 가독성이 좋기 때문에, 예를 들어 특정 제품군이나 카테고리에 속하는 데이터를 추출할 때 매우 효과적입니다.
- 조건문은 복잡한 논리적 조건을 처리할 때 강력합니다. 여러 조건을 유연하게 조합하고, 다중 조건에 따른 세밀한 필터링이 필요할 때 사용합니다. 예를 들어 고객의 구매 이력, 시간대, 특정 제품에 따른 조건을 함께 적용해 고객 그룹을 필터링할 때는 조건문이 더 적합합니다.

따라서 실무에서는 단순한 값 필터링에는 isin( ) 함수를, 복잡한 논리적 조건이 필요할 때는 조건문을 사용하여 작업의 효율성을 높이는 것이 좋습니다.

02.5 결측치 처리하기

데이터 분석에서 결측치를 처리하는 것은 매우 중요합니다. 왜냐하면 결측치가 있는 데이터를 분석에 사용하면 오류가 발생할 수 있기 때문이죠. 판다스는 결측치를 처리하기 위한 다양한 기능을 제공합니다. 여기서는 결측치를 처리하는 방법에 대해 알아봅니다.

결측치가 뭐죠?

저는 결측치를 설명할 때 화장실에 있는 휴지 그림을 자주 보여줍니다. 다음 그림은 구글에서 '0과 null의 차이'라고 검색하면 나오는 유명한 휴지 그림입니다.

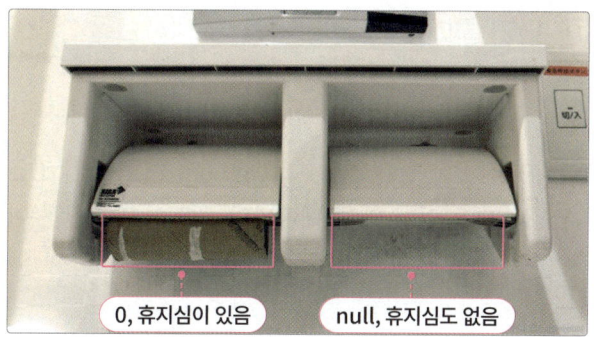

왼쪽과 오른쪽의 차이가 무엇인지 보이시나요? 왼쪽은 휴지걸이에 휴지가 있기는 하지만 휴지를 다 써서 없는 상태이고 오른쪽은 휴지걸이에 아예 휴지가 걸리지 않은, 휴지심도 없는 상태입니다. 이것이 0과 null의 차이입니다. 이때 결측치라는 건 오른쪽처럼 휴지심조차 없는 것을 말합니다. 엄밀히 말해 왼쪽은 휴지가 0인 상태죠. 그래도 뭔가가 있습니다. 하지만 오른쪽은 아예 아무것도 없습니다. **정리하자면 판다스의 결측치는 데이터프레임 또는 시리즈에서 누락된 데이터를 나타내는 데 사용합니다. 데이터가 없거나 부적절한 경우 결측치로 표시하죠.**

판다스의 결측치는 NaN, None이 있습니다

판다스에서 결측치는 NaN, None으로 표시합니다.

- NaN은 **N**ot **a** **N**umber의 줄임말이며 넘파이에서 사용하는 특수한 값입니다. 주로 부동 소수점 연산에서 발생한 비정상적인 결과를 나타냅니다. 판다스에서는 이를 결측치로 처리합니다. 정리하자면 NaN은 의도하지 않은 잘못된 값 정도로 기억하면 됩니다.

- None은 파이썬에서 사용하는 값으로 값이 없음을 의미합니다. 변수에 아무런 값도 없을 때 사용하는 파이썬의 None을 판다스에서도 사용한 것이죠. 개념은 앞에서 휴지로 설명한 null과 같습니다. 파이썬에서는 null 대신 None을 사용합니다.

> 공백 문자는 결측치가 아닙니다. 문자열에 포함된 공백도 문자로 취급하기 때문이죠. 그래서 데이터 처리 시에는 결측치와 공백 문자를 구분하여 처리해야 합니다.

결측치 처리가 중요한 이유?

그러면 결측치 처리는 왜 중요할까요? 결측치 처리가 중요한 이유를 정리하면 다음과 같습니다.

분석 결과가 왜곡될 수 있습니다

결측치가 있는 데이터를 그대로 사용하면 분석 결과가 왜곡될 수 있습니다. 만약 결측치가 포함된 데이터를 사용하면 통계량, 그래프, 모델 등이 왜곡되어 잘못된 판단을 할 수 있습니다. 예를 들어 평균 계산 시 결측치를 무시하면 실제보다 낮거나 높은 값을 얻게 되어, 데이터의 실제 분포를 잘못 이해할 수 있습니다.

결측치가 있는 데이터는 예측 모델의 성능을 저하시킵니다

결측치가 있는 데이터로 예측 모델을 구축하면 모델의 성능이 저하될 수 있습니다. 예측 모델이란 데이터에서 패턴을 찾아 미래를 예측하거나 분류, 회귀 등 다양한 분석 작업을 수행하는 알고리즘입니다. 결측치가 있는 데이터를 사용하면 모델이 충분히 학습하지 못해 예측 정확도가 떨어지거나, 결측치 자체가 모델에 혼란을 줄 수 있습니다. 결측치 처리는 데이터의 품질 문제로, 데이터 분석과 매우 밀접한 연관이 있습니다. 그래서 결측치를 빠르게 파악하고 적절히 처리하는 것은 데이터 분석가의 중요한 자질 중 하나입니다.

데이터의 완전성이 저하될 수 있습니다

데이터 완전성이란 데이터에 필요한 값들이 모두 있고, 누락된 값이 없는 상태를 의미합니다. 데이터의 완전성 유지는 실무에서 아주 중요한 요소입니다. 결측치는 이를 해치므로 미리 식별하고 처리하는 것이 좋습니다. 결측치를 처리하지 않으면 데이터의 완전성이 떨어져 분석 결과의 신뢰성을 보장할 수 없습니다.

신뢰성이 저하됩니다

결측치가 있는 데이터로 누군가 의사 결정을 내리면 그 결정을 신뢰할 수 있을까요? 예를 들어보겠습니다. 누군가 '내가 10,000,000명에 대해 조사를 해봤더니 짜장면을 더 좋아한다더라'라는 주장을 하는데 알고보니 응답 없음이 7,000,000명이라면 어떨까요? 응답하지 않은 사람이 이렇게 많다면 이 사람의 주장은 신뢰하기 어려울 것 같습니다. 이처럼 **결측치가 있는 데이터를 기반으로 의사 결정을 내리면 신뢰성이 하락할 수 있습니다.** 결측치 처리를 통해 누락된 정보를 최대한 복원하고, 결측치로 인한 편향을 제거하여 신뢰성 있는 의사 결정을 할 수 있습니다.

이러한 이유들로 결측치 처리는 데이터 분석에서 필수입니다. 앞으로 다룰 내용은 적절한 결측치 처리 방법을 선택하여 데이터의 왜곡을 최소화하고, 정확하고 신뢰할 수 있는 분석 결과를 얻는 과정입니다.

결측치 처리, 어떻게 해야 할까요?

결측치 처리는 데이터의 특성과 상황에 맞게 유연하게 접근해야 합니다. 실무에서는 보통 결측치 비율을 5% 미만, 5%~20%, 20% 이상으로 구분하여 처리 방법을 달리 적용합니다.

결측치는 결측치가 차지하는 비율에 따라 다르게!

결측치가 데이터의 5% 미만이라면 일부분에만 결측치가 존재하므로 결측치가 있는 행을 삭제하는 것이 적절합니다. 이렇게 하면 데이터 손실이 최소화되며, 분석의 신뢰성에 큰 영향을 미치지 않습니다.

결측치가 데이터의 5%에서 20% 사이라면 결측치가 꽤 많은 상태이므로 삭제보다는 대체하는 방법이 더 적합합니다. 평균, 중간값, 최빈값 등을 사용해 대체하거나, 필요에 따라 모델 기반 처리도 고려할 수 있습니다.

결측치가 데이터의 20% 이상이라면 결측치가 너무 많은 상태이므로 결측치가 있는 열 전체를 제거하는 것이 권장되지만, 데이터 손실이 크기 때문에 신중한 판단이 필요합니다. 특히 데이터셋이 작거나 해당 변수가 중요한 역할을 할 때는 모델 기반 대체나 예측 모델을 통해 결측치를 보완하는 것이 더 적합할 수 있습니다. 따라서, 결측치가 20% 이상이라도 변수의 중요성, 분석 목적, 데이터 양을 종합적으로 고려해 열을 제거할지, 대체할지를 결정하는 것이 중요합니다.

다만, 이러한 기준은 이론적인 가이드라인일 뿐, 절대적인 규칙은 아닙니다. 데이터의 특성이나 실무 환경에 따라 유연하게 적용할 필요가 있습니다.

> **셀레나의 조언 | 결측치 처리 방식은 분석 목적과 데이터 특성에 따라 달라요**
>
> 데이터를 분석하는 목적이나 데이터의 특성에 따라 결측치 처리 방법은 달라질 수 있습니다. 예를 들어 데이터를 시각화하여 인사이트를 도출하려는 경우에는 결측치가 있는 변수를 대체하거나 해당 데이터를 제외하는 것이 일반적입니다. 시각화의 목적은 전체적인 패턴과 트렌드를 파악하는 것이므로, 결측치가 있는 데이터를 적절히 처리하여 시각화의 정확성을 높이는 것이 중요합니다.
>
> 그리고 범주형 변수의 경우에는 일반적으로 최빈값을 사용합니다. 범주형 변수는 특정 범주에 속하는 빈도가 중요하기 때문에, 최빈값으로 대체하면 데이터의 특성을 더 잘 유지할 수 있습니다.
>
> 이처럼 분석 목적과 데이터 특성은 결측치 처리 방법을 선택하는 데 중요한 요소입니다. 따라서, 결측치 처리 방법을 선택할 때는 다음과 같은 질문을 고려해야 합니다.
>
> - 분석의 목적은 무엇인가요? (예 : 시각화, 통계 분석 등)
> - 데이터의 특성은 무엇인가요? (예 : 범주형 변수, 연속형 변수 등)
> - 결측치의 비율은 얼마나 되나요?
>
> 이러한 질문에 대한 답을 바탕으로, 결측치 처리 방법을 신중하게 선택해야 합니다. 결측치 처리는 데이터의 품질을 높이고, 분석 결과의 신뢰성을 보장하는 데 필수적인 과정입니다.

그럼 구체적으로 결측치를 어떻게 처리하는지 알아봅시다. 결측치 처리에는 여러 방법이 있으나 보통 다음 네 가지 방법을 많이 사용합니다.

결측치가 있는 행 또는 열을 제거하기

- **결측치가 있는 행 제거** : 결측치가 적은 경우, 결측치가 있는 행을 제거하는 것이 일반적입니다. 이렇게 하면 데이터 손실이 적고, 데이터 처리 과정도 간단합니다.
- **결측치가 있는 열 제거** : 열의 대부분이 결측치인 경우, 해당 열을 제거하는 것이 더 적절할 수 있습니다. 그러나 이렇게 하면 중요한 정보를 잃을 수 있으므로 신중해야 합니다.

결측치를 다른 값으로 대체하기

결측치를 특정 값으로 대체하는 방법도 많이 사용합니다. 대표적으로 평균값, 중간값, 최빈값 등을 사용하여 결측치를 대체할 수 있습니다. 범주형 변수는 최빈값으로, 수치형 변수는 평균이나 중간값으로 대체하는 것이 일반적입니다.

예측하는 모델을 사용하여 결측치를 대체하기

더 정교한 방법으로는 예측 모델을 사용하여 결측치를 대체하는 것입니다. 예를 들어 회귀 모델, 분류 모델, 시계열 모델 등을 활용하여 결측치를 예측하고 대체하는 방법이 있습니다.

결측치 표시 변수 추가하기

결측치가 있는지 여부를 나타내는 새로운 변수를 추가하여 결측치를 처리할 수도 있습니다. 이를 통해 결측치의 패턴을 분석하고, 결측치가 특정한 의미를 가질 수 있는 상황에서 유용하게 사용할 수 있습니다.

이 외에도 결측치 처리 방법은 다양하며, 분석 목적과 데이터 특성에 따라 선택해야 합니다. 데이터의 도메인 지식과 분석 목적을 고려하여 적절한 결측치 처리 방법을 선택하는 것이 중요합니다.

결측치 확인하기

이제 결측치를 처리하는 첫 단계입니다. 우선 결측치가 무엇이고 어디에 있는지 확인해야겠죠? 결측치를 확인하는 방법은 다양합니다.

isna().sum()를 이용한 결측치 확인하기

01단계 결측치를 확인하는 방법은 isna( ).sum( )입니다. 다음 코드를 입력해서 결측치를 확인해 봅시다.

```python
import pandas as pd

netflix = pd.read_csv("netflix_selena.csv")
# 결측치 확인 (1) - .isna().sum()
netflix.isna().sum()
```

```
show_id        0
type           0
title          0
director       3
cast           0
country        2
release_year   0
duration       0
listed_in      6
dtype: int64
```

isna( ) 함수는 데이터프레임의 각 요소가 결측치인지 확인하여 True 또는 False로 표시한 데이터프레임을 반환합니다. True는 결측치를 의미하고 False는 결측치가 아닌 값을 의미합니다. 체이닝 방식으로 사용한 sum( ) 함수는 이 데이터프레임에서 True의 개수를 합산하여 반환합니다. 결과를 보면 director, country, listed_in 열에 결측치가 있음을 알 수 있습니다.

info( ) 함수를 이용한 비 결측치 확인하기

이번에는 다른 방법으로 결측치를 확인해봅시다. 앞에서 열 정보를 출력해준다는 info( ) 함수를 사용해도 결측치를 확인할 수 있습니다.

02단계 구글 코랩을 열어서 각 열의 비 결측치 개수를 구해봅니다.

```
# 결측치 확인 (2) - .info()
netflix.info()
```

```
<class 'pandas.core.frame.DataFrame'>
RangeIndex: 8 entries, 0 to 7
Data columns (total 9 columns):
 #   Column      Non-Null Count  Dtype
---  ------      --------------  -----
 0   show_id     8 non-null      int64
 1   type        8 non-null      object
 2   title       8 non-null      object
 3   director    5 non-null      object
 4   cast        8 non-null      object
```

```
5   country         6 non-null      object
6   release_year    8 non-null      int64
7   duration        8 non-null      int64
8   listed_in       2 non-null      object
dtypes: int64(3), object(6)
memory usage: 704.0+ bytes
```

결과에 non-null과 함께 표시한 비 결측치의 개수가 보입니다. 비결측치의 개수를 거꾸로 계산하면 결측치의 개수를 파악할 수 있습니다. 예를 들어 non-null count가 8이 아니라 5이면 누락값이 3개 있는 열입니다.

for문으로 결측치 비율 확인하기

03단계 구글 코랩을 열어서 각 열의 결측치 비율을 계산하여 출력해봅시다.

```
# 결측치 확인 (3) - for문
for i in netflix.columns : # ❶
    missingValueRate = netflix[i].isna().sum() / len(netflix) * 100 # ❷
    if missingValueRate > 0 : # ❸
        print("{} null rate: {}%".format(i, round(missingValueRate, 2))) # ❹
```

```
director null rate: 37.5%
country null rate: 25.0%
listed_in null rate: 75.0%
```

❶ 넷플릭스 데이터프레임의 각 열을 순회하면서 결측치 비율을 계산하고, 결측치 비율이 0보다 크면 해당 열의 이름과 결측치 비율을 출력합니다.

❷ 열의 결측치 개수를 계산합니다. 이것을 전체 행의 개수인 len(netflix)로 나누고 100을 곱하여 결측치 비율을 계산합니다.

❸ i결측치 비율이 0보다 크면 조건을 실행하여 결괏값을 출력합니다.

❹ 해당 열의 이름과 결측치 비율을 출력합니다. format( )을 사용하여 열 이름과 결측치 비율을 문자열에 삽입하고 round( ) 함수는 결측치 비율을 소수점 둘째 자리까지 반올림합니다.

결과를 보면 director, country, listed_in 열에 결측치가 있음을 알 수 있습니다. 가장 결측치가 많은 열은 listed_in이네요.

결측치 처리하기

이제는 결측치를 처리할 시간입니다.

fillna( ) 함수로 결측치를 다른 값으로 대체하기

01단계 앞에서 country 열의 결측치는 25%였습니다. 그렇다면 이 값은 지우기보다는 대체하는 것이 좋을 것 같습니다. 결측치를 다른 값으로 대체해봅시다.

```python
import pandas as pd

# 결측치 처리 (1) - fillna()
# 결측치 비율 : country(25.0%) : 8개 중에 2개 결측치
netflix['country'] = netflix['country'].fillna('No Data')
netflix
```

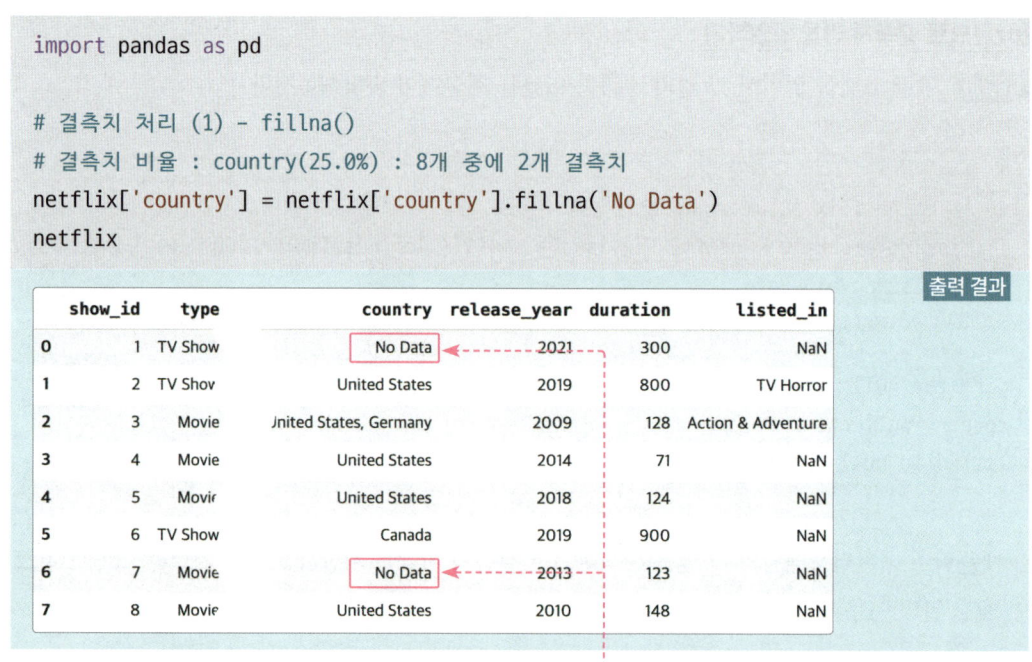

fillna( )로 결측치를 'No Data'라는 문자열로 대체했습니다. 이렇게 하면 빈 값이 없는 상태로 country 열을 관리할 수 있습니다. 앞서 완전한 데이터를 유지하는 것이 좋다고 했었죠. 이렇게 하면 완전한 데이터를 유지할 수 있습니다.

> 원본 데이터를 직접 수정하는 이유는 데이터프레임의 다른 부분과의 일관성을 유지하고, 데이터 처리 과정에서 발생할 수 있는 혼란을 줄이기 위함입니다.

> 결측치 처리와 같은 데이터 전처리 작업에서는 원본 데이터를 일관되게 유지하는 것이 중요합니다. 원본 데이터를 수정하지 않고 별도의 데이터프레임을 만들면, 이후 작업에서 어떤 데이터프레임을 사용해야 할지 혼란이 생길 수 있습니다. 따라서, 데이터 전처리 단계에서 원본 데이터를 직접 수정함으로써 이러한 문제를 예방할 수 있습니다.

replace( ) 함수로 결측치를 다른 값으로 대체하기

02단계 이번에는 다른 방법으로 결측치를 대체해봅시다. director 열도 37.5%의 결측치를 가졌으므로 이것도 대체하면 좋겠습니다.

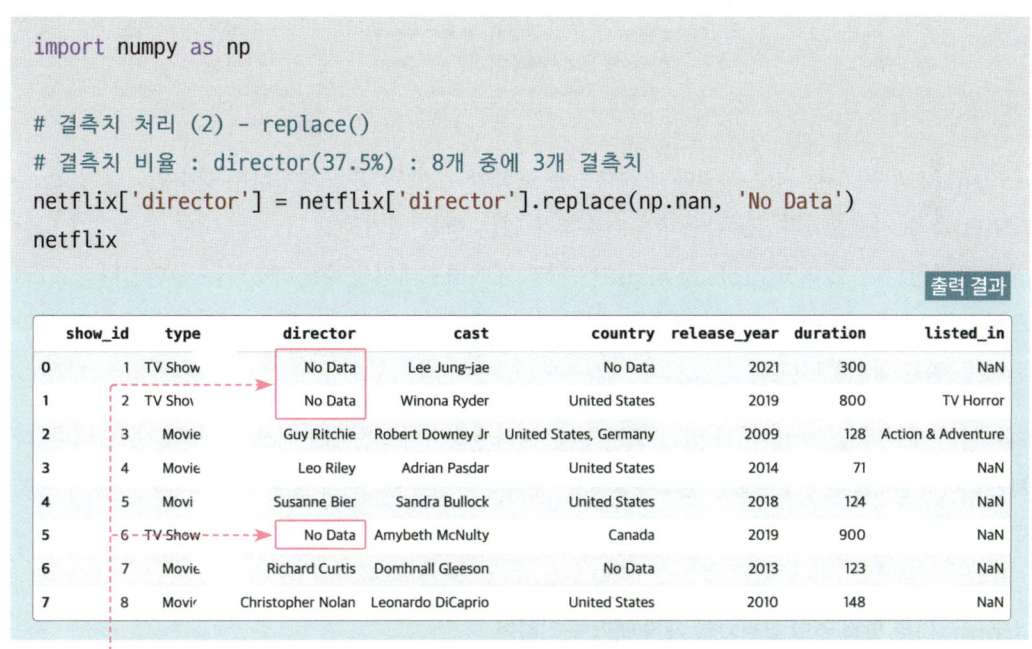

replace(np.nan, 'No Data')는 director 열에서 np.nan 값을 'No Data'로 대체합니다. 이때 np.nan은 넘파이 라이브러리에서 제공하는 특수한 값으로 판다스에서 결측치를 나타내는 용도로 자주 사용합니다.

dropna( )로 결측치를 가진 열 제거하기

03단계 마지막은 75%의 결측치를 가진 listed_in 열입니다. 이것은 아예 열을 전부 제거하는 것이 낫겠습니다. 여기서는 결측치를 dropna( ) 함수로 제거하겠습니다.

```python
# 결측치 처리 (3) - dropna()
# 결측치 비율 : listed_in(75.0%) : 8개 중 6개 결측치
netflix.dropna(axis=1, inplace=True)
netflix
```

출력 결과

	show_id	type	title	director	cast	country	release_year	duration
0	1	TV Show	Squid Game	No Data	Lee Jung-jae	No Data	2021	300
1	2	TV Show	Stranger Things	No Data	Winona Ryder	United States	2019	800
2	3	Movie	Sherlock Holmes	Guy Ritchie	Robert Downey Jr	United States, Germany	2009	128
3	4	Movie	Iron Man & Captain America: Heroes United	Leo Riley	Adrian Pasdar	United States	2014	71
4	5	Movie	Bird Box	Susanne Bier	Sandra Bullock	United States	2018	124
5	6	TV Show	Anne with an E	No Data	Amybeth McNulty	Canada	2019	900
6	7	Movie	About Time	Richard Curtis	Domhnall Gleeson	No Data	2013	123
7	8	Movie	Inception	Christopher Nolan	Leonardo DiCaprio	United States	2010	148

dropna() 함수는 데이터프레임에서 결측치를 포함한 행 또는 열을 제거하는 함수입니다. axis로 제거할 축을 지정합니다. axis=0이면 결측치가 있는 행을 제거하고, axis=1이면 결측치가 있는 열을 제거합니다. 그리고 inplace=True는 원본 데이터프레임을 수정하겠다는 옵션입니다. 그러므로 netflix.dropna(axis=1, inplace=True)는 데이터프레임에서 하나 이상의 결측치가 포함된 모든 열을 삭제합니다.

여기서는 데이터에서 결측치가 있는 모든 열을 제거했습니다. 즉, 일괄적으로 처리를 했습니다. **하지만 데이터 분석을 하다 보면 특정 열에서 결측치가 존재하는 행만 제거하고 싶을 수 있습니다.** 그렇게 다음 단계에서 그렇게 해봅시다.

dropna()로 특정 열의 결측치를 가진 행만 제거하기

`04단계` 만약 특정 열을 기준으로 결측치가 있는 행을 제거하고 싶다면 dropna() 함수에 subset 매개변수 옵션을 추가하면 됩니다. 예를 들어 netflix.dropna(subset=['listed_in'], inplace = True)라고 작성하면 열 이름이 listed_in인 곳에서 결측치가 있는 행을 제거합니다. 지금은 이미 데이터가 모두 제거된 상태이므로 다시 netflix 데이터프레임을 만들어서 실습해보겠습니다.

```
netflix = pd.read_csv("netflix_selena.csv")   ◀--- 다시 데이터프레임 만들기
netflix
```

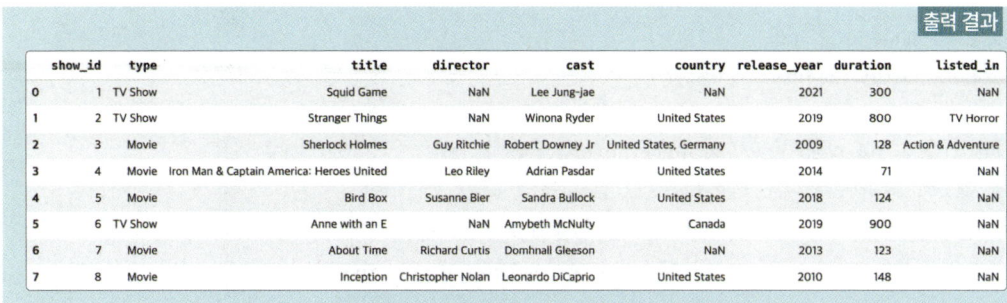

05단계 다시 데이터를 잘 불러왔으면 dropna( ) 함수에 subset 매개변수 옵션을 추가하여 실행해봅니다.

```
netflix.dropna(subset=['listed_in'], inplace=True)
netflix
```

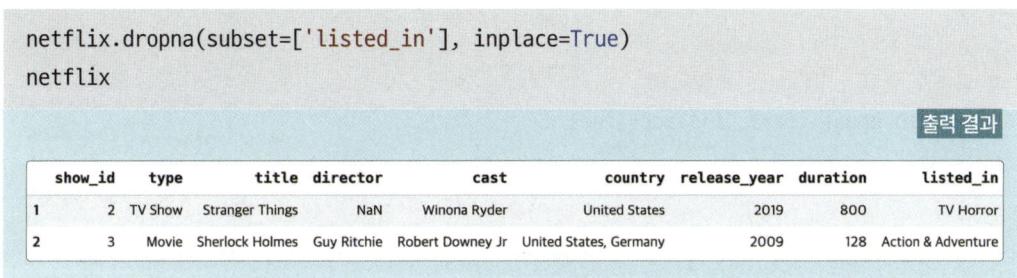

결과를 보면 결측치가 있던(NaN이던) 값이 있는 행을 모두 제거했습니다.

> 추가로 데이터에서 특정 열 제거하기는 **'02.7절 데이터프레임에 행이나 열 추가거나 삭제하기'**에서 배울 예정입니다.

결측치를 처리한 데이터프레임을 파일로 저장하기

이제 결측치를 다 정리했습니다. 결측치를 잘 정리한 데이터프레임을 다시 저장하려면 어떻게 해야 할까요? 실습으로 알아봅시다. **앞서 05단계로 정리한 데이터프레임은 2개의 행만 남아 있어 이후 이어질 실습에 적합하지 않으므로 다시 실습용 정리 데이터를 만들겠습니다.**

01단계 앞에서 진행한 '결측치 처리하기' **01~03단계**를 진행하여 결측치를 제거한 제대로 된 데이터프레임을 만듭시다.

```python
import pandas as pd
import numpy as np

netflix = pd.read_csv("netflix_selena.csv")
# 결측치 처리 (1) - fillna()
# 결측치 비율 : country(25.0%) : 8개 중에 2개 결측치
netflix['country'] = netflix['country'].fillna('No Data')

# 결측치 처리 (2) - replace()
# 결측치 비율 : director(37.5%) : 8개 중에 3개 결측치
netflix['director'] = netflix['director'].replace(np.nan, 'No Data')

# 결측치 처리 (3) - dropna()
# 결측치 비율 : listed_in(75.0%) : 8개 중에 6개 결측치
netflix.dropna(axis=1, inplace=True)
netflix
```

출력 결과

	show_id	type	title	director	cast	country	release_year	duration
0	1	TV Show	Squid Game	No Data	Lee Jung-jae	No Data	2021	300
1	2	TV Show	Stranger Things	No Data	Winona Ryder	United States	2019	800
2	3	Movie	Sherlock Holmes	Guy Ritchie	Robert Downey Jr	United States, Germany	2009	128
3	4	Movie	Iron Man & Captain America: Heroes United	Leo Riley	Adrian Pasdar	United States	2014	71
4	5	Movie	Bird Box	Susanne Bier	Sandra Bullock	United States	2018	124
5	6	TV Show	Anne with an E	No Data	Amybeth McNulty	Canada	2019	900
6	7	Movie	About Time	Richard Curtis	Domhnall Gleeson	No Data	2013	123
7	8	Movie	Inception	Christopher Nolan	Leonardo DiCaprio	United States	2010	148

02단계 데이터프레임에 to_csv( ) 함수를 사용해서 결측치 데이터를 저장합니다.

```python
# 결측치 처리한 데이터 csv 파일로 저장
netflix.to_csv('netflix_cleaned.csv', index=False)
```

파일 이름을 지정하고 index 매개변수로 행 이름을 저장하지 않도록 False로 설정했습니다. 저장한 파일은 왼쪽 파일 목록에서 [새로고침]을 하면 볼 수 있습니다.

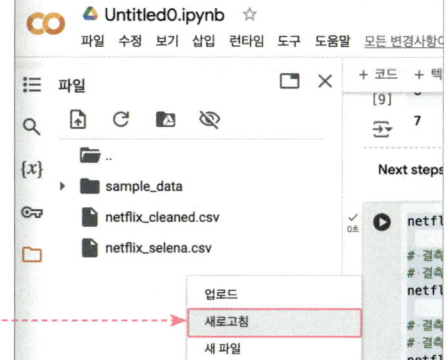

03단계 코랩 세션에 저장한 csv 파일을 다운로드해봅시다. 저장한 파일에 마우스를 올린 후 화면을 참고하여 버튼을 누른 다음 [다운로드]를 누르면 파일을 다운로드할 수 있습니다.

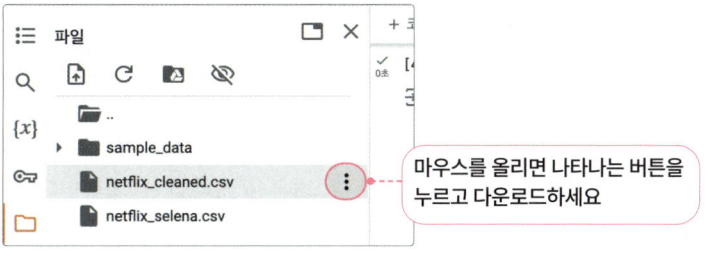

04단계 파일을 열어보세요. 정리한 데이터가 잘 들어 있을 것입니다.

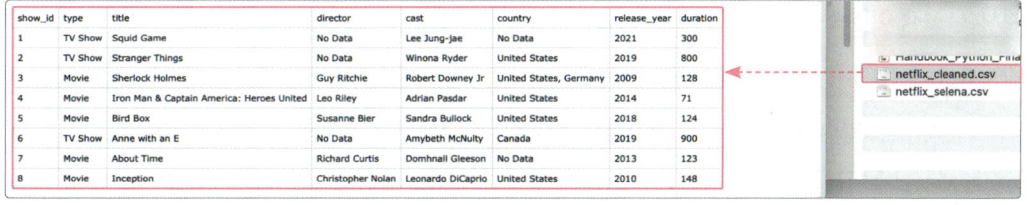

챗GPT와 함께 결측치에 대해 물어보자!

챗GPT로 결측치에 대해 배워보겠습니다.

현업에서 결측치가 데이터에 영향을 줘서 함부로 삭제하면 안 되는 예시를 알려줘.

현업에서 결측치를 함부로 삭제하면 안 되는 예시는 매우 다양합니다. 결측치를 삭제함으로써 데이터의 대표성과 분석의 신뢰성을 떨어뜨릴 수 있기 때문입니다. 다음은 몇 가지 실제 사례를 통해 결측치를 함부로 삭제하면 안 되는 이유를 설명하겠습니다.

예시 1 : 의료 데이터 분석

- **상황** : 의료 데이터에서 환자의 특정 검사 결과에 결측치가 있을 수 있습니다. 이 검사 결과는 중요한 임상 정보를 포함하고 있으며, 특히 중증 환자일수록 결측치가 발생할 가능성이 높습니다.
- **문제** : 결측치를 삭제하면 중증 환자의 데이터를 잃게 되어, 분석 결과가 경증 환자 위주로 편향될 수 있습니다. 이는 치료 효과나 약물의 효능에 대한 잘못된 결론을 초래할 수 있습니다.
- **대안** : 대신 결측치를 예측 모델을 사용하여 대체하거나, 결측치를 처리하는 방법에 대한 메타 분석을 수행하여 데이터의 손실을 최소화해야 합니다.

예시 2 : 고객 이탈 분석 (Churn Analysis)

- **상황** : 고객 이탈 분석에서 고객의 행동 데이터에 결측치가 있을 수 있습니다. 결측치는 특히 이탈한 고객의 데이터에서 더 많이 발생할 수 있습니다.
- **문제** : 결측치를 삭제하면 이탈한 고객의 데이터가 불균형하게 감소하여, 모델이 이탈 고객을 잘 예측하지 못하게 될 수 있습니다. 이는 이탈 방지 전략을 수립하는 데 큰 문제를 야기할 수 있습니다.
- **대안** : 결측치를 특정 값(예 : 평균 또는 중앙값)으로 대체하거나, 더 복잡한 기법을 사용하여 결측치를 예측하여 대체하는 방법을 사용합니다.

예시 3 : 설문 조사 데이터 분석

- **상황 :** 설문 조사에서 일부 질문에 응답하지 않은 데이터가 있을 수 있습니다. 응답자의 응답 패턴이 결측치와 관련이 있을 수 있습니다.
- **문제 :** 결측치를 삭제하면 특정 응답 패턴이나 응답 그룹(예 : 특정 인구 통계학적 그룹)의 데이터가 과소 대표될 수 있습니다. 이는 조사 결과가 왜곡되는 원인이 됩니다.
- **대안 :** 다양한 결측치 대체 방법을 사용하여 결측치를 채워 넣거나, 결측치를 처리하는 알고리즘을 사용하여 결측치의 영향을 최소화합니다.

결론

이와 같은 사례들은 결측치를 함부로 삭제할 경우 데이터의 대표성과 분석 결과의 신뢰성이 크게 떨어질 수 있음을 보여줍니다. 현업에서는 결측치 처리 방법을 신중하게 선택하여 데이터의 손실을 최소화하고, 분석의 정확성을 유지하는 것이 중요합니다. 데이터의 특성과 분석 목적에 따라 결측치 대체, 예측 모델을 사용한 대체, 또는 결측치를 무시하는 방법을 적절히 조합하여 사용하는 것이 좋습니다.

> 결측치 처리는 데이터 분석에서 매우 중요합니다. 현업에서는 결측치를 처리할 때 그냥 삭제하지는 않습니다. 데이터를 삭제하면 이후 과정에 영향을 줄 수 있기 때문이죠. 예를 들어 의료 데이터에서 결측치를 잘못 처리하면 분석 결과가 왜곡될 수 있습니다. 만약 환자의 결측치를 무작정 삭제하는 것으로 처리했는데 그 결측치가 중요한 값이라면 나중에 의사결정을 잘못할 수도 있죠. 그래서 결측치를 처리할 때는 데이터의 특성을 고려해서 삭제하는 방법 외에도 대체하거나 예측한 값을 넣는 등의 방법을 사용합니다.

02.6 데이터 통계 처리하기

판다스는 다양한 통계 기능을 제공합니다. 이를 통해 데이터를 탐색하거나 분석할 수 있습니다. 보통은 이런 상황에서 데이터 통계를 진행합니다.

- **데이터 탐색** : 데이터프레임에 어떤 값이 있는지, 값들의 범위는 어떤지 확인할 수 있습니다. 예를 들어 데이터프레임의 describe( ) 함수를 사용하여 각 열의 기본 통계 정보(개수, 평균, 표준편차, 최솟값, 1분위수, 중앙값, 3분위수, 최댓값)를 통해 값들의 범위를 확인할 수 있습니다.
- **데이터 비교** : 데이터프레임의 열을 비교하여 평균, 중앙값, 표준편차 등을 계산하여 열 간의 차이를 알아볼 수 있습니다. 이를 통해 열 간의 상관관계와 데이터의 분포를 분석할 수 있습니다. 예를 들어 각 열의 평균을 비교하려면 mean( ) 함수를 사용하고, 중앙값을 비교하려면 median( ) 함수를 사용할 수 있습니다.
- **데이터 집계** : 데이터프레임의 열을 합계, 평균, 개수 등으로 집계하여 원하는 정보를 얻을 수 있습니다. 그룹별로 집계하려면 groupby( ) 함수와 집계 함수인 sum( ), mean( ), count( ) 등을 사용합니다. 이는 특정 기준에 따라 데이터를 요약하고 분석하는 데 유용합니다.
- **이상치 탐지** : 데이터프레임의 열의 분산, 표준편차를 계산하면 이상 수치를 탐지할 수 있습니다. 일반적으로 이상치는 평균에서 크게 벗어난 값들로 극단적인 값을 의미합니다. 표준편차를 이용해 이를 식별할 수 있습니다. 예를 들어 데이터프레임의 특정 열에서 mean( )과 std( ) 함수를 사용해 이상치를 탐지할 수 있습니다.

통계 구하기

통계를 구하려면 통계 함수를 사용하면 됩니다. 여기서는 통계 함수의 기초와 사용 방법을 알아봅니다.

평균값 : mean( ) 함수

평균값은 대상 값들을 모두 더한 다음 데이터 개수로 나눈 것입니다. 평균값을 구할 때는 mean( ) 함수를 사용합니다.

키 조사					평균값
164cm	171cm	170cm	183cm	168cm	(164 + 171 + 170 + 183 + 168) / 5

중앙값 : median( ) 함수

중앙값은 말 그대로 데이터 값을 크기 순으로 정렬했을 때, 가운데에 위치하는 값을 말합니다. 중앙값을 통해 데이터의 중심 위치를 파악할 수 있으며, 평균값에 비해 이상치의 영향을 덜 받는다는 장점이 있습니다. 따라서, 중앙값은 데이터의 대표 값을 구할 때 유용하게 사용됩니다. 중앙값은 median( ) 함수를 사용합니다.

> 중앙값이 평균값보다 이상치의 영향을 덜 받는 이유는 다음과 같습니다. 중앙값이 데이터의 중간 지점을 나타내므로, 데이터셋의 전체적인 분포를 고려하지 않고 중간 값만을 사용합니다. 하지만 평균값은 모든 데이터 값을 합한 후 데이터의 개수로 나눈 값입니다. 이는 모든 데이터 포인트를 포함하여 계산되므로, 극단적인 값(이상치)이 평균값에 큰 영향을 미칩니다.

키 조사					중앙값
164cm	168cm	**170cm**	171cm	183cm	데이터를 정렬한 다음 가운데 위치하는 데이터

합계 : sum( ) 함수

데이터의 모든 값을 더하려면 sum( ) 함수를 사용합니다.

키 조사					합계
164cm	168cm	170cm	171cm	183cm	164 + 168 + 170 + 171 + 183

최댓값, 최솟값 : max( ), min( ) 함수

최댓값과 최솟값은 각각 max( ), min( ) 함수를 사용합니다.

키 조사					최솟값, 최댓값
164cm	168cm	170cm	171cm	183cm	164, 183

그럼 이 함수를 모두 활용해보겠습니다. 저는 netflix_cleaned.csv 파일을 데이터프레임으로 불러 duration 열의 통계값을 구할 것입니다.

	show_id	type	title	director	cast	country	release_year	duration
0	1	TV Show	Squid Game	No Data	Lee Jung-jae	No Data	2021	300
1	2	TV Show	Stranger Things	No Data	Winona Ryder	United States	2019	800
2	3	Movie	Sherlock Holmes	Guy Ritchie	Robert Downey Jr	United States, Germany	2009	128
3	4	Movie	Iron Man & Captain America: Heroes United	Leo Riley	Adrian Pasdar	United States	2014	71
4	5	Movie	Bird Box	Susanne Bier	Sandra Bullock	United States	2018	124
5	6	TV Show	Anne with an E	No Data	Amybeth McNulty	Canada	2019	900
6	7	Movie	About Time	Richard Curtis	Domhnall Gleeson	No Data	2013	123
7	8	Movie	Inception	Christopher Nolan	Leonardo DiCaprio	United States	2010	148

01단계 다음은 netflix_cleaned.csv 파일을 불러와 평균값, 중앙값, 합, 최솟값, 최댓값을 구해 출력한 것입니다.

```
import pandas as pd

# 결측치 처리가 완료된 데이터 불러오기
netflix = pd.read_csv('netflix_cleaned.csv')
# ❶ duration 열의 평균값, 중앙값, 합, 최솟값, 최댓값 구하기
print('mean :', netflix['duration'].mean())
print('median :', netflix['duration'].median())
print('sum :', netflix['duration'].sum())
print('min :', netflix['duration'].min())
print('max :', netflix['duration'].max())
```

출력 결과
```
mean : 324.25
median : 138.0
sum : 2594
min : 71
max : 900
```

❶ 코드를 보면 netflix['duration']에 각각의 함수를 호출하여 계산했습니다. 이렇게 데이터프레임의 특정 열을 지정하여 다양한 통계 함수를 사용할 수 있습니다.

표준편차 : std( ) 함수

표준편차는 데이터를 분석할 때 중요한 통계 지표입니다. 표준편차를 구할 때는 std( ) 함수를 사용합니다. 표준편차는 데이터 값들이 평균으로부터 얼마나 퍼져 있는지를 나타내며 분산의 제곱근으로 계산합니다. 표준편차의 값이 작으면 평균값에 가까운 데이터가 많다는 뜻입니다. 반대로 표준편차의 값이 작으면 평균값에 가까운 데이터가 적다는 뜻입니다.

분산 : var( ) 함수

표준편차에서 언급한 분산은 var( ) 함수를 사용합니다. 분산이란 데이터 값들이 평균으로부터 얼마나 떨어져 있는지를 제곱하여 평균을 낸 값입니다. 분산의 통계 의미는 표준편차와 비슷합니다. 값이 작으면 평균값에 가까운 데이터가 많다는 뜻입니다. 다만 분산은 값 계산 방식에 의해 표준편차보다 값 자체가 훨씬 커지므로, 해석이 어려운 경우가 많습니다.

> 분산, 표준편차의 계산 방법은 따로 검색하여 공부하세요.

02단계 다음은 duration 열의 표준편차와 분산을 구한 코드입니다. 표준편차와 분산을 구하는 코드 자체는 어렵지 않습니다.

```
# duration 열의 표준편차, 분산 구하기
print('std :', netflix['duration'].std())
print('var :', netflix['duration'].var())
```

출력 결과
```
std : 332.2497984520511
var : 110389.92857142857
```

넷플릭스 쇼의 지속 시간duration을 분석하니 표준편차는 332.25분으로 계산되었습니다. 이는 대부분의 쇼가 평균 지속 시간에서 약 ±332.25분 내외로 분포한다는 것을 의미합니다. 예를 들어 쇼의 평균 지속 시간이 120분이면 대부분의 쇼는 120±332.25분 범위에 있을 것입니다. 또한 분산 값은 110389.93분으로 매우 큽니다. 이렇게 값이 크다는 건 쇼의 지속 시간이 큰 변동성을 보인다는 것을 의미합니다. 쉽게 말해 영화나 에피소드의 길이가 평균값에서 크게 벗어나는 경우가 많다는 의미입니다.

넷플릭스 쇼의 지속 시간에 큰 변동성이 있음을 알게 되었네요. 그렇다면 다양한 전략 결정을 내릴 수 있을 것입니다. 예를 들어 시청자의 선호도에 따른 다양한 길이의 콘텐츠를 제공하는 전략을 수립할 수 있습니다. 또는 광고 및 마케팅 캠페인을 콘텐츠 길이에 따라 최적화하여 시청자 경험을 개선할 수도 있겠네요.

비어 있지 않은 값 세기 : count( ) 함수

count( ) 함수는 열에서 비어 있지 않은 값을 세는데 사용합니다. 이는 결측치가 아닌 값의 개수를 파악하는 데 유용합니다. 이를 통해 데이터의 완전성을 평가할 수 있습니다.

키 조사

| 164cm | 168cm | | 171cm | 183cm |

비어 있지 않은 값 개수

| 4 |

열의 빈도수 : value_counts( ) 함수

value_counts( ) 함수는 특정 열의 각 고윳값이 나타내는 빈도수를 계산하는 데 사용합니다. 예를 들어 데이터프레임에 male, female 값을 가진 sex 열이 있을 때, value_counts( ) 함수를 사용하여 male과 female의 개수를 셀 수 있습니다. 이 함수는 열의 데이터가 고윳값들로 구성되어 있을 때 유용하게 사용합니다. 저는 넷플릭스 데이터의 type 열에서 이 함수를 사용하려고 합니다.

	show_id	type	title	director	cast	country	release_year	duration
0	1	TV Show	Squid Game	No Data	Lee Jung-jae	No Data	2021	300
1	2	TV Show	Stranger Things	No Data	Winona Ryder	United States	2019	800
2	3	Movie	Sherlock Holmes	Guy Ritchie	Robert Downey Jr	United States, Germany	2009	128
3	4	Movie	Iron Man & Captain America: Heroes United	Leo Riley	Adrian Pasdar	United States	2014	71
4	5	Movie	Bird Box	Susanne Bier	Sandra Bullock	United States	2018	124
5	6	TV Show	Anne with an E	No Data	Amybeth McNulty	Canada	2019	900
6	7	Movie	About Time	Richard Curtis	Domhnall Gleeson	No Data	2013	123
7	8	Movie	Inception	Christopher Nolan	Leonardo DiCaprio	United States	2010	148

03단계 다음은 type 열에서 비어 있지 않은 값과, 열의 빈도수를 계산하는 코드입니다.

```
# type 열의 비어 있지 않은 값의 개수와 빈도수 구하기
print('count :', netflix['type'].count())
print('value_counts :', netflix['type'].value_counts())
```

출력 결과
```
count : 8
value_counts :
Movie      5
TV Show    3
Name: type, dtype: int64
```

비어 있지 않은 값은 8개, 빈도수는 Movie가 5, TV Show가 3이 나왔습니다.

통계 지표 요약하기 : describe( ) 함수

앞에서 배운 함수들은 다양한 통계 지표 중 하나를 구할 때 사용합니다. 그러나 데이터 분석에서는 종합적으로 여러 통계 지표를 한 번에 살펴보는 것이 일반적입니다. 예를 들어 개수, 평균, 표준편차, 최솟값, 최댓값 등을 동시에 확인할 수 있습니다. 이러한 종합적인 통계 지표를 한 번에 계산해 주는 함수가 describe( ) 함수입니다. describe( ) 함수는 숫자 데이터에 대해서만 동작하며, 통계 지표는 다음을 구합니다.

- **describe( ) 함수로 구할 수 있는 통계 지표** : 개수(count), 평균(mean), 표준편차(std), 최솟값(min), 1분위수(25%), 중앙값(50%), 3분위수(75%), 최댓값(max)

01단계 여기서는 release_year, duration 열의 통계 지표를 요약하여 살펴봅니다.

```
# 주요 통계량 요약
print(netflix[['release_year', 'duration']].describe())
```

출력 결과
```
       release_year    duration
count      8.000000    8.000000
mean    2015.375000  324.250000
std        4.501984  332.249798
min     2009.000000   71.000000
25%     2012.250000  123.750000
```

50%	2016.000000	138.000000
75%	2019.000000	425.000000
max	2021.000000	900.000000

결과는 다음과 같이 해석할 수 있습니다.

release_year 열의 통계 지표 해석

- **count** : 데이터의 개수가 8개입니다.
- **mean** : 출시 연도의 평균은 약 2015.375입니다.
- **std** : 출시 연도의 표준편차는 약 4.501984입니다.
- **min** : 가장 작은 출시 연도는 2009입니다.
- **25%** : 25% 지점에서 출시 연도는 2012.25입니다.
- **50%** : 중간값(median)으로서의 50% 지점에서 출시 연도는 2016입니다.
- **75%** : 75% 지점에서 출시 연도는 2019입니다.
- **max** : 가장 큰 출시 연도는 2021입니다.

duration 열의 통계 지표 해석

- **count** : 데이터의 개수가 8개입니다.
- **mean** : 지속 시간의 평균은 약 324.25분입니다.
- **std** : 지속 시간의 표준편차는 약 332.249798분입니다.
- **min** : 가장 짧은 지속 시간은 71분입니다.
- **25%** : 25% 지점에서 지속 시간은 123.75분입니다.
- **50%** : 중간값(median)으로서의 50% 지점에서 지속 시간은 138분입니다.
- **75%** : 75% 지점에서 지속 시간은 425분입니다.
- **max** : 가장 긴 지속 시간은 900분입니다.

원하는 통계 지표만 요약하기 : agg( ) 함수

가끔은 모든 통계 지표가 아닌 원하는 통계 지표만 보고 싶을 수 있습니다. 그럴 때는 agg( ) 함수를 사용합니다. 이 함수는 원하는 통계 함수를 지정할 수 있어 유연하게 사용하기 좋습니다. agg( )

함수의 기본형은 다음과 같습니다.

```
dataframe.agg({'열1': function1, '열2': function2, ...})
```

통계 함수들을 파이썬 딕셔너리 데이터 타입 형태로 전달할 수 있습니다. 각 열 이름을 키(key)로, 해당 열에 적용할 함수를 값(value)으로 지정합니다.

> 일반적으로 agg( ) 함수는 그룹별 통계 계산이나 복수 열에 대한 통계 계산에 사용합니다.

02단계 각 열에 대해 서로 다른 통계량을 계산해보겠습니다. release_year 열에는 min, max, median, std를 적용하고, duration 열에는 min, max, mean, median을 적용하여 통계량을 출력해보겠습니다.

```
# 원하는 통계량 요약
netflix.agg({'release_year' : ['min', 'max', 'median', 'std'],
             'duration' : ['min', 'max', 'mean', 'median']})
```

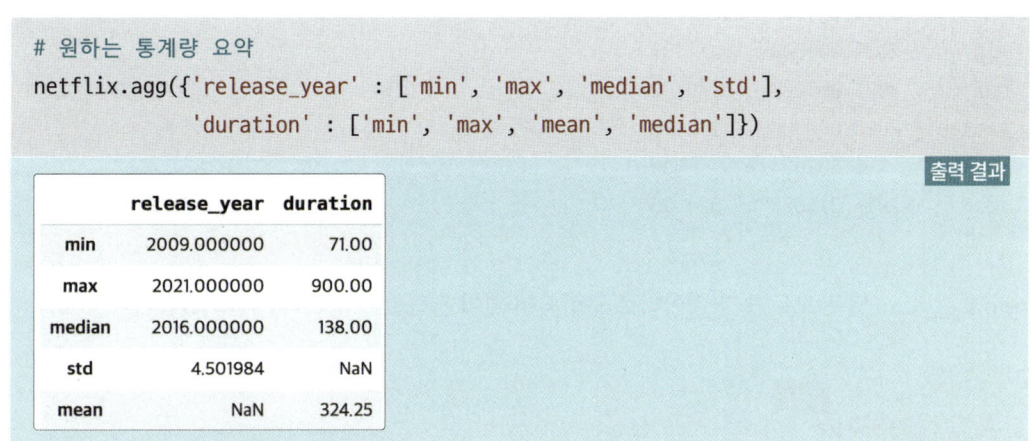

출력 결과

	release_year	duration
min	2009.000000	71.00
max	2021.000000	900.00
median	2016.000000	138.00
std	4.501984	NaN
mean	NaN	324.25

넷플릭스 데이터프레임에서 release_year, duration 열을 이용하여 통계 지표를 요약했습니다. 결과는 이렇게 해석할 수 있습니다.

> 지표에서 보이는 NaN은 복습하자면 앞서 '02.5절 결측치 처리하기'에서 언급한 Not a Number입니다.

1 release_year 열
- 최솟값은 2009, 최댓값은 2021이며, 중앙값은 2016입니다. 또한 표준편차는 약 4.50입니다.

- 평균값은 통계 함수에서 mean을 요구하지 않았기 때문에 NaN으로 표시되었습니다.

2 duration 열
- 최솟값은 71, 최댓값은 900이며, 중앙값은 138입니다. 또한 평균값은 324.25입니다.
- 표준편차는 통계 함수에서 std을 요구하지 않았기 때문에 NaN으로 표시되었습니다.

release_year 열의 평균값과 duration 열의 표준편차를 요구하지 않았기 때문에 NaN이 표시되었습니다.

03단계 다시 release_year 열에 mean을 추가하여 다시 계산하고 결과를 확인해봅시다.

```
# 원하는 통계량 요약
print(netflix.agg({'release_year' : ['min', 'max', 'median', 'std', 'mean'],
                   'duration' : ['min', 'max', 'mean', 'median']}))
```

출력 결과
```
        release_year  duration
min      2009.000000     71.00
max      2021.000000    900.00
median   2016.000000    138.00
std         4.501984       NaN
mean     2015.375000    324.25
```

release_year 열은 모두 숫자 데이터로 구성되어 있어 평균값이 정확히 계산되었습니다.

그룹별 집계하기 _{중요}

이번에는 그룹별 집계를 해보겠습니다. 그룹별 집계란 주어진 데이터에서 특정 열을 기준으로 그룹화하여 각 그룹의 평균값, 합계, 개수 등을 계산하는 것을 말합니다. 예를 들어 넷플릭스 데이터에서 type 열을 기준으로 그룹화하여 각 그룹의 평균값을 계산할 수 있습니다.

	show_id	type	title	director	cast	country	release_year	duration
0	1	TV Show	Squid Game	No Data	Lee Jung-jae	No Data	2021	300
1	2	TV Show	Stranger Things	No Data	Winona Ryder	United States	2019	800
2	3	Movie	Sherlock Holmes	Guy Ritchie	Robert Downey Jr	United States, Germany	2009	128
3	4	Movie	Iron Man & Captain America: Heroes United			United States	2014	71
4	5	Movie	Bird Box	Susanne Bier	Sandra Bullock	United States	2018	124
5	6	TV Show	Anne with an E	No Data	Amybeth McNulty	Canada	2019	900
6	7	Movie	About Time	Richard Curtis	Domhnall Gleeson	No Data	2013	123
7	8	Movie	Inception	Christopher Nolan	Leonardo DiCaprio	United States	2010	148

> TV Show의 평균값을 계산

그림을 보면서 type 열의 TV Show 카테고리를 기준으로 그룹화하여 release_year 열의 평균을 구하거나 duration 열의 합계를 구한다는 의미를 짐작하기 바랍니다. 그럼 실습을 통해 이를 확인해보겠습니다.

그룹별 집계 : groupby() 함수

groupby() 함수는 데이터프레임에서 특정 열을 기준으로 그룹화하여 그룹별 통계량을 구하는 함수입니다. 이를 통해 그룹별로 데이터를 집계 및 분석할 수 있습니다. 기본형은 다음과 같습니다.

```
dataframe.groupby(by=grouping_columns)[columns_to_show].function()
```

- **dataframe** : 대상 데이터프레임을 의미합니다.
- **by** : 그룹화할 열을 지정하는 매개변수입니다.
- **grouping_columns** : 그룹화할 열 이름 또는 열 이름의 리스트입니다.
- **columns_to_show** : 집계 결과에서 표시할 열 이름 또는 열 이름의 리스트입니다.
- **function()** : 적용할 집계 함수를 지정하는 함수입니다.

01단계 계속해서 netflix_cleaned.csv 파일을 이용해서 실습하겠습니다. 만약 type 열을 기준으로 그룹화하여 duration의 평균을 구하려면 이렇게 코드를 입력하면 됩니다.

```python
import pandas as pd
# 결측치 처리가 완료된 데이터 불러오기
netflix = pd.read_csv('netflix_cleaned.csv')

# 시리즈 타입의 그룹별 집계
# groupby를 통해 type 열을 묶은 다음, duration 열의 평균 구하기
netflix.groupby('type')['duration'].mean()
```

출력 결과
```
type
Movie      118.8
TV Show    575.0
Name: duration, dtype: float64
```

결과를 보면 넷플릭스 데이터프레임을 type 열을 기준으로 그룹화한 것이 보입니다. Movie, TV Show로 묶었네요. 그런 다음 이 묶은 열에 대해 duration 열의 평균을 계산했습니다. 각각 118.8, 575.0입니다. 이를 통해 Movie의 평균 시간은 118.8분, TV Show의 평균 시간은 575분임을 알 수 있습니다.

> 결과의 마지막 부분인 dtype: float64는 데이터의 유형을 나타내며, 여기서는 평균 시간이 부동 소수점(float) 형태로 나타나고 있다는 것을 의미합니다.

02단계 다른 그룹화를 시도해보겠습니다. 이번에는 type 열과 country 열을 기준으로 데이터를 그룹화한 다음, 각 그룹에 대해 release_year와 duration 열의 평균값을 계산해보겠습니다.

```python
# 데이터프레임 타입의 그룹별 집계
# groupby로 type과 country 열로 묶어주고 release_year과 duration 열의 평균 구하기
netflix.groupby(['type', 'country'])[['release_year', 'duration']].mean()
```

		release_year	duration
type	country		
Movie	No Data	2013.0	123.000000
	United States	2014.0	114.333333
	United States, Germany	2009.0	128.000000
TV Show	Canada	2019.0	900.000000
	No Data	2021.0	300.000000
	United States	2019.0	800.000000

결과를 보면 type과 country를 기준으로 데이터를 그룹화한 후 각 그룹에서 release_year와 duration 열만 선택하여 집계 작업을 수행합니다. 그런 다음에는 선택한 두 열에 대해 그룹별 평균값을 계산합니다. 이를 통해 국가별로 제작된 영화나 TV 쇼의 평균 출시 연도와 평균 지속 시간을 파악하여 특정 국가나 카테고리에서의 콘텐츠 트렌드를 분석할 수 있습니다.

챗GPT와 함께 agg( ) 함수를 이용하여 통계 분석하기

챗GPT로 agg( ) 함수를 이용하여 통계 분석을 해보겠습니다.

> agg( ) 함수를 이용하여 데이터 분석 실무에서 통계를 내는 예시를 보여줘.

> 판다스의 agg( ) 함수는 데이터프레임에서 여러 통계 연산을 한 번에 적용할 수 있는 강력한 도구입니다. 이를 통해 다양한 열에 대해 여러 가지 통계값을 계산할 수 있습니다. 예시를 통해 agg( ) 함수를 사용하여 데이터 분석 실무에서 통계를 내는 방법을 보여드리겠습니다.

다음은 가상의 매출 데이터를 포함한 데이터프레임입니다.

```python
import pandas as pd
# 예제 데이터프레임 생성
data = {
    'store': ['A', 'A', 'B', 'B', 'C', 'C', 'A', 'B', 'C', 'A'],
    'month': ['Jan', 'Feb', 'Jan', 'Feb', 'Jan', 'Feb', 'Mar', 'Mar', 'Mar', 'Apr'],
    'sales': [200, 220, 150, 180, 250, 270, 300, 310, 320, 330],
    'profit': [20, 25, 15, 20, 30, 35, 50, 45, 55, 60]
```

```
}
df = pd.DataFrame(data)
```

각 상점별로 매출(sales)과 이익(profit)에 대한 다양한 통계값(합계, 평균, 최댓값, 최솟값)을 계산해보겠습니다.

```
# 상점별로 매출과 이익의 통계값 계산
summary_stats = df.groupby('store').agg({
    'sales': ['sum', 'mean', 'max', 'min'],
    'profit': ['sum', 'mean', 'max', 'min']
})
# 결과 출력
summary_stats
```

위의 코드를 실행하면 다음과 같은 결과를 얻을 수 있습니다.

	sales				profit			
	sum	mean	max	min	sum	mean	max	min
store								
A	1050	262.500000	330	200	155	38.750000	60	20
B	640	213.333333	310	150	80	26.666667	45	15
C	840	280.000000	320	250	120	40.000000	55	30

- groupby('store')는 'store' 열을 기준으로 데이터를 그룹화합니다.
- agg( ) 함수는 각 그룹에 대해 여러 함수를 적용합니다.
  - sales 열에는 합계(sum), 평균(mean), 최댓값(max), 최솟값(min)을 계산합니다.
  - profit 열에도 동일한 통계값을 계산합니다.

이 예제는 agg( ) 함수를 사용하여 여러 통계 연산을 한 번에 수행하는 방법을 보여줍니다. 이는 데이터 분석 실무에서 매우 유용하며, 다양한 통계값을 효율적으로 계산할 수 있습니다.

판다스의 agg( ) 함수는 실무에서 다양한 통계 연산을 한 번에 수행하는 유용한 도구입니다. 이 함수는 데이터를 그룹화한 후 각 그룹에 대한 다양한 통계값을 동시에 계산하므로 복잡한 데이터셋을 다루는 상황에서 빛을 발휘합니다. 예를 들어 매출과 이익 데이터를 그룹화하여 합계, 평균, 최댓값, 최솟값을 한 번에 계산해야 할 때 이 함수를 사용하면 빠르게 통계 연산을 수행할 수 있습니다. 실제로 현업에서는 데이터를 빠르게 다각도로 분석하여 주요 비즈니스 결정을 내리거나 실시간 보고서를 생성해야 할 경우 agg( ) 함수를 자주 이용합니다.

02.7 데이터프레임에 행이나 열 추가하거나 삭제하기

지금까지는 CSV 파일을 이용하여 데이터프레임을 생성하고 통계 지표를 처리하는 방법을 배웠습니다. 그런데 데이터프레임에 값을 급하게 추가하고 싶다면 어떻게 해야 할까요? CSV 파일을 직접 수정해야 할까요? 그렇지 않습니다. 판다스는 데이터프레임에 행과 열을 쉽게 추가하고 삭제할 수 있는 다양한 방법을 제공합니다. 여기서는 그 방법들을 알아보겠습니다.

행과 열 추가하기

'02.4 데이터 필터링하기'에서 배운 loc, iloc 사용하여 행을 추가해보겠습니다.

01단계 다음 코드를 입력하여 netflix_cleaned.csv를 읽어 넷플릭스 데이터프레임을 생성한 후, 첫 번째 행을 추출하여 그 행을 데이터프레임의 마지막 위치에 새로운 행으로 추가하겠습니다.

```
import pandas as pd
netflix = pd.read_csv('netflix_cleaned.csv')

# 행 추가 : dataframe.loc[index] = values
new = netflix.iloc[0, :] # ❶ 첫 번째 행 선택
netflix.loc[8] = new # ❷ 새로운 행 추가
netflix.tail(2) # ❸ 마지막 두 개 행 출력
```

❶ **첫 번째 행 선택** : 넷플릭스 데이터프레임에서 첫 번째 행을 선택하여 new 변수에 저장합니다. iloc은 행과 열의 인덱스를 기반으로 데이터를 선택하는 함수입니다. 0은 인덱스가 0인 행을 의미하고, :은 모든 열을 선택함을 의미합니다. 따라서 인덱스가 0인 행의 모든 열 데이터를 new 변수에 저장합니다.

❷ **새로운 행 추가** : 넷플릭스 데이터프레임의 인덱스가 8인 행에 new 변수를 할당합니다. loc은 행

과 열의 이름을 기반으로 데이터를 선택하는 함수입니다. 따라서 8이라는 인덱스에 해당하는 행에 new 변수의 데이터를 할당합니다.

❸ **마지막 두 개 행 출력** : 넷플릭스 데이터프레임의 마지막 2개 행을 출력합니다. tail( ) 함수는 데이터프레임의 뒤에서부터 지정된 개수만큼의 행을 보여줍니다.

결과를 보면 인덱스가 8인 행에 인덱스가 0인 행의 데이터를 재할당했음을 알 수 있습니다.

`02단계` 이번에는 넷플릭스 데이터프레임에 열을 추가하겠습니다. dataframe['new_column'] = values와 같이 열의 이름을 지정하고 해당 열에 값을 할당하여 새로운 열을 추가할 수 있습니다.

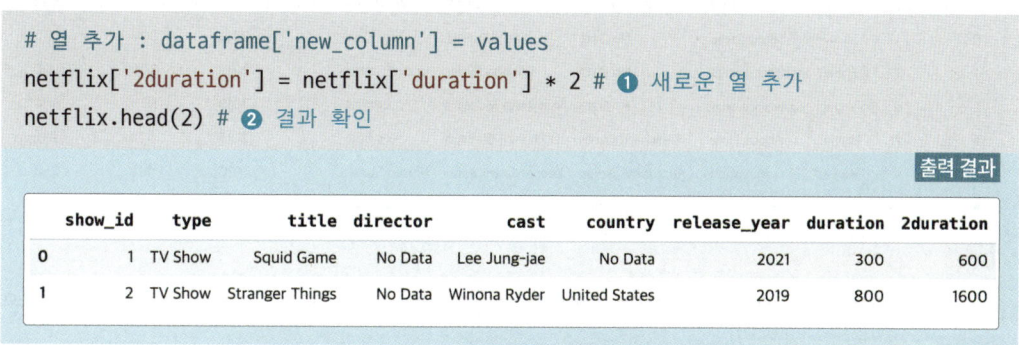

❶ **새로운 열 추가** : netflix 데이터프레임에 새로운 열 2duration을 추가하는 코드입니다. 이 새로운 열은 기존 duration 열의 값을 2배로 곱한 결과를 저장합니다.

❷ **결과 확인** : 결과를 보면 2duration 열은 duration 열의 값에 2를 곱한 결과를 담고 있습니다. 예를 들어 0번째 인덱스인 Squid Game의 duration 값은 300이고 2duration 값은 600인 걸 확인할 수 있습니다.

> netflix.shape로 행과 열이 제대로 추가되었는지 확인해보세요.

행과 열 삭제하기

drop( ) 함수는 데이터프레임에서 행 또는 열을 삭제하는 함수입니다. 기본형은 다음과 같습니다.

```
dataframe.drop(labels, axis = 0)
```

- labels는 삭제할 행 또는 열의 인덱스 또는 레이블을 지정합니다.
- axis는 삭제할 축을 지정합니다. axis = 0은 행을 삭제하고, axis = 1은 열을 삭제합니다.

03단계 drop( ) 함수로 데이터프레임의 행을 삭제해봅시다. dataframe.drop('row_index', axis = 0)와 같이 행의 인덱스(row_index)와 axis = 0을 지정하여 해당 행을 삭제할 수 있습니다.

```
netflix = netflix.drop(np.arange(2, 5), axis = 0)  # 행 삭제
netflix
```

출력 결과

	show_id	type	title	director	cast	country	release_year	duration	2duration
0	1	TV Show	Squid Game	No Data	Lee Jung-jae	No Data	2021	300	600
1	2	TV Show	Stranger Things	No Data	Winona Ryder	United States	2019	800	1600
5	6	TV Show	Anne with an E	No Data	Amybeth McNulty	Canada	2019	900	1800
6	7	Movie	About Time	Richard Curtis	Domhnall Gleeson	No Data	2013	123	246
7	8	Movie	Inception	Christopher Nolan	Leonardo DiCaprio	United States	2010	148	296
8	1	TV Show	Squid Game	No Data	Lee Jung-jae	No Data	2021	300	600

np.arange(2, 5)는 삭제할 행의 인덱스 범위를 지정합니다. 여기서는 2 이상 5 미만 범위의 행을 삭제합니다. axis = 0은 행 기준으로 삭제를 수행함을 나타냅니다.

결과를 보면 2부터 4까지의 행이 삭제되어 데이터프레임의 크기가 줄어들었음을 알 수 있습니다. 이번에는 열을 삭제해보겠습니다.

04단계 다음 코드를 입력하여 열을 삭제해봅니다. 여기서는 앞에서 추가했던 2duration 열을 삭제합니다.

```
netflix = netflix.drop('2duration', axis = 1)  # 열 삭제
netflix
```

출력 결과

	show_id	type	title	director	cast	country	release_year	duration
0	1	TV Show	Squid Game	No Data	Lee Jung-jae	No Data	2021	300
1	2	TV Show	Stranger Things	No Data	Winona Ryder	United States	2019	800
5	6	TV Show	Anne with an E	No Data	Amybeth McNulty	Canada	2019	900
6	7	Movie	About Time	Richard Curtis	Domhnall Gleeson	No Data	2013	123
7	8	Movie	Inception	Christopher Nolan	Leonardo DiCaprio	United States	2010	148
8	1	TV Show	Squid Game	No Data	Lee Jung-jae	No Data	2021	300

데이터프레임에서 2duration 열을 삭제합니다. axis = 1은 열 기준으로 삭제를 수행함을 나타냅니다.

> netflix.shape로 행과 열이 제대로 추가되었는지 확인해보세요.

학습 마무리

판다스는 데이터를 효율적으로 처리하고 분석할 수 있는 라이브러리입니다. 판다스의 핵심인 시리즈와 데이터프레임을 생성하고 이를 활용하여 데이터를 조작하는 결측치 처리, 데이터 필터링, 그룹화, 통계 처리, 데이터 추가 및 삭제 등의 기능을 익혔습니다. 다음 장에서는 데이터 시각화 도구인 맷플롯립 라이브러리로 데이터를 시각적으로 표현하는 방법을 학습하겠습니다.

핵심 요약

1. **판다스**는 데이터 분석용 파이썬 라이브러리로, 행과 열로된 2차원 데이터 처리를 지원합니다.
2. **시리즈**는 1차원 배열 형태이며, **데이터프레임**은 여러 시리즈로 구성된 2차원 배열 형태입니다.
3. **데이터를 불러오고 저장**하는 작업은 read_csv( )와 to_csv( )를 통해 쉽게 처리할 수 있습니다.
4. **결측치**는 fillna( )와 replace( ), dropna( )를 사용해 처리할 수 있습니다.
5. **데이터 필터링**은 조건을 설정해 원하는 데이터만을 추출할 수 있으며, 비교, 부정, 논리 연산자를 통해 유연하게 탐색할 수 있습니다.
6. **데이터 통계 처리**는 mean( ), sum( ), max( ), min( ) 등의 통계 함수를 사용해 데이터의 분포와 특성을 분석할 수 있으며, describe( )로 요약 통계를 얻을 수 있습니다.
7. **그룹별 집계**는 groupby( )로 데이터를 그룹화한 후 각 그룹의 통계값을 계산할 수 있습니다.
8. **데이터프레임에 행과 열을 추가하거나 삭제**하는 작업은 loc[ ]와 drop( )을 사용해 간편하게 처리할 수 있습니다.

연습문제

Selena 회사는 SNS 이벤트를 통해 특정 조건에 맞는 고객에게 상품을 제공하려고 합니다. 이를 위해 고객 데이터를 분석하고 필터링하여, 목표 고객들의 이름을 추출하는 작업이 필요합니다. 고객 데이터는 댓글의 길이, 좋아요 수, 스팸 여부, 이미지 포함 여부 등 다양한 정보를 포함하고 있으며, 이를 바탕으로 필요한 데이터를 정리한 후 분석을 진행하여 최종적으로 상품을 받을 고객을 선정하는 절차가 요구됩니다.

> 연습 문제와 정답이 있는 코랩 파일은 bit.ly/4eNk3vR에 있습니다.

1 필요한 테이블은 아래와 같습니다. 이때 파이썬 딕셔너리를 이용하여 판다스 데이터 프레임을 생성하세요.

> 주요 개념 : 라이브러리 불러오기, 판다스 데이터프레임 생성, 파이썬 딕셔너리

	name	comment_length	likes	is_spam	has_image
0	Alice	150	25	False	True
1	Bob	200	30	False	False
2	Charlie	50	10	True	True
3	David	300	45	NaN	True
4	Eve	120	20	False	False
5	Frank	180	35	True	False
6	Grace	75	5	NaN	True
7	Hyemin	160	28	False	True

2 is_spam 열에 있는 결측치를 처리하세요. 결측치가 있는 경우, 이를 False로 대체하고 잘 처리 되었는지 데이터프레임을 요약하는 함수를 이용하여 확인해보세요.

> 주요 개념 : 결측치 처리, 데이터프레임 요약 함수

```
<class 'pandas.core.frame.DataFrame'>
RangeIndex: 8 entries, 0 to 7
Data columns(total 5 columns):
 #   Column          Non-Null Count  Dtype
---  ------          --------------  -----
 0   name            8 non-null      object
 1   comment_length  8 non-null      int64
 2   likes           8 non-null      int64
 3   is_spam         8 non-null      bool
 4   has_image       8 non-null      bool
dtypes: bool(2), int64(2), object(1)
memory usage: 336.0+ bytes
```

3 has_image 열을 기준으로, 이미지가 포함된 댓글과 포함되지 않은 댓글의 평균 likes를 구하세요.

> 주요 개념 : 그룹화, 집계함수

```
                likes
has_image
False       28.333333
True        22.600000
dtype: float64
```

4 상품을 받을 고객의 이름을 구하세요. 조건은 아래와 같습니다.

> 주요 개념 : 데이터 필터링, 비교 연산자, 논리 연산자

- 조건 1 : 글 길이는 100자 이상이어야 합니다.
- 조건 2 : 좋아요 수가 20개 이상이어야 합니다.
- 조건 3 : 스팸이 아니어야 합니다.
- 조건 4 : 이미지가 포함된 글이어야 합니다.

출력 결과

	name	comment_length	likes	is_spam	has_image
0	Alice	150	25	False	True
3	David	300	45	False	True
7	Hyemin	160	28	False	True

5 고객 데이터에서 이름만 추출하여 시리즈(Series) 형태로 생성하고, 하위 3줄의 데이터를 출력하세요.

> 주요 개념 : 시리즈 생성, 데이터프레임 특정 열 선택

출력 결과

```
5    Frank
6    Grace
7    Hyemin
Name: name, dtype: object
```

6 고객 데이터를 to_csv( ) 함수를 사용하여 'customer.csv' 파일로 저장하세요.

> 주요 개념 : 데이터 저장

7 저장된 고객 데이터를 불러와 상위 5개의 데이터를 확인하세요. read_csv( ) 함수를 사용하여 'customer.csv' 파일을 불러오고, 상위 5개의 데이터를 출력하세요.

> 주요 개념 : 데이터 불러오기, 내용 확인 함수

출력 결과

	name	comment_length	likes	is_spam	has_image
0	Alice	150	25	False	True
1	Bob	200	30	False	False
2	Charlie	50	10	True	True
3	David	300	45	False	True
4	Eve	120	20	False	False

# 03장

데이터 시각화 라이브러리, 맷플롯립

학습 목표

이번 장에서는 데이터 분석의 고전인 '타이타닉 데이터셋'을 이용하여 시각화 라이브러리인 맷플롯립의 기본 개념을 배우고, 이를 활용하여 데이터 시각화를 통해 인사이트를 도출하는 방법을 알아보겠습니다. 맷플롯립은 다양한 함수로 여러 종류의 그래프를 그릴 수 있습니다. 그래서 여러 스타일과 구성 옵션을 조정하여 원하는 그래프를 만들 때 유용합니다. 이 장을 마치면 맷플롯립을 사용하여 다양한 데이터 시각화 기법을 적용할 수 있고, 데이터를 보다 직관적으로 이해하여 이를 통해 의미 있는 인사이트를 도출하는 능력을 갖춘 분석가가 될 수 있을 것입니다.

핵심 키워드

- 맷플롯립 · 그래프 시각화 · 그래프 옵션 설정 · 타이타닉 데이터셋 · 데이터 처리
- 인사이트 도출 · 선형 그래프 · 막대 그래프 · 산점도 · 파이 차트 · 히스토그램 · 히트맵

학습 코스

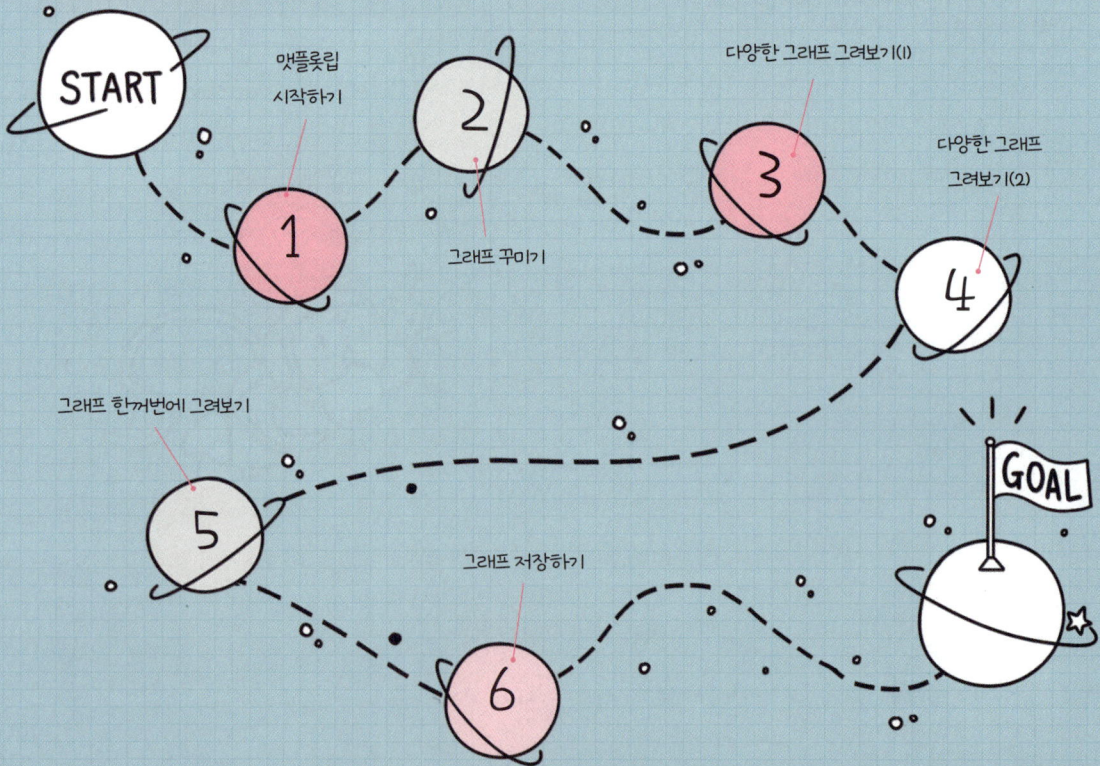

1. 맷플롯립 시작하기
2. 그래프 꾸미기
3. 다양한 그래프 그려보기(1)
4. 다양한 그래프 그려보기(2)
5. 그래프 한꺼번에 그려보기
6. 그래프 저장하기

03.1 맷플롯립 시작하기

맷플롯립^{matplotlib}은 데이터 시각화를 위한 라이브러리입니다.

> **실습을 시작하기 전에!** 본 책은 실습을 위한 코랩 파일과 정답 파일을 매 장마다 제공합니다. bit.ly/4dXk2Ef에 접속하여 두 파일을 좌우로 열어 펼쳐놓고 책을 보며 실습하세요. 그럼 더욱 편리하게 학습할 수 있습니다.

맷플롯립 소개

다음은 구글에서 맷플롯립으로 검색하여 접속한 맷플롯립 공식 사이트입니다. 사이트에서 이 도구를 이렇게 소개하고 있습니다.

"Matplotlib : Visualization with Python"

"맷플롯립 : 파이썬 시각화"

사이트 소개처럼 맷플롯립은 파이썬으로 그래프를 그리는 다양한 기능을 제공합니다. 그래프의 범례, 축 범위 설정과 같이 시각화 설정 옵션이 다양하여 유용합니다.

데이터를 시각화하면 좋은 점?

데이터를 시각화하면 데이터의 패턴이나 상관관계를 시각적으로 쉽게 이해할 수 있습니다. 이를 통해 데이터 분석가는 데이터에서 인사이트를 도출하고 중요한 의사결정을 지원하는 데 매우 유용합니다. 또한, 시각화를 통해 데이터의 분포, 이상치, 결측치 등을 빠르게 파악할 수 있어 데이터 전처리를 효과적으로 수행할 수 있습니다.

그럼 거두절미하고 바로 맷플롯립을 사용해봅시다.

맷플롯립 사용하기

01단계 맷플롯립 라이브러리를 코랩 세션으로 불러옵시다. 맷플롯립은 plt를 별칭으로 사용합니다.

```
import matplotlib.pyplot as plt
```

앞에서 넘파이나 판다스를 사용할 때 numpy나 pandas를 import했던 것과는 달리, 여기서는 matplotlib이 아닌 matplotlib.pyplot을 import했습니다. 왜 그럴까요? import matplotlib은 맷플롯립 모듈 전체를 가져옵니다. 그런데 맷플롯립 모듈을 가져오면 그래프 작성에 필요한 기능을 일일이 호출해야 하므로 입력해야 하는 코드가 길어집니다. 그래서 저는 matplotlib 모듈 전체가 아닌 matplotlib.pyplot이라는 하위 모듈을 사용하는 것을 추천합니다. matplotlib.pyplot은 맷플롯립의 일부 기능을 간편하게 사용할 수 있는 함수를 제공합니다. 이를 사용하면 코드가 더 간결해집니다. 쉽게 말해, 코드를 간결하게 작성하기 위해 **matplotlib 모듈 전체가 아닌 matplotlib.pyplot을 import**한 것입니다. 여전히 맷플롯립을 사용하는 것이므로 큰 틀에서는 변함이 없으므로 오해 없기 바랍니다.

02단계 간단히 맷플롯립으로 그래프를 만들고 출력해봅니다.

```
# 첫 번째 리스트의 값은 x값, 두 번째 리스트의 값은 y로 적용
# 순서쌍(x, y)으로 매칭된 값을 좌표평면 위에 그래프 시각화
plt.plot([1, 2], [2, 4]) # ❶
plt.show() # ❷
```

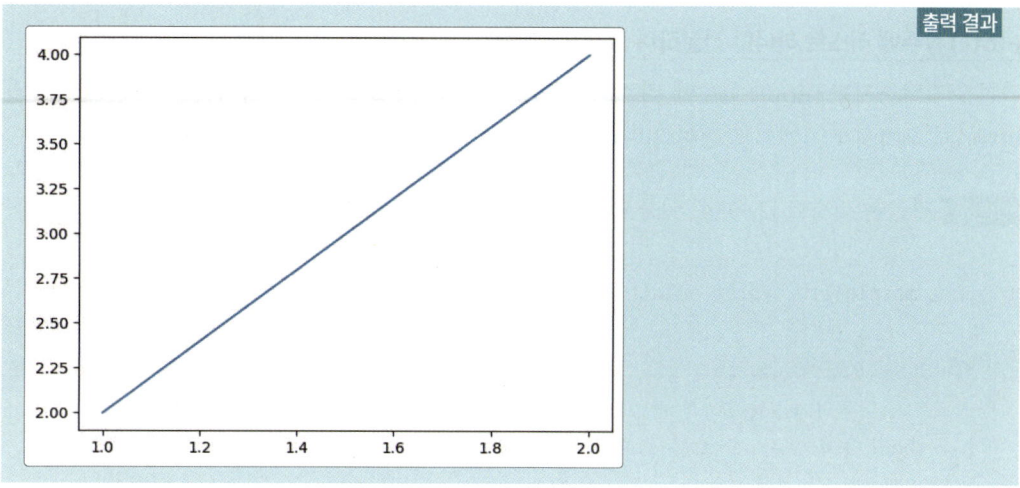

❶ plot( )에 전달한 첫 번째 리스트 [1, 2]는 x축의 좌표이고, 두 번째 리스트 [2, 4]는 첫 번째 리스트 [1, 2]에 일대일 대응하는 y축의 좌표입니다.

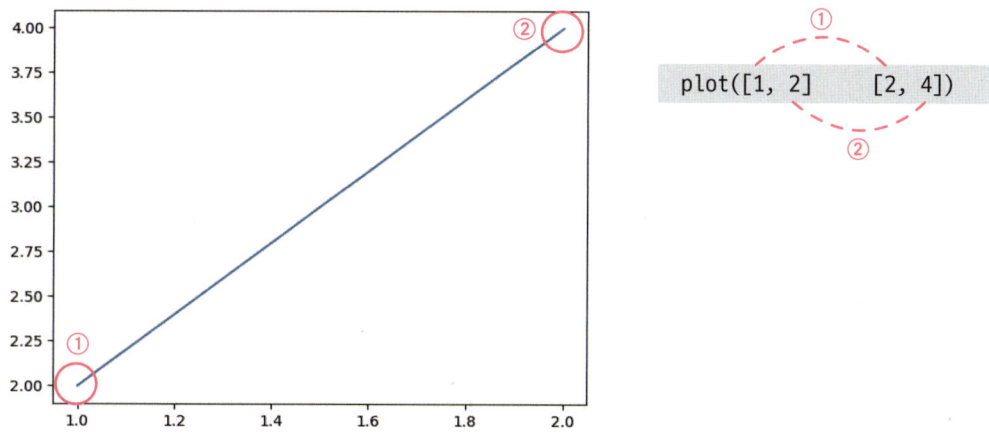

❷ plt.show( )는 그래프를 화면에 표시하는 코드입니다. 이를 호출하면 그래프 창이 열리고, 생성한 선 그래프가 표시됩니다. 이처럼 맷플롯립에서는 .show( )를 호출해야 그래프가 화면에 나타납니다. plot( )으로 그래프를 그린다고 바로 화면에 나오진 않으므로 이점에 유의합시다. 다만 구글 코랩이나 주피터 노트북과 같은 환경에서는 plot( ) 함수만으로도 그래프가 자동으로 출력됩니다.

이처럼 기본적인 선형 그래프를 그릴 때는 x에 대응하는 리스트와 y에 대응하는 리스트를 매개변수에 전달해야 합니다. 만약 하나의 리스트만 전달하면 어떻게 될까요?

plot( ) 함수에 리스트 하나만 전달하여 그래프 그리기

결론부터 말하자면 plot( ) 함수에 리스트를 하나만 전달하면 리스트를 y축의 값, x축은 리스트의 인덱스로 생각하여 그래프를 그립니다.

01단계 다음은 리스트 [2, 3, 4, 5]를 매개변수로 전달하여 그래프를 그린 것입니다.

```python
import matplotlib.pyplot as plt

# 하나의 숫자 리스트 입력
# 리스트의 값들이 y값들이라고 가정하고 x값 [0, 1, 2, 3]을 자동으로 만들어냄
# plt.show( ) 함수는 그래프를 화면에 나타나도록 함
y = [2, 3, 4, 5]
plt.plot(y)
plt.show()
```

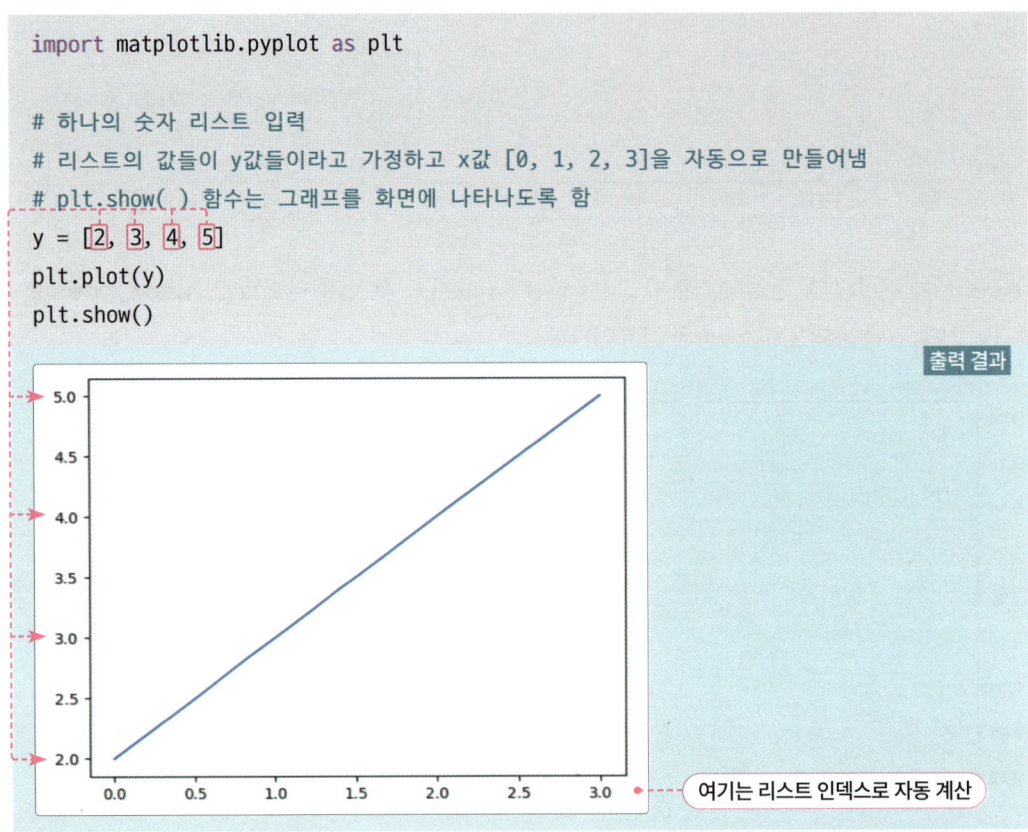

여기는 리스트 인덱스로 자동 계산

결과를 보면 x축은 0부터 3까지 지정되었습니다. 리스트의 인덱스인 0, 1, 2, 3을 x축으로 지정한 것입니다.

plot( ) 함수에 리스트 두 개를 전달하여 그래프 그리기

02단계 복습 차원에서 두 개의 파이썬 리스트를 활용하여 그래프를 다시 그려보겠습니다. 이전 예제와 유사하므로 그래프에 대한 결과 설명은 생략하겠습니다.

```python
import matplotlib.pyplot as plt

# 두 개의 숫자 리스트 입력
# 첫 번째 리스트의 값은 x값, 두 번째 리스트의 값은 y로 적용됨
# 순서쌍(x, y)으로 매칭된 값을 좌표평면 위에 그래프 시각화
x = [1, 2, 3, 4]
y = [1, 4, 9, 16]
plt.plot(x, y)
plt.show()
```

출력 결과

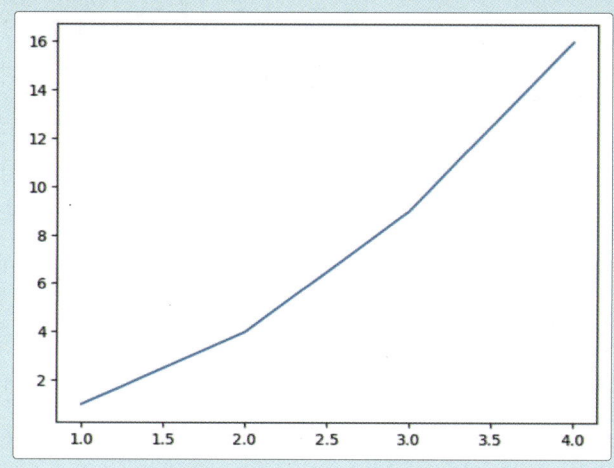

챗GPT와 함께 맷플롯립 장점 알아보기

챗GPT로 맷플롯립의 장점에 대해 알아보겠습니다.

 맷플롯립이 다른 시각화와 비교했을 때 장점이 뭐야?

 Matplotlib은 다양한 시각화 도구들 중에서 다음과 같은 장점들을 가지고 있습니다.

1 **다양한 플롯 타입** : Matplotlib은 기본적인 라인 플롯(line plot), 바 차트(bar chart), 히스토그램(histogram), 스캐터 플롯(scatter plot) 등 다양한 종류의 플롯을 지원합니다. 이를 통해 데이터의 다양한 특성을 쉽게 시각화할 수 있습니다.

2 **높은 커스터마이징 가능성** : Matplotlib은 플롯의 각 요소를 세밀하게 제어할 수 있는 다양한 옵션을 제공합니다. 축, 레이블, 색상, 스타일 등을 자유롭게 설정할 수 있어 원하는 대로 플롯을 꾸밀 수 있습니다.

3 **통합성** : Matplotlib은 파이썬의 다른 데이터 분석 도구들(pandas, numpy 등)과 잘 통합됩니다. 특히 pandas의 DataFrame과 함께 사용할 때 매우 편리합니다.

4 **광범위한 사용자 커뮤니티와 풍부한 문서** : Matplotlib은 오랜 역사를 가지고 있어, 많은 사용자들이 있습니다. 따라서 문제를 해결할 때 참고할 수 있는 자료나 질문을 할 수 있는 커뮤니티가 풍부합니다. 또한, 공식 문서도 매우 상세합니다.

5 **다양한 출력 포맷** : Matplotlib은 다양한 파일 형식으로 플롯을 저장할 수 있습니다. 예를 들어 PNG, PDF, SVG 등 다양한 형식을 지원하여 출판용 그래프나 웹용 그래프를 생성하는 데 유용합니다.

6 **애니메이션 지원** : Matplotlib은 기본적인 애니메이션 기능을 제공하여 시간에 따라 변하는 데이터를 시각화하는 데 유용합니다.

7 **IPython 및 Jupyter 노트북과의 호환성** : Matplotlib은 IPython과 Jupyter 노트북에서 바로 그래프를 그릴 수 있어 데이터 분석 과정에서 매우 유용합니다.

이러한 장점들 덕분에 Matplotlib은 데이터 시각화 도구로써 많은 사랑을 받고 있습니다. 다만, 각 시각화 도구는 고유의 강점을 가지고 있으므로 특정한 용도나 개인의 선호에 따라 다른 도구를 선택할 수도 있습니다.

> 챗GPT가 나열한 맷플롯립의 장점들은 실제로 제가 실무에서 사용하며 매우 유용하다고 느낀 것입니다. 그래프의 형태도 다양하고, 세밀한 커스터마이징 기능이 있어 여러 그래프를 동시에 시각화할 수도 있고, 다양한 출력 포맷도 지원합니다. 또 보고서에 삽입할 그래프를 고해상도 PNG 파일로 저장하거나, 웹용 SVG 파일로 생성해 여러 매체에 적합한 고품질 결과물을 손쉽게 얻을 수도 있습니다.

03.2 그래프 꾸미기

앞서 그린 그래프는 기본 그래프입니다. 맷플롯립은 축에 레이블을 지정하거나 색상 값을 변경하는 등 다양한 그래프 설정 옵션을 제공합니다. 시각화를 할 때 이러한 요소들은 굉장히 중요합니다. 여기서는 자주 사용하는 설정 옵션을 알아보면서 그래프를 다양하게 꾸며보겠습니다.

축과 관련 있는 옵션 사용해보기

그래프의 축은 데이터를 효과적으로 전달하는 데 중요한 역할을 합니다. 축에 레이블을 추가하거나 눈금을 조정하는 등의 작업을 통해 그래프를 더욱 이해하기 쉽게 만들 수 있습니다. 이번에는 맷플롯립에서 축과 관련된 다양한 설정 옵션을 살펴보고, 이를 활용하여 그래프를 더욱 명확하고 보기 좋게 꾸미는 방법을 배워보겠습니다.

축 레이블 지정하기

축 레이블은 그래프의 x축과 y축에 표시할 텍스트를 의미합니다.

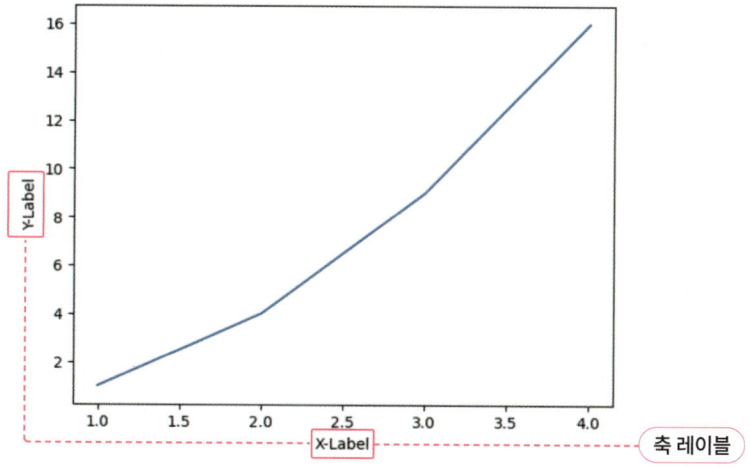

지금은 x축에 X-Label, y축에 Y-Label이라고 축 레이블을 지정해주었습니다. 이렇게 축 레이블을 지정하면 축의 의미를 정확하게 이해할 수 있으며 인사이트를 얻기 쉬워집니다.

01단계 앞에서 본 그래프처럼 축 레이블을 지정해봅시다.

```python
import matplotlib.pyplot as plt

plt.plot([1, 2, 3, 4], [1, 4, 9, 16])
# xlabel() 함수에 'X-Label' 입력하여 x축에 대한 레이블 표시
plt.xlabel('X-Label')
# ylabel() 함수에 'Y-Label' 입력하여 y축에 대한 레이블 표시
plt.ylabel('Y-Label')
plt.show()
```

출력 결과

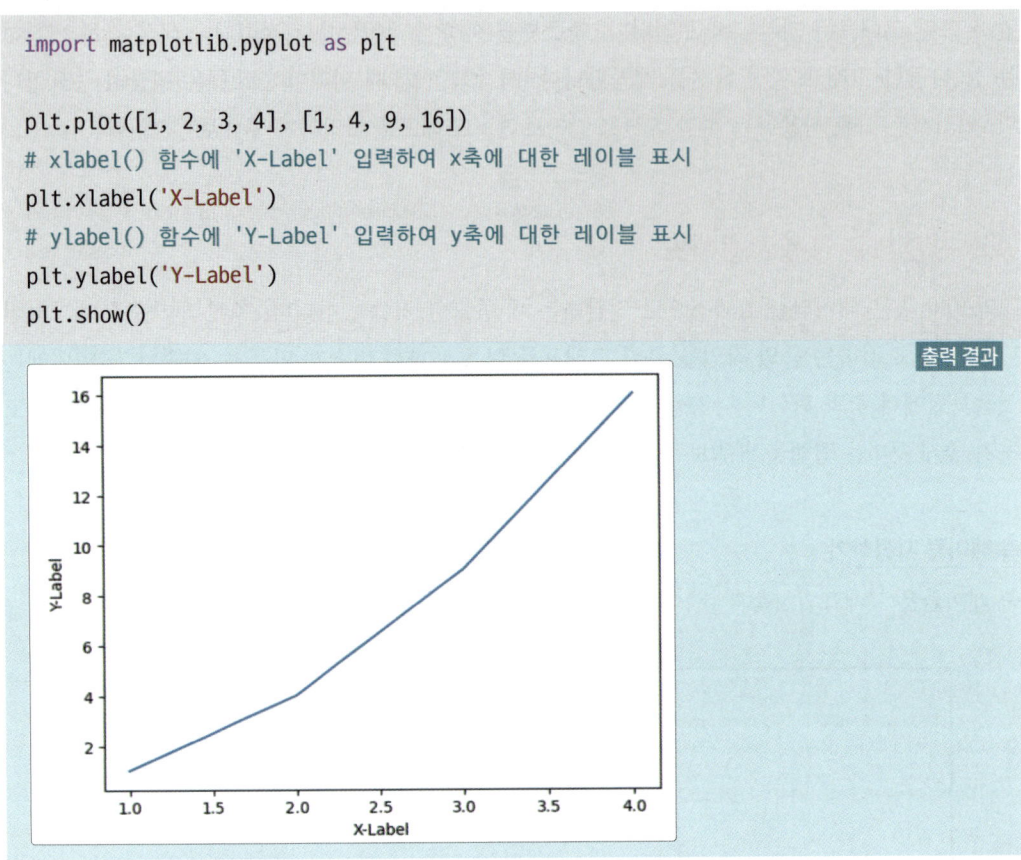

plt.xlabel( ) 함수에 인수로 'X-Label'을 전달하여 x축 레이블을 지정하고, plt.ylabel( ) 함수에 인수로 'Y-Label'을 전달하여 y축 레이블을 지정했습니다.

다른 값을 전달하여 자유롭게 축 레이블을 지정해봅시다.

범례 지정하기

범례legend는 그래프에서 데이터의 종류를 표시하는 텍스트를 의미합니다.

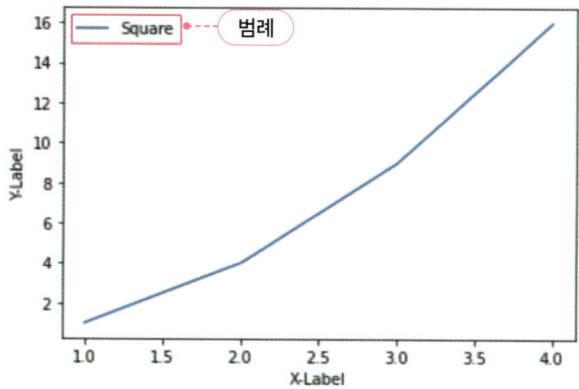

범례는 다음과 같이 2단계를 거쳐 그래프에 표시할 수 있습니다.

1. plot( ) 함수에 label 매개변수로 범례 이름을 할당
2. legend( ) 함수를 실행하여 범례 만들기

즉, plt.plot( ) 함수에 label 매개변수를 사용하여 범례 이름을 할당하고 plt.legend( ) 함수를 사용하여 범례를 만듭니다. 정말 그런지 실습을 통해 알아봅시다.

01단계 다음은 그래프에 'Square'라는 범례를 설정하는 코드입니다.

```
import matplotlib.pyplot as plt

# ❶ plot() 함수의 label 매개변수에 'Square' 문자열 입력
plt.plot([1, 2, 3, 4], [1, 4, 9, 16], label = 'Square')
plt.xlabel('X-Label')
plt.ylabel('Y-Label')
# ❷ legend() 함수를 사용해서 그래프에 범례 표시
plt.legend()
plt.show()
```

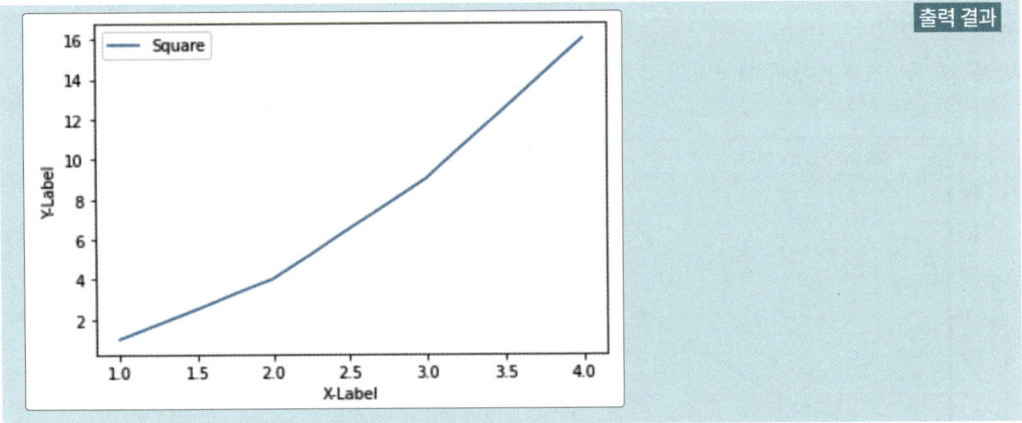

❶ plt.plot( ) 함수를 사용하여 데이터를 받아와서 선 그래프를 생성합니다. 첫 번째 리스트 [1, 2, 3, 4]는 x축 데이터를, 두 번째 리스트 [1, 4, 9, 16]은 y축 데이터를 의미합니다. 그래프를 그릴 때 plt.plot( ) 함수에 label 매개변수를 사용하여 그래프에 대한 범례 텍스트를 'Square'로 지정했습니다.

❷ plt.legend( ) 함수를 통해 그래프에 범례를 표시합니다. 마지막으로 plt.show( ) 함수를 사용하여 그래프를 화면에 표시합니다.

02단계 범례의 위치를 위쪽 가운데로 지정하고 싶다면 loc 매개변수에 'upper center'를 지정하면 됩니다. 또한 범례의 종류가 많은 경우 ncol 매개변수에 2, 3, 4와 같은 값을 지정하여 한 줄에 표시할 범례의 개수를 설정할 수 있습니다. 다음은 범례가 4개인 선형 그래프를 나타낸 것입니다. loc 매개변수에 'upper center'를 지정하여 범례가 가운데 위쪽에 위치하도록 했고, ncol을 2로 설정하여 한 줄에 2개만 보이도록 설정했습니다.

```python
import numpy as np

# linspace( ) 함수로 넘파이 배열 생성
x = np.linspace(0, 10, 100)
y1 = x
y2 = 2 * x
y3 = 0.5 * x
y4 = 3 * x
```

```python
# 그래프 그리기
plt.plot(x, y1, label='y = x')
plt.plot(x, y2, label='y = 2x')
plt.plot(x, y3, label='y = 0.5x')
plt.plot(x, y4, label='y = 3x')

# 범례 설정(ncol을 2로 설정하여 한 줄에 2개 표시)
plt.legend(loc='upper center', ncol=2)

# 타이틀 및 축 라벨 설정
plt.title('Simple Linear Plot Example')
plt.xlabel('x')
plt.ylabel('y')

# 그래프 표시
plt.show()
```

> 맷플롯립 라이브러리는 기본 설정으로 한글을 지원하지 않으므로 그래프에 표시할 문자열들은 모두 영어로 지정했습니다

출력 결과

축 범위 지정하기

그래프를 시각화할 때 축의 범위를 좁히거나 넓히기 위해 축 범위를 지정할 수 있습니다. 다음은 데이터의 실제 범위는 x는 1~4, y는 3~12이지만 축의 범위를 더 넓게 설정한 예입니다.

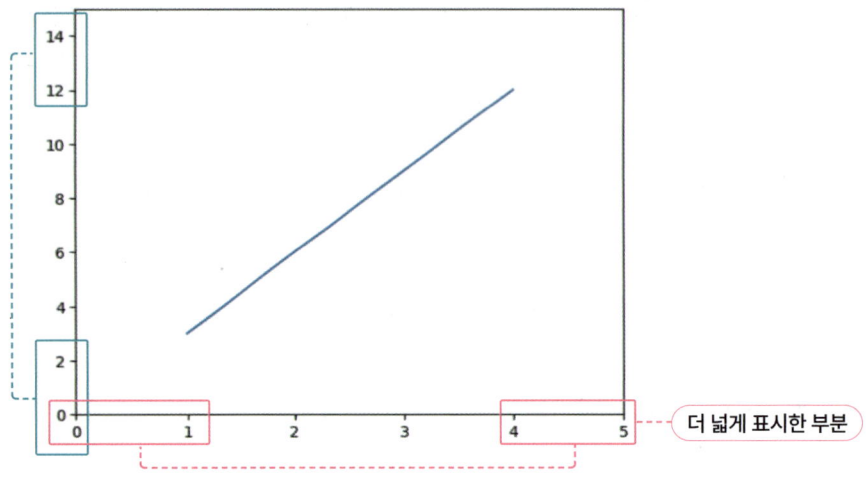

더 넓게 표시한 부분

이렇게 축 범위를 설정하면 데이터의 세부적인 변화를 더 잘 파악할 수 있으며, 특정 부분을 강조하여 표현할 수도 있습니다. 그럼 본격적으로 실습을 진행해보겠습니다.

01단계 다음은 앞에서 본 그림처럼 x축과 y축 범위를 설정하는 코드입니다.

```python
import matplotlib.pyplot as plt

plt.plot([1, 2, 3, 4], [3, 6, 9, 12])
plt.xlim([0, 5])  # ❶ xlim([xmin, xmax]) : X축의 범위 설정
plt.ylim([0, 15]) # ❷ ylim([ymin, ymax]) : Y축의 범위 설정
plt.show()
```

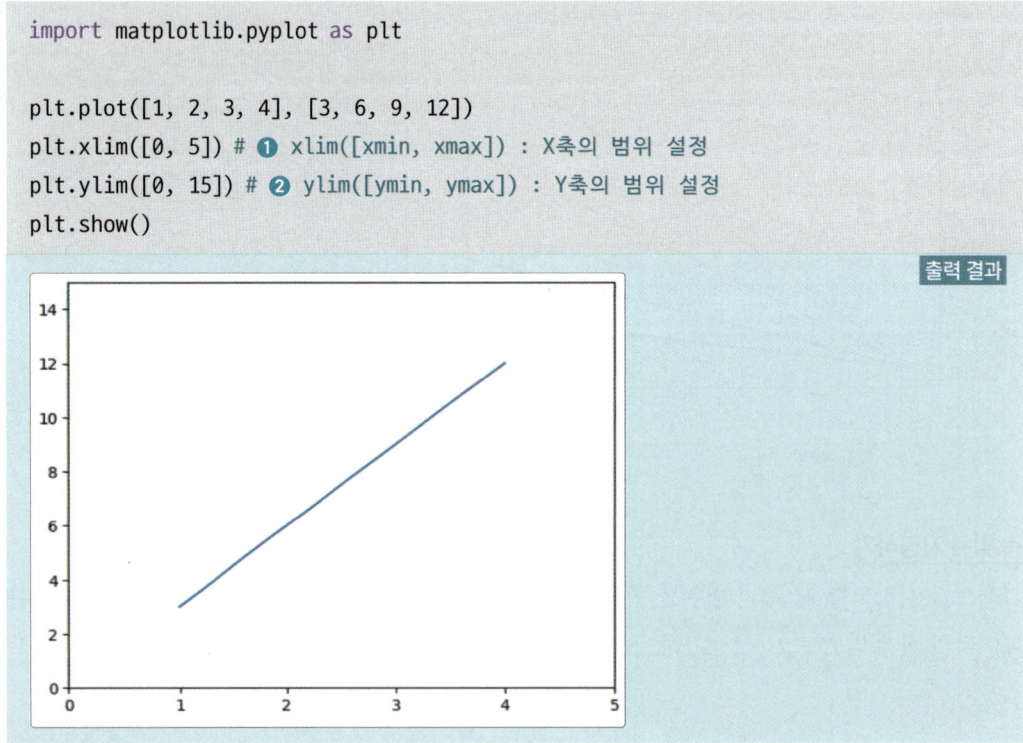

출력 결과

❶ 그래프의 x축 범위를 [0, 5]로 설정합니다.

❷ 그래프의 y축의 범위를 [0, 15]로 설정합니다.

`02단계` 이번에는 xlim( ), ylim( ) 함수가 아닌 axis( ) 함수로 축 범위를 설정해보겠습니다. 결과는 같으므로 생략하겠습니다.

```
plt.plot([1, 2, 3, 4], [3, 6, 9, 12])
plt.axis([0, 5, 0, 15]) # axis([xmin, xmax, ymin, ymax]) : X축과 Y축 범위 지정
plt.show()
```

plt.axis([0, 5, 0, 15])의 뜻은 x축의 범위를 0부터 5까지([0, 5]), y축의 범위를 0부터 15까지([0, 15]) 설정한다는 의미합니다.

축 스케일 설정하기

축 스케일은 그래프의 축에 사용할 값의 척도를 의미합니다. 축 스케일을 조절하면 데이터의 분포를 더 잘 이해하고 시각화할 수 있습니다. 축 스케일은 다음 4가지 스케일을 많이 활용합니다.

1. **선형 스케일**linear scale : 가장 많이 사용하는 스케일로, 축에 일정 간격으로 눈금을 표시합니다.
   - 값이 일정 간격으로 증가 또는 감소하는 경우 많이 사용합니다.
2. **로그 스케일**logarithmic scale : 축의 간격을 로그 스케일로 변환합니다.
   - 값의 크기 차이가 큰 경우 사용합니다.
   - 예를 들어 지수적으로 증가하는 데이터나 큰 범위의 데이터를 다룰 때 유용합니다.
3. **로그-선형 스케일**log-linear scale : x축을 로그 스케일, y축을 선형 스케일로 표시합니다.
   - 주로 x축이 시간 또는 크기인 경우 사용합니다.
   - 예를 들어 시간에 따른 데이터나 크기에 따른 데이터를 나타낼 때 적합합니다.
4. **선형-로그 스케일**linear-logarithmic scale : x축을 선형 스케일, y축을 로그 스케일로 표현합니다.
   - 주로 y축의 값 범위가 큰 경우 사용합니다.
   - 예를 들어 대부분의 값은 작은 범위에 있지만 일부 값이 매우 큰 경우에 유용합니다.

01단계 다음은 앞에서 본대로 축 스케일을 설정한 예시입니다. 다양한 옵션이 있으므로 하나씩 확인하며 그려보기 바랍니다.

```python
import matplotlib.pyplot as plt
import numpy as np

# ❶ 데이터 생성
x = np.linspace(1, 10, 100)
y = np.exp(x)

# ❷ 선형 스케일
plt.subplot(2, 2, 1)
plt.plot(x, y)
plt.title('Linear Scale')

# ❸ 로그 스케일
plt.subplot(2, 2, 2)
plt.plot(x, y)
plt.yscale('log')
plt.title('Logarithmic Scale (y-axis)')

# ❹ 로그-선형 스케일
plt.subplot(2, 2, 3)
plt.plot(x, y)
plt.xscale('log')
plt.title('Log-Linear Scale (x-axis)')

# ❺ 선형-로그 스케일
plt.subplot(2, 2, 4)
plt.plot(x, y)
plt.yscale('log')
plt.xscale('linear')
plt.title('Linear-Logarithmic Scale')

plt.tight_layout() # ❻ 서브 그래프 간격 조절
plt.show()
```

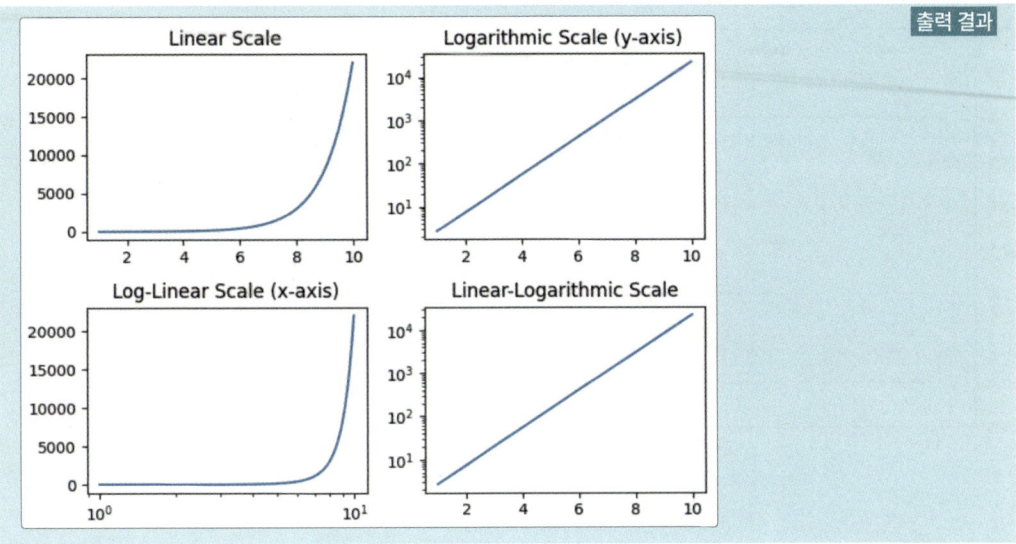

출력 결과

❶ 1부터 10까지의 범위에서 동일한 간격으로 100개의 값을 생성하여 x에 저장합니다. y = np.exp(x)는 x값에 대한 지수 함수를 계산하여 y에 저장합니다.

❷ 2 × 2 행렬의 첫 번째 서브 그래프를 설정합니다.

❸ 2 × 2 행렬의 두 번째 서브 그래프를 설정합니다. plt.yscale('log')를 통해 그래프의 y축을 로그 스케일로 변경합니다.

❹ 2 × 2 행렬의 세 번째 서브 그래프를 설정합니다. plt.xscale('log')를 통해 그래프의 x축을 로그 스케일로 변경합니다.

❺ 2 × 2 행렬의 네 번째 서브 그래프를 설정합니다. plt.yscale('log')를 통해 그래프의 y축을 로그 스케일로, plt.xscale('linear')를 통해 x축을 선형 스케일로 설정합니다.

❻ 서브 그래프 사이의 간격을 자동으로 조절하여 레이아웃을 최적화합니다.

선과 관련 있는 옵션 사용해보기

데이터 시각화에서 선 종류를 적절하게 설정하는 것은 매우 중요합니다. 선 종류를 잘 활용하면 그래프에 표시된 여러 선을 쉽게 구분할 수 있으며, 특정 선을 강조할 수도 있습니다. 맷플롯립은 다양한 선 옵션을 제공합니다.

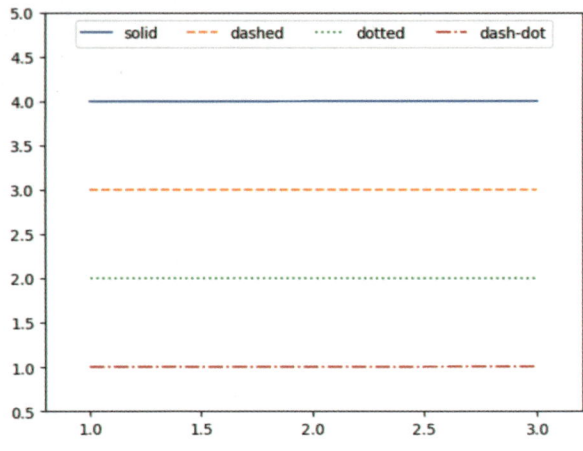

선 종류 설정하기

선 종류를 설정하는 방법은 두 가지가 있습니다. 공통점은 선의 종류를 문자열로 전달하는 것입니다.

1. plot( ) 함수의 세 번째 인수로 간략화한 문자열을 입력하여 선 종류 지정하기
2. plot( ) 함수의 linestyle 매개변수 값으로 문자열을 입력하여 선 종류 지정하기

01단계 다음은 앞에서 설명한 두 가지 방식을 사용하여 선 종류를 결정한 코드입니다. 코드와 설명을 함께 보면 쉽게 이해할 수 있을 것입니다.

> 맷플롯립에서 사용할 수 있는 선의 종류는 vo.la/NsmLBW에서 확인할 수 있습니다.

```python
import matplotlib.pyplot as plt

# ❶ plot() 함수의 세 번째 인수 값으로 간략화한 문자열을 입력하여 선 종류 설정
plt.plot([1, 2, 3], [4, 4, 4], '-', label='solid')
plt.plot([1, 2, 3], [3, 3, 3], '--', label='dashed')

# ❷ plot() 함수의 linestyle 값으로 문자열을 입력하여 선 종류 설정
plt.plot([1, 2, 3], [2, 2, 2], linestyle='dotted', label='dotted')
plt.plot([1, 2, 3], [1, 1, 1], linestyle='dashdot', label='dash-dot')
```

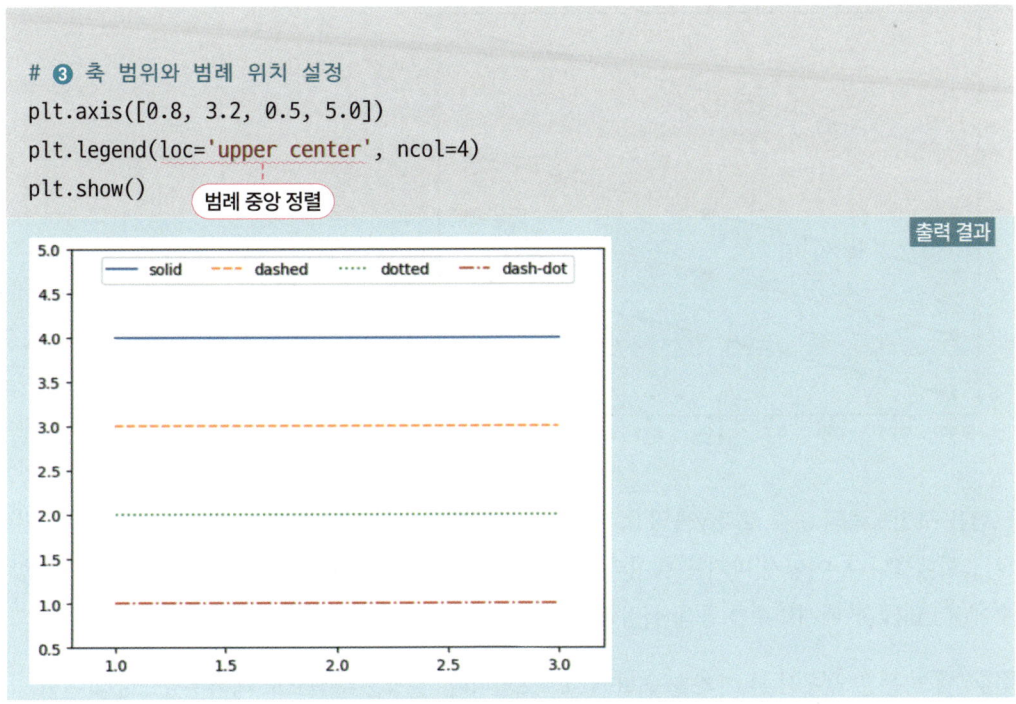

❶ plot( ) 함수의 세 번째 인수 값으로 간략화한 문자열 '-'나 '--'를 입력하여 선 그래프를 그렸습니다. 이처럼 첫 번째 방법은 '-'나 '--'와 같이 간단한 텍스트만 입력해도 선 그래프가 나오므로 간략하게 코드를 입력할 수 있다는 장점이 있습니다.

❷ 두 번째 방법은 linestyle 매개변수에 'dotted'나 'dash-dot'과 같은 문자열을 입력하여 선 그래프를 그리는 것입니다.

❸ 축 범위와 범례 위치를 지정하는 코드입니다. 복습 차원에서 한 번 더 진행해보았습니다.

마커 설정하기

마커는 그래프에서 데이터를 의미합니다. 앞서 선형 그래프를 그릴 때 데이터를 [1, 2, 3]과 같이 딱딱 끊어진 형태로 주었지만 그래프는 연결된 형태로 표현했습니다. 여기에 실제 데이터에 포인트를 줘서 표시하는 것이 마커입니다.

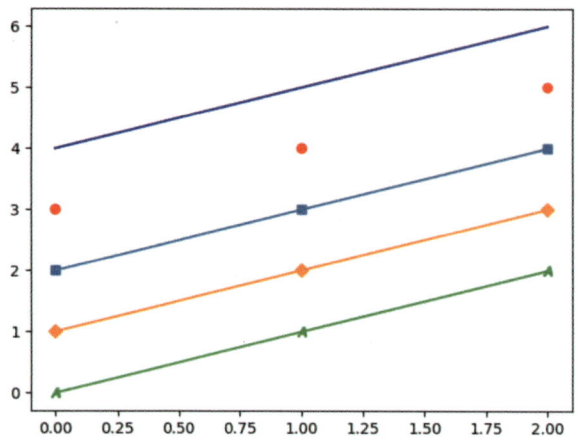

그림을 보면 x축의 0, 1, 2와 y축의 0, 1, 2, 3, 4에 해당하는 부분을 마커(세모, 마름모, 네모, 원)로 표시했습니다. 이렇게 마커는 데이터를 강조하거나 구별하는 데 사용합니다. 마커는 plot( ) 함수에서 marker 매개변수를 통해 설정할 수 있습니다.

01단계 다음은 앞에서 본 마커를 구현한 그래프입니다. 설명은 주석으로 적어두었으니 맞춰서 읽어보기 바랍니다.

> 맷플롯립에서 사용할 수 있는 마커의 종류는 vo.la/tsRQNH에서 확인할 수 있습니다.

```
import matplotlib.pyplot as plt

plt.plot([4, 5, 6], "b")           # 'b' blue : 파란색 마커
plt.plot([3, 4, 5], "ro")          # 'ro' red+circle : 빨간색 + 원형 마커
plt.plot([2, 3, 4], marker="s")    # 's' square : 사각형 마커
plt.plot([1, 2, 3], marker="D")    # 'D' diamond : 마름모 마커
plt.plot([0, 1, 2], marker='$A$')  # '$문자$' : 사용자 지정 문자 마커
plt.show()
```

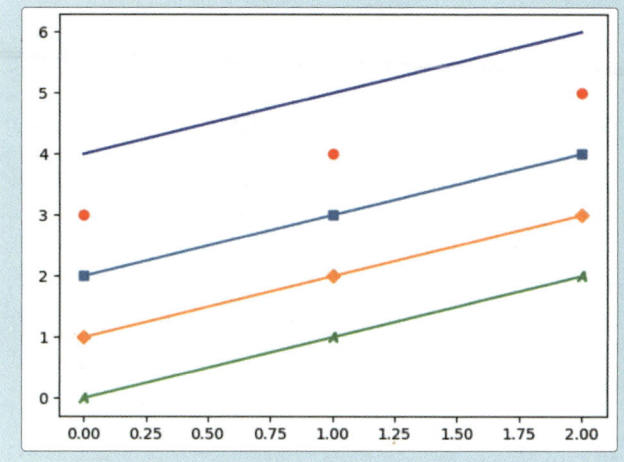

출력 결과

선 색상 설정하기

선의 색상을 설정하는 방법은 앞에서 선 종류를 설정하는 방법처럼 다양합니다.

1. 이름으로 색상 설정(예 : 'violet')
2. 약자로 색상 설정(예 : 'g')
3. RGB 값으로 색상 설정(예 : (0.1, 0.2, 0.3))
4. 16진수로 색상 설정(예 : '#FF0000')

자세한 방법은 코드를 실행하며 알아보겠습니다.

01단계 다음은 앞에서 소개한 방법대로 그래프의 선 색상을 설정하는 코드입니다.

> 맷플롯립에서 사용할 수 있는 색상의 종류는 bit.ly/48cU8LL에서 확인할 수 있습니다.

```
import matplotlib.pyplot as plt

plt.plot([1, 2, 3, 4], [2.0, 3.3, 6.3, 10.5], color = 'violet')
plt.plot([1, 2, 3, 4], [2.0, 3.1, 5.3, 8.5], color = 'g')
plt.plot([1, 2, 3, 4], [2.0, 2.8, 4.3, 6.5], color=(0.1, 0.2, 0.3))
plt.plot([1, 2, 3, 4], [2.0, 2.5, 3.3, 4.5], color='#FF0000')
plt.show()
```

03.2 그래프 꾸미기 193

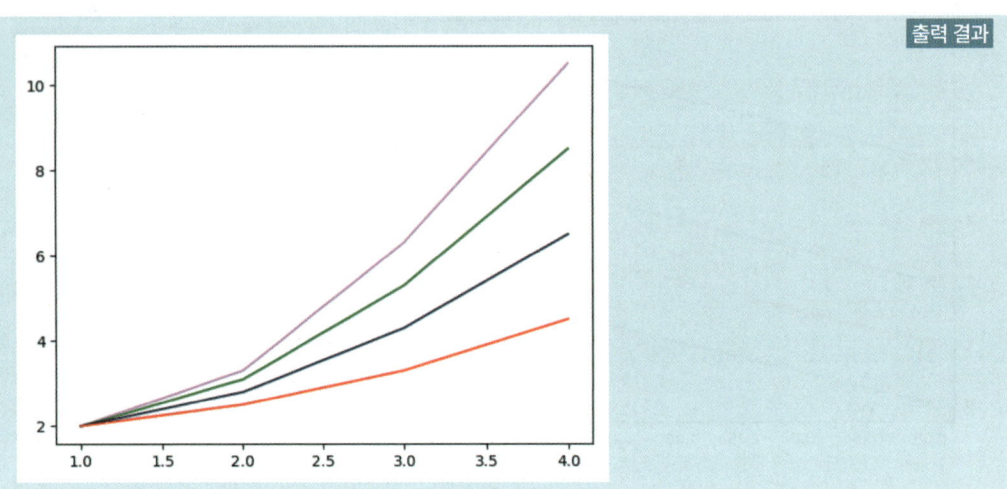

출력 결과

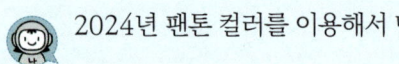 챗GPT와 함께 맷플롯립 그래프 색상 설정하기

챗GPT로 맷플롯립 그래프를 그리다 보면 원하는 색상을 찾기 어려울 때가 있습니다. 이럴 때 챗GPT를 이용하면 빠르고 간편하게 원하는 색상을 찾을 수 있습니다.

2024년 팬톤 컬러를 이용해서 맷플롯립 직선 그래프를 그려줘.

팬톤이 매년 발표하는 컬러는 일반적으로 팬톤 공식 웹사이트나 뉴스에서 확인할 수 있습니다. 여기서는 2024년 팬톤 컬러를 "Peach Fuzz"로 가정하고, 해당 색상을 사용하여 직선 그래프를 그리는 방법을 보여드리겠습니다.

```
import matplotlib.pyplot as plt

# 2024년 팬톤 컬러: Peach Fuzz(#F5C8B0)
pantone_2024_color = '#F5C8B0'

# 데이터 생성
x = [1, 2, 3, 4, 5]
```

```python
y = [2, 3, 5, 7, 11]

# 그래프 설정
plt.figure(figsize=(10, 6))

# 직선 그래프 그리기
plt.plot(x, y, color=pantone_2024_color, linestyle='-', marker='o')

# 그래프 제목 설정
plt.title('Line Graph with 2024 Pantone Color')

# 축 레이블 설정
plt.xlabel('X-Axis')
plt.ylabel('Y-Axis')

# 그래프 표시
plt.grid(True)
plt.show()
```

출력 결과

위 그래프는 2024년 팬톤 컬러 "Peach Fuzz"(#FFCC99)를 사용하여 직선 그래프를 그린 것입니다. 그래프의 제목은 "2024년 팬톤 컬러를 사용한 직선 그래프"로 설정되었습니다.

챗GPT를 활용하여 맷플롯립 그래프의 색상을 설정하는 작업은 현업에서 큰 도움이 됩니다. 예를 들어 마케팅 자료나 브랜드 가이드 라인에 맞춘 그래프 스타일을 만들어 적용하면 작업 시간을 크게 줄일 수 있습니다. 팬톤 컬러와 같은 특정 컬러 코드를 빠르게 적용하여 색상 고민의 시간도 줄일 수 있습니다. 색상 고민이나 스타일 작업은 소소해 보이지만 생각보다 많은 시간이 듭니다. 이런 작업을 빠르게 할 수 있다면 실무를 더욱 효율적으로 할 수 있겠죠?

제목 관련 옵션 사용해보기

그래프는 그룹으로 만들거나 개별적으로 만들 수 있습니다. 그룹으로 그래프를 만들 때는 슈퍼 타이틀과 서브 타이틀을 사용하여 제목을 표현할 수 있습니다. 다음은 슈퍼 타이틀과 서브 타이틀이 있는 그룹 그래프의 예시입니다.

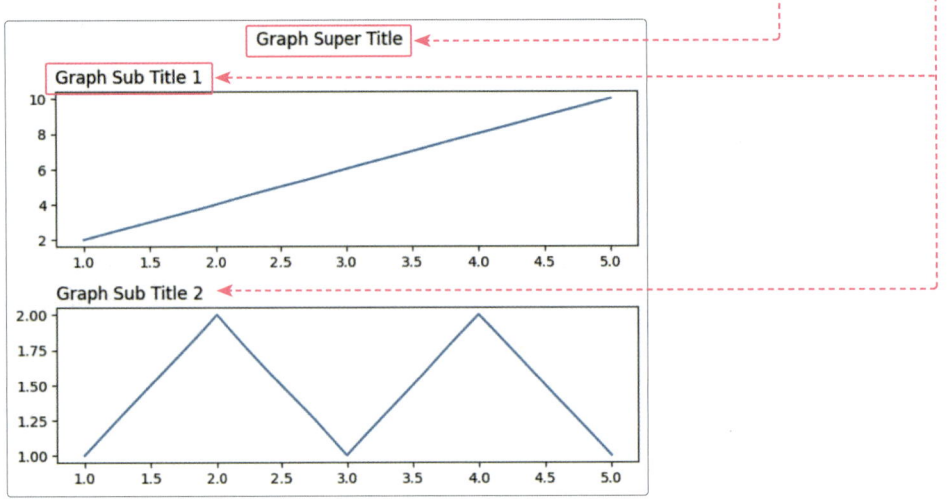

서브 그래프 제목은 plt.title( ) 함수로, 그룹 제목은 plt.suptitle( ) 함수로 설정합니다. 그래프 제목을 설정할 때는 다양한 매개변수를 이용하여 여러 옵션을 지정할 수 있습니다.

> 두 함수는 지원하는 매개변수가 같으므로 매개변수 목록을 하나만 제시했습니다.

1. **fontsize** : 제목의 크기를 설정합니다.
2. **color** : 제목의 색상을 설정합니다.
3. **fontweight** : 제목의 굵기를 설정합니다.
4. **loc** : 제목의 위치를 설정합니다.
   - 기본값은 'center'이며, 'left', 'right' 등으로 변경할 수 있습니다.

5 **pad** : 제목과 그래프의 간격을 설정합니다.

6 **backgroundcolor** : 제목의 배경색을 설정합니다.

그래프 제목 설정하기

01단계 다음은 이 옵션들을 사용하여 제목을 설정하는 코드입니다.

```python
import matplotlib.pyplot as plt
plt.plot([1, 2, 3, 4], [1, 4, 9, 16])
plt.title('Graph Title', fontsize=16, color='blue',
          fontweight='bold', loc='center', pad=100,
          backgroundcolor='lightgray')
plt.show()
```

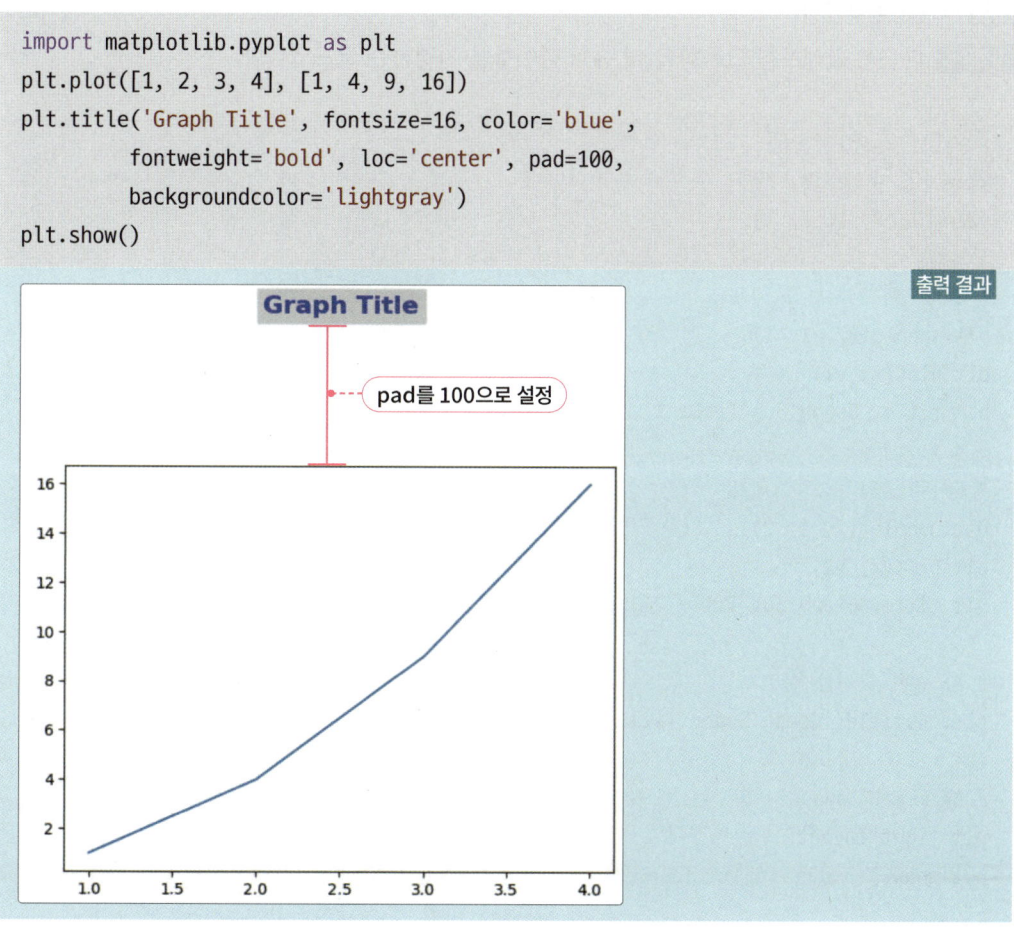

출력 결과

- 첫 번째 인수로 'Graph Title'을 전달하여 제목을 지정했습니다.
- fontsize 매개변수에 16을 입력하여 제목 크기를 16으로 설정합니다.
- color 매개변수에 blue를 입력하여 제목 색상을 파란색으로 설정합니다.
- fontweight 매개변수에 bold를 입력하여 제목을 굵게 설정합니다.

- loc 매개변수에 center를 입력하여 제목 위치를 중앙으로 설정합니다.
- pad 매개변수에 100을 입력하여 제목과 그래프의 간격을 100픽셀로 설정합니다.
- backgroundcolor 매개변수에 lightgray를 입력하여 제목의 배경색을 연한 회색으로 설정합니다.

슈퍼 타이틀 설정하기

02단계 다음은 그래프를 그룹화할 때 슈퍼 타이틀을 지정하는 코드입니다.

```python
x = [1, 2, 3, 4, 5]
y1 = [2, 4, 6, 8, 10]
y2 = [1, 2, 1, 2, 1]

# ❶ 첫 번째 서브 그래프
plt.subplot(2, 1, 1)
plt.plot(x, y1)
plt.title('Graph Sub Title 1', loc = 'left')

# ❷ 두 번째 서브 그래프
plt.subplot(2, 1, 2)
plt.plot(x, y2)
plt.title('Graph Sub Title 2', loc = 'left')

# ❸ 슈퍼 타이틀 설정
plt.suptitle('Graph Super Title')

# ❹ tight_layout() 함수는 서브 그래프 간의 간격을 자동으로 조절
plt.tight_layout()
plt.show()
```

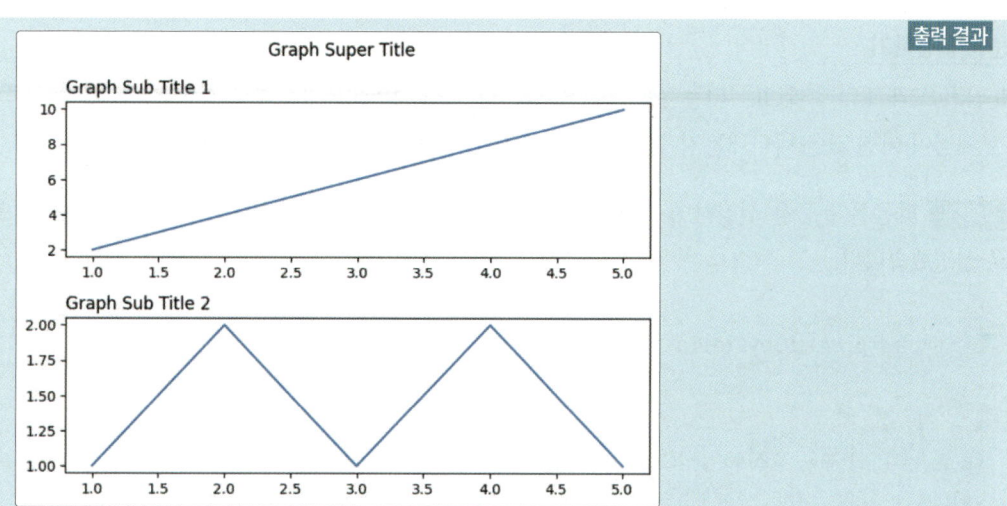

❶ 2행 1열의 서브 그래프 중 첫 번째를 선택하여 plt.plot(x, y1)을 사용해 x와 y1 데이터를 기반으로 선 그래프를 생성합니다. plt.title('Graph Sub Title 1', loc='left')는 첫 번째 서브 그래프의 제목을 설정하며, 왼쪽으로 정렬합니다.

❷ 2행 1열의 서브 그래프 중 두 번째를 선택하여 plt.plot(x, y2)를 사용해 x와 y2 데이터를 기반으로 선 그래프를 생성합니다. plt.title('Graph Sub Title 2', loc='left')는 두 번째 서브 그래프의 제목을 설정하며, 왼쪽으로 정렬합니다.

❸ plt.suptitle('Graph Super Title')는 슈퍼 타이틀을 설정합니다. 슈퍼 타이틀은 여러 서브 그래프가 있는 경우 전체 그림에 대한 제목을 의미합니다.

❹ plt.tight_layout( )은 서브 그래프 간의 간격을 자동으로 조절하여 레이아웃을 개선합니다.

그래프 배경 관련 옵션 사용해보기

그래프의 배경을 설정하는 것은 그래프의 가독성과 시각적 효과를 높이는 데 중요한 역할을 합니다. 배경 설정에는 눈금, 그리드, 텍스트 추가 등을 포함합니다. 이러한 요소들을 조정하여 데이터를 더 명확하게 전달할 수 있습니다. 앞으로 그래프 배경을 설정하는 다양한 옵션들에 대해 알아보겠습니다.

눈금 설정하기

눈금은 그래프의 축에 표시되는 값의 범위를 의미합니다. 눈금을 적절히 설정하면 그래프에서 특정 지점이 어떤 값을 나타내는지 쉽게 파악할 수 있습니다.

01단계 다음은 눈금을 설정하여 그래프를 그린 것입니다. x축과 y축의 눈금을 각각 적절한 값으로 설정했습니다.

```python
import matplotlib.pyplot as plt

x = [1, 2, 3]
years = ['2030', '2040', '2050'] # ❶ years는 x축에 표시할 연도
values = [300, 100, 700] # ❷ values는 y축에 표시할 값
# ❸ 막대 그래프 생성, 색상 설정은 color 매개변수로
plt.bar(x, values, color = ['r', 'g', 'b'])
# ❹ x축 눈금에 '2030', '2040', '2050'를 표시
plt.xticks(x, years)
plt.show()
```

출력 결과

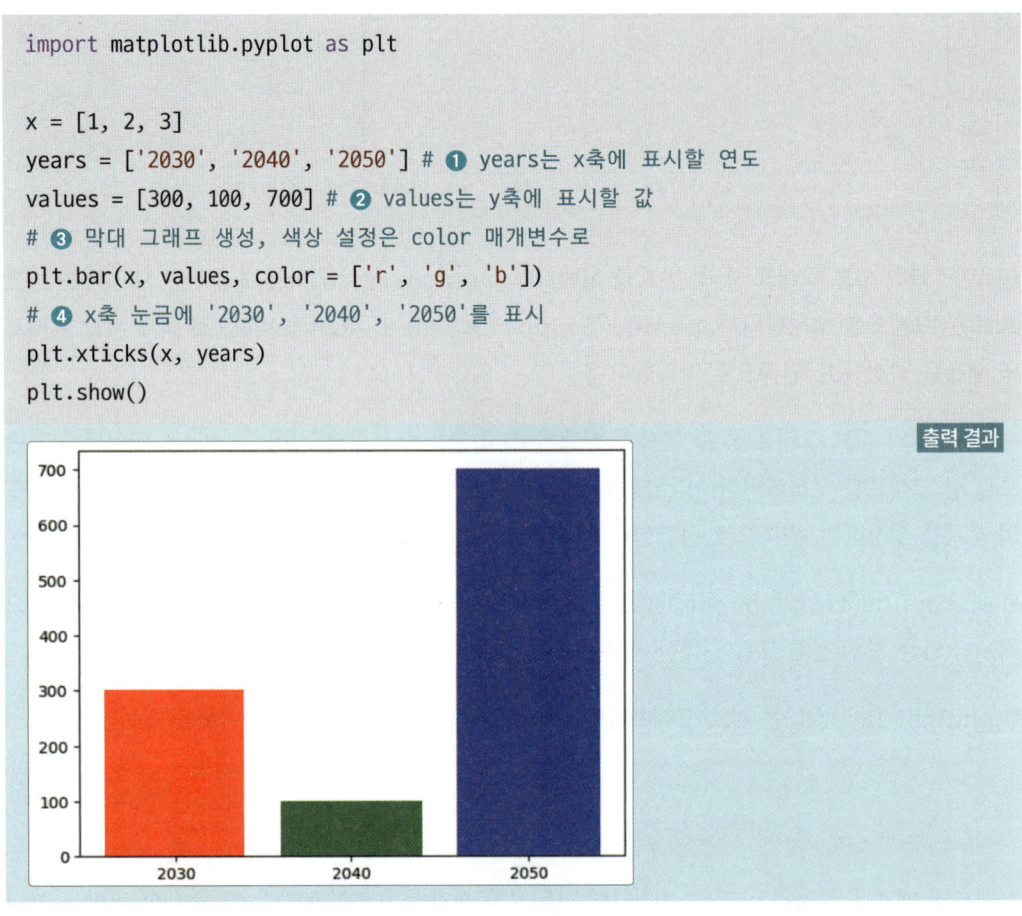

❶ x축에 표시할 연도입니다.

❷ y축에 표시할 값입니다.

❸ 막대 그래프를 생성하고 각 막대의 높이는 values에 지정된 값으로 표시합니다. color 매개변수를 사용하여 막대의 색상을 지정합니다. 여기서는 빨강 r, 초록 g, 파랑 b 순서로 색상을 설정합니다.

❹ 첫 번째 매개변수에 전달한 x는 눈금이 위치할 x축 좌표를 지정합니다. x에는 파이썬 리스트 [1, 2, 3]이 있으므로 x축의 1, 2, 3 위치에 눈금이 표시됩니다. 두 번째 매개변수에 전달한 years는 눈금 위치에 표시할 텍스트 레이블입니다. years에는 파이썬 리스트 ['2030', '2040', '2050']이 있으므로 각 눈금에 '2030', '2040', '2050'을 표시합니다.

> xticks( ) 함수는 축의 눈금을 기본으로 숫자로만 표시하는데 이렇게 사용자 지정값으로 설정하면 그래프를 더 쉽게 이해할 수 있습니다.

그리드 설정하기

그리드는 그래프 배경에 격자 모양의 선을 표시하는 데 사용합니다. 그래프를 더 쉽게 해석하고 데이터 패턴을 파악하는 데 도움을 줍니다. 이를 통해 특정 값의 상대적인 위치를 파악할 수 있습니다. plt.grid(True)를 호출하여 그리드를 활성화하고 plt.grid(False)를 호출하여 그리드를 비활성화할 수 있습니다.

그리드는 다음 매개변수로 다양한 옵션을 지정할 수 있습니다.

- **linestyle** : 그리드 선의 스타일을 설정합니다.
- **linewidth** : 그리드 선의 굵기를 설정합니다.
- **color** : 그리드 선의 색상을 설정합니다.
- **alpha** : 그리드의 투명도를 설정합니다.
- **axis** : x축을 지정하면 x축에, y축을 지정하면 y축에 해당하는 그리드만 그립니다.
  - 기본 값은 x축과 y축이 함께 그려집니다.

01단계 다음은 선 스타일의 그리드를 설정하는 코드입니다.

```python
import matplotlib.pyplot as plt

plt.plot([1, 2, 3, 4], [10, 5, 10, 5])
# ❶ 그리드 활성화 및 설정
plt.grid(True, linestyle='--', linewidth=0.5, color='gray', alpha=0.7)
plt.show()
```

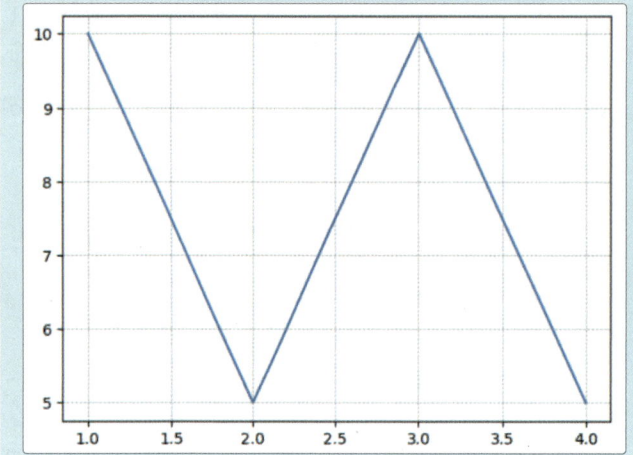

❶ 그리드를 활성화하고 설정합니다. linestyle 매개변수로 '--'를 입력하여 점선 그리드를 표현하고, linewidth 매개변수로 0.5를 입력하여 그리드의 굵기를 조절했습니다. 또 color 매개변수로 'gray'를 입력하여 그리드를 회색으로 설정하고, alpha 매개변수로 투명도를 0.7로 설정했습니다.

텍스트 추가하기

그래프의 특정 위치에 텍스트를 추가할 수도 있습니다. 예를 들어 다음과 같이 바 형태의 그래프 상단에 주석을 추가할 수 있습니다.

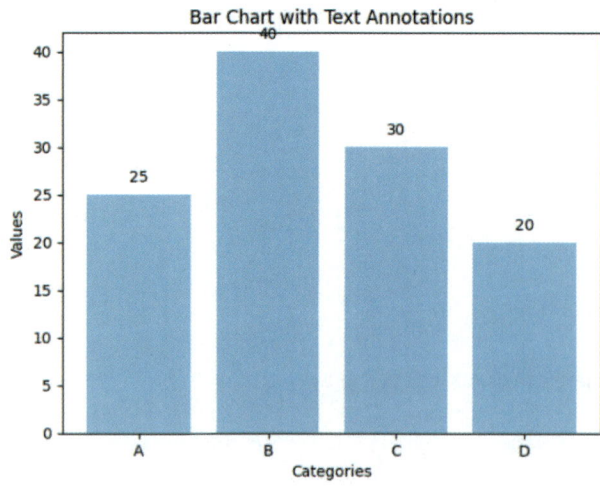

01단계 텍스트 추가는 text( ) 함수를 사용하면 됩니다. 다음은 앞에서 본 그래프를 그리는 코드입니다.

```python
import matplotlib.pyplot as plt

categories = ['A', 'B', 'C', 'D']
values = [25, 40, 30, 20]

# 막대 그래프 생성
plt.bar(categories, values, color='skyblue')

# ❶ 각 막대 머리 위치에 텍스트 추가
for i, value in enumerate(values):
  # ❷ 옵션 추가
  plt.text(i, value + 1, str(value), ha='center', va='bottom', color='black', fontsize=10)

plt.title('Bar Chart with Text Annotations')
plt.xlabel('Categories')
plt.ylabel('Values')
plt.show()
```

출력 결과

❶ enumerate(values)를 for문에 사용하여 values의 각 항목을 순회합니다.

> 파이썬 순회 공식 문서 : vo.la/AzTYgU

❷ text( ) 함수를 사용하여 그래프에 텍스트를 추가합니다.

- 첫 번째 매개변수로 전달한 i는 x축의 카테고리 인덱스를 나타냅니다.
- 두 번째 매개변수로 전달한 value + 1는 텍스트를 막대 위쪽으로 약간 더 올려서 위치시키기 위해 현재 값에 1을 더한 것입니다.
- 세 번째 매개변수로 전달한 str(value)는 해당 위치에 표시할 텍스트입니다.
- ha='center'는 텍스트를 수평 방향으로 가운데 정렬합니다.
- va='bottom'은 텍스트를 수직 방향으로 아래쪽 정렬합니다.
- color='black'은 텍스트 색상을 검정색으로 설정합니다.
- fontsize=10은 텍스트의 크기를 10으로 설정합니다.

챗GPT와 함께 맷플롯립 그래프 그리기

챗GPT와 함께 맷플롯립을 활용하여 그래프를 그려보겠습니다.

> 맷플롯립의 그래프 그리기를 사용하여 파란색 원, 초록색 삼각형을 그리고 삼각형은 dashed로 그려주고 그래프의 제목은 "shapes"로 해줘.

> 파란색 원과 초록색 점선 삼각형을 포함하고 있으며, 제목은 "shapes"로 설정되어 있습니다. 이런 방식으로 Matplotlib을 사용해 다양한 도형을 시각화할 수 있습니다.

```
import matplotlib.pyplot as plt

# 그래프 크기 설정
plt.figure(figsize=(6, 6))

# 파란색 원 그리기
circle = plt.Circle((0.3, 0.5), 0.2, color='blue', fill=True)
```

```python
plt.gca().add_patch(circle)

# 초록색 삼각형 그리기 (dashed)
triangle = plt.Polygon(((0.6, 0.2), (0.8, 0.2), (0.7, 0.5)), closed=True,
edgecolor='green', fill=False, linestyle='dashed')
plt.gca().add_patch(triangle)

# 그래프 제목 설정
plt.title('shapes')

# 축 범위 설정
plt.xlim(0, 1)
plt.ylim(0, 1)

# 축 비율 설정
plt.gca().set_aspect('equal', adjustable='box')

# 그리기
plt.show()
```

챗GPT가 파란색 원과 초록색 점선 삼각형을 간단하게 시각화했습니다. 코드를 보면 그래프 제목 설정, 도형의 위치와 크기 조정, 그리고 다양한 도형을 동시에 시각화하는 방법을 알 수 있습니다. 복잡한 데이터나 도형을 시각화할 때 방법이 잘 떠오르지 않는다면 챗GPT를 활용하여 시간을 절약해보세요. 그리고 챗GPT가 만들어 낸 코드를 그냥 복사하여 붙여넣지 말고 한 번쯤은 자세히 살펴보면서 이해하는 시간도 가져보세요. 코드를 이해하는 시간은 결국 코드를 응용할 수 있는 힘을 길러줍니다.

03.3 다양한 그래프 그려보기 (1)

맷플롯립은 다양한 유형의 그래프를 생성할 수 있습니다. 실무에서는 데이터의 특성, 분석 목적, 그리고 전달하고자 하는 메시지에 따라 적절한 그래프 유형을 선택하여 사용합니다. 다음 그래프는 선 그래프, 막대 그래프, 산점도 그래프입니다. 이 외에도 많은 그래프가 있으므로 다양한 그래프를 모두 그려 보겠습니다.

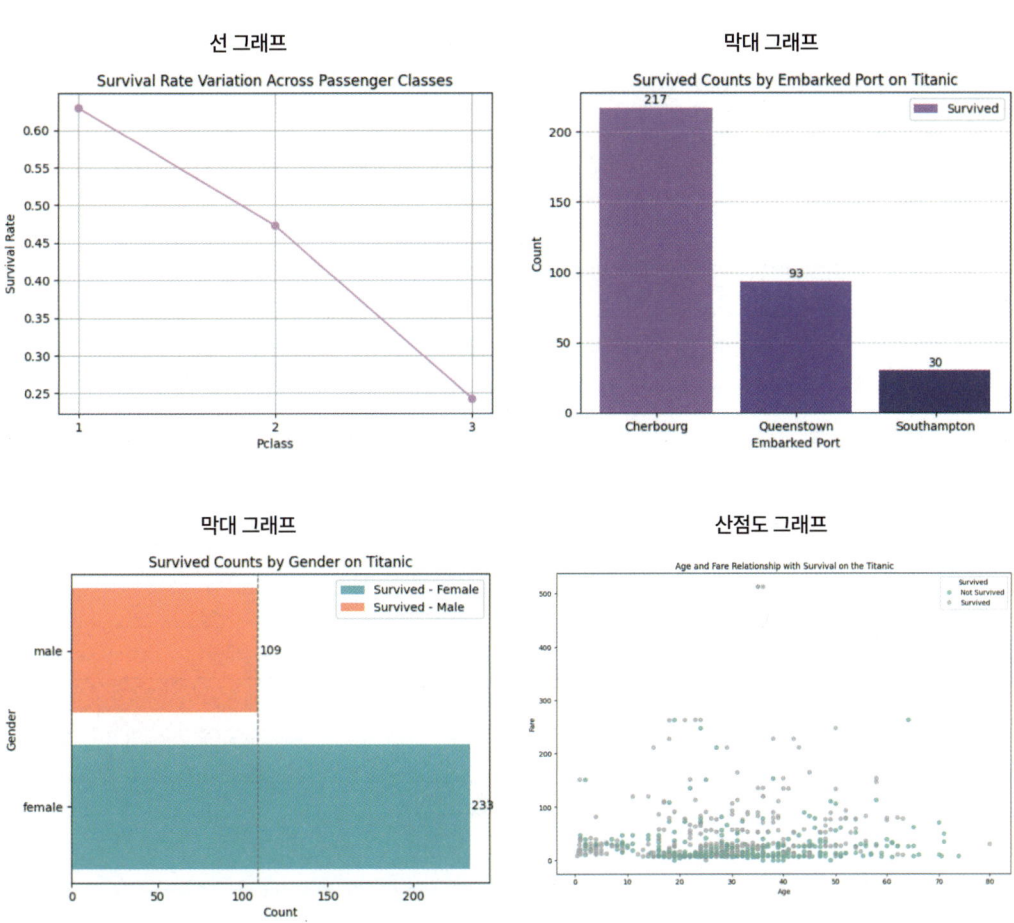

타이타닉 데이터셋 소개

여기서는 캐글의 타이타닉 데이터셋을 가공한 titanic_selena.csv 파일을 제공하여 실습을 진행하겠습니다. 타이타닉 데이터셋은 타이타닉호 침몰 사건 당시의 승객들의 생존 여부를 예측할 수 있는 데이터로 구성되어 있습니다. 타이타닉 데이터셋은 다양한 변수들을 포함하고 있습니다.

다음 표를 참고하기 바랍니다.

> 실습용 데이터는 bit.ly/4e1LQay에 있습니다.

변수 이름	변수 설명
PassengerId	각 승객의 고유 번호
Survived	생존 여부 - 0 : 사망 - 1 : 생존
Pclass	객실 등급 - 승객의 사회적, 경제적 지위 - 1st : 1등석 - 2nd : 2등석 - 3rd : 3등석
Name	이름
Sex	성별
Age	나이
Sibsp	동반한 형제자매(Sibling)와 배우자(Spouse)의 수
Parch	동반한 부모(Parent)와 자녀(Child)의 수
Ticket	티켓의 고유넘버
Fare	티켓의 요금
Cabin	객실 번호
Embarked	승선한 항 - C : 셰르부르(Cherbourg) - Q : 퀸스타운(Queenstown) - S : 사우샘프턴(Southampton)

타이타닉 데이터셋 불러오기

01단계 titanic_selena.csv 파일을 다운로드하고 이 파일을 세션으로 불러오겠습니다. 이미 이 작업은 앞에서 한 번 했으므로 자세한 설명은 생략하겠습니다.

02단계 판다스를 통해 데이터셋을 세션으로 불러옵시다.

```
import pandas as pd

# 타이타닉 CSV 파일 불러오기
titanic = pd.read_csv('titanic_selena.csv')
```

03단계 head() 함수를 출력하여 타이타닉 데이터셋의 구성을 간단히 살펴봅시다.

```
# 데이터 처음 5개의 행 출력
titanic.head()
```

출력 결과

	PassengerId	Survived	Pclass	Name	Sex			arch	Ticket	Fare	Cabin	Embarked
0		0	3	Braund, Mr. Owen Harris	male	22.0	1	0	A/5 21171	7.2500	NaN	S
1	2	1	1	Cumings, Mrs. John Bradley (Florence Briggs Th...	female	38.0	1	0	PC 17599	71.2833	C85	C
2	3	1	3	Heikkinen, Miss. Laina	female	26.0	0	0	STON/O2. 3101282	7.9250	NaN	S
3	4	1	1	Futrelle, Mrs. Jacques Heath (Lily May Peel)	female	35.0	1	0	113803	53.1000	C123	S
4	5	0	3	Allen, Mr. William Henry	male	35.0	0	0	373450	8.0500	NaN	S

생존하지 X
3등급 객실
남자
형제 자매 1
부모 없음
요금

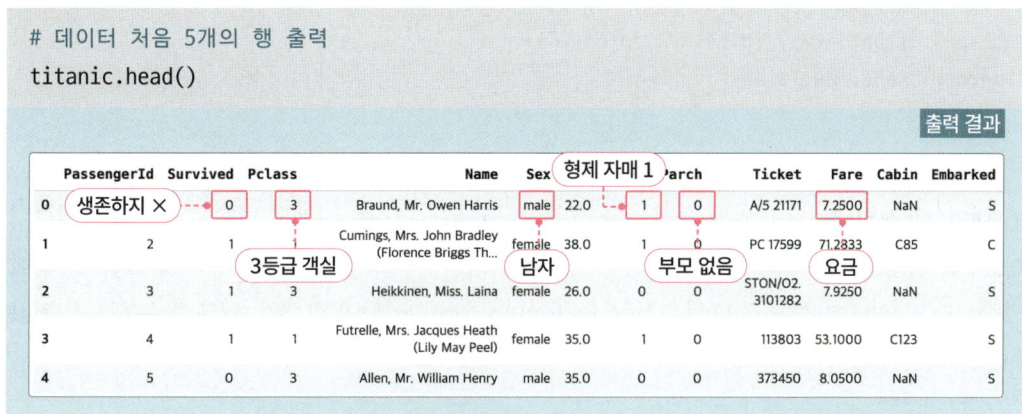

0번째 행의 승객 정보를 보면 3등급 객실에 탑승한 남성으로, 형제 자매 1명과 함께 탑승하였습니다. 부모 또는 자녀는 없었으며, 생존하지 못했네요. 객실의 요금은 7.2500이었습니다. 객실 번호는 결측되었고, Southampton에서 탑승했습니다.

04단계 타이타닉 데이터셋의 열 정보도 살펴봅시다.

```
# 열에 대한 요약 정보 확인
titanic.info()
```

출력 결과

```
<class 'pandas.core.frame.DataFrame'>
RangeIndex: 891 entries, 0 to 890
Data columns (total 12 columns):
```

```
 #   Column       Non-Null Count   Dtype
---  ------       --------------   -----
 0   PassengerId  891 non-null     int64
 1   Survived     891 non-null     int64
 2   Pclass       891 non-null     int64
 3   Name         891 non-null     object
 4   Sex          891 non-null     object
 5   Age          714 non-null     float64
 6   SibSp        891 non-null     int64
 7   Parch        891 non-null     int64
 8   Ticket       891 non-null     object
 9   Fare         891 non-null     float64
 10  Cabin        204 non-null     object
 11  Embarked     889 non-null     object
dtypes: float64(2), int64(5), object(5)
memory usage: 83.7+ KB
None
```

이 데이터프레임에는 891명의 승객 정보를 포함하고 있으며, 총 12개의 변수로 구성되어 있습니다. 주요 변수로는 승객의 생존 여부^{Survived}, 객실 등급^{Pclass}, 성별^{Sex}, 나이^{Age}, 지불 요금^{Fare} 등이 있습니다. 각 변수의 데이터 타입은 int64, float64, object 등이 있으며, 일부 변수에는 결측 값이 포함되어 있습니다.

이제 데이터를 모두 살펴보았으니 그래프를 그려보겠습니다. 앞에서 배운 것들을 종합하여 여러 가지 그래프를 그릴 것입니다.

선 그래프 : 객실 등급에 따른 생존율 표시하기

선 그래프는 특정 값에 대한 추이를 보여줄 때 유용합니다. 여기서는 객실 등급에 따른 생존율을 표시해보겠습니다. 특정 객실에서 생존율이 크게 오르거나 내릴 수 있습니다. 우선 객실 등급에 따른 생존자와 사망자의 데이터를 준비해야 합니다.

01단계 다음 코드를 통해 객실 등급에 따른 생존자의 평균값을 계산해봅시다. 객실 등급 Pclass 를 기준으로 그룹화한 다음, Survived 변수의 평균을 구하면 객실 등급에 따른 생존자 비율을 알 수 있습니다.

> 🐾 titanic.groupby('Pclass')['Survived'].mean( ) 코드와 titanic.groupby('Pclass')['Survived'].mean( ).reset_index( ) 코드의 실행 결과도 비교해보세요. 그러면 reset_index( ) 함수가 어떻게 작동하는지 제대로 파악할 수 있습니다.

```
import pandas as pd

titanic = pd.read_csv('titanic_selena.csv')
# 객실 등급에 따른 생존자와 사망자의 평균 계산
pclass_survived_mean = titanic.groupby('Pclass')['Survived'].mean().reset_index()
pclass_survived_mean
```

출력 결과

	Pclass	Survived
0	1	0.629630
1	2	0.472826
2	3	0.242363

- **titanic.groupby('Pclass')** : Pclass 변수를 기준으로 데이터를 그룹화합니다.
- **['Survived']** : 그룹화된 데이터에서 Survived 변수만을 선택합니다. 이는 Survived 변수에 대한 작업을 수행하기 위함입니다.
- **mean( )** : Survived 변수의 평균을 계산합니다. Survived 변수는 0(사망) 또는 1(생존)의 값을 가집니다. 이 값의 평균을 계산하면 생존자의 비율이 나타냅니다.
- **reset_index( )** : 그룹화된 결과를 데이터프레임 형태로 만들기 위해 인덱스를 재설정합니다. 그룹화를 하면 기존 인덱스가 제거되므로 이 값을 다시 설정하여 새 데이터프레임을 생성합니다.

결과를 보면 1등급 객실에 탑승한 승객들의 약 63%가 생존했으며, 2등급은 약 47%, 3등급은 약 24%가 생존했다는 것을 확인할 수 있습니다.

02단계 이제 이를 통해 선 그래프를 그려보겠습니다. 선 스타일을 실선으로 설정하는 등 구체적인 옵션도 추가하겠습니다.

```python
import matplotlib.pyplot as plt

# 선 그래프 그리기
plt.plot(pclass_survived_mean['Pclass'], pclass_survived_mean['Survived'],
marker='o', linestyle='-', color='violet')
plt.title('Survival Rate Variation Across Passenger Classes')
plt.xlabel('Pclass')
plt.ylabel('Survival Rate')
plt.xticks([1, 2, 3])
plt.grid(True)
plt.show()
```

출력 결과

- **pclass_survived_mean['Pclass']** : x축의 값을 설정합니다. 객실 등급을 나타냅니다.
- **pclass_survived_mean['Survived']** : y축의 값을 설정합니다. 생존율을 나타냅니다.
- **marker='o'** : 그래프의 x축 포인트를 점으로 표시합니다.
- **linestyle='-'** : 그래프의 선 스타일을 실선으로 설정합니다.
- **color='violet'** : 그래프의 색상을 보라색으로 지정합니다.
- **plt.title( ), plt.xlabel( ), plt.ylabel( )** : 그래프의 제목과 축 레이블을 지정합니다.
- **plt.xticks([1, 2, 3])** : x축의 눈금을 1, 2, 3으로 설정합니다.
- **plt.grid(True)** : 그리드를 활성화합니다.
- **plt.show( )** : 그래프를 표시합니다.

그래프를 보면 각 객실 등급에 따른 생존율이 잘 보입니다. 객실 등급이 높아질수록 생존율이 증가하는 경향을 보이네요. 이를 통해 객실 등급이 생존율에 큰 영향을 미치는 것을 파악할 수 있습니다.

수직 막대 그래프 : 각 승선 항구에 따른 생존자 수 확인하기

막대 그래프에는 수직 막대 그래프와 수평 막대 그래프가 있습니다. 수직 막대 그래프는 시계열 데이터와 같이 시간에 따른 데이터의 변화를 보여줄 때 적합하고, 수평 막대 그래프는 두 범주 간의 차이를 수평으로 비교할 때 유용합니다. 여기서는 각 승선 항구에 따른 생존자 수를 나타내는 수직 막대 그래프를 만들어보겠습니다.

01단계 먼저 승선 항구에 따른 생존자의 수를 추출해야 합니다. 다음과 같이 Survived 변수의 1(생존자) 행을 선택하여 Embarked 변수만 가져와 각 카테고리별 빈도수를 계산합니다.

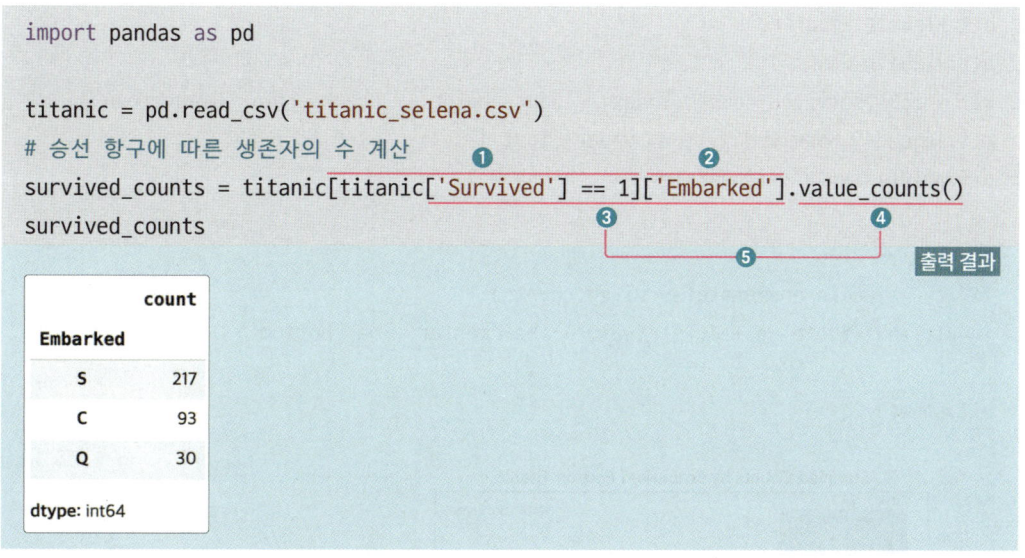

❶ **titanic['Survived'] == 1** : Survived 변수가 1 (생존자)인 행들을 선택하여 조건을 충족하는 행은 True, 그렇지 않은 행은 False인 논리형 데이터 타입의 시리즈를 생성합니다.

❷ **['Embarked']** : 선택된 행들 중 Embarked 변수만 가져옵니다.

❸ ❶~❷를 통해 Survived 변수가 1인 행들의 Embarked 변수의 데이터만 포함한 시리즈가 생성됩니다.

❹ **value_counts( )** : 각 카테고리별로 고유한 값의 빈도를 계산합니다.

❺ **survived_counts** : 변수에는 각 승선 항구에 따른 생존자의 수가 담긴 시리즈를 저장합니다.

결과를 보면 **S**outhampton 항구에서 승선한 승객 중 생존한 승객은 총 217명, **C**herbourg 항구에서 승선한 승객 중 생존한 승객은 총 93명, **Q**ueenstown 항구에서 승선한 승객 중 생존한 승객은 총 30명입니다. 이제 이를 그래프로 그려봅시다.

02단계 다음은 각 승선 항구에 따른 생존자의 수를 나타낸 수직 막대 그래프입니다.

```python
import matplotlib.pyplot as plt

# 막대 그래프 그리기
plt.bar(survived_counts.index, survived_counts, color = ['mediumorchid',
'darkviolet', 'indigo'])
plt.title('Survived Counts by Embarked Port on Titanic')
plt.xlabel('Embarked Port')
plt.ylabel('Count')
plt.xticks(survived_counts.index, ['Southampton', 'Cherbourg', 'Queenstown'])
plt.legend(['Survived'], loc='upper right')
plt.grid(axis='y', linestyle='--', alpha=0.7)

# 생존자 수 표시
for i, value in enumerate(survived_counts):
    plt.text(i, value + 1, str(value), ha='center', va='bottom')

plt.show()
```

출력 결과

- **plt.bar( )** : 사용하여 각 승선 항구에 따른 생존자의 수를 수직 막대 그래프로 표현합니다.
- **survived_counts.index** : x축 값으로 사용할 승선 항구의 이름입니다.
- **survived_counts** : 각 승선 항구별 생존자의 수입니다. 이 값들이 각 막대의 높이로 나타납니다.
- **color** : 각 항구별로 다른 색상을 부여합니다.
- **plt.title( ), plt.xlabel( ), plt.ylabel( )** : 그래프의 제목과 축 레이블을 지정합니다.
- **plt.xticks(survived_counts.index, ['Southampton', 'Cherbourg', 'Queenstown'])** : x축 눈금의 레이블을 설정합니다.
  - **survived_counts.index** : 현재 설정되어 있는 x축 눈금의 위치입니다.
  - **['Southampton', 'Cherbourg', 'Queenstown']** : x축의 눈금을 기존 승선 항구 이름으로 변경합니다.
- **plt.legend( )** : 범례를 추가합니다. 여기서는 'Survived' 레이블을 사용하고 범례의 위치를 오른쪽 상단에 위치시킵니다.
- **plt.grid( )** : y축에 그리드를 추가합니다. 그리드 선은 점선으로, 투명도는 0.7로 설정합니다.
- **for i, value in enumerate(survived_counts)** : enumerate(survived_counts)로 survived_counts 시리즈의 각 항목을 인덱스(i)와 값(value)으로 순회합니다. 여기서 i는 현재 항목의 인덱스(승선 항구의 이름), value는 해당 항목의 값(생존자 수)입니다.
- **plt.text(i, value + 1, str(value), ha='center', va='bottom')** : 그래프에 텍스트를 추가합니다.
  - **i** : 현재 막대의 x 좌표입니다. 승선 항구의 이름을 나타냅니다.
  - **value + 1** : 현재 막대의 y 좌표로 해당 승선 항구의 생존자 수에 1을 더한 값을 사용하여 텍스트가 막대 위로 약간 올라가도록 합니다. 이를 통해 텍스트가 막대 위에 위치하게 됩니다.
  - **str(value)** : 표시할 텍스트입니다. 현재 승선 항구의 생존자 수를 문자열로 변환하여 사용합니다.
  - **ha='center'** : 수평 방향으로 텍스트를 가운데 정렬합니다.
  - **va='bottom'** : 수식 방향으로 텍스트를 아래쪽 정렬합니다.

그래프를 보면 Southampton에서 승선한 승객들 중 생존자 수가 다른 항구에 비해 상대적으로 많다는 정보와 Queenstown에서 승선한 승객들 중 생존자 수가 다른 항구에 비해 상대적으로 적다는 정보를 확인할 수 있습니다.

수평 막대 그래프 : 성별에 따른 생존자 수 확인하기

01단계 이제 다른 막대 그래프도 그려보겠습니다. 이번에는 수평 막대 그래프로 표현할 성별에 따른 생존자의 수를 구하겠습니다. Survived 변수의 1(생존자) 행을 선택하여 Sex 변수만 가져와 각 카테고리별 빈도수를 계산하면 됩니다.

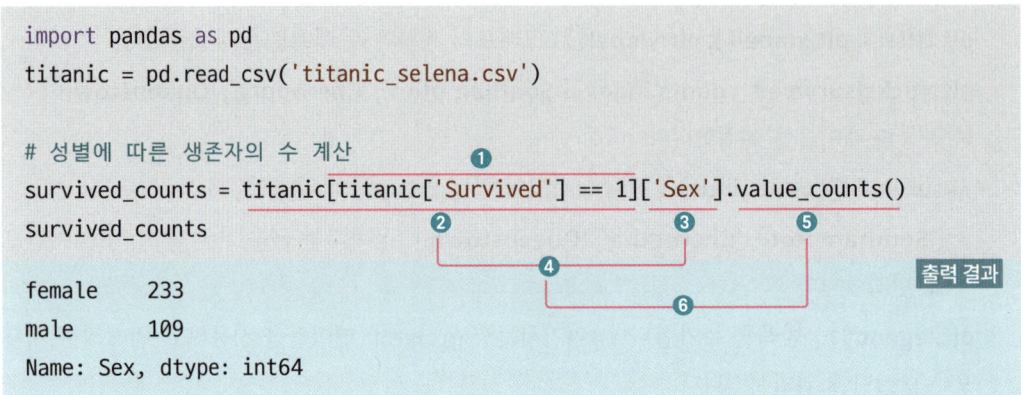

```
import pandas as pd
titanic = pd.read_csv('titanic_selena.csv')

# 성별에 따른 생존자의 수 계산
survived_counts = titanic[titanic['Survived'] == 1]['Sex'].value_counts()
survived_counts

female    233
male      109
Name: Sex, dtype: int64
```

❶ **titanic['Survived'] == 1** : Survived 변수가 1인 행들을 선택하여 조건을 충족하는 행들은 True, 그렇지 않은 행들은 False인 논리형 데이터 타입의 시리즈를 생성합니다.

❷ **titanic[titanic['Survived'] == 1]** : ❶에서 만든 조건에 따라 Survived 변수의 값이 1인 행들만 선택합니다.

❸ **['Sex']** : 선택한 행 중 Sex 변수만 가져옵니다.

❹ ❶~❸을 통해 Survived 변수가 1인 행들의 Sex 변수 데이터만 포함한 시리즈를 생성할 수 있습니다.

❺ **value_counts()** : 각 카테고리별로 고유한 값의 빈도를 계산합니다.

❻ **survived_counts** : 각 성별에 따른 생존자의 수가 담긴 시리즈를 저장합니다.

결과를 보면 여성 승객 중 생존한 승객은 총 233명, 남성 승객 중 생존한 승객은 총 109명입니다.

02단계 앞에서 수직 막대 그래프를 그렸던 것처럼 수평 막대 그래프를 그려보겠습니다.

```
import matplotlib.pyplot as plt
```

```
# 수평 막대 그래프 그리기
bars = plt.barh(survived_counts.index, survived_counts, color=['darkturquoise',
'salmon'])
plt.title('Survived Counts by Gender on Titanic')
plt.xlabel('Count')
plt.ylabel('Gender')
plt.legend(bars, ['Survived - Female', 'Survived - Male'], loc='upper right')

# 차이 강조를 위해 수평선 추가
plt.axvline(x=survived_counts['male'], color='gray', linestyle='--',
linewidth=1)

# 생존자 수 표시
for i, value in enumerate(survived_counts):
    plt.text(value + 1, i, str(value), ha='left', va='center')

plt.show()
```

대부분의 옵션은 앞에서 수직 막대 그래프를 그린 것과 같습니다. 여기서 특별히 설명할 그래프 옵션 설명은 다음과 같습니다.

- **plt.barh()** : 각 성별에 따른 생존자의 수를 수평 막대 그래프로 표현합니다.
  - **survived_counts.index** : y축 값으로 사용할 성별입니다.

- **survived_counts** : 각 성별 생존자의 수입니다. 이 값들이 각 막대의 너비로 나타납니다.
- **color** : 각 성별로 다른 색상을 부여합니다.
* **plt.legend(bars)** : bars는 범례에 표시할 항목들의 막대 객체입니다. 여기서는 plt.barh( ) 함수로 생성된 막대 그래프 객체를 나타냅니다. 이 막대 객체를 범례 항목과 연결하여, 어떤 막대가 어떤 범례 항목에 해당하는지 명확히 합니다.
* **plt.axvline(x=survived_counts['male'], color='gray', linestyle='--', linewidth=1)** : 남성의 생존자 수를 나타내는 수평선을 추가합니다. 이는 차이를 시각적으로 강조하는 데 도움을 줍니다.

그래프를 보니 여성의 생존자 수가 남성의 생존자 수보다 상당히 많은 것을 시각적으로 확인할 수 있습니다.

산점도 그래프 : 나이와 요금, 생존 여부 확인하기

산점도 그래프는 두 변수 간의 관계를 시각적으로 나타내는 데 유용합니다. 이를 통해 변수 간의 상관 관계, 분포, 군집 등을 파악할 수 있습니다. 여기서는 타이타닉 승객의 나이, 요금 간의 상관 관계와 생존 여부를 확인해보겠습니다.

> 예를 들어 매출과 마케팅 비용 간의 상관 관계를 살펴보면 마케팅 비용이 매출에 미치는 영향을 확인할 수 있습니다.

01단계 다음 코드는 타이타닉 데이터프레임에서 나이, 요금, 그리고 생존 여부 변수의 결측치를 제거합니다. 산점도 그래프를 그리기 전에 결측치를 제거하는 이유는 결측치가 포함된 데이터를 사용하면 그래프의 해석이 어려워지고 잘못된 결과를 얻을 수 있기 때문입니다.

```python
import pandas as pd
titanic = pd.read_csv('titanic_selena.csv')

print(titanic.info(), '\n')

# 결측치 처리
titanic = titanic.dropna(subset=['Age', 'Fare', 'Survived'])
print(titanic.info())
```

```
<class 'pandas.core.frame.DataFrame'>
RangeIndex: 891 entries, 0 to 890
Data columns (total 12 columns):
 #   Column       Non-Null Count  Dtype
---  ------       --------------  -----
 0   PassengerId  891 non-null    int64
 1   Survived     891 non-null    int64
 2   Pclass       891 non-null    int64
 3   Name         891 non-null    object
 4   Sex          891 non-null    object
 5   Age          714 non-null    float64
 6   SibSp        891 non-null    int64
 7   Parch        891 non-null    int64
 8   Ticket       891 non-null    object
 9   Fare         891 non-null    float64
 10  Cabin        204 non-null    object
 11  Embarked     889 non-null    object
dtypes: float64(2), int64(5), object(5)
memory usage: 83.7+ KB
None

<class 'pandas.core.frame.DataFrame'>
Index: 714 entries, 0 to 890
Data columns (total 12 columns):
 #   Column       Non-Null Count  Dtype
---  ------       --------------  -----
 0   PassengerId  714 non-null    int64
 1   Survived     714 non-null    int64
 2   Pclass       714 non-null    int64
 3   Name         714 non-null    object
 4   Sex          714 non-null    object
 5   Age          714 non-null    float64
 6   SibSp        714 non-null    int64
 7   Parch        714 non-null    int64
 8   Ticket       714 non-null    object
 9   Fare         714 non-null    float64
 10  Cabin        185 non-null    object
```

```
 11  Embarked      712 non-null    object
dtypes: float64(2), int64(5), object(5)
memory usage: 72.5+ KB
None
```

타이타닉 데이터셋의 나이^Age, 요금^Fare, 생존 여부^Survived 열에 있는 결측치를 제거하기 전과 후의 결과를 요약하면 다음과 같습니다.

- **결측치 제거 전 데이터프레임**
  - **총 행 수** : 891개(RangeIndex : 891 entires, 0 to 890)
  - **결측치가 있는 열** : Age(177개), Cabin(687개), Embarked(2개)
- **결측치 제거 후 데이터프레임**
  - **총 행 수** : 714개(Int64Index : 714 entries, 0 to 890)
  - **결측치가 있는 열** : Cabin(529개), Embarked(2개)
  - **결측치를 제거한 열** : Age, Fare, Survived 열, 모든 결측치를 제거하여 값이 채워짐

결측치 제거 전과 후의 데이터프레임 크기와 각 열의 상태 변화를 확인했습니다. 결측치가 있는 행들의 값을 제거하여 데이터프레임의 행이 891에서 714로 줄어들었으며, Age 열의 결측치는 모두 제거했습니다. 그러나 Age, Fare, Survived 열의 결측치를 제거해도 Cabin과 Embarked 열에는 여전히 결측치가 남아 있습니다. 제가 Age, Fare, Survived 열의 결측치만 제거한 이유는 이들이 분석의 핵심 변수이기 때문입니다. Survived, Age, Fare는 타이타닉 데이터셋에서 분석과 시각화에 중요한 역할을 합니다. 반면 Cabin과 Embarked 열은 처음부터 결측치가 많기도 하고 분석에 꼭 필요한 요소가 아니므로 결측치 제거 대상에서 제외했습니다.

02단계 이제 이러한 결측치를 제거한 데이터셋을 사용하여 산점도 그래프를 그려봅시다.

```python
import matplotlib.pyplot as plt

# 산점도 그래프 그리기
plt.figure(figsize=(12, 8))
scatter = plt.scatter(x='Age', y='Fare', data=titanic, c=titanic['Survived'],
         cmap='Set2', alpha=0.7)
plt.title('Age and Fare Relationship with Survival on the Titanic')
```

```
plt.xlabel('Age')
plt.ylabel('Fare')
plt.legend(handles=scatter.legend_elements()[0], title='Survived',
           labels=['Not Survived', 'Survived'], loc='upper right')
plt.show()
```

데이터 포인트의 색상은 각 승객의 생존 여부에 따라 다르게 표현했습니다. 산점도에서 색을 칠한 것이 사망한 승객, 회색이 생존한 승객입니다.

- **plt.figure(figsize=(12, 8))** : 산점도 그래프의 크기를 설정합니다. 가로 12인치, 세로 8인치의 크기로 설정했습니다.
- **plt.scatter( )** : 산점도 그래프를 그립니다.
  - **c** : 각 데이터 포인트의 색상을 지정합니다. 생존 여부에 따라 다른 색으로 표현합니다.
  - **cmap** : 컬러맵을 지정합니다. Set2를 설정하였습니다.
  - **alpha** : 투명도를 나타냅니다.
- **plt.legend( )** : 범례를 추가합니다.
  - **handles=scatter.legend_elements( )[0]** : 범례 핸들을 설정합니다. 범례 핸들은 그래프에 그려진 선, 점, 막대 등 시각적 요소에 대한 설명을 의미합니다. 범례는 이러한 핸들을 사용하여 각 요소가 무엇을 나타내는지 사용자에게 알려줍니다. 산점도 그래프의 경우, 각

데이터 포인트의 색상이 승객의 생존 여부를 나타내기 때문에, 범례 핸들은 이러한 색상과 대응되는 설명을 제공합니다.

- **scatter.legend_elements( )** : 산점도 그래프에서 사용된 색상에 대한 핸들을 반환합니다. 반환된 값은 핸들legend elements과 레이블labels의 튜플입니다. 예를 들어 산점도 그래프에서 두 가지 색상이 사용되었다면, scatter.legend_elements( )는 두 개의 핸들과 그에 대응되는 두 개의 레이블을 반환합니다.
- **scatter.legend_elements( )[0]** : 반환된 튜플의 인덱스가 0인 요소를 선택합니다. 이 핸들은 범례에 표시할 그래프 요소를 가리킵니다.
- **title** : 범례의 제목을 설정합니다.
- **labels** : 각 범례 항목의 레이블을 설정합니다.
- **loc** : 범례의 위치를 설정합니다.

산점도 그래프의 데이터 포인트 색상은 승객의 생존 여부에 따라 다르게 표현했습니다. 대부분의 데이터는 20~30대에 집중된 것도 알 수 있습니다.

파이 차트 : 생존자, 사망자 비율 표현하기

파이 차트는 전체 데이터에서 특정 요소의 비율을 시각적으로 나타내기 좋은 그래프입니다. 여기서는 타이타닉 데이터셋에서 사망자와 생존자의 비율을 나타내는 파이 차트를 시각화해보겠습니다.

01단계 다음 코드를 통해 타이타닉 데이터셋에서 사망자와 생존자의 수를 구합니다. 타이타닉 생존자의 빈도수를 titaninc['Survived'].value_counts( )로 계산하여 시리즈로 반환합니다.

```
import pandas as pd

titanic = pd.read_csv('titanic_selena.csv')
# 사망자와 생존자의 수 계산
survived_counts = titanic['Survived'].value_counts()
survived_counts

0    549
1    342
Name: Survived, dtype: int64
```

02단계 survived_counts를 이용하여 파이 차트를 시각화합니다.

```python
import matplotlib.pyplot as plt

# 파이 차트 그리기
plt.figure(figsize=(8, 8)) # ❶
plt.pie(survived_counts, labels=['Not Survived', 'Survived'], colors=['orange',
'gold'], autopct='%0.1f%%', startangle=90, shadow=True, explode=(0, 0.1)) # ❷
plt.title('Survival Distribution on the Titanic') # ❸
plt.show() # ❹
```

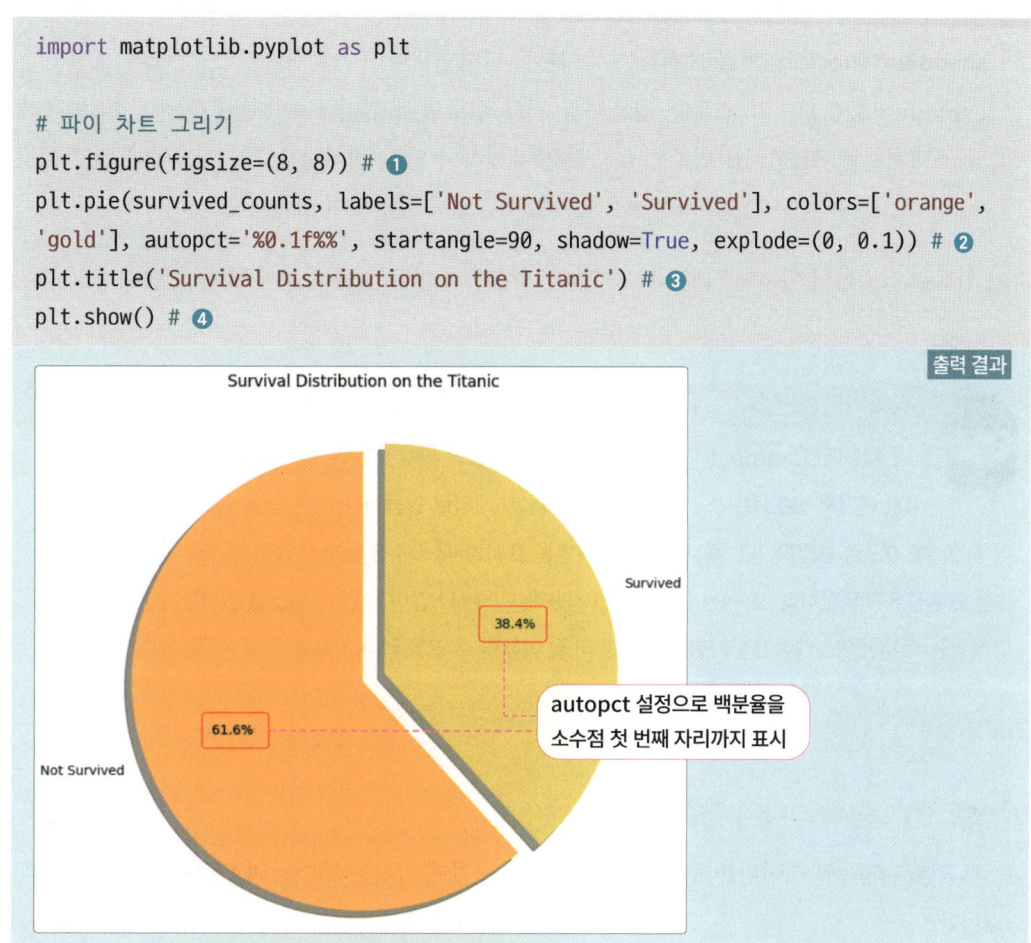

출력 결과

❶ 차트의 크기를 가로, 세로 8인치로 지정합니다.

❷ 파이 차트를 생성합니다.

- **survived_counts** : 각 범주의 크기를 나타내는 데이터입니다. Not Survived 값과 Survived 값의 빈도수가 들어 있습니다.
- **labels** : 각 범주에 대한 이름으로 Not Survived와 Survived를 사용합니다.
- **colors** : 각 범주에 대한 색상을 지정합니다.
- **autopct='%0.1f%%'** : 각 범주의 백분율을 소수점 첫 번째 자리까지 표시합니다.

- **startangle=90** : 파이 차트의 시작 각도를 지정합니다. 여기서는 90도로 설정되어 있어 파이 차트가 위에서부터 시작합니다.
- **shadow=True** : 그림자를 표시하는지 여부를 나타냅니다.
- **explode=(0, 0.1)** : 각 범주를 강조하기 위해 범주별로 튀어나옴의 정도를 설정합니다. 해당 코드에서는 Survived 범주는 0.1 값을 부여하여 약간 튀어나오도록 설정되어 있고 Not Survived 범주는 0 값을 부여하여 튀어나오지 않도록 설정되어 있습니다.

파이 차트로 정리하니 한눈에 사망자 Not Survived 범주가 더 많은 것을 한눈에 알 수 있습니다.

> **셀레나의 조언 | % 포맷팅을 알아볼까요?**
>
> 파이 차트에서 autopct='%0.1f%%'는 파이 차트의 부채꼴 안에 표시되는 비율의 형식을 지정합니다. 여기서 %0.1f는 소수점 이하 자릿수를 한 자리로 만듭니다. 다른 예로 %0.f%%는 소수점 이하 자릿수를 0으로 설정합니다. 즉, 이 설정은 비율을 표시할 때 소수점을 쓰지 않고 정수로 표시합니다. f는 부동 소수점을 의미합니다. 또 %를 연이어 2번 사용하여 %%와 같이 쓰면 % 기호를 출력할 수 있습니다. 이렇게 쓰는 이유는 이스케이프 문자를 공부하면 더 잘 이해할 수 있을 겁니다.

히스토그램 : 승객의 나이 분포 표시하기

히스토그램은 연속된 데이터를 구간으로 나누어 각 구간에 속하는 데이터의 빈도를 표현하는 그래프입니다.

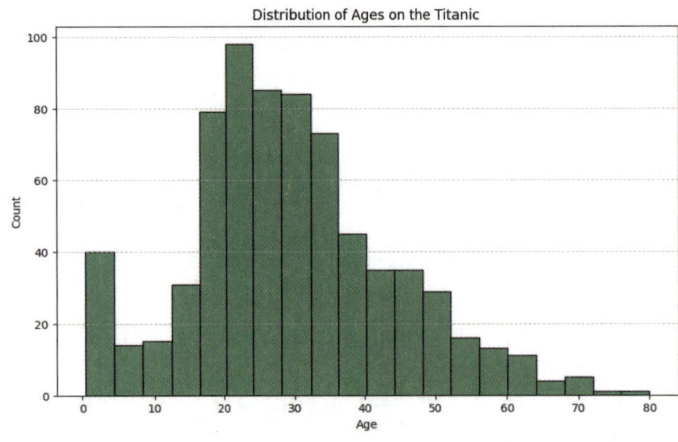

현업에서는 히스토그램을 수치형 데이터의 분포를 확인하는 데 사용합니다. 예를 들어 매출 데이터에서 일정 기간의 일일 매출액을 시각화하여 각 구간에 해당하는 일일 매출액 범위에서 어떤 빈도로 매출이 발생했는지를 파악할 수 있습니다. 여기서는 타이타닉 데이터셋을 이용하여 승객의 나이 분포를 나타내는 히스토그램을 만들어보겠습니다.

01단계 그래프를 표현하기 전에 데이터를 정리하겠습니다. 여기서는 나이 결측치를 제거합니다.

```python
import pandas as pd

titanic = pd.read_csv('titanic_selena.csv')

# 처리 전
print(titanic.info(), '\n')
# 나이 결측치 처리 후
titanic = titanic.dropna(subset=['Age'])
print(titanic.info())
```

```
<class 'pandas.core.frame.DataFrame'>
RangeIndex: 891 entries, 0 to 890
Data columns (total 12 columns):
 #   Column       Non-Null Count  Dtype
---  ------       --------------  -----
 0   PassengerId  891 non-null    int64
...생략...
 5   Age          714 non-null    float64
 6   SibSp        891 non-null    int64
...생략...
 11  Embarked     889 non-null    object
dtypes: float64(2), int64(5), object(5)
memory usage: 83.7+ KB
None

<class 'pandas.core.frame.DataFrame'>
Int64Index: 714 entries, 0 to 890
Data columns (total 12 columns):
 #   Column       Non-Null Count  Dtype
---  ------       --------------  -----
```

```
 0   PassengerId    714 non-null     int64
...생략...
 5   Age            714 non-null     float64
...생략...
 11  Embarked       712 non-null     object
dtypes: float64(2), int64(5), object(5)
memory usage: 72.5+ KB
None
```

titanic = titanic.dropna(subset=['Age'])를 사용하여 나이 결측치 제거를 진행했습니다. 결측치가 포함된 데이터를 히스토그램에 사용하면 그래프 해석이 어려워지고 잘못된 결과를 얻을 수 있습니다. 결측치를 제거하기 전과 후의 타이타닉 데이터셋의 요약을 보면, 데이터프레임의 전체 행의 개수가 891개에서 714개로 줄었습니다. 이렇게 된 이유는 Age 열에서 결측치가 있는 행을 모두 제거했기 때문입니다.

02단계 이제 나이에 따른 히스토그램을 시각화합니다.

```python
import matplotlib.pyplot as plt

# 히스토그램 그리기
plt.figure(figsize=(10, 6)) # ❶
plt.hist(titanic['Age'], bins=20, color='seagreen', edgecolor='black') # ❷
plt.xlabel('Age')
plt.ylabel('Count')
plt.title('Distribution of Ages on the Titanic')
plt.grid(axis='y', linestyle='--', alpha=0.7)
plt.show()
```

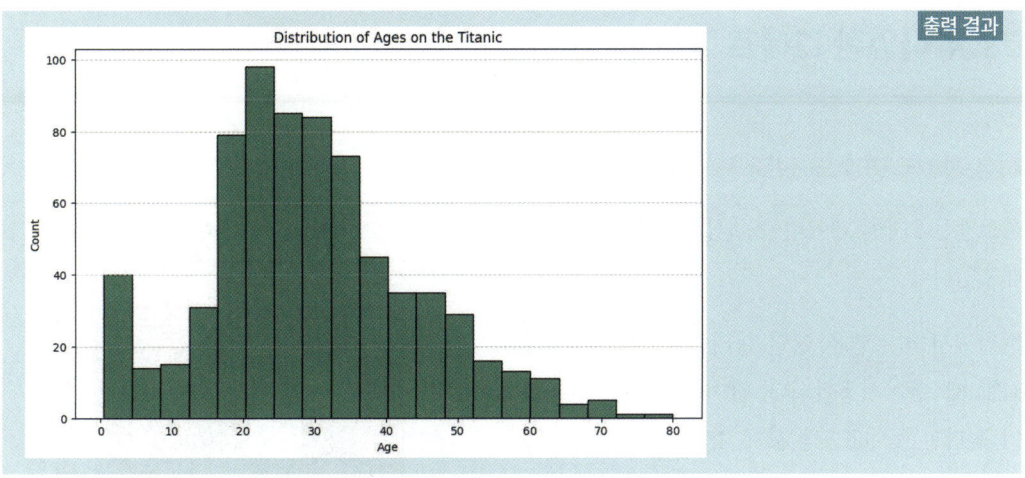

❶ 그림의 크기를 조절합니다. 가로 10인치, 세로 6인치로 조절했습니다.

❷ Age 변수의 값들을 이용하여 히스토그램을 그립니다.

- **bins** : 구간 개수입니다. 20개로 지정했습니다.
- **color** : 막대 색상입니다. 여기서는 seagreen 설정하였습니다.
- **edgecolor** : 테두리 색상을 의미합니다. black으로 지정하였습니다.
- **plt.grid(axis='y', linestyle='--', alpha=0.7)** : 그래프에 그리드를 추가했습니다.
    - **axis='y'** : y축에 수평선을 나타냅니다.
    - **linestyle='--'** : 그리드를 점선 형태로 그립니다.
    - **alpha=0.7** : 그리드의 투명도를 0.7로 설정합니다.

이를 통해 승객의 주 연령대를 확인할 수 있습니다. 앞서 산점도에서 20대와 30대 승객이 많다고 했었는데 정말 그렇네요. 이 분석을 통해 나이와 생존 여부의 연관성을 확인하는 데 도움이 될 수 있습니다.

03.4 다양한 그래프 그려보기 (2)

히트맵 : 두 변수의 상관 관계를 표시하기

히트맵은 2차원 데이터를 색상으로 표현하는 그래프입니다.

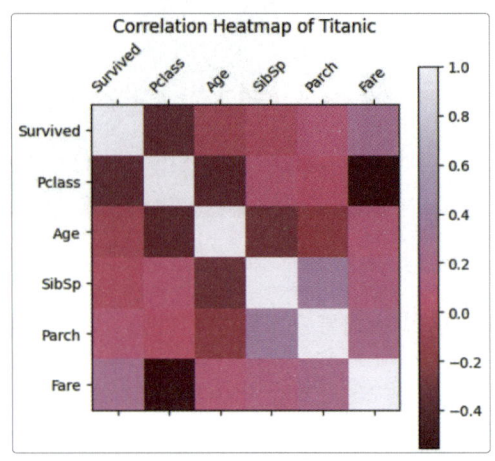

현업에서 히트맵은 행렬 형태의 데이터를 시각화할 때 자주 사용합니다. 값이 진할수록 연관성이 높다는 뜻이죠. 각 값에 따라 다양한 색상을 사용하여 패턴, 상관 관계, 분포 등을 확인하는데 유용합니다. 히트맵은 독특하게 matshow( ) 함수 또는 imshow( ) 함수로 그래프를 그릴 수 있습니다. 두 함수는 2차원 배열을 시각화할 때 다음과 같은 차이가 있습니다.

- **matshow( ) :**
  - 그래프의 정보를 명확하게 표시합니다.
  - 행과 열 레이블을 추가하여 표시합니다.
  - 행, 열 순서를 명확하게 보여줍니다.
  - 기본적으로 색상을 표시합니다.
- **imshow( ) :**
  - 이미지만 표시합니다.
  - 행과 열 레이블을 추가하지 않습니다.
  - 색상을 표시하지 않습니다. 색상을 표시하려면 colorbar( )를 사용해야 합니다.

imshow( )는 히트맵을 빠르게 표시할 때 주로 사용하지만 정보가 부족하여 구체적인 데이터 분석을 하기에는 적합하지 않습니다. 이 책에서는 그래프의 정보를 명확하고 구체적으로 표시하기 위해 matshow( )를 주로 사용하겠습니다.

01단계 기본적인 결측치를 제거한 다음 상관 행렬 데이터를 살펴보겠습니다. 여기서는 Age 변수와 Fare 변수에서 결측치가 있는 행들을 제거합니다.

```python
import pandas as pd

titanic = pd.read_csv('titanic_selena.csv')
# ❶ 결측치 처리
titanic = titanic.dropna(subset=['Age', 'Fare'])
# ❷ 상관 행렬 계산
correlation_matrix = titanic.drop('PassengerId', axis=1).corr(numeric_only=True)
correlation_matrix
```

출력 결과

	Survived	Pclass	Age	SibSp	Parch	Fare
Survived	1.000000	-0.359653	-0.077221	-0.017358	0.093317	0.268189
Pclass	-0.359653	1.000000	-0.369226	0.067247	0.025683	-0.554182
Age	-0.077221	-0.369226	1.000000	-0.308247	-0.189119	0.096067
SibSp	-0.017358	0.067247	-0.308247	1.000000	0.383820	0.138329
Parch	0.093317	0.025683	-0.189119	0.383820	1.000000	0.205119
Fare	0.268189	-0.554182	0.096067	0.138329	0.205119	1.000000

❶ titanic.drop('PassengerId', axis=1)은 PassengerId 변수를 삭제합니다. PassengerId 변수는 각 승객을 고유하게 식별하는 변수이므로 다른 변수들과 상관 관계에 큰 의미가 없을 가능성이 높습니다. 따라서 PassengerId를 제외한 다른 변수들만을 고려하여 상관 분석을 수행했습니다.

❷ corr( ) 함수는 변수들 간의 상관 행렬을 계산합니다. numeric_only=True는 수치형 데이터만을 대상으로 상관 계수를 계산하라는 옵션입니다. 상관 행렬이란 여러 변수 간의 선형적인 상관 관계를 나타내는 통계 지표를 말합니다. 예를 들어 Age와 Survived 간의 상관 관계가 양인지 음인지, 그리고 강도는 어느 정도인지를 파악할 수 있습니다. 현재 Age와 Survived 간의 상관 계수는 -0.077221로, 이는 음의 상관 관계를 나타냅니다. 상관 계수는 -1에서 1 사이의 값을 가지므로 -0.077221이라는 값은 강한 연관성이 있다고 보기 어렵습니다.

> 상관 행렬은 대칭 행렬이며 대각선은 항상 1입니다. 이는 변수 자체와의 상관 계수는 항상 1이기 때문입니다.

상관 행렬의 다른 값들도 살펴보겠습니다. Age와 Survived는 약한 음의 상관 관계를 가지고 있으므로 나이가 어릴수록 생존 확률이 높아진다고 볼 수 있습니다. Fare와 Survived는 양의 상관 관계를 가지고 있으므로 높은 요금을 지불한 승객일수록 생존 확률이 높아진다고 볼 수 있습니다. **여기서 주의할 점은 상관 관계는 단순히 두 변수 간의 연관성을 보여줄 뿐이라는 것입니다. 이것을 보고 인과 관계로 오해하지 않기 바랍니다.** 예를 들어 객실 등급이 생존 여부에 미치는 영향을 파악하려면 좀 더 자세히 들여다볼 필요가 있습니다. 객실 등급과 생존 여부는 음의 상관 관계이므로 '객실 등급이 낮을수록 생존할 확률이 높다'라고 해석하면 안 된다는 뜻입니다.

`02단계` 이제 상관 행렬을 이용하여 히트맵을 그려보겠습니다.

```python
import matplotlib.pyplot as plt

plt.matshow(correlation_matrix, cmap='PuRd_r')  # ❶ 히트맵 그리기
plt.colorbar()

# ❷ x축과 y축의 눈금 설정
plt.xticks(range(len(correlation_matrix.columns)), correlation_matrix.columns,
rotation=45)
plt.yticks(range(len(correlation_matrix.columns)), correlation_matrix.columns)
plt.title('Correlation Heatmap of Titanic')
plt.show()
```

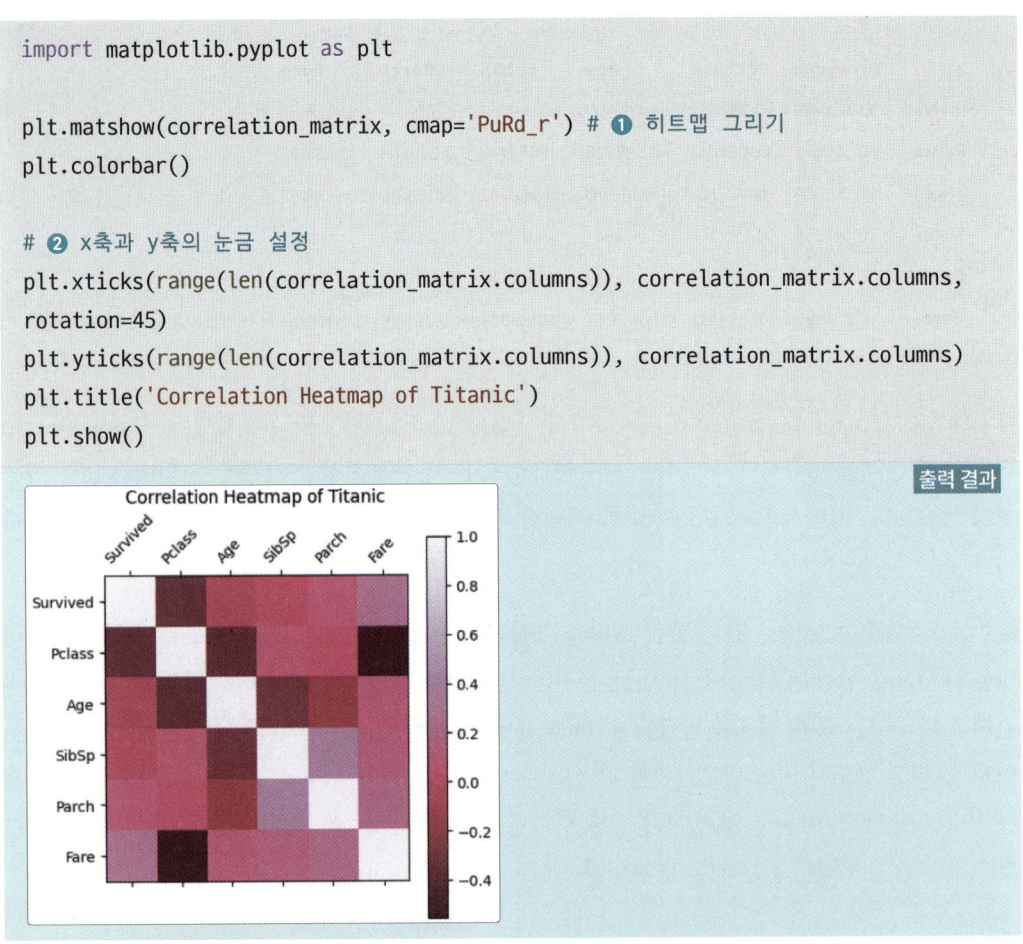

출력 결과

❶ 상관 행렬을 히트맵으로 시각화했습니다.

- **correlation_matrix** : 히트맵으로 시각화할 상관 행렬입니다.
- **cmap** : 색상 맵을 지정합니다. 여기서는 PuRd_r를 입력하여 보라색 계열로 표현했습니다.

- **plt.colorbar( )** : 오른쪽에 색상 참고를 위한 컬러바를 추가합니다.

❷ x축의 눈금을 설정했습니다. y축도 같은 방법으로 눈금을 설정했습니다.

- **range(len(correlation_matrix.columns))** : x축의 눈금 위치를 지정합니다. 상관 행렬의 열 수에 따라 0부터 열 수까지의 범위로 지정합니다.
- **correlation_matrix.columns** : x축에 표시할 눈금의 라벨을 설정합니다. 여기서는 상관 행렬의 각 열의 이름을 사용합니다.
- **rotation=45** : 텍스트를 45도로 회전시켜 표시합니다. 이를 통해 행렬의 열 이름이 겹치지 않고 가독성을 높일 수 있습니다.

그래프 해석은 앞에서 상관 행렬을 보면서 마쳤으므로 별도의 그래프 해석은 하지 않겠습니다.

영역 채우기 그래프 : 나이대별 생존자와 사망자 수 표현하기

영역 채우기 그래프는 두 개의 선 또는 곡선 사이의 영역을 칠하여 강조하는 그래프입니다.

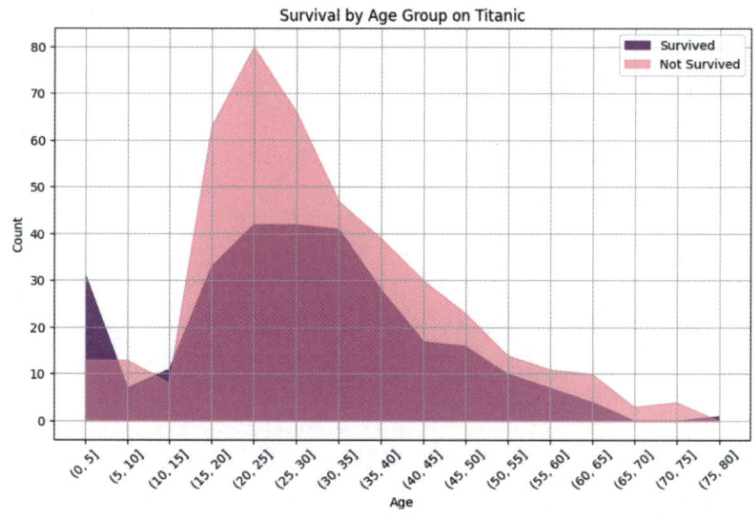

이 그래프는 데이터셋의 각 영역을 다른 색상으로 표시하여, 데이터셋 간의 데이터 분포와 차이를 명확하게 시각화하는 데 유용합니다. 여기서는 타이타닉 데이터셋을 활용해 나이대별 생존자와 사망자 수를 영역 채우기 그래프로 시각화하여 각 그룹의 차이를 쉽게 비교해보겠습니다.

01단계 그래프로 표현할 나이대별 생존자와 사망자 수를 구합니다. Age 변수와 Fare 변수에서 결측치를 제거한 다음 결과를 표시했습니다.

```python
import pandas as pd

titanic = pd.read_csv('titanic_selena.csv')

# 결측치 처리
titanic = titanic.dropna(subset=['Age', 'Fare'])
# 나이대별 생존자와 사망자 수 계산
# ❶ 범주형 분수로 변환
age_groups = pd.cut(titanic['Age'], bins=range(0, 81, 5))
# ❷ Age, Survived 기준으로 그룹화
survived_counts = titanic.groupby([age_groups, 'Survived'], observed=False).size().unstack().fillna(0)
survived_counts
```

출력 결과

Survived / Age	0	1
(0, 5]	13	31
(5, 10]	13	7
(10, 15]	8	11
(15, 20]	63	33
(20, 25]	80	42
(25, 30]	66	42
(30, 35]	47	41
(35, 40]	39	28
(40, 45]	30	17
(45, 50]	23	16
(50, 55]	14	10
(55, 60]	11	7
(60, 65]	10	4
(65, 70]	3	0
(70, 75]	4	0
(75, 80]	0	1

❶ cut( ) 함수를 통해 연속형 변수를 구간별로 나누어 범주형 변수로 변환합니다. bins=range(0, 81, 5) 옵션은 0세부터 80세까지를 5세 간격으로 나눈 다음 그룹을 생성합니다. 예를 들어 (0, 5], (5, 10] 등의 구간을 생성합니다.

❷ Age 변수와 Survived 변수를 기준으로 그룹화하여 각 나이대 및 생존 여부에 대한 빈도를 계산합니다. 코드를 자세하게 파악해봅시다.

- **titanic.groupby([age_groups, 'Survived'])** : Age 그룹과 Survived 변수를 기준으로 데

이터를 그룹화합니다. 여기서 observed=False는 데이터가 없더라도 모든 가능한 조합을 결과에 포함시키는 매개변수입니다.

- **.size( )** : 각 그룹의 크기(빈도)를 계산합니다.
- **.unstack( )** : 그룹화된 결과를 피벗 테이블 형태로 변환하여 인덱스를 열로 포함시킵니다. 결과를 보면 (0, 5], (5, 10]과 같은 인덱스를 열에 포함시켰습니다. 여기서는 나이대별로 생존자와 사망자 수를 구분합니다.
- **.fillna(0)** : 결측치를 0으로 채웁니다. 이는 특정 나이대에서 생존자 또는 사망자가 없는 경우 해당 값을 0으로 채웁니다.

결과에서 일부를 살펴볼까요? (20, 25] 나이 구간은 생존하지 못한 승객이 80명, 생존한 승객이 42명임을 알 수 있습니다.

> **셀레나의 조언 | (숫자, 숫자]와 같이 구간을 표시한 이유?**
>
> cut( ) 함수를 사용하여 구간을 만들 때는 이러한 표기법을 사용합니다. 열린 괄호는 해당 값이 구간에 포함되지 않음(초과)을 의미합니다. 닫힌 대괄호는 해당 값이 구간에 포함됨(이하)을 의미합니다. 따라서 (0, 5]는 0 초과 5 이하의 범위를 의미합니다. 이렇게 표기하면 연속 구간을 이산적으로 표현할 때 유용합니다.

02단계 나이대별 생존자와 사망자 수를 영역 채우기 그래프로 시각화했습니다.

```python
import matplotlib.pyplot as plt

# 영역 채우기 그래프 그리기
plt.figure(figsize=(10, 6))
plt.fill_between(survived_counts.index.astype(str), survived_counts[1],
color='purple', alpha=0.9, label='Survived') # ❶ 나이대별 생존자
plt.fill_between(survived_counts.index.astype(str), survived_counts[0],
color='hotpink', alpha=0.6, label='Not Survived') # ❷ 나이대별 사망자
plt.title('Survival by Age Group on Titanic')
plt.xlabel('Age')
plt.ylabel('Count')
plt.xticks(rotation=45)
```

```
plt.legend()
plt.grid(True)
plt.show()
```

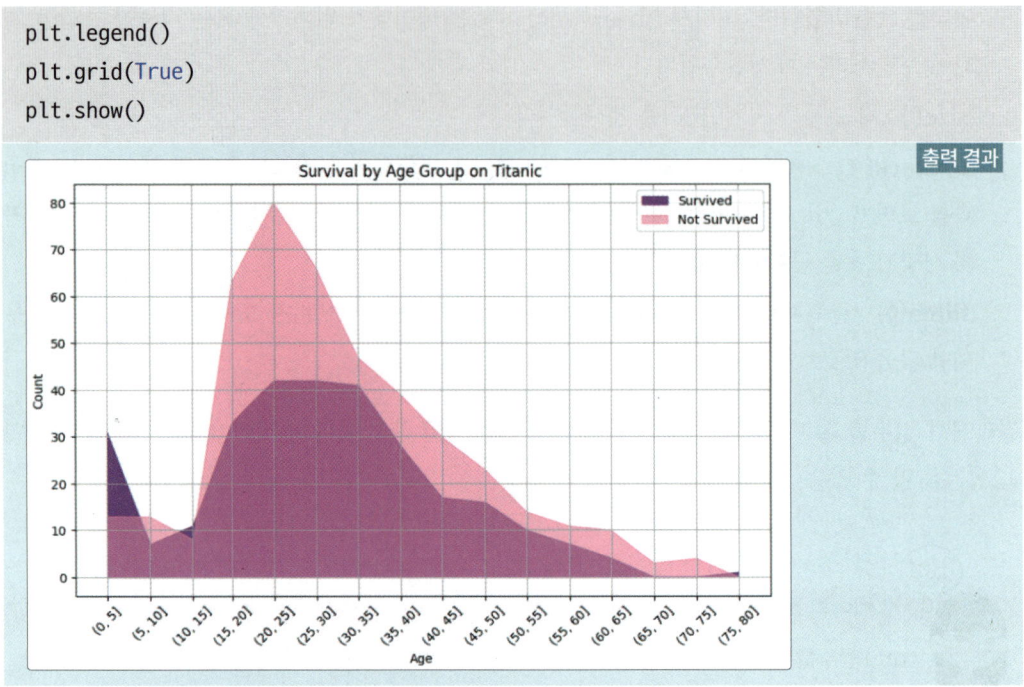

출력 결과

❶ 나이대별 생존자를 나타냅니다. plt.fill_between( ) 함수의 매개변수와 인수의 의미는 다음과 같습니다.

- **survived_counts.index.astype(str)** : x 좌표로 사용한 나이 구간입니다.
    - survived_counts.index는 survived_counts 데이터프레임의 인덱스를 가져옵니다. 여기서 인덱스는 나이 구간을 나타내며, 예를 들어 (0, 5], (5, 10] 등의 구간을 포함합니다.
    - astype(str)는 인덱스를 문자열 타입으로 변환합니다. 이는 구간을 시각적으로 더 명확하게 표시하는 데 사용합니다. 기본적으로 구간은 범주형 데이터로 처리되기 때문에, 이를 문자열로 변환하여 그래프의 x축에 적절히 표시할 수 있습니다.
- **survived_counts[1]** : y1 좌표로 사용한 생존자 수입니다. 각 나이대별 생존자 수를 나타냅니다.
- 색상은 purple로, 투명도는 0.9로 설정하고, 라벨은 Survived로 지정합니다.

❷ 나이대별 사망자를 나타냅니다. 옵션은 ❶과 비슷합니다. survived_counts[0]은 사망자 수라는 점만 비교해서 보기 바랍니다.

그래프를 보면 50대 이후로는 생존자 수가 감소하는 경향이 보입니다. 특히 60대 이상에서는 생존자 수가 급격히 감소하는 것을 확인할 수 있습니다. 또한 10대의 경우 생존자 수가 사망자 수보다 많아, 어린 연령대에서 생존율이 상대적으로 높은 것으로 보입니다. 이렇게 영역 채우기 그래프를 사용하면 두 대조군을 명확하게 비교할 수 있어 매우 유용합니다.

박스 플롯 : 승객 나이의 데이터 분포, 중앙값, 이상치 살펴보기

박스 플롯은 데이터의 분포와 중앙값, 이상치를 시각적으로 나타내는 그래프입니다. 박스 플롯은 글로 설명하면 무슨 뜻인지 바로 와닿지 않습니다. 그리고 구성 요소가 다른 그래프에 비해 복잡하므로 부분별로 나누어 설명하겠습니다.

박스

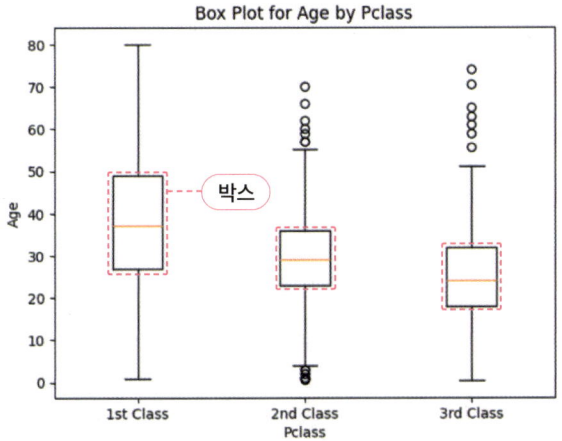

박스는 데이터의 1사분위^{Q1}와 3사분위 ^{Q3}를 표현합니다. 박스의 길이는 데이터의 중간 50% 범위를 의미합니다. 상자 내부에 있는 주황색의 가로선은 데이터의 중앙값^{median}을 나타냅니다.

> Q3와 Q1의 차이를 전문 용어로 IQR(interquartile range)이라고 합니다. IQR은 Q3 - Q1로 계산합니다. 이는 데이터의 **변동성**을 나타내며, 극단적인 이상치(outlier)를 탐지하는 데 유용합니다.

> 데이터에서 분위(quantiles)는 데이터셋을 정렬된 상태에서 일정한 비율로 나눈 값을 의미합니다. 가장 대표적인 분위는 사분위(quartiles)로, 데이터를 네 구간으로 나누는 개념입니다.
> 1. **Q1 (1사분위)** : 데이터셋의 **25%** 지점
> 2. **Q2 (2사분위, 중앙값)** : 데이터셋의 **50%** 지점, 즉 중앙값
> 3. **Q3 (3사분위)** : 데이터셋의 **75%** 지점
> 4. **Q4 (4사분위)** : 데이터셋의 **100%** 지점, 즉 최댓값

수염

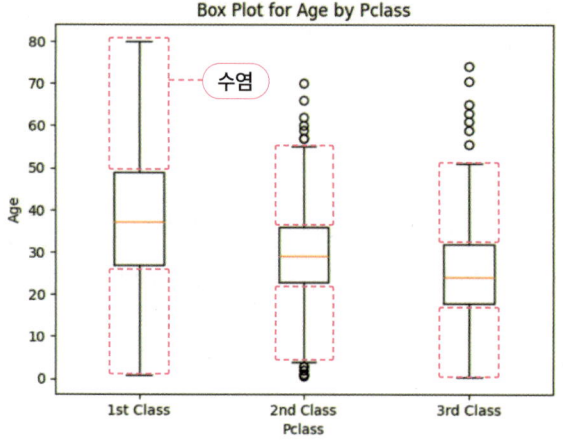

수염은 박스에서 일자로 뻗은 T자 모양의 선이며 박스플롯에서 1.5배 IQR 범위 내의 데이터 중 최소값과 최대값을 시각화합니다. 수염은 데이터의 일반적인 범위를 나타내는 중요한 요소입니다. 이 범위를 벗어나는 데이터는 이상치로 간주되어 수염 바깥에 개별 점으로 표시될 수 있습니다.

> **하단 수염**은 1사분위수(Q1)에서 **1.5 × IQR**보다 작은 범위 내에서 가장 작은 데이터 값까지 확장됩니다.

> **상단 수염**은 3사분위수(Q3)에서 **1.5 × IQR**보다 큰 범위 내에서 가장 큰 데이터 값까지 확장됩니다.

이상치

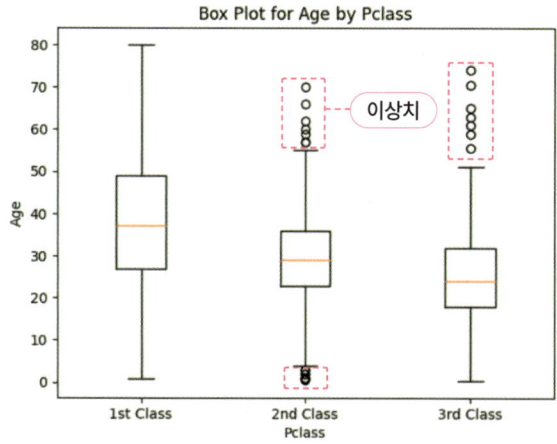

이상치는 수염을 벗어난 범위에 위치한 데이터를 점으로 나타낸 것입니다. 일반적으로 수염 내의 데이터가 분석에 유효하다고 간주하므로, 수염을 벗어난 데이터는 이상치로 분류되어 별도의 점으로 표현합니다. 이제 타이타닉 데이터셋을 이용하여 승객 등급에 따른 나이의 박스플롯을 시각화해보겠습니다.

01단계 나이의 결측치를 제거합니다.

```
import pandas as pd

titanic = pd.read_csv('titanic_selena.csv')
print(titanic.info(), '\n')

# 결측치 처리
titanic = titanic.dropna(subset=['Age'])
print(titanic.info())
```

출력 결과

```
<class 'pandas.core.frame.DataFrame'>
RangeIndex: 891 entries, 0 to 890
Data columns (total 12 columns):
 #   Column       Non-Null Count  Dtype
---  ------       --------------  -----
 0   PassengerId  891 non-null    int64
 1   Survived     891 non-null    int64
 2   Pclass       891 non-null    int64
 3   Name         891 non-null    object
 4   Sex          891 non-null    object
 5   Age          714 non-null    float64
 6   SibSp        891 non-null    int64
 7   Parch        891 non-null    int64
 8   Ticket       891 non-null    object
 9   Fare         891 non-null    float64
 10  Cabin        204 non-null    object
 11  Embarked     889 non-null    object
dtypes: float64(2), int64(5), object(5)
memory usage: 83.7+ KB
None

<class 'pandas.core.frame.DataFrame'>
Index: 714 entries, 0 to 890
Data columns (total 12 columns):
 #   Column       Non-Null Count  Dtype
---  ------       --------------  -----
```

```
 0   PassengerId  714 non-null    int64
 1   Survived     714 non-null    int64
 2   Pclass       714 non-null    int64
 3   Name         714 non-null    object
 4   Sex          714 non-null    object
 5   Age          714 non-null    float64
 6   SibSp        714 non-null    int64
 7   Parch        714 non-null    int64
 8   Ticket       714 non-null    object
 9   Fare         714 non-null    float64
 10  Cabin        185 non-null    object
 11  Embarked     712 non-null    object
dtypes: float64(2), int64(5), object(5)
memory usage: 72.5+ KB
```

결측치를 제거하니 891개의 행이 714개로 줄어들었습니다. 결측치 제거 전의 데이터프레임에서는 Age, Cabin, Embarked 변수에 결측값이 있었지만 결측치 제거 후의 데이터프레임에서는 Cabin과 Embarked 변수에 결측값이 있으며, Age 변수는 모든 값이 채워져 있습니다.

02단계 이제 승객 등급과 나이에 따른 박스 플롯을 그려보겠습니다. 여기서는 1등석, 2등석, 3등석의 나이 데이터를 각각의 박스 플롯으로 그렸습니다.

```python
import matplotlib.pyplot as plt

# 승객 등급에 따른 나이의 박스 플롯
plt.boxplot([titanic[titanic['Pclass'] == 1]['Age'], # ❶
             titanic[titanic['Pclass'] == 2]['Age'],
             titanic[titanic['Pclass'] == 3]['Age']],
            labels=['1st Class', '2nd Class', '3rd Class']) # ❷
plt.title('Box Plot for Age by Pclass')
plt.xlabel('Pclass')
plt.ylabel('Age')
plt.show()
```

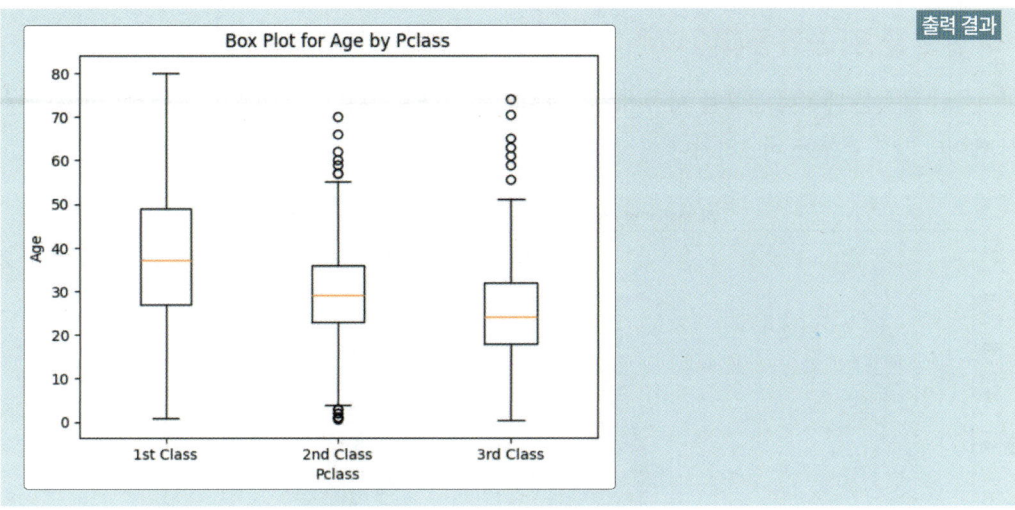

❶ **[titanic['Pclass'] == i]['Age']** : Pclass 열이 i인 승객들을 선택하고 그중 Age 열만 추출합니다.

❷ **labels** : 각 상자에 대한 이름을 지정합니다. 여기서는 각각의 상자를 1st Class, 2nd Class, 3rd Class로 설정합니다.

승객 등급에 따른 나이 분포를 박스 플롯으로 분석한 결과는 다음과 같이 정리할 수 있습니다.

- **1등급 승객** : 1등급 승객의 나이 분포는 박스의 위치를 보면 됩니다. 박스가 3개의 그래프 중 가장 위쪽에 위치해 있습니다. 그리고 중간 범위도 가장 높습니다. 이는 나이가 많은 승객들이 1등급 객실을 이용했음을 시사합니다.
- **2등급 승객** : 박스의 위치를 보면 2등급 승객의 나이 분포는 1등급에 비해 낮습니다. 그래도 3등급 승객보다는 높은 편입니다. 이는 주로 중간 나이에 속하는 승객들이 2등급 객실을 이용했음을 시사합니다. 그리고 박스의 높이가 작습니다. 나이 분포가 좁다는 뜻입니다. 그리고 위아래로 보이는 이상치도 보입니다. 중간 범위에 있지 않은 나이가 아주 많거나 적은 승객도 있다는 뜻입니다.
- **3등급 승객** : 3등급 승객의 박스 위치가 가장 낮습니다. 이는 젊은 승객들이 주로 3등급 객실을 이용했음을 의미합니다. 어린 나이 쪽의 이상치가 없는 것을 보니 어린이 승객들이 많이 포함되어 있는 것 같습니다. 그래서 나이가 많은 승객은 이상치로 잡혔습니다. 3등급 승객은 주로 가족 단위로 저렴한 객실을 이용한 이민자나 노동계층일 가능성이 큽니다.

바이올린 플롯 : 승객 등급에 따른 나이 분포 표시하기

바이올린 플롯은 데이터 분포를 시각적으로 표현하는 그래프입니다. 현업에서는 동일한 범주 내에서 데이터 간의 분포를 비교하거나 이상치를 탐지할 때 사용합니다.

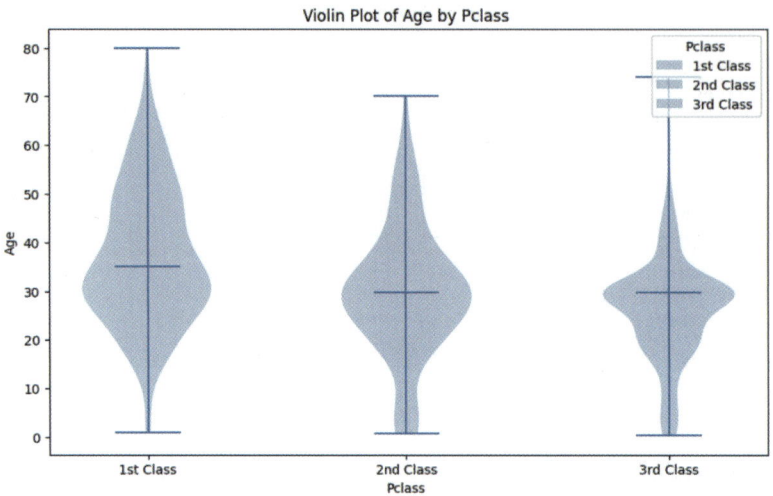

바이올린 플롯은 각 데이터 포인트의 밀도를 시각적으로 보여주는 특징이 있습니다. 따라서 데이터의 밀도 분포를 추정하는 데 활용할 수 있습니다.

01단계 이번에는 나이의 결측치를 평균으로 처리하겠습니다.

```python
import pandas as pd
titanic = pd.read_csv('titanic_selena.csv')

print(titanic.info(), '\n')

# ❶ 결측치 처리
titanic['Age'] = titanic['Age'].fillna(titanic['Age'].mean())
print(titanic.info())
```

```
<class 'pandas.core.frame.DataFrame'>
RangeIndex: 891 entries, 0 to 890
Data columns (total 12 columns):
 #   Column       Non-Null Count  Dtype
---  ------       --------------  -----
```
출력 결과

```
  0   PassengerId   891 non-null     int64
...생략...
  5   Age           714 non-null     float64
...생략...
 11   Embarked      889 non-null     object
dtypes: float64(2), int64(5), object(5)
memory usage: 83.7+ KB
None
```
비결측치가 714개에서

```
<class 'pandas.core.frame.DataFrame'>
RangeIndex: 891 entries, 0 to 890
Data columns (total 12 columns):
 #   Column        Non-Null Count   Dtype
---  ------        --------------   -----
  0   PassengerId   891 non-null     int64
...생략...
  5   Age           891 non-null     float64
...생략...
 11   Embarked      889 non-null     object
dtypes: float64(2), int64(5), object(5)
memory usage: 83.7+ KB
None
```
891개로 늘었습니다(비결측치가 늘었으므로 결측치가 준 것입니다)

❶ 나이 결측치를 평균값으로 처리하였습니다. 바이올린 플롯을 그리기 전에 나이 결측치를 처리하는 이유는 결측치가 포함된 데이터를 사용하면 그래프의 해석이 어려워지고, 잘못된 결과를 얻을 수 있기 때문입니다. 결측치 처리 전과 처리 후의 타이타닉 데이터셋의 데이터 요약을 출력해 비교해보면 Age 변수의 결측값이 사라졌음을 알 수 있습니다.

02단계 승객 등급에 따른 나이의 바이올린 플롯을 그리겠습니다. 앞에서 그렸던 박스 플롯과 비슷한 방식으로 그렸습니다.

```
import matplotlib.pyplot as plt

# 바이올린 플롯 그리기
plt.figure(figsize=(10, 6))
violin_plot = plt.violinplot([titanic[titanic['Pclass'] == 1]['Age'], # ❶
```

```
                              titanic[titanic['Pclass'] == 2]['Age'],
                              titanic[titanic['Pclass'] == 3]['Age']],
                          showmeans=False, showmedians=True) # ❷

plt.title('Violin Plot of Age by Pclass')
plt.xlabel('Pclass')
plt.ylabel('Age')
# ❸
plt.xticks([1, 2, 3], ['1st Class', '2nd Class', '3rd Class'])
# ❹
plt.legend(violin_plot['bodies'], ['1st Class', '2nd Class', '3rd Class'],
title='Pclass')
plt.show()
```

승객 등급에 따른 나이의 분포를 바이올린 플롯으로 시각화하는 코드입니다. 승객별로 나이의 분포를 비교하여 어떻게 다른지 확인할 수 있습니다. 여기서는 1등석, 2등석, 3등석의 나이 데이터를 각각의 바이올린 플롯으로 그립니다. 그러면 코드를 세부적으로 설명하겠습니다.

❶ titanic['Pclass'] == i는 Pclass는 열이 i인 승객들을 선택하고, 그중에서 Age 열만 추출합니다.

❷ showmeans=False는 평균값을 표시하지 않도록 하고, showmedians=True는 중앙값을 표시하도록 합니다.

❸ plt.xticks([1, 2, 3], ['1st Class', '2nd Class', '3rd Class'])는 x축의 눈금을 설정합니다. [1, 2, 3]은 x축의 위치를 나타내며, ['1st Class', '2nd Class', '3rd Class']는 해당 위치에 표시될 레이블입니다. 즉, 1번 위치에 '1st Class', 2번 위치에 '2nd Class', 3번 위치에 '3rd Class'로 눈금을 표시합니다.

❹ plt.legend(violin_plot['bodies'], ['1st Class', '2nd Class', '3rd Class'], title='Pclass')는 바이올린 플롯의 범례를 설정합니다. violin_plot['bodies']는 각 바이올린 플롯의 주요 부분(바이올린 형태)을 나타냅니다. 각 바이올린은 각각 1등급, 2등급, 3등급 승객의 데이터 분포를 시각적으로 보여줍니다. ['1st Class', '2nd Class', '3rd Class']는 각 등급에 대한 범례의 레이블입니다. title='Pclass'는 범례의 제목을 Pclass로 설정합니다.

결과를 분석해보면 각 바이올린의 중앙에 있는 선은 중앙값을 나타내므로 **1등급 승객의 나이 중앙값이 가장 높고, 3등급 승객의 중앙값이 가장 낮음을 알 수 있습니다.** 그리고 1등급의 바이올린이 전체적으로 더 두꺼운 것을 볼 수 있습니다. 이는 1등급 승객이 2등급과 3등급 승객에 비해 다양한 연령대를 포함하고 있음을 시사합니다.

박스플롯과 바이올린 플롯의 차이점은 무엇일까요?

박스 플롯은 데이터의 위치적인 특징을 강조하고 이상치를 확인하는 데 중점을 두며, **바이올린 플롯**은 데이터의 분포를 자세하게 시각화하여 데이터의 형태를 보다 상세히 이해하는 데 사용합니다. 세부적으로 비교해보겠습니다.

분포 표현 방식

박스 플롯은 중앙값, 사분위수(Q1, Q3), 이상치 등을 표시하며, 주로 데이터의 위치적인 특징을 강조하고, 바이올린 플롯은 데이터의 분포를 밀도 추정 곡선을 통해 표현하며, 데이터의 전반적인 분포를 시각화합니다.

데이터 밀도 정보

박스 플롯은 데이터의 위치적 특징을 중심으로 설명하며, 데이터의 밀도에 대한 정보를 제공하지 않습니다. 바이올린 플롯은 각 데이터 포인트의 밀도를 시각적으로 제시하여 데이터의 분포에 대한 정보를 제공합니다.

이상치 표시

박스 플롯은 이상치를 원 모형으로 표시하여 식별할 수 있습니다. 바이올린 플롯은 이상치를 표시할 수 있지만, 주로 데이터의 밀도 분포를 강조하기 때문에 이상치가 명확히 구분되지 않을 수 있습니다.

시각적 표현

박스 플롯은 상자 내의 수평선, 수직선, 상자의 길이 등을 이용하여 데이터의 분포 특징을 표현합니다. 바이올린 플롯은 바이올린 모양의 곡선을 사용하여 데이터의 분포를 자세하게 시각화합니다.

용도

박스 플롯은 데이터의 위치적인 특징과 이상치를 확인하고자 할 때 주로 사용하며, 여러 그룹 간의 비교에도 유용합니다. 바이올린 플롯은 데이터의 분포를 자세히 이해하고자 할 때, 특히 다변량 데이터의 분포를 비교하거나 이상치를 확인할 때 사용합니다.

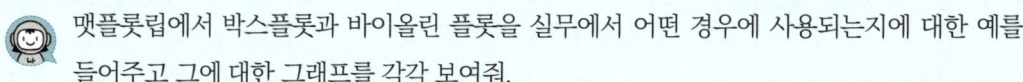
맷플롯립 박스플롯과 바이올린 플롯 활용에 대해 알아보기

챗GPT로 맷플롯립 박스플롯과 바이올린 플롯의 활용에 대해 알아보겠습니다.

> 맷플롯립에서 박스플롯과 바이올린 플롯을 실무에서 어떤 경우에 사용되는지에 대한 예를 들어주고 그에 대한 그래프를 각각 보여줘.

> 맷플롯립에서 박스플롯(Boxplot)과 바이올린 플롯(Violin Plot)은 데이터의 분포를 시각화할 때 유용합니다. 두 플롯 모두 데이터의 중심 경향과 변동성을 나타내지만, 특정 상황에 더 적합한 플롯이 있습니다.

박스플롯 (Boxplot)

사용 사례 :

- 중앙값과 사분위수를 확인할 때 : 박스플롯은 중앙값(median), 1사분위수(Q1), 3사분위수(Q3), 최솟값(min), 최댓값(max)을 시각적으로 쉽게 보여줍니다.

- 이상치(outliers)를 확인할 때 : 박스플롯은 이상치를 점으로 나타내어 쉽게 식별할 수 있게 합니다.

예시 :

직원들의 월별 급여 데이터를 시각화하여 분포를 확인하고 이상치를 탐지하려고 할 때 사용합니다.

```python
import matplotlib.pyplot as plt
import numpy as np

# 예제 데이터 생성
np.random.seed(10)
data = [np.random.normal(50000, 10000, 100) for _ in range(5)]

plt.figure(figsize=(10, 6))
plt.boxplot(data, patch_artist=True)
plt.title("Monthly Salaries of Employees")
plt.xlabel("Department")
plt.ylabel("Salary")
plt.show()
```

바이올린 플롯 (Violin Plot)

사용 사례 :

- 데이터의 분포를 더 자세히 확인할 때 : 바이올린 플롯은 데이터의 밀도 추정(kernel density estimation)을 포함하여 분포의 형태를 더 자세히 보여줍니다.
- 대칭성 및 분포의 꼬리(tail)를 비교할 때 : 바이올린 플롯은 양쪽에 분포를 그려주어 데이터의 대칭성과 꼬리를 비교하는 데 유용합니다.

예시 :

여러 부서의 급여 분포를 비교하고, 각 부서 내의 급여가 어떻게 분포되어 있는지 더 상세히 분석할 때 사용합니다.

```
import seaborn as sns

plt.figure(figsize=(10, 6))
sns.violinplot(data=data, inner="quartile")
plt.title("Monthly Salaries of Employees")
plt.xlabel("Department")
plt.ylabel("Salary")
plt.show()
```

두 플롯 모두 데이터의 분포를 이해하는 데 매우 유용하며, 각각의 특성에 따라 적절한 시각화를 선택할 수 있습니다.

실무에서 박스 플롯과 바이올린 플롯은 데이터를 요약하고 분포를 시각화하는 중요한 도구입니다. 박스 플롯은 중앙값, 사분위수, 이상치를 빠르게 식별하는 데 유용하며 데이터 검토 초기에 효과적입니다. 바이올린 플롯은 밀도 분포를 시각화하여 대칭성이나 복잡한 분포를 더 깊이 분석할 수 있습니다. 따라서 목적에 따라 두 플롯 중 적절한 것을 골라 사용해야 합니다. 보통 이상치 식별에는 박스 플롯이, 분포 형태 분석에는 바이올린 플롯이 적합합니다.

에러 바 : 요금의 평균과 표준편차 표현하기

에러 바$^{Error\ bars}$는 통계적 불확실성 또는 편차를 시각적으로 표현하는 그래프입니다. 현업에서는 주로 그래프나 차트에 사용하여 데이터 포인트 주변의 오차 또는 편차 범위를 표시하는 데 활용합니다.

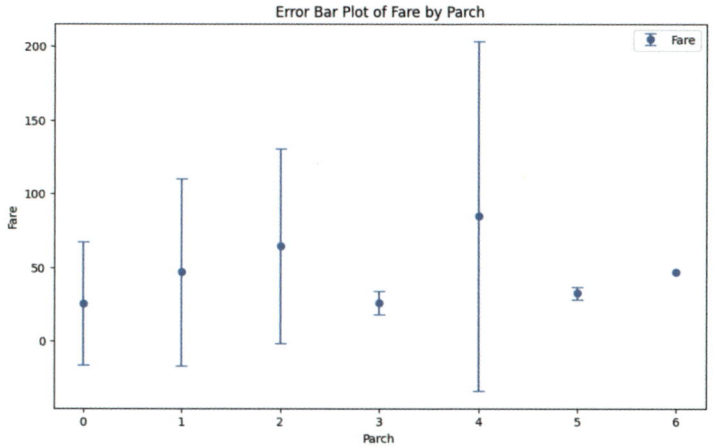

에러 바는 데이터의 신뢰성과 실험의 정확성을 시각적으로 전달하는 데 유용합니다. 이때 데이터 신뢰성은 데이터의 정확성, 일관성, 그리고 재현성을 의미합니다. 신뢰성이 높은 데이터는 실제 값을 잘 반영하고, 여러 측정이나 조건에서도 일관되며, 동일한 방법을 사용하여 재현할 수 있는 특징을 가집니다. 또 에러 바는 서로 다른 그룹 간의 비교를 나타낼 때 각 그룹의 불확실성을 보여줌으로써 차이의 통계적 유의성을 평가하고 결과를 비교하는 데 도움을 줍니다. 두 그룹의 에러 바가 겹치지 않으면, 그 차이가 통계적으로 유의할 가능성이 높습니다. 에러 바가 나타내는 데이터 신뢰성은 다음과 같은 요소를 포함합니다.

1. **측정 불확실성(Measurement Uncertainty)** : 에러 바는 데이터 포인트의 측정값이 얼마나 정확한지를 시각적으로 나타냅니다. 에러 바가 짧을수록 측정값의 불확실성이 적고, 더 신뢰할 수 있는 데이터를 의미합니다.
2. **표본 변동성(Sample Variability)** : 표본 데이터의 변동성을 나타냅니다. 데이터 포인트가 여러 번 측정되거나 여러 표본에서 수집된 경우, 에러 바는 그 변동성을 반영합니다. 변동성이 작을수록 데이터의 신뢰성이 높다고 볼 수 있습니다.
3. **통계적 유의성(Statistical Significance)** : 두 그룹 또는 조건 간의 차이가 통계적으로 유의한지를 평가하는 데 도움을 줍니다. 에러 바가 겹치지 않으면, 두 그룹 간의 차이가 통계적으로 유의할 가능성이 높음을 시사합니다.
4. **신뢰 구간(Confidence Interval)** : 에러 바는 일반적으로 평균값 주위의 신뢰 구간을 나타냅니다. 예를 들어 95% 신뢰 구간의 에러 바는 해당 범위 내에 실제 평균값이 95%의 확률로 포함된다는 것을 의미합니다.

따라서 에러 바는 데이터 포인트의 신뢰성과 정확성을 시각적으로 나타내며, 데이터를 해석할 때 그 불확실성을 고려할 수 있게 해줍니다. 이제 타이타닉 데이터셋을 이용하여 부모와 자녀의 수에 따른 요금의 평균과 표준 편차를 계산하고 이를 에러 바를 통해 시각화해보겠습니다.

01단계 부모와 자녀의 수에 대한 요금의 평균과 표준 편차를 계산합니다.

```python
import pandas as pd

titanic = pd.read_csv('titanic_selena.csv')
# 각 부모와 자녀의 수에 대한 요금의 평균과 표준 편차 계산
fare_means = titanic.groupby('Parch')['Fare'].mean() # ❶ 평균
print(fare_means, '\n')
fare_std = titanic.groupby('Parch')['Fare'].std() # ❷ 표준 편차
print(fare_std)
```

출력 결과
```
Parch
0    25.586774
1    46.778180
2    64.337604
3    25.951660
4    84.968750
5    32.550000
```

```
6     46.900000
Name: Fare, dtype: float64

Parch
0      41.878786
1      63.709430
2      65.993088
3       7.862611
4     118.731099
5       4.101134
6            NaN
Name: Fare, dtype: float64
```

❶ Parch 변수를 기준으로 그룹화하여 각 부모와 자녀의 수 그룹에 대한 요금의 평균을 계산합니다.

❷ Parch 변수를 기준으로 그룹화하여 각 부모와 자녀의 수 그룹에 대한 요금의 표준 편차를 계산합니다.

결과를 해석하면 부모와 자녀의 수가 4인 경우에는 평균 요금이 가장 높습니다. 큰 가족이 함께 여행하는 경우에 요금이 높게 책정될 수 있다는 것을 시사합니다. 또 부모와 자녀의 수가 4인 경우에는 118.73로 표준 편차가 큽니다. 요금 분포가 크게 퍼진 것은 요금 범위가 다양함을 시사합니다. 마지막으로 부모와 자녀의 수가 6인 경우는 NaN입니다. 이 부분은 결측치의 원인을 확인하여 처리하는 것이 중요합니다.

02단계 요금의 평균과 표준 편차에 따른 에러바를 그려보겠습니다. 각 부모와 자녀의 수에 대한 요금의 평균과 표준 편차 결과를 에러바로 시각화하는 코드입니다.

```python
import matplotlib.pyplot as plt

# 에러바로 요금의 평균과 표준 편차 표현
plt.figure(figsize=(10, 6))
plt.errorbar(fare_means.index, fare_means, yerr=fare_std, fmt='o', capsize=5,
capthick=1, label='Fare') # ❶ 에러바 생성
plt.title('Error Bar Plot of Fare by Parch')
```

```
plt.xlabel('Parch')
plt.ylabel('Fare')
plt.xticks(fare_means.index)
plt.legend()
plt.show()
```

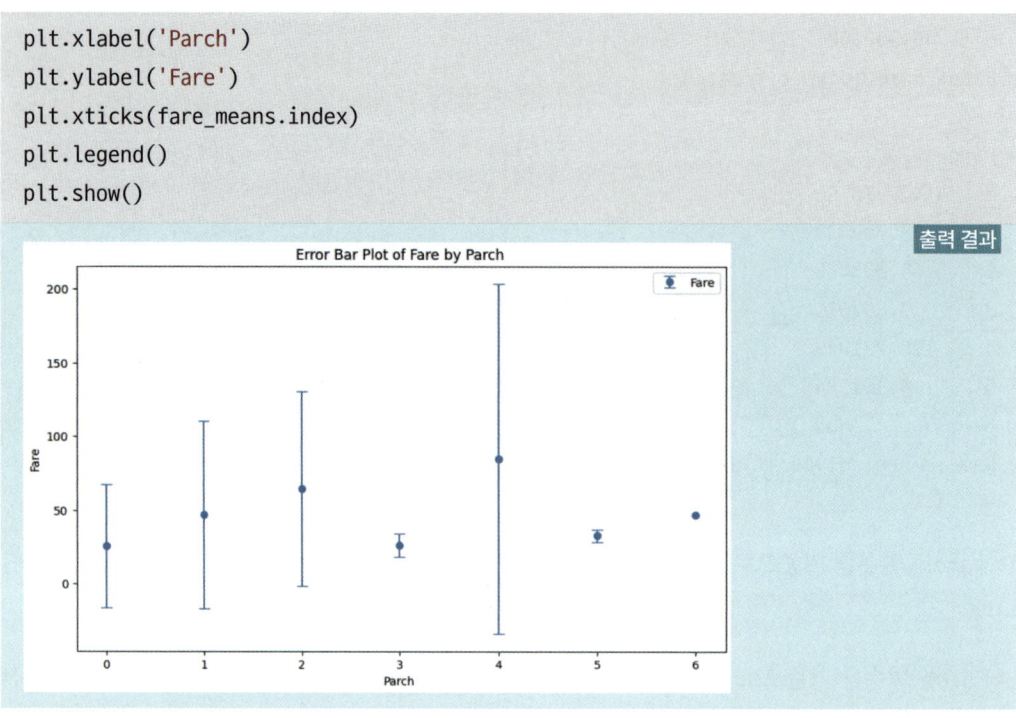

출력 결과

❶ plt.errorbar( ) 함수로 에러 바를 생성합니다. 매개변수로 전달한 인수값의 설명은 다음과 같습니다.

- **fare_means.index** : x축에 사용할 값으로 Parch 변수의 고윳값들입니다.
  - **fare_means** : 각 Parch 변수에 대한 평균 요금입니다.
- **yerr=fare_std** : 에러바의 길이로 사용할 표준 편차입니다.
- **fmt='o'** : 데이터 포인트를 원 형태로 표시합니다.
- **capsize=5** : 에러바의 끝에 그려지는 캡의 크기를 설정합니다.
- **capthick=1** : 에러바의 끝에 그려지는 캡의 두께를 설정합니다.
- **label='Fare'** : 범례에 사용할 레이블을 설정합니다.

결과를 분석해보면 부모와 자녀의 수에 따른 평균 요금은 Parch가 4일 때 평균 요금이 가장 높고, 에러바의 길이가 길어 해당 그룹의 요금이 크게 퍼져 있음을 알 수 있습니다. Parch가 2일 때 두 번째로 높은 평균 요금을 가지며 다양한 요금 범위를 나타내는 에러바가 표시됩니다. Parch 변수가 3일 때 평균 요금이 높지 않고 에러바의 길이도 비교적 짧습니다. 이렇게 요금의 변동성은 에러

바의 길이로 판단하면 됩니다. **앞서 언급했듯 에러바는 데이터의 표준 편차를 나타내는 경우에는 길이가 길수록 해당 그룹의 데이터가 퍼져 있음을 의미합니다.** 따라서 Parch가 4일 때, 2일 때를 비교하면 차이가 큽니다.

챗GPT와 함께 맷플롯립 에러바를 이용한 기업 월간 주가

에러바를 이용해서 가상의 기업의 월간 주가를 표현하는 샘플을 그려줘.

에러바를 이용해 가상의 기업의 월간 주가를 표현하는 그래프를 다음과 같은 방식으로 그릴 수 있습니다. 가상의 기업의 월간 주가와 에러바를 표시한 것입니다. 각 월(month)마다 주가(stock price)를 표시하고, 에러바는 주가의 표준 오차를 나타냅니다. plt.errorbar 함수를 사용하여 에러바를 추가합니다.

```python
import numpy as np
import matplotlib.pyplot as plt

# 가상의 기업의 월간 주가 데이터 생성
months = np.arange(1, 13)
prices = np.random.uniform(100, 200, size=12)
errors = np.random.uniform(5, 15, size=12)

# 그래프 생성
plt.figure(figsize=(10, 6))
plt.errorbar(months, prices, yerr=errors, fmt='o', ecolor='red', capsize=5, label='Monthly Prices')

# 그래프 설정
plt.title('Monthly Stock Prices of a Fictitious Company')
plt.xlabel('Month')
plt.ylabel('Stock Price')
plt.xticks(months)
plt.grid(True)
```

```
plt.legend()

plt.show()
```

이 코드는 가상의 기업의 월간 주가와 에러바를 표시한 것입니다. 각 월(month)마다 주가(stock price)를 표시하고, 에러바는 주가의 표준 오차를 나타냅니다. plt.errorbar 함수를 사용하여 에러바를 추가합니다.

에러 바는 데이터의 불확실성과 변동성을 시각적으로 표현하는 중요한 도구입니다. 짧은 에러 바는 신뢰할 수 있는 데이터를 의미하고, 긴 에러 바는 신뢰할 수 없는, 불확실한 데이터를 의미합니다. 에러 바를 통해 데이터 포인트 간의 비교와 통계 유의성을 평가할 수 있습니다. 특히 주가와 같은 변동성이 큰 데이터를 분석할 때 유용합니다. 에러 바를 활용하면 월별 주가의 변동성과 그에 따른 불확실성을 쉽게 파악할 수 있습니다. 현업에서는 에러 바를 주로 데이터의 신뢰도를 강조할 때 사용합니다.

03.5 그래프 한꺼번에 그려보기

그래프를 표현한 결과물을 한덩이의 그림이라고 하는데 이를 전문 용어로 figure라고 합니다. figure에서는 여러 영역을 나눠 다양한 종류의 그래프를 그릴 수 있습니다. 다음은 1개의 figure에 4개의 서브플롯subplot을 그린 예시입니다.

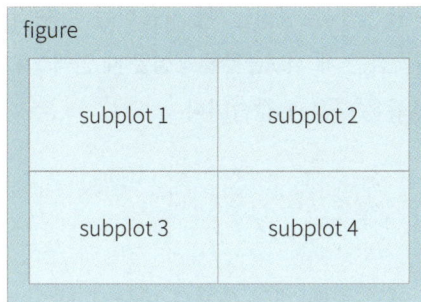

이렇게 figure에 여러 서브플롯을 그릴 수 있다면 다양한 시각적 분석을 한 화면에서 볼 수 있으므로 실무에서 유용합니다.

여러 종류의 그래프 그리는 방법 원리 설명

여러 종류의 그래프를 한 번에 그리는 방법에는 크게 두 가지 방법이 있습니다.

- **방법 1 plt.subplot( ) 함수**
  - 개별 서브플롯을 하나씩 생성합니다.
  - 이 함수는 하나의 그림인 figure에 서브플롯을 하나씩 추가할 때 사용됩니다.
  - 예를 들어 plt.subplot(2, 2, 1)은 2행 2열의 그림 영역에서 첫 번째 위치에 서브플롯을 생성합니다.
- **방법 2 plt.subplots( ) 함수 :**
  - 개별 서브플롯을 동시에 생성합니다.
  - 이 함수는 하나의 그림인 figure에 서브플롯을 동시에 여러 개를 만들어 배열 형태로 반환합니다.
  - 예를 들어 fig, axes = plt.subplots(2, 2)는 2행 2열의 서브플롯 배열을 만들어 axes 변수에 저장합니다. 이후 axes[0, 0], axes[0, 1] 등의 방식으로 각 서브플롯에 접근할 수 있습니다.

보통 plt.subplots( ) 함수가 더 간편하므로 자주 사용합니다. 함수가 비슷하게 생겨서 헷갈릴 수 있습니다. 앞으로 직접 실습하며 제대로 살펴보겠습니다.

개별 서브플롯을 하나씩 생성하기 〔방법 1〕

plt.subplot( ) 함수는 하나의 figure 안에 여러 서브플롯subplot을 생성할 때 사용하는 함수입니다. 이 함수로 서브플롯을 하나씩 생성할 때 기억해야 할 점은 **새 서브플롯을 생성할 때 인덱스로 figure 내에서의 서브플롯 위치를 지정해야 한다**는 겁니다. 기본형은 다음과 같습니다.

```
plt.subplot(nrows, ncols, index)
```

- **nrows** : 전체 그림 영역의 행row 개수입니다. figure 영역을 몇 개의 행으로 나눌지 지정합니다.
- **ncols** : 전체 그림 영역의 열column 개수입니다. figure 영역을 몇 개의 열로 나눌지 지정합니다.
- **index** : 현재 서브플롯의 위치를 나타내는 숫자입니다. 예를 들어 plt.subplot(2, 2, 1)은 2행 2열의 그림 영역에서 첫 번째 서브플롯을 의미합니다. 인덱스에 의한 서브플롯 위치는 다음과 같습니다.

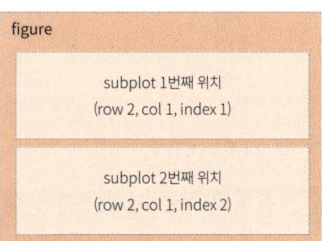 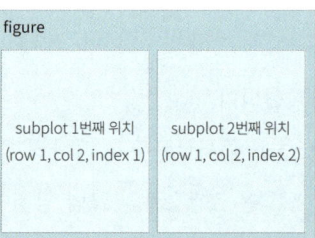 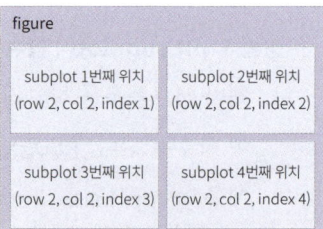

01단계 앞에서 배운 내용을 바탕으로 figure에 영역을 나눠 서브플롯을 여러 개 그려보겠습니다.

```
import matplotlib.pyplot as plt

plt.subplot(2, 2, 1)
plt.plot([1, 2, 3])
```

```
plt.subplot(2, 2, 2)
plt.plot([4, 5, 6])

plt.subplot(2, 2, 3)
plt.plot([7, 8, 9])

plt.subplot(2, 2, 4)
plt.plot([10, 11, 12])
plt.show()
```

출력 결과

2행 2열의 서브플롯을 생성하고 각 서브플롯에 간단한 선 그래프를 만들었습니다. 간단한 코드이므로 별도의 설명을 하진 않겠습니다. 구체적인 설명은 타이타닉 데이터셋으로 하겠습니다.

타이타닉 데이터셋으로 개별 서브플롯 하나씩 그리기

타이타닉 데이터셋을 이용하여 각 부모와 자녀의 수에 따른 사망자와 생존자 수를 계산하고, 이를 하나의 figure에 두 개의 서브플롯으로 시각화해보겠습니다.

01단계 각 부모와 자녀의 수에 따른 생존자와 사망자 수를 계산합니다.

```
import pandas as pd
titanic = pd.read_csv('titanic_selena.csv')
```

```
# 각 부모와 자녀의 수에 따른 생존자와 사망자 수 계산
parch_counts = titanic.groupby('Parch')['Survived'].value_counts().unstack().
fillna(0)
parch_counts
```

출력 결과

Survived	0	1
Parch		
0	445.0	233.0
1	53.0	65.0
2	40.0	40.0
3	2.0	3.0
4	4.0	0.0
5	4.0	1.0
6	1.0	0.0

groupby( ) 함수로 Parch 변수로 데이터를 그룹화하고 Parch 변수와 Survived 변수의 고유한 조합의 발생 횟수를 value_counts( )로 계산합니다. 그 결과를 unstack( ) 함수로 인덱스 값을 컬럼으로 변환하는 작업을 하고 fillna(0)로 결측치를 0으로 채웁니다.

> Survived가 0이면 사망자를, 1이면 생존자를 나타냅니다.

02단계 다음은 부모와 자녀의 수에 따른 생존 여부를 두 가지의 그래프로 시각화하는 코드입니다.

```
import matplotlib.pyplot as plt

# x, y값 설정
x = parch_counts.index.astype(str)  # ❶ 데이터프레임의 인덱스를 문자열로 반환
y1 = parch_counts[0].values         # ❷ 사망자
y2 = parch_counts[1].values         # ❸ 생존자

plt.figure(figsize=(10, 10))

# plt.subplot() 함수를 사용하여 하나의 그림인 figure에 개별 서브플롯을 하나씩 추가
# ❹ 첫 번째 서브플롯 설정(선 그래프)
plt.subplot(2, 1, 1)
# ❺ 선 그래프 그리기
```

```python
plt.plot(x, y1, '-o', color='indigo', markersize=7, linewidth=3, alpha=0.7,
label='Not Survived')
plt.xlabel('Parch')
plt.ylabel('Not Survived Count', color='indigo')
plt.tick_params(axis='y', labelcolor='indigo')
plt.legend(loc='upper right')

# ❻ 두 번째 서브플롯 설정(막대 그래프)
plt.subplot(2, 1, 2)
plt.bar(x, y2, color='deeppink', alpha=0.7, width=0.5, label='Survived')
plt.xlabel('Parch')
plt.ylabel('Survived Count', color='deeppink')
plt.tick_params(axis='y', labelcolor='deeppink')
plt.legend(loc='upper right')

# ❼ 제목
plt.suptitle('Survival Analysis by Number of Parents/Children (Parch) on the Titanic')
plt.tight_layout()
plt.show()
```

출력 결과

❶ parch_counts 데이터프레임의 인덱스를 문자열로 변환하는 코드입니다. astype(str)는 인덱스 값을 문자열로 변환하는 데 사용합니다.

❷ parch_counts 데이터프레임의 사망자(Not Survived) 값에 해당하는 열을 선택합니다. 여기서 0은 열의 인덱스를 나타냅니다. .values는 선택한 열의 값을 넘파이 배열로 변환합니다.

❸ parch_counts 데이터프레임의 생존자(Survived) 값에 해당하는 열을 선택합니다. 여기서 1은 열의 인덱스를 나타냅니다. .values는 선택한 열의 값을 넘파이 배열로 변환합니다.

❹ 첫 번째 서브플롯을 선 그래프로 생성합니다. plt.subplot(2, 1, 1)는 두 서브플롯 중 첫 번째 서브플롯을 설정합니다. 이는 2행 1열에서 첫 번째 위치에 해당합니다.

❺ 선 그래프를 그리는 함수입니다.

- x는 x축의 값, y1는 y축의 값입니다.
- -o는 선과 점을 동시에 나타내는 스타일을 지정하는 옵션입니다.
- color='indigo'는 선의 색상을 지정합니다.
- markersize=7는 마커의 크기를 지정합니다.
- linewidth=3는 선의 두께를 설정합니다.
- alpha=0.7는 선의 투명도를 조절합니다.
- label='Not Survived'는 범례에 표시될 레이블을 설정합니다.

❻ 막대 그래프를 그리는 함수입니다. 함수 설명은 ❺에서 자세히 했으므로 생략하겠습니다.

❼ figure의 제목을 정하고, plt.tight_layout( )로 서브플롯 간의 간격을 최적화했습니다. 이를 통해 서브플롯들이 겹치지 않고 적절한 간격으로 배치됩니다.

결과를 분석해보면 Parch가 0일 때 대다수 승객이 부모와 자녀를 동반하지 않은 것을 볼 수 있습니다. 이 그룹에서 사망자 수가 생존자 수보다 많습니다. Parch가 1이거나 2일 때는 생존자 수가 사망자 수보다 높거나 비슷한 모습을 보입니다. Parch가 3 이상인 것은 부모와 자녀를 많이 동반한 경우인데, 이때 생존자 수가 사망자 수보다 적습니다. **다만 이 그룹의 데이터는 표본이 적으므로 유의미한 결론을 내리기에는 어려울 수 있습니다.** 종합하자면 Parch 값이 낮을 때 생존 확률이 높아지는 경향이 있으나 일부 그룹에서는 예외가 있을 수 있습니다.

개별 서브플롯을 동시에 생성하기 [방법 2]

plt.subplots( ) 함수는 하나의 figure 안에 개별 서브플롯subplot을 동시에 생성할 때 사용하는 함수입니다. plt.subplot( ) 함수와 다른 점은 figure 내에 있는 서브플롯에 접근할 때 인덱스가 아니라 함수가 반환한 축 배열을 활용한다는 것입니다. 예를 들어 plt.subplots(2, 2)는 코드 상에서 figure 객체와 2×2의 축 배열을 반환합니다. 이 내용은 코드를 보며 좀 더 자세히 이야기하겠습니다. 기본형은 다음과 같습니다.

```
plt.subplots(nrows, ncols, sharex, sharey)
```

- **nrows** : 전체 그림 영역의 행row 개수를 나타냅니다. 그림 영역을 몇 개의 행으로 나눌 것인지 정합니다.
- **ncols** : 전체 그림 영역의 열column 개수를 나타냅니다. 그림 영역을 몇 개의 열로 나눌 것인지 정합니다.
- **sharex** : 모든 서브플롯 간에 x축 공유 여부를 지정합니다. 기본값은 False입니다.
- **sharey** : 모든 서브플롯 간에 y축 공유 여부를 지정합니다. 기본값은 False입니다.

01단계 다음은 2행 2열의 서브플롯을 생성하고, 각 서브플롯에 간단한 선 그래프를 만드는 코드입니다.

```
import matplotlib.pyplot as plt

fig, axes = plt.subplots(2, 2) # ❶ 2*2 구성의 figure
axes[0, 0].plot([1, 2, 3]) # ❷ 선그래프
axes[0, 1].plot([4, 5, 6])
axes[1, 0].plot([7, 8, 9])
axes[1, 1].plot([10, 11, 12])
plt.show()
```

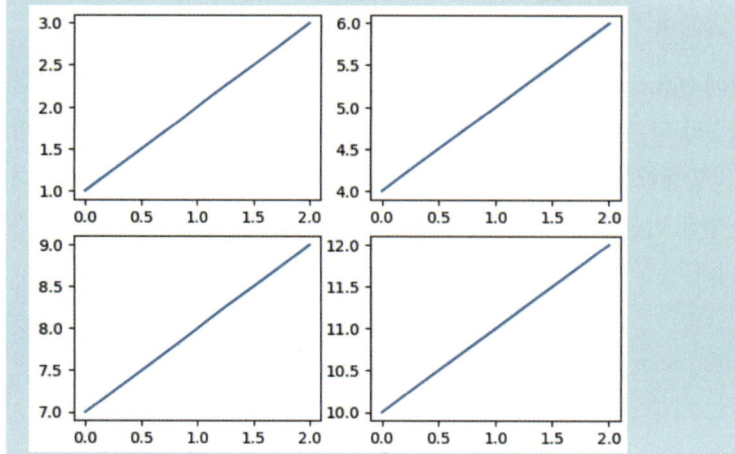

❶ 2행 2열 구성의 figure와 서브플롯을 동시에 생성합니다. 이 함수를 실행하면 figure 객체와 2행 2열의 축axes 배열을 반환합니다. 이때 fig는 전체 figure 객체를 나타내고 axes는 서브플롯 배열을 나타냅니다. axes는 2×2 배열로, 각 요소는 하나의 서브플롯을 나타냅니다.

> 이렇게 반환값을 변수 2개에 나눠 받는 것을 구조 분해 할당이라고 부릅니다. 구조 분해 할당을 잘 모르면 간단한 파이썬 문법이므로 검색하여 공부하고 오기 바랍니다.

❷ 첫 번째 서브플롯에 선 그래프를 추가합니다. x축은 [0, 1, 2]이고, y축은 해당 리스트의 값입니다. 나머지 코드도 원리가 같습니다.

타이타닉 데이터셋으로 개별 서브플롯 동시에 그리기

01단계 타이타닉 데이터셋을 이용하여 각 부모와 자녀의 수에 따른 사망자와 생존자 수를 계산하여 하나의 figure에 두 개의 서브플롯으로 그려보겠습니다. 우선 부모와 자녀의 수에 따른 생존자와 사망자 수를 계산합니다.

```
import pandas as pd

titanic = pd.read_csv('titanic_selena.csv')
# 각 부모와 자녀의 수에 따른 생존자와 사망자 수 계산
parch_counts = titanic.groupby('Parch')['Survived'].value_counts().unstack().fillna(0)
```

```
parch_counts
```

> 출력 결과
>
> | Survived | 0 | 1 |
> |---|---|---|
> | Parch | | |
> | 0 | 445.0 | 233.0 |
> | 1 | 53.0 | 65.0 |
> | 2 | 40.0 | 40.0 |
> | 3 | 2.0 | 3.0 |
> | 4 | 4.0 | 0.0 |
> | 5 | 4.0 | 1.0 |
> | 6 | 1.0 | 0.0 |

groupby( ) 함수를 사용하여 Parch 변수로 데이터를 그룹화하고 각 Parch 변수와 Survived 변수 값의 고유한 조합의 발생 횟수를 value_counts( )를 사용하여 계산합니다. 그 결과를 unstack( ) 함수를 사용하여 인덱스 값을 컬럼으로 올려주는 작업을 하고, fillna(0)을 사용하여 결측치를 0으로 채웁니다.

> 한 줄로 작성한 코드가 잘 이해되지 않는다면 코드를 쪼개서 하나씩 출력하며 결과를 확인해보면 더 이해하기 쉽습니다.

02단계 다음은 부모와 자녀의 수에 따른 생존 여부를 두 가지 그래프로 시각화하는 코드입니다.

```python
import matplotlib.pyplot as plt

# x, y값 설정
x = parch_counts.index.astype(str) # ❶ 데이터프레임의 인덱스를 문자열로 변환
y1 = parch_counts[0].values        # ❷ 사망자
y2 = parch_counts[1].values        # ❸ 생존자

# ❹ plt.subplots() 함수를 사용하여 하나의 그림인 figure에 개별 서브플롯을 동시에 추가
fig, axes = plt.subplots(2, 1, figsize=(10, 10))

# ❺ 첫 번째 서브플롯 설정(선 그래프)
axes[0].plot(x, y1, '-o', color='indigo', markersize=7, linewidth=3, alpha=0.7,
```

```
          label='Not Survived')
axes[0].set_xlabel('Parch')
axes[0].set_ylabel('Not Survived Count', color='indigo')
axes[0].tick_params(axis='y', labelcolor='indigo')
axes[0].legend(loc='upper right')

# 두 번째 서브플롯 설정 (막대 그래프)
axes[1].bar(x, y2, color='deeppink', alpha=0.7, width=0.5, label='Survived')
axes[1].set_xlabel('Parch')
axes[1].set_ylabel('Survived Count', color='deeppink')
axes[1].tick_params(axis='y', labelcolor='deeppink')
axes[1].legend(loc='upper right')

fig.suptitle('Survival Analysis by Number of Parents/Children (Parch) on the
Titanic') # ❻ 제목
fig.tight_layout()
plt.show()
```

출력 결과

❶ parch_counts 데이터프레임의 인덱스를 문자열로 변환하는 코드입니다.

❷ parch_counts 데이터프레임의 사망자(Not Survived) 값에 해당하는 열을 선택합니다. 여기서 0은 열의 인덱스를 나타냅니다. .values는 선택한 열의 값을 넘파이 배열로 변환합니다.

❸ parch_counts 데이터프레임의 생존자(Survived) 값에 해당하는 열을 선택합니다. 여기서 1은 열의 인덱스를 나타냅니다. .values는 선택한 열의 값을 넘파이 배열로 변환합니다.

❹ 두 개의 서브플롯(2행 1열의 그리드)을 가진 새로운 figure를 생성합니다. 가로와 세로 크기는 각각 10입니다. fig는 figure 객체이고, axes는 축 배열입니다. axes[0]은 첫 번째 서브플롯을, axes[1]은 두 번째 서브플롯을 나타냅니다.

❺ 첫 번째 서브플롯을 생성하는 방법은 다음과 같습니다. 두 번째 서브플롯도 같은 방식으로 생성하므로 설명은 생략했습니다.

- x과 y1에 x축과 y축에 사용할 데이터를 넣었습니다.
- '-o'로 선 그래프에 사용할 스타일을 선과, 원형 마커로 지정했습니다.
- 색상은 color='indigo'로, 마커의 크기는 markersize=7로 설정합니다.
- 선 굵기, 투명도는 linewidth=3, alpha=0.7로 설정하고, 그래프의 레이블로 label='Not Survived'를 설정했습니다.
- 레이블은 set_xlabel( ) 함수와 set_ylabel( ) 함수로 각각 x축, y축에 설정합니다. 여기서는 x축의 레이블을 Parch로, y축의 레이블을 Not Survived Count로 설정합니다.
- 눈금의 모양과 속성을 tick_params( )로 설정합니다.
- 범례의 위치를 legend(loc='upper right')로 오른쪽 상단으로 지정합니다.

❻ 마지막으로 fig.suptitle( )은 figure에 제목을 추가합니다. fig.tight_layout( )은 자동으로 figure 내에 있는 서브플롯 간의 간격을 조절합니다.

하나의 서브플롯에 여러 그래프 그리기

앞에서는 하나의 figure에 여러 서브플롯을 그렸습니다. 이번에는 하나의 서브플롯에 여러 그래프를 그리는 방법을 알아보겠습니다. 다음은 하나의 서브플롯에 두 그래프(막대, 선)를 그린 예시입니다.

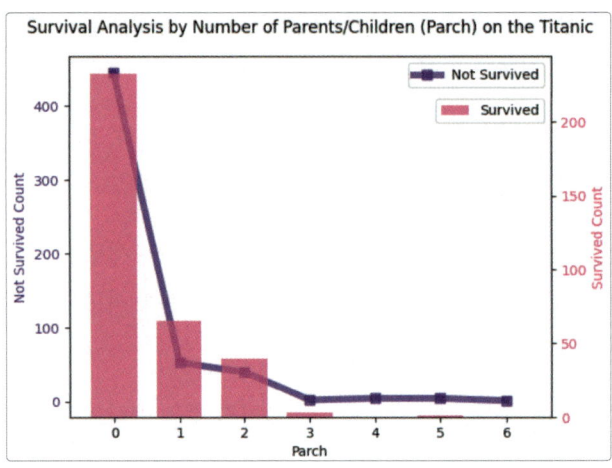

이렇게 하려면 twinx( ) 함수를 사용하여 하나의 x축과 두 개의 y축을 이용해야 합니다. 바로 실습해봅시다.

01단계 타이타닉 데이터에서 부모와 자녀의 수에 따른 생존자, 사망자 수를 계산합니다. 이 코드는 앞서 여러 번 실행했던 것이므로 결과와 설명은 생략하겠습니다.

```
import pandas as pd

titanic = pd.read_csv('titanic_selena.csv')
# 각 부모와 자녀의 수에 따른 생존자와 사망자 수 계산
parch_counts = titanic.groupby('Parch')['Survived'].value_counts().unstack().fillna(0)
parch_counts
```

02단계 x축은 공유하고 y축만 다르게 하여 그래프를 그리려면 다음과 같이 하면 됩니다.

```
import matplotlib.pyplot as plt

# x, y값 설정
x = parch_counts.index.astype(str)
y1 = parch_counts[0].values    # 사망자
y2 = parch_counts[1].values    # 생존자
```

```python
# plt.subplots() 함수를 사용하여 그래프 생성
fig, ax1 = plt.subplots() # ❶ figure와 서브플롯 생성

# ❷ 첫 번째 그래프 설정 (선 그래프)
ax1.plot(x, y1, '-s', color='indigo', markersize=7, linewidth=5, alpha=0.7,
label='Not Survived')
ax1.set_xlabel('Parch') # ❸ x축의 레이블
ax1.set_ylabel('Not Survived Count', color='indigo') # ❹ y축의 레이블
ax1.tick_params(axis='y', labelcolor='indigo') # ❺ 눈금의 모양과 속성
ax1.legend(loc='upper right', bbox_to_anchor=(1, 1)) # ❻ 범례

# ❼ .twinx() 함수를 사용하여 두 번째 그래프와 축을 공유하는 새로운 Axes 객체 생성
ax2 = ax1.twinx()

# ❽ 두 번째 그래프 설정 (막대 그래프)
ax2.bar(x, y2, color='deeppink', alpha=0.7, width=0.7, label='Survived')
ax2.set_ylabel('Survived Count', color='deeppink') # ❾ 서브플롯 y축에 레이블 추가
ax2.tick_params(axis='y', labelcolor='deeppink')
ax2.legend(loc='upper right', bbox_to_anchor=(1, 0.9))

plt.suptitle('Survival Analysis by Number of Parents/Children (Parch) on the
Titanic')
plt.tight_layout()
plt.show()
```

출력 결과

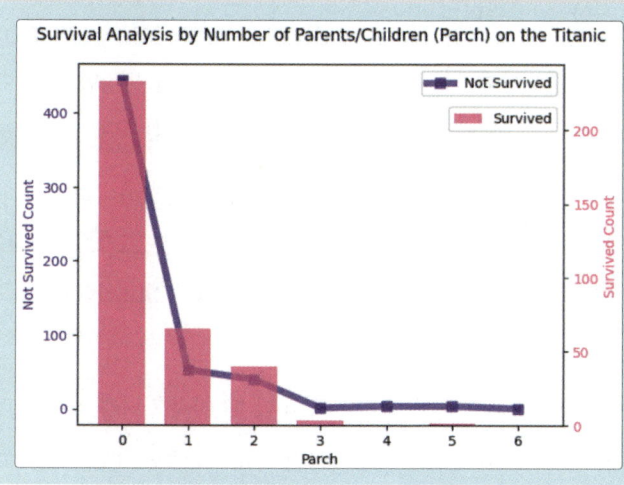

대부분의 코드는 앞에서 살펴본 것과 같습니다. 다른 부분만 설명하겠습니다.

❶ 하나의 서브플롯을 가진 figure를 생성합니다. fig는 figure를 나타내고, ax1은 해당 figure의 서브플롯을 나타냅니다.

❷ plot( )은 선 그래프를 그리는 함수입니다. x과 y1는 x축과 y축에 사용할 데이터입니다. '-s'는 선 그래프에 사용되는 스타일을 지정합니다. 여기서는 선(-)과 정사각형 마커(s)를 사용합니다. markersize=7은 마커의 크기를 7로 설정합니다. linewidth=5는 선의 굵기를 5으로 설정합니다. alpha=0.7은 그래프의 투명도를 0.7로 설정합니다. label='Not Survived'는 그래프에 대한 레이블을 지정합니다.

❸ set_xlabel( ) 함수는 특정 서브플롯의 x축에 레이블을 추가하고자 할 때 사용합니다. x축의 레이블을 Parch로 설정합니다.

❹ set_ylabel( ) 함수는 특정 서브플롯의 y축에 레이블을 추가하고자 할 때 사용합니다. y축의 레이블을 Not Survived Count로 설정합니다. color='indigo'는 y축 레이블의 색상을 indigo로 지정합니다.

❺ tick_params( )는 눈금의 모양 및 속성을 설정하는데 사용합니다. y축의 눈금과 레이블의 색상을 indigo로 설정합니다.

❻ bbox_to_anchor=(1, 1)은 오른쪽 상단으로부터 (1, 1)만큼 떨어져 있도록 설정합니다.

위와 같이 ax1을 활용하여 첫 번째 서브플롯에 대한 설정을 추가하고, 필요에 따라 다른 서브플롯을 추가하여 여러 그래프를 한 번에 표시할 수 있습니다.

❼ ax1 서브플롯과 x축을 공유하면서 새로운 y축을 가진 새로운 서브플롯(ax2)을 생성합니다. 이렇게 함으로써 두 개의 서로 다른 y축을 가진 서브플롯이 하나의 x축을 공유하게 됩니다.

❽ bar( )는 막대 그래프를 그리는 함수입니다. x과 y2는 x축과 y축에 사용할 데이터입니다. color='deeppink'는 그래프의 색상을 deeppink로 지정합니다. alpha=0.7은 그래프의 투명도를 0.7로 설정합니다. width=0.7은 막대의 너비를 0.7로 설정합니다. label='Survived'는 그래프에 대한 레이블을 지정합니다.

❾ set_ylabel( ) 함수는 특정 서브플롯의 y축에 레이블을 추가하고자 할 때 사용합니다. y축의 레이블을 Survived Count로 설정합니다. 그리고 ax2는 따로 set_xlabel( ) 함수를 사용하지 않습니다. 그 이유는 ax1과 x축을 공유하기 때문입니다.

챗GPT와 함께 타이타닉 승객 등급별 요금 분포와 생존율 시각화

 가상의 타이타닉 승객 등급별 요금 분포와 생존율 시각화시켜줘.

타이타닉 데이터셋에서 승객 등급별 요금 분포와 생존율을 시각화한 것입니다.

- **박스플롯 (Box Plot)** : 승객 등급별 요금 분포를 박스플롯으로 나타냅니다. 각 등급별 요금의 중앙값, 사분위수 및 이상치를 시각적으로 보여줍니다.
- **선그래프 (Line Plot)** : 동일한 서브플롯에 승객 등급별 생존율을 선그래프로 나타냅니다. 초록색 선은 각 등급별 생존율을 나타내며, 승객 등급이 생존율에 미치는 영향을 쉽게 비교할 수 있습니다.

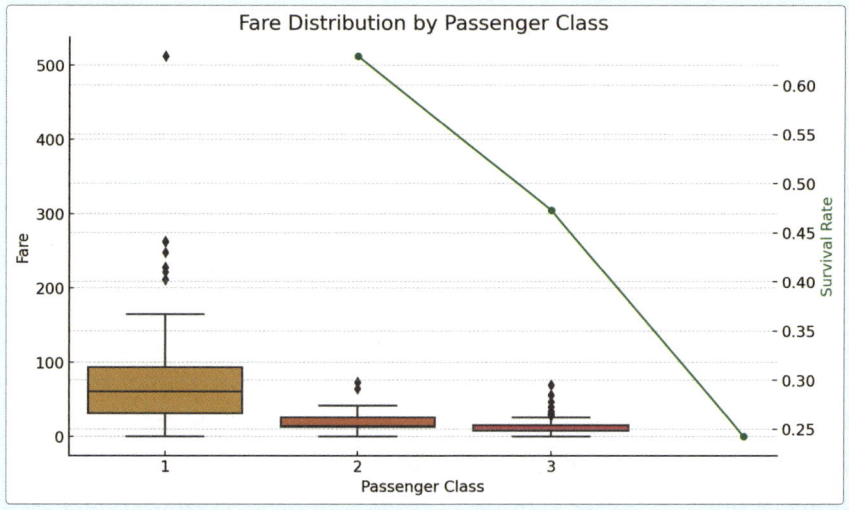

이 그래프를 통해 승객 등급이 요금과 생존율에 어떻게 영향을 미치는지 명확하게 이해할 수 있습니다.

```python
import pandas as pd
import matplotlib.pyplot as plt
import seaborn as sns

titanic = pd.read_csv('titanic_selena.csv')
```

```python
# 승객 등급별 요금 분포와 생존율을 시각화합니다.
# 승객 등급별 요금 분포 계산
pclass_fare = titanic[['Pclass', 'Fare']]

# 승객 등급별 생존율 계산
pclass_survival_rate = titanic.groupby('Pclass')['Survived'].mean()

# 서브플롯 생성
fig, ax1 = plt.subplots(figsize=(10, 6))

# 박스플롯 (Box Plot) for 요금 분포
sns.boxplot(x='Pclass', y='Fare', data=pclass_fare, ax=ax1)
ax1.set_xlabel('Passenger Class')
ax1.set_ylabel('Fare')
ax1.set_title('Fare Distribution by Passenger Class')

# 선그래프 (Line Plot) for 생존율
ax2 = ax1.twinx()
pclass_survival_rate.plot(kind='line', marker='o', color='green', ax=ax2)
ax2.set_ylabel('Survival Rate', color='green')
plt.show()
```

챗GPT에게 부탁하여 요금 분포와 생존율을 한 그래프에 시각화했습니다. 제가 이를 통해 얻고 싶은 것은 데이터의 패턴과 잠재적 인과관계입니다. 예를 들어 높은 요금을 지불한 1등급 승객의 생존율이 상대적으로 높다는 사실을 쉽게 확인할 수 있었습니다. 이건 각각의 데이터만 보고서는 알기 어려운 것입니다. 이렇게 시각화를 적절하게 하면 비즈니스 의사결정이나 분석에 중요한 포인트를 발견하기 쉽습니다.

03.6 그래프 저장하기

그래프를 이미지 파일로 저장하려면 savefig( ) 함수를 사용합니다. 그럼 바로 실습을 시작해봅시다.

01단계 그래프를 저장해보세요. 주의할 점은 savefig( ) 함수를 호출한 이후에 plt.show( )를 호출하면 저장된 이미지가 비어 있을 수 있다는 것입니다. 그래서 figure를 저장할 때는 plt.show( )를 사용하지 않는 것이 좋습니다.

```python
import matplotlib.pyplot as plt
import pandas as pd

titanic = pd.read_csv('titanic_selena.csv')

# ❶ 히스토그램 그리기
plt.hist(titanic['Age'], bins=20, color='skyblue', edgecolor='black')
plt.xlabel('Age')
plt.ylabel('Count')
plt.title('Distribution of Ages on the Titanic')
plt.grid(axis='y', linestyle='--', alpha=0.7)

# ❷ 이미지로 저장
plt.savefig('/content/histogram.jpg', format='jpg')
```

❶ plt.hist( ) 함수를 이용하여 히스토그램을 생성합니다.

❷ figure를 저장합니다. format 매개변수를 통해 저장하려는 이미지의 확장자를 지정할 수 있습니다. 여기서는 jpg로 지정했습니다. 이미지가 저장되는 위치는 현재 작업 중인 구글 코랩의 루트 디렉터리인 /content/입니다.

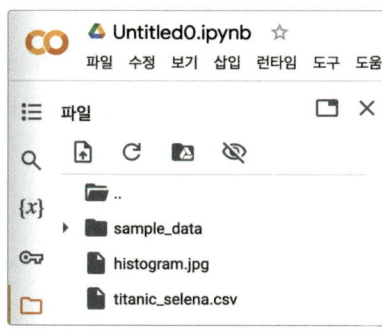

/content/는 구글 코랩 가상 머신의 루트 디렉터리입니다.

02단계 만약 데스크탑에 저장하고 싶다면 구글 코랩의 파일 탐색기에서 다운로드를 누르면 됩니다.

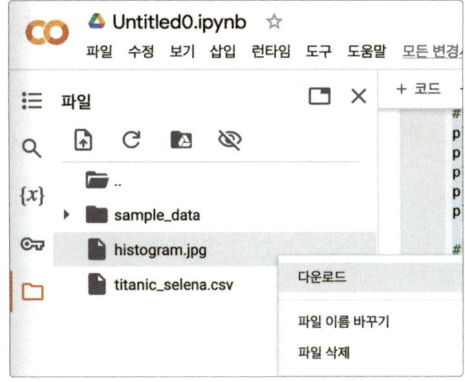 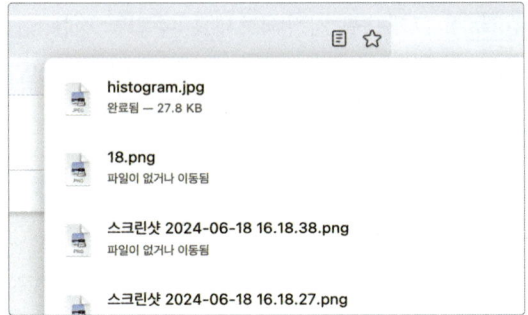

학습 마무리

맷플롯립은 다양한 그래프와 설정을 통해 데이터를 직관적으로 분석하고 시각화하는 라이브러리입니다. 이번 장에서는 여러 스타일과 구성 옵션을 조정하여 원하는 그래프를 생성하는 방법을 익혔습니다. 이를 통해 데이터를 더 명확하게 표현하고, 시각적으로 설득력 있는 인사이트를 도출하는 기술을 배웠습니다. 다음 장에서는 맷플롯립 라이브러리를 기반으로 더 고급스럽고 다양한 데이터 시각화 기법을 제공하는 시본 라이브러리를 학습하겠습니다.

핵심 요약

1. **기본 선형 그래프**는 plt.plot( )을 사용하여 두 변수 간의 관계를 시각적으로 표현할 수 있습니다.
2. **그래프 꾸미기**는 축 레이블 지정, 범례 추가, 선 종류와 마커 설정 등 그래프의 시각적 요소를 커스터마이징하여 보다 직관적이고 명확한 시각화를 만들 수 있습니다.
3. 맷플롯립은 **막대 그래프, 파이 차트, 산점도, 히스토그램, 히트맵** 등 다양한 그래프를 지원합니다.
4. **데이터 분포 시각화**는 박스 플롯과 바이올린 플롯을 사용하여 데이터의 분포와 중앙값, 이상치를 시각적으로 분석할 수 있습니다.
5. **서브플롯 그리기**는 plt.subplot( )과 plt.subplots( )를 통해 하나의 figure에 여러 개의 그래프를 배치하는 방법입니다.

연습문제

Selena Gym은 회원들에게 운동 루틴과 관련된 다양한 데이터를 수집하고 있습니다. 이를 통해 회원들의 운동 패턴과 효율성을 분석하여 맞춤형 운동 프로그램을 제공하려고 합니다. 회원 데이터는 시간대별 운동 시간, 소모한 칼로리, 사용한 운동 기구의 종류 등으로 구성되어 있습니다. 맷플롯립을 이용해 이를 시각화하고 분석하는 문제를 풀어보세요.

> 연습 문제와 정답이 있는 코랩 파일은 bit.ly/4eNk3vR에 있습니다.

1 Selena Gym은 회원들이 주로 언제 운동하는지 분석하기 위해 시간대별 운동 시간을 시각화하려고 합니다. 주어진 데이터를 사용하여 요구 사항에 맞는 선 그래프를 그리세요.

> 주요 개념 : 선 그래프 그리기, 축 라벨 설정, 제목 추가

주어진 데이터
- time_of_day = [12, 13, 14, 15, 16, 17, 18](시간대: 12시부터 18시까지)
- exercise_time = [50, 40, 35, 30, 20, 25, 55](각 시간대별 운동 시간)

요구 사항
- x축 : 시간대(12시부터 18시까지의 시간대)
- y축 : 운동 시간(각 시간대에 운동한 총 시간)
- 선 그래프 : 각 시간대별 운동 시간을 연결하는 선을 그리며, 데이터 포인트에는 동그라미 마커(marker='o') 추가
- 그래프 제목 : "Exercise Time by Time of Day"로 설정
- 축 라벨 : x축은 "Time of Day(Hour)"로, y축은 "Exercise Time(Minutes)"로 설정.
- 그리드 : 그래프 내에 그리드 표시

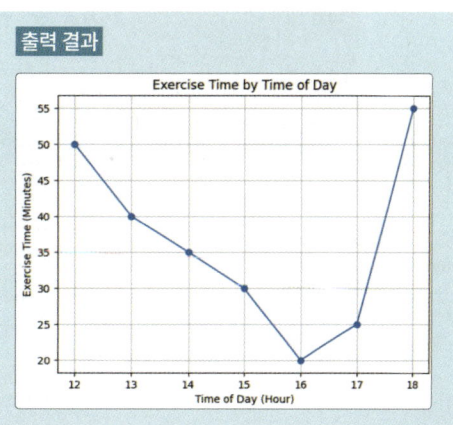
출력 결과

2 각 회원이 소모한 칼로리를 운동별로 분석하려고 합니다. 주어진 데이터를 사용하여 요구 사항에 맞는 파이 차트를 그리세요.

 주요 개념 : 파이 차트 그리기, 그래프 옵션 설정

주어진 데이터
- exercise = ['Pilates', 'Strength Training', 'Yoga'](운동 종류)
- calories_burned = [200, 450, 100](각 기구별로 소모된 칼로리)

요구 사항
- 파이차트 : 각 운동별 소모한 칼로리를 파이 차트로 시각화
- 색상 : 각 영역의 색상은 'lightcoral', 'lightpink', 'peachpuff'로 설정
- 그래프 옵션 : 각 범주의 백분율은 소수점 첫 번째 자리, 시작 각도는 90도, 각 범주에 대한 이름은 exercise 변수의 값으로 설정, 그림자 표시
- 그래프 제목 : 그래프의 제목을 "Calories Burned by Exercise"로 설정

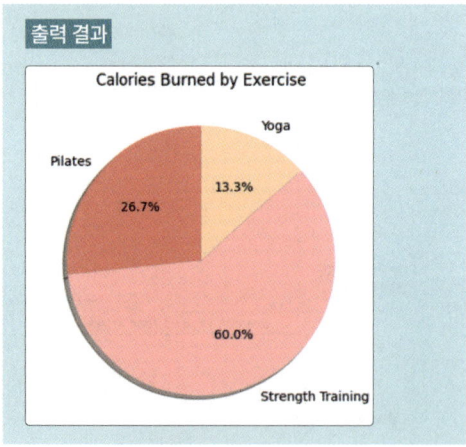
출력 결과

3 회원들이 사용한 운동 기구별로 몇 번 사용했는지Usage Count와 소모된 총 칼로리Total Calories Burned를 분석하려고 합니다. 두 가지 다른 정보를 하나의 그래프에 시각화하기 위해, 하나의 x축과 두 개의 y축을 사용하여 선 그래프와 막대 그래프를 결합할 수 있습니다. 주어진 데이터를 활용하여 다음 요구 사항에 맞는 그래프를 그리세요.

주요 개념 : twinx( ) 함수 사용하여 두 그래프 그리기, 선 그래프와 막대 그래프 결합

주어진 데이터
- equipment = ['Bike', 'Weights', 'Dumbbells']
- usage_count = [150, 180, 80](각 운동 기구의 사용 횟수)
- total_calories = [5000, 6000, 3500](기구별 소모한 총 칼로리)

요구 사항
- 첫 번째 그래프 : 선 그래프(운동 기구별 사용 횟수)
  - x축 : 운동 기구Exercise Equipment
  - y축(왼쪽) : 사용 횟수Usage Count
  - 선 그래프의 색상은 보라색(#9b59b6), 마커는 원형(marker='o')
- 두 번째 그래프 : 막대 그래프(운동 기구별 소모 칼로리)
  - y축(오른쪽) : 총 칼로리 소모량Total Calories Burned
  - 막대 그래프의 색상은 부드러운 핑크색(#f5b7b1), 투명도는 0.7
- 범례 : 각 그래프에 대해 범례 추가(선 그래프와 막대 그래프 각각의 범례)
- 그래프 제목 : "Exercise Equipment Usage and Calories Burned Analysis"로 설정

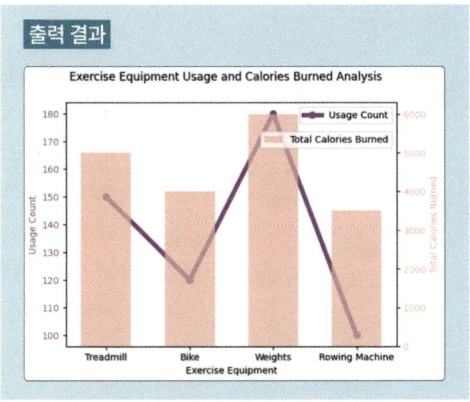
출력 결과

4 Selena Gym은 운동 시간과 소모한 칼로리 사이의 관계를 분석하려고 합니다. 주어진 데이터를 사용하여 산점도를 그리세요. 각 데이터 포인트는 운동 시간에 따른 칼로리 소모량을 나타내며, 아래의 요구 사항을 충족하도록 그래프를 작성하세요.

> 주요 개념 : 산점도 그리기, 그래프 제목 및 축 라벨 설정

주어진 데이터
- exercise_time = [30, 45, 60, 70, 65, 50, 40, 35, 30, 20] (운동 시간, 분 단위)
- calories_burned = [200, 300, 400, 450, 430, 320, 250, 220, 210, 150] (소모한 칼로리)

요구 사항
- 산점도 : 각 운동 시간별 소모한 칼로리를 산점도로 시각화
- 색상 : 각 포인트의 색상은 연한 코랄색(lightcoral)으로 설정
- 포인트 크기: 점 크기는 100으로 설정
- 그래프 제목: "Calories Burned vs Exercise Time" 설정
- 축 라벨 : x축 라벨은 "Exercise Time (minutes)", y축 라벨은 "Calories Burned" 설정
- 그리드 : 그래프 내에 그리드 표시

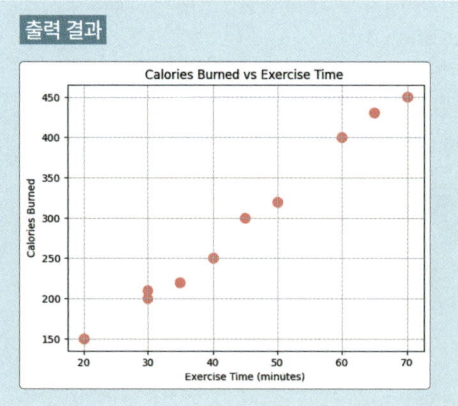

출력 결과

5 Selena Gym은 주별 평균 운동 시간을 분석하려고 합니다. 주어진 데이터를 사용하여 요구 사항에 맞는 수평 막대 그래프를 그리세요.

> 주요 개념 : 수평 막대 그래프 그리기, 축 라벨 설정, 제목 추가

주어진 데이터
- weeks = ['Week 1', 'Week 2', 'Week 3', 'Week 4'] (주차 정보)
- average_time = [300, 280, 320, 350] (각 주별 평균 운동 시간, 분 단위)

요구 사항
- 수평 막대 그래프: 각 주차별 평균 운동 시간을 가로 막대 그래프로 시각화
- 막대 색상: 각 막대의 색상은 'lightcoral', 'lightpink', 'peachpuff', 'plum'으로 설정
- 그래프 제목: "Average Exercise Time per Week"로 설정
- 축 라벨 : x축 라벨은 "Average Exercise Time (minutes)", y축 라벨은 "Week" 설정

출력 결과

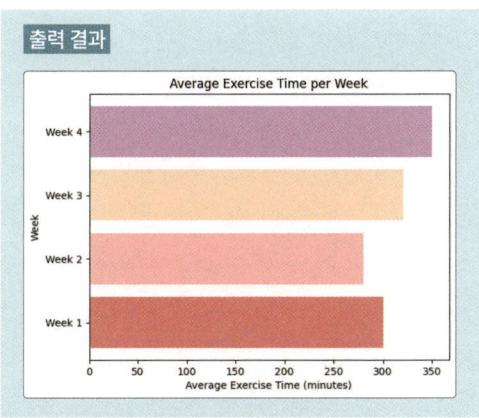

04장

데이터 시각화 라이브러리, 시본

학습 목표

이번 장에서는 시본 라이브러리의 기본 개념을 살펴보겠습니다. 시본 라이브러리는 맷플롯립 라이브러리를 기반으로 하여 더 고급스럽고 다양한 데이터 시각화 기법을 제공합니다. 여기서는 시본에 내장되어 있는 데이터를 불러와 다양한 그래프를 그려보겠습니다. 이 과정을 통해 데이터 시각화에 대한 이해를 높이고, 실제 데이터 분석에서 유용하게 활용할 수 있는 인사이트를 도출하는 방법을 배울 것입니다.

핵심 키워드

- 시본
- 고급 시각화 기법
- 내장 데이터셋
- 데이터 처리
- 인사이트 도출
- 범주형 변수 산점도
- 빈도 그래프
- 선형 회귀선 그래프
- 히스토그램과 커널 밀도 추정 그래프
- 조인트 그래프
- 관계 그래프

학습 코스

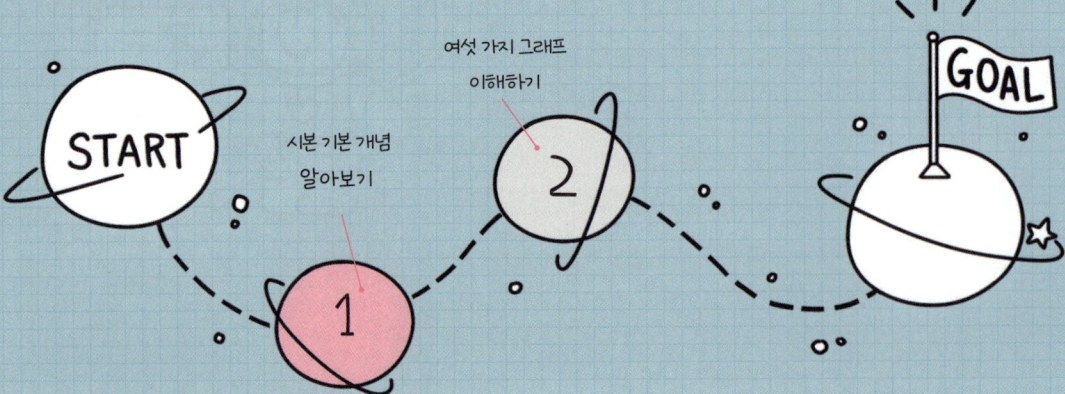

04.1 시본 기본 개념 알아보기

시본seaborn은 맷플롯립matplotlib 기반의 데이터 시각화 라이브러리입니다. 시본은 맷플롯립보다 간편하게 사용할 수 있고, 더 효과적으로 모양을 다듬을 수 있습니다. 또한 시본은 통계 데이터를 시각적으로 표현하는 데 적절하고, 맷플롯립과 함께 사용하여 더 높은 수준의 그래프를 생성할 수 있습니다.

> 🧑‍🏫 **실습을 시작하기 전에!** 본 책은 실습을 위한 코랩 파일과 정답 파일을 매 장마다 제공합니다. bit.ly/4dXk2Ef에 접속하여 두 파일을 좌우로 열어 펼쳐놓고 책을 보며 실습하세요. 그럼 더욱 편리하게 학습할 수 있습니다.

시본 자체 데이터셋 불러오기

시본에는 자체 데이터셋이 포함되어 있습니다. 이는 시본의 다양한 기능을 쉽게 테스트하거나 학습할 수 있게 해주기 위한 배려죠. 데이터셋은 시본에 내장되어 있으므로 바로 사용할 수 있습니다. 그럼 직접 사용해보겠습니다.

> 🧑‍🏫 앞으로 시본 자체 데이터셋을 내장 데이터라고 부르겠습니다.

내장 데이터 살펴보기

01단계 시본의 내장 데이터의 종류를 출력해봅니다.

```python
import seaborn as sns
sns.get_dataset_names()
```

```
['anagrams', 'anscombe', 'attention', 'brain_networks', 'car_crashes',
'diamonds', 'dots', 'dowjones', 'exercise', 'flights', 'fmri', 'geyser', 'glue',
'healthexp', 'iris', 'mpg', 'penguins', 'planets', 'seaice', 'taxis', 'tips',
'titanic']
```

sns.get_dataset_names( ) 함수는 시본에 내장된 데이터셋의 이름 목록을 반환합니다. 결과를 보면 시본의 다양한 기능을 테스트하고 학습할 수 있는 내장 데이터셋이 많이 보입니다. 이를 이용하면 별도로 데이터를 다운로드할 필요 없이 시각화에 필요한 데이터를 바로 사용할 수 있습니다. 다음은 데이터셋을 간략하게 설명한 표입니다.

> 데이터셋의 자세한 정보는 github.com/mwaskom/seaborn-data에서 확인할 수 있습니다.

anagrams 단어의 스펠링 순서를 변경하여 만들 수 있는 단어 쌍에 대한 데이터셋	**anscombe** 네 개의 그룹 x와 y 변수에 대한 통계적 예제(평균, 분산, 상관 관계 등) 데이터셋	**attention** 주의 집중 실험 결과에 대한 데이터셋	**brain_networks** 뇌의 네트워크 연결과 관련된 데이터셋	**car_crashes** 주행 중의 자동차 사고에 대한 데이터셋
diamonds 다이아몬드 가격과 특성에 대한 데이터셋	**dots** 시간에 따른 두 변수 간의 관계를 나타내는 데이터셋	**dowjones** 다우존스 산업 지수에 대한 일일 종가 데이터셋	**exercise** 운동에 따른 심박수 변화에 관한 데이터셋	**flights** 비행 승객수에 대한 데이터셋
fmri 기능성 자기 공명 영상(fMRI) 실험 데이터셋	**geyser** 지구의 각종 지진에 대한 데이터셋	**glue** 접착제 사용 실험 결과에 관한 데이터셋	**healthexp** 국가별 건강 지출에 대한 데이터셋	**iris** 붓꽃의 품종과 특성에 관한 데이터셋
mpg 자동차 연비에 대한 데이터셋	**penguins** 펭귄 종류와 특성에 관한 데이터셋	**planets** 외계 행성 발견에 대한 데이터셋	**seaice** 북극 및 남극의 해빙 정도에 관한 데이터셋	**taxis** 택시에 관한 데이터셋
tips 식사와 팁에 관한 데이터셋	**titanic** 타이타닉호 승객에 관한 생존 데이터셋			

이처럼 시본에는 다양한 데이터셋이 있습니다. 이번 장에서는 **tips 데이터셋**을 사용하여 음식점에서 식사와 팁에 관한 인사이트를 도출하고자 합니다. 그럼 시작해봅시다.

팁 데이터셋 불러오기

팁 데이터셋에는 다양한 변수가 들어 있습니다. 실습하기 전에 미리 어떤 변수가 있는지 살펴보겠습니다.

변수 이름	변수 설명
total_bill	한 명당 지불한 총 식사 비용(달러)
tip	식사에 대해 받은 팁의 양(달러)

sex	고객의 성별 - Male - Female
smoker	고객이 흡연자인지 비흡연자 여부 - Yes - No
day	식사가 이루어진 요일 - Thur (Thursday) - Fri (Friday) - Sat (Saturday) - Sun (Sunday)
time	식사가 이루어진 시간대 - Lunch - Dinner
size	식사를 함께 한 그룹의 인원 수

02단계 팁 데이터셋을 불러온 다음, 데이터셋의 구성을 살펴봅시다.

```
tips = sns.load_dataset('tips')
tips.head()
```

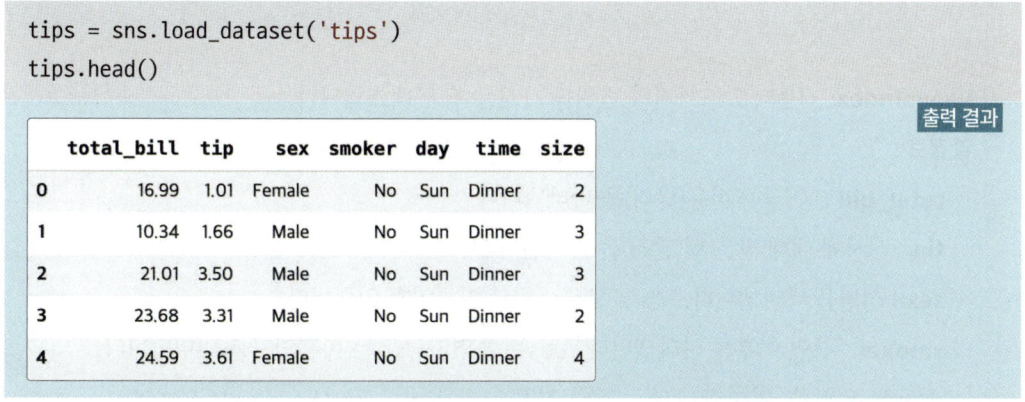

출력 결과

첫 5개의 행을 출력한 결과를 보면 음식점에서 고객들의 식사 비용, 받은 팁, 성별, 흡연 여부, 식사 요일과 시간대, 그리고 함께 식사한 그룹의 인원 수에 대한 정보를 확인할 수 있습니다. 첫 번째 행의 데이터에서, 고객은 일요일 저녁에 여성과 함께 16.99 달러의 총 식사 비용을 지불하고, 1.01 달러의 팁을 주었으며, 흡연하지 않았고, 2명의 그룹으로 식사했습니다.

03단계 팁 데이터셋의 정보도 출력해봅시다.

```
# 열에 대한 요약 정보 확인
tips.info()
```

출력 결과
```
<class 'pandas.core.frame.DataFrame'>
RangeIndex: 244 entries, 0 to 243
Data columns (total 7 columns):
 #   Column      Non-Null Count  Dtype
---  ------      --------------  -----
 0   total_bill  244 non-null    float64
 1   tip         244 non-null    float64
 2   sex         244 non-null    category
 3   smoker      244 non-null    category
 4   day         244 non-null    category
 5   time        244 non-null    category
 6   size        244 non-null    int64
dtypes: category(4), float64(2), int64(1)
memory usage: 7.4 KB
None
```

- **RangeIndex** : 0부터 243까지의 범위를 가지는 행 인덱스입니다.
- **열 정보** :
  - **total_bill** : 총 식사 비용(달러)을 나타냅니다.
  - **tip** : 식사에 대해 받은 팁(달러)을 나타냅니다.
  - **sex** : 성별을 나타냅니다. Male, Female로 이루어져 있습니다.
  - **smoker** : 흡연 여부를 나타냅니다. Yes는 흡연자, No는 비흡연자를 의미합니다.
  - **day** : 요일을 의미합니다. Thur(Thursday), Fri(Friday), Sat(Saturday), Sun(Sunday)인 총 4개 카테고리로 구성되어 있습니다.
  - **time** : 식사 시간을 의미합니다. Lunch, Dinner인 총 2개 카테고리로 구성되어 있습니다.
  - **size** : 식사를 함께 한 그룹의 인원 수를 나타냅니다.

간단히 시본의 팁 데이터셋을 살펴보았습니다. 이제 이 데이터셋으로 다양하게 시각화하고 분석해 보겠습니다.

챗GPT와 함께 **Seaborn은 왜 별칭이 sns일까?**

지금까지 시본에 대해 기본개념에 대해 배워보았습니다. NumPy는 np라는 별칭을 가지고 Pandas는 pd라는 별칭을 가집니다. 여기서 왜 Seaborn은 sns인지 궁금해집니다. 챗GPT를 통해 물어보도록 하죠.

> seaborn의 이름의 유래는 무엇이며 import할 때 왜 "sns"로 가져오는 이유가 뭔지 알려줘.

> Seaborn의 이름은 실제 바다를 의미하는 "sea"와 "born"의 결합으로, 시각적으로 아름답고 조화로운 데이터 시각화를 만들어내기 위한 라이브러리라는 의미를 담고 있습니다. 또한, Seaborn 라이브러리의 이름은 텔레비전 드라마 The West Wing의 가상 인물인 Samuel Norman Seaborn에서 유래했습니다. 이 이름은 라이브러리의 창시자인 Michael Waskom이 재미있는 요소를 추가하기 위해 선택한 것입니다.
>
> 또한, Seaborn을 sns로 임포트하는 이유는 Samuel Norman Seaborn의 이니셜에서 따온 것입니다. sns라는 별칭은 라이브러리 이름과 연관된 의미를 갖는 동시에 코드 작성 시 간결하고 직관적으로 사용할 수 있는 장점이 있습니다.
>
> 따라서 sns는 Samuel Norman Seaborn의 약어로, 라이브러리의 이름과 관련된 유래와 함께 seaborn namespace를 의미하는 이중적인 뜻을 가지고 있습니다. 이러한 이유로 많은 사용자가 Seaborn 라이브러리를 sns로 임포트하는 것이 일반적입니다.

> 파이썬에서 자주 사용하는 라이브러리는 대부분 이름을 줄여 표현하여 코드 가독성을 높이고 협업 시 일관성을 유지합니다. 그리고 이런 별칭들은 개발자들이 암묵적으로 표준화한 표현을 따르는 것이 좋습니다. 예를 들어 Pandas는 pd, NumPy는 np, Seaborn은 sns로 임포트합니다. sns는 Seaborn의 창시자와 관련된 유래가 있기는 하지만 이런 유래보다 주요한 이유는 코드의 간결성과 직관성입니다. 결과적으로 대부분의 줄인 표현은 효율을 위한 것이지 다른 데 있지 않습니다.

04.2 여섯 가지 그래프 이해하기

시본은 맷플롯립보다 쉽게 그래프의 스타일을 지정할 수 있고 다양한 색상 팔레트를 제공합니다. 또한 통계 시각화에 특화되어 있어서 그래프의 통계 의미를 더 쉽게 이해할 수 있습니다.

시본 그래프는 어떤 것들이 있을까?

다음은 시본 공식 홈페이지 seaborn.pydata.org/examples에서 볼 수 있는 다양한 그래프들입니다. 홈페이지에 접속한 다음 [Gallery] 탭을 누르면 볼 수 있습니다. 맷플롯립을 공부한 직후라면 이 그래프들이 얼마나 다른지는 금방 눈치챌 수 있을 것입니다.

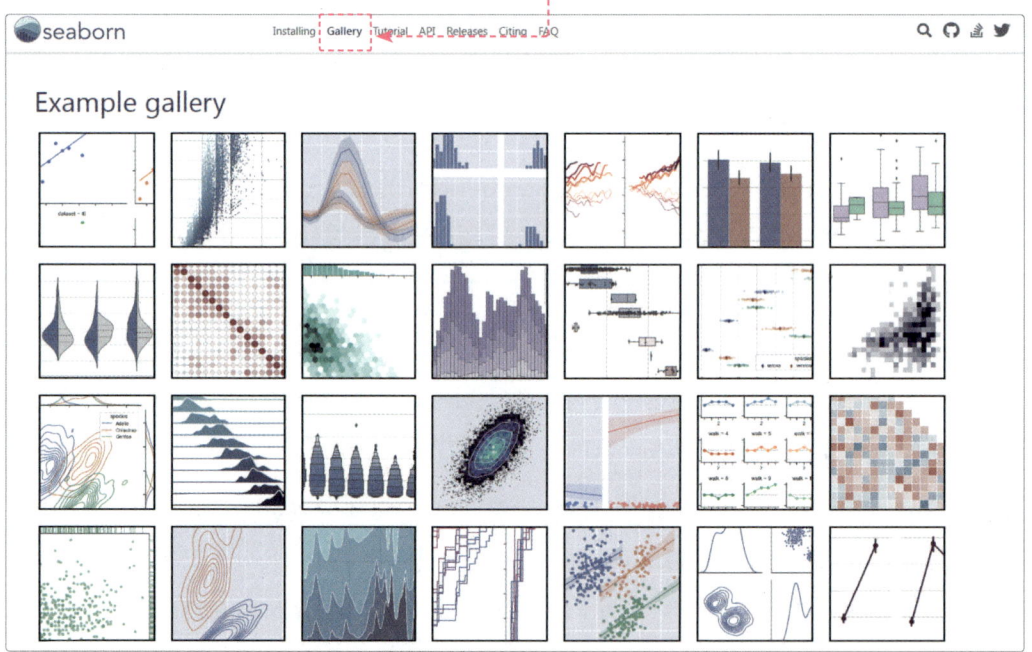

여기서는 현업에서 가장 많이 사용하는 시본 라이브러리의 주요 여섯 가지 그래프를 공부하겠습니다. 실습을 진행하기 전에 간단히 그래프의 특징에 대해 정리하고 넘어갑시다.

1 **범주형 변수 산점도 그래프** : 범주형 변수와 연속형 변수 간의 관계를 시각화하는 그래프입니다. 데이터 분포를 확인할 수 있습니다.

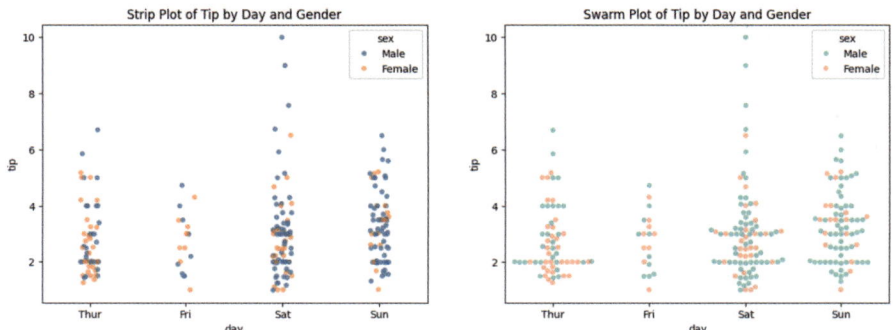

2 **빈도 그래프** : 범주형 변수의 각 카테고리별 빈도를 막대 그래프로 나타내어 각 카테고리의 상대적 크기를 시각적으로 확인할 수 있습니다.

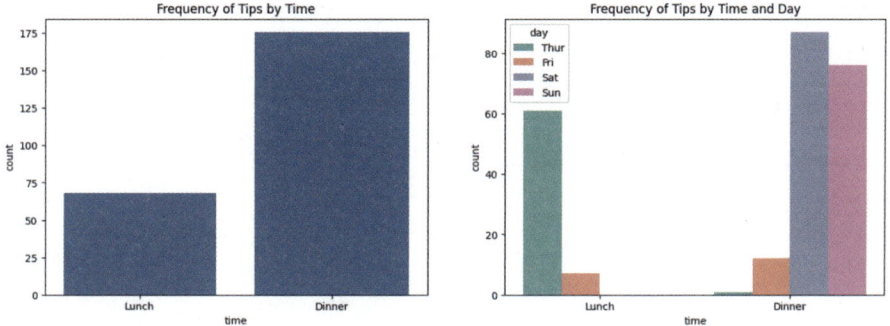

3 **선형 회귀선 있는 산점도** : 선형 회귀 모델을 시각적으로 확인하기 위해 산점도와 함께 회귀선을 포함한 그래프를 생성합니다.

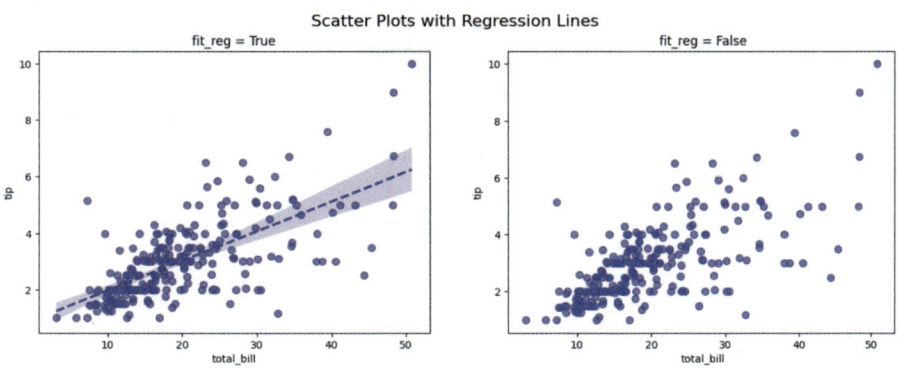

4 **히스토그램과 커널 밀도 추정 그래프** : 수치형 변수의 분포를 히스토그램과 함께 부드러운 커널 밀도 추정 그래프로 나타냅니다.

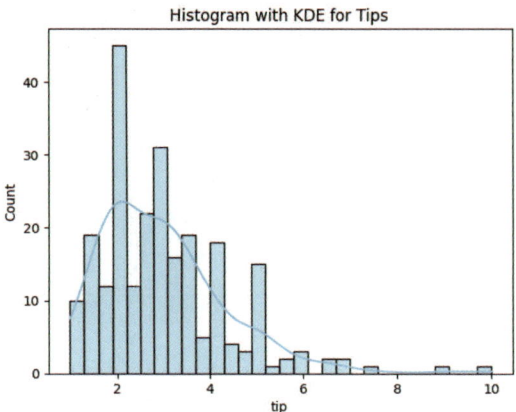

5 **조인트 그래프** : 두 수치형 변수의 결합 분포를 산점도와 히스토그램으로 함께 시각화하여 데이터 간의 관계를 확인할 수 있습니다.

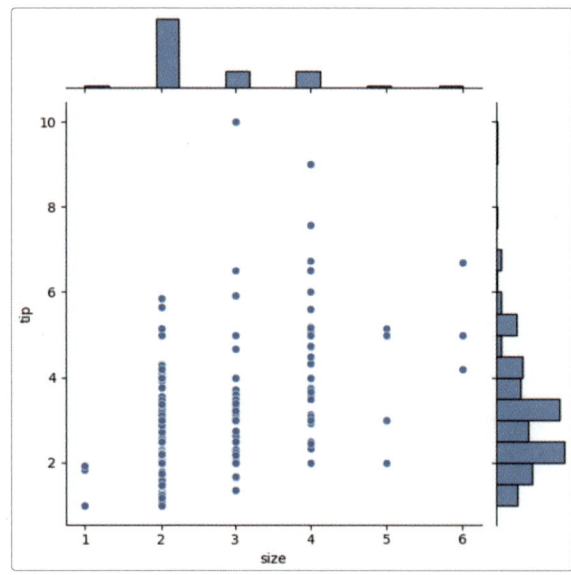

6 **관계 그래프** : 여러 변수 간의 관계를 시각화하는 다중 플롯 그래프로, 변수들 간의 상관관계를 확인할 수 있습니다.

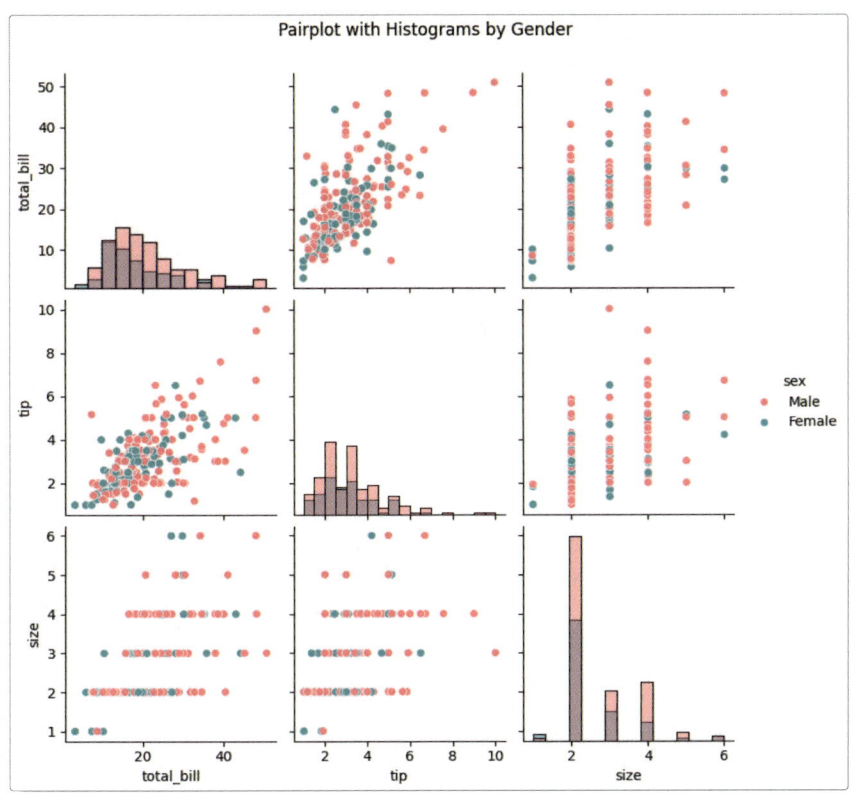

범주형 변수 산점도 그래프

시본의 대표적인 산점도 그래프는 scatterplot( ) 함수로 그립니다. 이 함수는 연속형 변수와 연속형 변수의 관계를 나타내는 그래프입니다. 하지만 이번 장에서는 stripplot( ) 함수와 swarmplot( ) 함수를 사용하여 범주형 변수와 연속형 변수 간의 관계를 시각화하는 방법에 대해 배워보겠습니다. 그전에 연속형 변수와 범주형 변수에 대해 알아보도록 하죠.

연속형 변수와 범주형 변수란?

연속형 변수Continuous Variable와 범주형 변수Categorical Variable는 통계 및 데이터 분석에서 중요한 개념입니다. 그래프로 그려보기 전에 두 변수의 특징을 알아보겠습니다.

연속형 변수

예를 들어 온도와 키, 그리고 시간 등을 연속형 변수라고 말합니다. 연속적인 값을 가지며 무한히 많은 값이 있습니다. 연속형 변수는 실수로 표현하며 범위 내에서 어떠한 값이라도 취할 수 있습니다. 연속형 변수는 일반적으로 양적인 정보를 제공하며 측정 가능한 크기나 양을 가지고 있습니다.

범주형 변수

범주형 변수는 명목형과 순서형 두 가지 유형으로 나눌 수 있습니다. 명목형 변수는 서로 구별되는 범주를 가집니다. 예를 들어 성별(남성, 여성), 혈액형(A, B, AB, O) 등이 있습니다. 그리고 순서형 변수는 범주 간에 순서 또는 등급이 있습니다. 예를 들어 학력 수준(고졸, 대졸, 석사, 박사), 만족도(매우 불만족, 불만족, 보통, 만족, 매우 만족) 등이 있습니다. 범주형 변수는 명목형과 순서형으로 구분하며 주로 범주 간의 차이나 순서에 대한 정보를 제공합니다.

이러한 변수 유형을 정확히 이해하고 있으면 데이터 분석 및 통계 분석에서 적절한 방법을 선택하여 분석할 수 있을 겁니다.

범주형 변수 산점도 그래프는 stripplot( ), swarmplot( ) 함수로 그릴 수 있습니다. 여기서는 이 두 가지 범주형 변수 산점도 그래프에 대해 자세히 알아보겠습니다.

1. **stripplot( ) 함수** : 주어진 범주형 변수의 분포를 점으로 나타내는 데 사용합니다. 주로 하나의 변수에 대한 데이터를 표시하며, 점이 겹칠 수 있습니다. 이것은 데이터의 밀도를 표현할 때 유용합니다.
2. **swarmplot( ) 함수** : stripplot( ) 함수와 유사하지만 데이터 포인트가 겹치지 않도록 적절한 위치에 배치하여 시각화합니다. 즉, 가로축 상의 각 카테고리에 대해 데이터 포인트가 서로 중첩되지 않게 나열합니다. 이를 통해 각 데이터 포인트를 더 명확하게 볼 수 있고, 데이터의 분포를 시각적으로 파악할 수 있게 됩니다.

다음은 두 함수의 주요 공통 매개변수들을 정리한 것입니다. 매개변수의 목록이 많아서 지루하게 느껴질 수 있겠지만 그래프를 그리기 전에 꼭 읽어보고 넘어가기 바랍니다.

> stripplot( ) 함수 공식 문서 : vo.la/vDhIRq　　swarmplot( ) 함수 공식 문서 : vo.la/JjVLRv

- **x** : x축에 사용할 범주형 변수입니다. 데이터프레임의 열 이름, 또는 시리즈, 파이썬 리스트 등이

- **y** : y축에 사용할 연속형 변수입니다. 데이터프레임의 열 이름, 또는 시리즈, 파이썬 리스트 등이 될 수 있습니다.
- **hue** : 데이터의 카테고리별로 색상을 다르게 하여 포인트를 구분합니다. 범주형 변수를 지정할 수 있습니다.
- **data** : 시각화할 데이터를 포함하는 데이터프레임을 지정합니다. x, y, hue가 데이터프레임의 열 이름이면 이 매개변수를 통해 데이터프레임을 지정할 수 있습니다.
- **order** : x축에 나타낼 범주의 순서를 지정합니다. 범주 이름의 리스트를 전달하여 그 순서를 정할 수 있습니다.
- **hue_order** : hue에 따른 범주의 순서를 지정합니다.
- **dodge** : True로 설정하면 hue에 따른 범주들이 나란히 그려집니다.
- **orient** : 그래프의 방향을 설정합니다. x 또는 y로 설정하여 데이터 포인트가 수평(horizontal) 또는 수직(vertical)으로 그려지게 할 수 있습니다.
- **color** : 데이터 포인트의 색상을 지정합니다. palette 대신 단일 색상을 사용하고 싶을 때 사용합니다.
- **palette** : 데이터 포인트의 색상 팔레트를 지정합니다. hue를 사용할 때 주로 설정합니다.
- **size** : 데이터 포인트의 크기를 지정합니다. 기본값은 5입니다.
- **edgecolor** : 데이터 포인트의 테두리 색상을 지정합니다.
- **linewidth** : 데이터 포인트의 테두리 두께를 지정합니다.
- **ax** : 그래프가 그려질 맷플롯립 축 객체를 지정할 수 있습니다.
- **alpha** : 데이터 포인트의 투명도를 설정합니다. 0에서 1 사이의 값을 사용합니다.

시본의 팁 데이터셋을 이용하여 음식점에서 팁과 식사가 이루어진 요일의 관계를 고객의 성별로 분류하여 시각적으로 표현해보겠습니다.

범주형 변수 산점도 그래프 그려보기

01단계 다음은 팁 데이터셋으로 범주형 변수 산점도 그래프를 그린 것입니다.

```
import seaborn as sns
import matplotlib.pyplot as plt
```

```python
# 팁 데이터셋 불러오기
tips = sns.load_dataset('tips')

# ❶ figure에 2개의 서브 플롯을 생성
fig = plt.figure(figsize=(15, 5))
ax1 = fig.add_subplot(1, 2, 1)
ax2 = fig.add_subplot(1, 2, 2)

# ❷ stripplot() 그리기
sns.stripplot(x='day', y='tip', hue='sex', data=tips, alpha=0.7, ax=ax1)

# ❸ swarmplot() 그리기
sns.swarmplot(x='day', y='tip', hue='sex', data=tips, palette='Set2', alpha=0.7, ax=ax2)
ax1.set_title('Strip Plot of Tip by Day and Gender')
ax2.set_title('Swarm Plot of Tip by Day and Gender')
plt.show()
```

출력 결과

❶ 가로 15인치, 세로 5인치의 크기를 가진 figure를 생성합니다. 그런 다음 fig.add_subplot(1, 2, 1)로 생성한 figure에 1행 2열 크기의 서브 플롯 중 첫 번째 플롯을 추가하고, fig.add_subplot(1, 2, 2)로 1행 2열 크기의 두 번째 서브 플롯을 추가합니다.

❷ stripplot( ) 함수를 사용하여 첫 번째 서브 플롯 ax1에 **데이터 포인트 중첩을 허용하는** 범주형 변수 산점도 그래프를 그립니다. x축에는 요일, y축에는 팁, 성별에 따라 색상을 구분하며, 투명도는

0.7로 설정합니다.

❸ swarmplot( ) 함수를 사용하여 두 번째 서브 플롯 ax2에 **데이터 포인트 중첩을 허용하지 않는** 범주형 변수 산점도 그래프를 그립니다. x축에는 요일, y축에는 팁, 성별에 따라 색상을 구분하며, 색상 팔레트는 Set2, 투명도는 0.7로 설정합니다.

그래프를 보면 남성이 전반적으로 팁을 더 많이 주는 경향이 있습니다. 특히 주말의 남성 팁이 더 높은 것을 확인할 수 있습니다. 두 그래프 모두에서 토요일Sat과 일요일Sun에 팁이 더 높게 나타나는 경향이 있습니다. 그중에서도 토요일Sat의 팁이 상대적으로 더 높습니다. 두 번째 그래프에서는 각 성별의 팁의 밀도와 분산을 확인할 수 있습니다. 여성과 남성 간의 팁 분포가 다르네요. 여기서 남성의 팁 분포가 더 넓게 퍼져 있는 것을 관찰할 수 있습니다.

> 맷플롯립에서는 subplot( ) 함수와 subplots( ) 함수를 배웠습니다만 이제는 add_subplot( ) 함수를 사용하겠습니다. 다양한 방식으로 실습하며 편한 방법을 찾아 공부할 수 있도록 일부러 다른 함수를 사용했으니 참고하세요.

빈도 그래프

빈도 그래프Count Plot는 범주형 변수의 카테고리별 빈도를 막대 그래프로 나타냅니다. 이를 통해 각 카테고리의 상대 크기를 시각적으로 비교하고 확인할 수 있습니다.

산점도 그래프는 countplot( ) 함수를 사용하여 그립니다. 구체적인 매개변수는 다음과 같습니다.

> countplot( ) 함수 공식 문서 : vo.la/wRtYTP

- **x** : x축에 사용할 범주형 변수입니다. 데이터프레임의 열 이름, 또는 시리즈, 파이썬 리스트 등이 될 수 있습니다. 각 범주의 빈도수가 y축에 표시됩니다.
- **y** : y축에 사용할 범주형 변수입니다. x와 반대로, y축에 범주형 변수를 설정하고 x축에 빈도수를 표시할 수 있습니다.
- **hue** : 데이터의 카테고리별로 막대를 색상으로 구분하여 그립니다. 범주형 변수를 지정하면, 각 범주에 대해 별도의 색상으로 표시된 막대가 나타납니다.
- **data** : 시각화할 데이터를 포함하는 데이터프레임을 지정합니다. x, y, hue가 데이터프레임의 열 이름이면 이 매개변수를 통해 데이터프레임을 지정할 수 있습니다.

- **order** : 막대를 정렬할 순서를 지정합니다. 범주의 이름을 리스트로 전달하면 그 순서대로 막대가 정렬됩니다.
- **hue_order** : hue로 지정된 범주의 정렬 순서를 지정합니다. 범주 이름의 리스트를 전달하여 그 순서를 정할 수 있습니다.
- **palette** : 막대의 색상을 지정할 수 있습니다. 색상 팔레트 이름이나 색상 리스트, 또는 시본 팔레트 함수로 지정할 수 있습니다.
- **saturation** : 막대의 색상 채도 level of saturation를 조절합니다. 기본값은 0.75입니다.
- **dodge** : True로 설정하면, hue에 따른 막대들이 나란히 그려집니다. False로 설정하면, 막대들이 쌓여서 그려집니다.
- **orient** : 막대 그래프의 방향을 설정합니다. x 또는 y로 설정하여 막대가 수평 horizontal 또는 수직 vertical 으로 그려지게 할 수 있습니다. 보통 x와 y 중 어느 변수를 사용했는지에 따라 자동으로 결정됩니다.
- **color** : 막대의 단일 색상을 지정합니다. palette 대신 단일 색상을 사용하고 싶을 때 사용합니다.
- **ax** : 그래프가 그려질 맷플롯립 축 객체를 지정할 수 있습니다. 지정하지 않으면, 현재 활성화된 축에 그래프가 그려집니다.

01단계 여기서는 음식점에서 식사가 이루어진 시간대를 빈도 그래프로 나타낸 다음 식사가 이루어진 요일로 분류해보겠습니다.

```python
import seaborn as sns
import matplotlib.pyplot as plt
tips = sns.load_dataset('tips')

# ❶ figure에 2개의 서브 플롯을 생성
fig = plt.figure(figsize=(15, 5))
ax1 = fig.add_subplot(1, 2, 1)
ax2 = fig.add_subplot(1, 2, 2)

# ❷ 식사가 이루어진 시간대 파악
# x축 변수, 데이터셋, axe 객체(1번째 그래프)
sns.countplot(x='time', data=tips, ax=ax1)
```

```
# ❸ 식사가 이루어진 시간대 파악과 식사가 이루어진 요일로 색상 분류
# x축 변수, hue로 색상 분류, 데이터 셋, 색상 설정, axe 객체(2번째 그래프)
sns.countplot(x='time', hue='day', data=tips, palette='Set2', ax=ax2)

ax1.set_title('Frequency of Tips by Time')
ax2.set_title('Frequency of Tips by Time and Day')
plt.show()
```

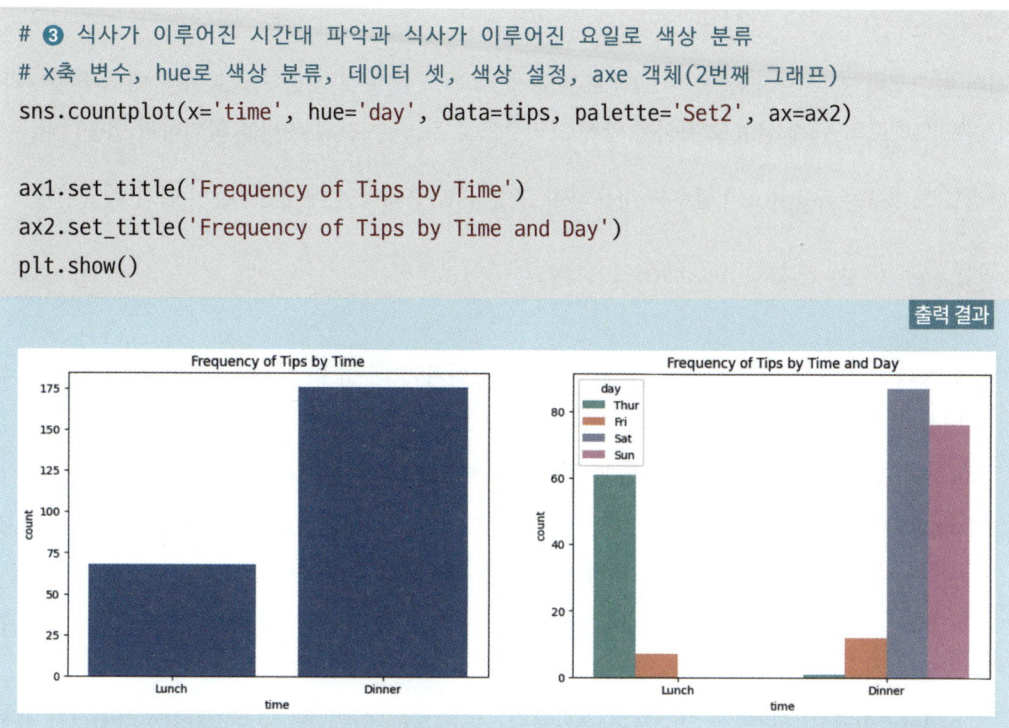

출력 결과

❶ 앞서 산점도 그래프를 그렸던 것과 마찬가지로 figure에 2개의 서브 플롯을 추가합니다.

❷ countplot( ) 함수를 사용하여 x축에 time 변수를 사용하여 time 값에 따른 빈도를 나타내는 막대 그래프를 생성합니다. 플롯의 위치는 ax1로 지정했습니다.

❸ x축에 time 변수를 사용하고, hue 매개변수로 day 변수를 사용하여 각 요일을 다른 색상으로 표시한 막대 그래프를 생성합니다. hue 매개변수를 사용함으로써 요일 카테고리를 명확하게 구분하여 비교할 수 있습니다. 색상 팔레트는 Set2로 설정하고, 플롯의 위치는 ax2로 지정했습니다.

그래프를 보면 왼쪽 그래프Frequency of Tips by Time에서는 Lunch와 Dinner 중에서 Dinner에서 팁을 받은 빈도가 더 높습니다. 오른쪽 그래프Frequency of Tips by Time and Day에서는 Dinner 시간대에 주로 팁을 받고 있습니다. 특히, Dinner 시간대에서는 Saturday가 상대적으로 다른 날에 비해 높은 빈도로 팁을 주고 받고 있습니다. 아무래도 주말에 마음이 좀 넉넉해지나봅니다.

선형 회귀선이 있는 산점도 그래프

선형 회귀선이 있는 산점도 Reg Plot 그래프는 두 변수 간의 선형 관계를 시각화하는 데 사용합니다. 산점도 그래프와 함께 선형 회귀선을 함께 그려주므로 두 변수 간의 추세를 확인하기 쉽습니다.

산점도 그래프는 regplot( ) 함수를 사용하여 그립니다. 구체적인 매개변수는 다음과 같습니다.

> regplot( ) 함수 공식 문서 : vo.la/EOSxEC

- **x** : x축에 사용할 변수입니다. 판다스 시리즈나 넘파이 배열, 또는 파이썬 리스트를 사용할 수 있습니다.
- **y** : y축에 사용할 변수입니다. x와 같은 형태의 데이터를 사용합니다.
- **data** : 데이터셋을 지정합니다. 일반적으로 판다스 데이터프레임을 사용하며, x와 y가 이 데이터프레임의 열 이름이면 data에서 해당 열을 자동으로 찾습니다.
- **x_bins** : x 데이터를 지정된 개수의 구간으로 나누어, 각 구간의 중앙값을 기준으로 y값을 추정합니다.
- **order** : 회귀선의 다항식 차수를 지정합니다. 기본값은 1이며, order=2로 설정하면 2차 곡선 회귀선을 그립니다.
- **scatter** : False로 설정하면 산점도를 그리지 않고 회귀선만 그립니다.
- **fit_reg** : False로 설정하면 회귀선을 그리지 않고 산점도만 그립니다. 최근 Seaborn 버전에서는 scatter_kws와 line_kws로 대체되는 경우가 많습니다.
- **line_kws** : 회귀선의 스타일을 지정하는 데 사용됩니다. 예를 들어 선의 색상, 두께 등을 설정할 수 있습니다. {'color': 'red', 'linewidth': 2}와 같이 파이썬 딕셔너리 형태로 지정합니다.
- **scatter_kws** : 산점도의 점 스타일을 지정하는 데 사용됩니다. 예를 들어 점의 크기, 색상 등을 설정할 수 있습니다. {'s': 50, 'color': 'blue'}와 같이 파이썬 딕셔너리 형태로 지정합니다.
- **dropna** : True로 설정하면 x와 y에 NaN이 있는 행을 제외합니다.

01단계 팁 데이터셋을 이용하여 음식점에서 한 명당 지불한 총 식사 비용과 식사에 대해 받은 팁의 관계를 시각적으로 표현해보겠습니다.

```
import seaborn as sns
```

```python
import matplotlib.pyplot as plt
tips = sns.load_dataset('tips')

# 그래프 객체 생성 (figure에 2개의 서브 플롯을 생성)
fig = plt.figure(figsize=(15, 5))
ax1 = fig.add_subplot(1, 2, 1)
ax2 = fig.add_subplot(1, 2, 2)

# ❶ 산점도에 선형 회귀선 표시(fit_reg=True)
sns.regplot(x='total_bill', y='tip', data=tips, color='blue', scatter_kws={'s':
50, 'alpha': 0.5}, line_kws={'linestyle': '--'}, ax=ax1)

# ❷ 산점도에 선형 회귀선 미표시(fit_reg=False)
sns.regplot(x='total_bill', y='tip', data=tips, color='blue', scatter_kws={'s':
50, 'alpha': 0.5}, line_kws={'linestyle': '--'}, ax=ax2, fit_reg=False)

fig.suptitle('Scatter Plots with Regression Lines', fontsize=16)
ax1.set_title('fit_reg = True')
ax2.set_title('fit_reg = False')
plt.show()
```

출력 결과

figure를 만들고 플롯을 추가하는 과정은 앞서 실습한 산점도 그래프, 빈도 그래프와 같습니다. 팁 데이터셋을 가져오는 과정도 마찬가지입니다.

❶ regplot( ) 함수를 사용하여 첫 번째 서브 플롯 ax1에 total_bill 변수와 tip 변수의 관계를 나

타내는 산점도와 선형 회귀선을 그립니다. scatter_kws와 line_kws는 각각 산점도와 회귀선의 스타일을 설정하는 매개변수입니다. 산점도의 점 크기를 50으로 설정하고 투명도를 0.5로 설정하고, 회귀선의 선 스타일을 대시라인(--)으로 설정했습니다.

❷ 두 번째 서브 플롯 ax2에 total_bill 변수와 tip 변수의 관계를 나타내는 산점도와 선형 회귀선을 그립니다. 산점도의 점 크기를 50으로 설정하고 투명도를 0.5로 설정합니다. fit_reg 매개변수의 인수 값으로 False를 입력하여 선형 회귀선을 그리지 않도록 설정합니다.

두 그래프는 fit_reg 매개변수의 값을 True, False로 다르게 줬습니다. True는 선형 회귀선을 그리고, False는 그리지 않습니다.

그래프를 살펴보면 왼쪽 그래프는 산점도에 선형 회귀선이 표시되어 있습니다. 선형 회귀선을 보면 Total bill 변수와 tip 변수 간에 어느 정도 양의 선형 관계가 있음을 알 수 있죠. 다시 말해 Total Bill 변수의 값이 증가할수록 Tip 변수의 값도 증가하는 경향을 보입니다. 총 계산 금액에 비례해서 팁이 많아지는 것 같네요. 다만 값이 큰 Total Bill에서 값이 작은 Tip도 있으므로 항상 그렇지는 않다는 것도 알 수 있습니다. 반면 선형 회귀선이 없는 오른쪽 그래프는 데이터가 퍼진 정도만 확인할 수 있고 관계성은 잘 보이지 않습니다. 그렇다고 좋지 않은 것은 아닙니다. 오히려 데이터 분포에 집중할 때는 오른쪽 그래프가 더 나을 수도 있습니다.

히스토그램과 커널 밀도 추정 그래프

히스토그램^{Histogram}과 커널 밀도 추정 그래프^{Kernel Density Estimate (KDE) Plot}는 데이터 분포를 시각적으로 나타내는 방법입니다. 다음 그래프가 이후 실습에서 보게 될 히스토그램과 커널 밀도 추정 그래프를 함께 나타낸 그래프입니다.

히스토그램이란?
히스토그램은 그림에서 보듯 연속형 데이터를 일정한 간격으로 나누어 각 구간에 속하는 데이터 빈도를 막대로 표현한 그래프입니다. 각 막대는 데이터 분포를 나타내며 높이는 해당 구간의 데이터 개수를 나타냅니다.

커널 밀도 추정 그래프란?
커널 밀도 추정 그래프는 데이터 분포를 나타낸다는 점에서 히스토그램과 비슷합니다. 그러나 막대 그래프 대신 부드러운 곡선을 사용합니다. 이는 커널 함수 덕분에 가능합니다. 커널 함수는 각 데이터 포인트 주위에 작은 확률 분포를 만들고, 이를 모두 합하여 전체 데이터의 분포를 표현합니다.

커널 밀도 추정 그래프는 histplot( ) 함수를 사용하여 그립니다. 구체적인 매개변수는 다음과 같습니다.

> histplot( ) 함수 공식 문서 : vo.la/EBnHvo

- **data** : 히스토그램을 그릴 데이터셋을 지정합니다. 판다스의 데이터프레임이나 시리즈를 사용합니다.
- **x** : 히스토그램을 생성할 변수의 이름을 지정합니다. 데이터프레임에서 특정 열을 지정하여 히스토그램을 그릴 수 있습니다.
- **bins** : 히스토그램에서 막대의 개수를 지정합니다. 기본값은 데이터에 따라 자동으로 설정되지만, 직접 숫자를 지정하여 막대의 개수를 조절할 수 있습니다. 막대의 개수가 많아지면 더 세밀한 분포를 볼 수 있지만, 너무 많으면 오히려 분포가 불명확해질 수 있습니다.
- **binwidth** : 히스토그램에서 각 막대의 너비를 지정합니다. 이 값을 설정하면 bins 매개변수 대신 각 막대의 너비를 기준으로 히스토그램이 그려집니다.
- **hue** : 데이터의 카테고리별로 히스토그램을 색상으로 구분하여 그립니다. 범주형 변수를 지정하면, 각 범주에 대해 별도의 히스토그램이 색상으로 구분되어 나타납니다.
- **multiple** : 여러 히스토그램이 그려질 때 이들을 어떻게 처리할지를 지정합니다.
  - **layer** : 겹쳐 그리기
  - **dodge** : 옆으로 나란히 그리기
  - **stack** : 쌓아 그리기
  - **fill** : 히스토그램이 합쳐져 전체적으로 1이 되도록 크기를 비율로 조정
- **kde** : True로 설정하면 커널 밀도 추정(KDE) 곡선을 히스토그램 위에 추가로 그립니다. 이 곡선은 히스토그램보다 데이터의 분포를 더 부드럽게 보여줍니다.
- **stat** : 히스토그램의 막대 높이를 어떻게 계산할지를 결정합니다.
  - **count** : 각 빈에 속하는 데이터 포인트의 개수를 표시합니다. 이 설정은 기본값으로, 막대의 높이가 해당 범위에 속하는 데이터 포인트의 수를 나타냅니다.
  - **frequency** : 각 빈의 데이터 포인트 개수를 빈 너비로 나눈 값을 표시합니다. 즉, 빈이

넓을수록 빈의 빈도가 더 낮게 표시됩니다. 이 설정은 빈의 크기에 따라 빈도수를 조정하여, 넓이가 다른 빈을 비교할 때 유용합니다.
- **probability 또는 proportion** : 히스토그램의 막대 높이가 전체 데이터 포인트 수에 대해 해당 빈의 비율을 나타내도록 정규화합니다. 이 경우, 모든 막대의 높이를 합하면 1이 됩니다.
- **percent** : 히스토그램의 막대 높이가 전체 데이터 포인트 수에 대해 해당 빈의 비율을 백분율로 표시합니다. 이 경우, 모든 막대의 높이를 합하면 100이 됩니다.
- **density** : 히스토그램의 막대 높이를 전체 면적이 1이 되도록 정규화합니다. 이 설정은 데이터의 밀도를 시각화하는 데 사용되며, 커널 밀도 추정(KDE) 그래프와 유사한 해석을 제공합니다.

- **element** : 히스토그램의 막대 스타일을 지정합니다.
  - **bars** : 막대 형태
  - **step** : 계단형
  - **poly** : 폴리곤 형태
- **fill** : True로 설정하면 막대를 채운 형태로, False로 설정하면 테두리만 그립니다.
- **shrink** : 막대의 너비를 조정할 수 있습니다. 예를 들어 shrink=0.8로 설정하면 막대의 너비가 80%로 줄어듭니다.
- **common_norm** : True로 설정하면, 여러 카테고리의 히스토그램이 있을 때 이를 동일한 축 범위로 정규화합니다. False로 설정하면 각 카테고리가 개별적으로 정규화됩니다.
- **cumulative** : True로 설정하면 누적 히스토그램을 생성합니다. 각 막대는 그 이전까지의 합계를 나타내므로, 데이터의 누적 분포를 볼 수 있습니다.

01단계 팁 데이터셋을 이용하여 음식점에서 식사에 대해 받은 팁의 양을 히스토그램과 커널 밀도 추정 그래프를 통해 시각적으로 표현해보겠습니다.

```python
import seaborn as sns
import matplotlib.pyplot as plt
tips = sns.load_dataset("tips")

# ❶ 히스토그램과 커널 밀도 추정 그래프 함께 그리기
sns.histplot(tips['tip'], bins=30, kde=True, color='skyblue')
plt.title('Histogram with KDE for Tips')
plt.show()
```

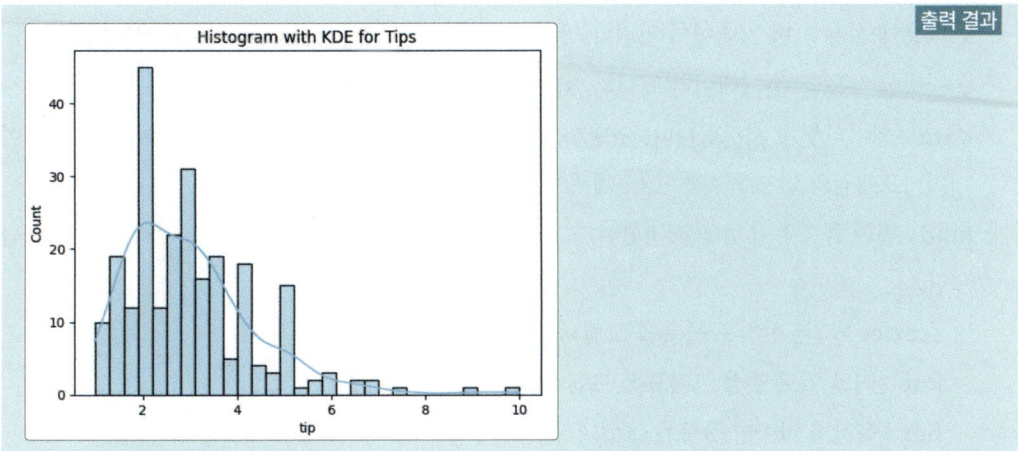

❶ histplot( ) 함수를 사용하여 tip 변수에 대한 히스토그램과 커널 밀도 추정 그래프를 그립니다. tips['tip']은 팁 데이터셋에서 tip 변수에 해당하는 데이터를 사용합니다. bins=30은 히스토그램의 구간 개수를 30개로 설정합니다. kde=True는 커널 밀도 추정 그래프를 함께 표시하라는 옵션이고, color='skyblue'는 히스토그램 및 KDE 그래프의 색상을 지정합니다.

그래프를 보면 대부분의 팁은 0에서 5사이에 분포한 것을 파악할 수 있습니다.

조인트 그래프

조인트 그래프 Joint Plot는 두 연속형 변수 간의 이변량 분포를 표현하며, 주로 산점도와 히스토그램으로 함께 시각화하여 데이터 간의 관계를 확인할 수 있습니다.

이변량과 이변량 분포?

이변량 Bivariate은 두 변수를 나타내며 이변량 분포 Bivariate Distribution는 각 변수가 개별적으로 어떻게 분포하는지와 두 변수가 함께 어떻게 변하는지를 함께 고려하는 것을 의미합니다.

조인트 그래프 그려보기

조인트 그래프는 jointplot( ) 함수를 사용하여 그립니다. 구체적인 매개변수는 다음과 같습니다.

> jointplot( ) 함수 공식 문서 : vo.la/sLJAcH

- **x** : x축에 사용할 변수(데이터)입니다. 판다스의 데이터프레임이나 시리즈를 사용합니다.
- **y** : y축에 사용할 변수(데이터)입니다. x와 같은 형태의 데이터를 사용합니다.
- **data** : 데이터셋을 지정합니다. 일반적으로 판다스의 데이터프레임을 사용하며, x와 y가 이 데이터프레임의 열 이름이면 data에서 해당 열을 자동으로 찾습니다.
- **kind** : 결합 플롯의 유형을 지정합니다. 기본값은 scatter이며, 다음과 같은 여러 옵션이 있습니다.
  - **scatter** : 기본 산점도 플롯을 그립니다.
  - **kde** : 커널 밀도 추정 그래프를 그립니다.
  - **hex** : 육각형 바이닝 플롯을 그립니다.
  - **reg** : 회귀선을 포함한 산점도 플롯을 그립니다.
  - **resid** : 회귀 분석 잔차 플롯을 그립니다.
- **hue** : 데이터의 카테고리별로 플롯을 색상으로 구분하여 그립니다. 범주형 변수를 지정할 수 있습니다.
- **palette** : hue를 사용할 때 카테고리별 색상 팔레트를 지정합니다.
- **height** : 전체 플롯의 크기를 지정합니다. 기본값은 6입니다.
- **ratio** : 결합 플롯과 주변 플롯의 크기 비율을 설정합니다. 기본값은 5로, 결합 플롯이 주변 플롯보다 5배 크다는 의미입니다.
- **space** : 결합 플롯과 주변 플롯 간의 간격을 설정합니다. 기본값은 0.2입니다.
- **dropna** : True로 설정하면 x와 y의 결측값이 있는 행을 제거합니다.
- **xlim** : x축의 범위를 설정할 수 있습니다. (min, max) 형태의 튜플로 지정합니다.
- **ylim** : y축의 범위를 설정할 수 있습니다. (min, max) 형태의 튜플로 지정합니다.

매개변수는 데이터의 특성에 따라서 선택하면 됩니다.

01단계 팁 데이터셋을 사용하여 식사를 함께 한 그룹의 인원 수와 식사에 대해 받은 팁의 양의 관계를 조인트 그래프를 통해 시각적으로 표현해보겠습니다.

```python
import seaborn as sns
import matplotlib.pyplot as plt

tips = sns.load_dataset('tips')
```

```
# ❶ jointplot() 그리기
sns.jointplot(x='size', y='tip', data=tips, kind='scatter')
plt.show()
```

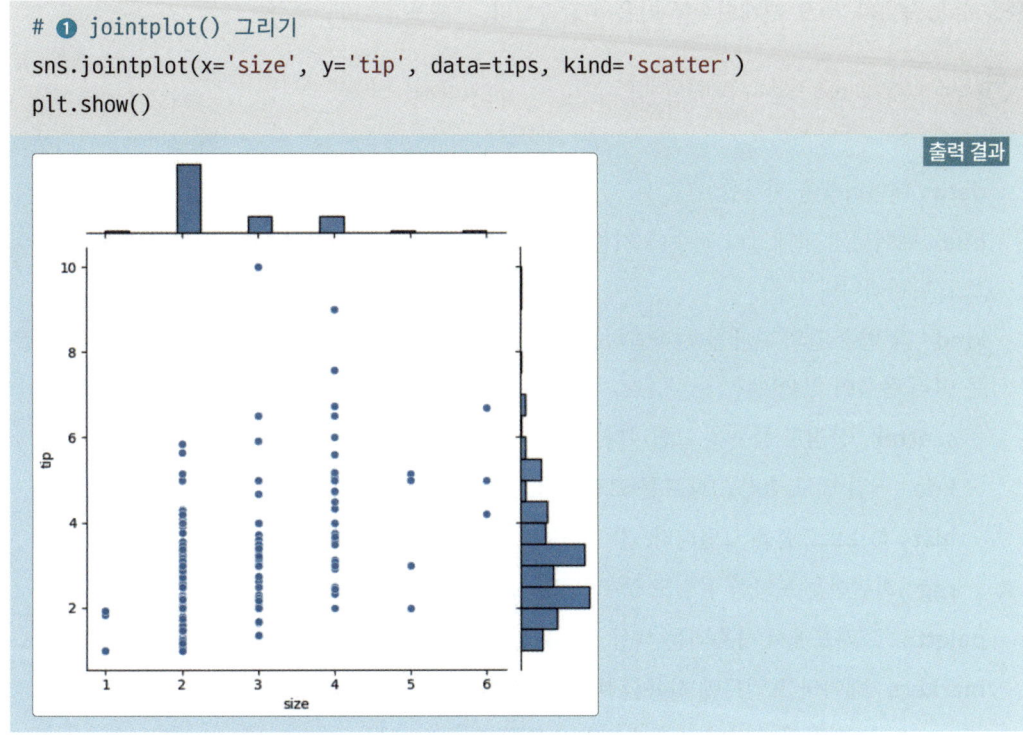

출력 결과

❶ jointplot( ) 함수를 사용하여 size 변수를 x축에, tip 변수를 y축에 놓고 각 데이터 포인트를 산점도로 나타내는 조인트 그래프(결합 그래프)를 그립니다.

그래프를 보면 산점도에 따른 막대 그래프가 그래프 외곽에 표시되어 있습니다. 그리고 식사를 함께 한 그룹의 인원 수 size가 커지면 tip은 많아짐을 알 수 있습니다. 즉, 팁의 식사 인원은 양의 상관 관계를 가짐을 알 수 있습니다. 이렇게 조인트 그래프를 그리면 변수 간의 관계를 다양하게 확인할 수 있습니다.

관계 그래프

관계 그래프Pair Plot는 데이터셋의 모든 연속형 변수들 간의 산점도와 각 변수의 히스토그램을 한 번에 나타냅니다. 현업에서는 데이터의 특성을 빠르게 시각적으로 탐색하고 상관 관계를 확인하는 데 이 그래프를 주로 사용합니다.

관계 그래프를 그리는 pairplot( ) 함수는 여러 매개변수를 제공하여 다양한 방식으로 그래프를 꾸밀 수 있습니다. 주요 매개변수는 다음과 같습니다.

> 🧑‍🏫 pairplot( ) 함수 공식 문서 : vo.la/sJskjT

- **data** : 데이터셋을 지정합니다.
- **hue** : 데이터의 카테고리 변수를 기준으로 색상을 다르게 표시하여 그룹 간의 차이를 시각적으로 나타냅니다.
- **kind** : 각 변수 간의 관계를 시각화하는 방법을 선택합니다. 기본값은 scatter이며, 다음과 같은 여러 옵션이 있습니다.
  - **scatter** : 산점도 플롯을 그립니다.
  - **kde** : 커널 밀도 추정 그래프를 그립니다.
  - **hist** : 히스토그램을 그립니다.
  - **reg** : 회귀선을 포함한 산점도 플롯을 그립니다.
- **palette** : 그래프에서 사용되는 색상 팔레트를 지정합니다.
- **markers** : 데이터 포인트에 사용할 마커 스타일을 지정할 수 있습니다.
- **diag_kind** : 대각선에 나타낼 그래프의 종류를 선택합니다.
  - **auto** : 기본값으로, 각 변수의 분포를 히스토그램으로 나타냅니다.
  - **hist** : 각 변수의 분포를 히스토그램으로 나타냅니다.
  - **kde** : 커널 밀도 추정 그래프를 사용하여 각 변수의 분포를 부드럽게 나타냅니다.
  - **None** : 대각선에 아무런 그래프도 표시하지 않도록 설정할 수 있습니다.

왼쪽 위에서 오른쪽 아래로 가로지르는 대각선을 따라 각 변수의 분포를 확인할 수 있는 히스토그램이 보입니다. 나머지 부분에는 각 연속형 변수 간의 산점도가 나타나, 두 변수 간의 관계와 패턴을 확인할 수 있습니다. 그리고 데이터셋에 범주형 변수가 있다면 hue 매개변수를 사용해 색상으로 범주형 변수를 구분할 수 있습니다.

01단계 여기서는 diag_kind="hist"를 통해 히스토그램을 표시하겠습니다. 그리고 고객 성별로 색상 구분을 하겠습니다.

```python
import seaborn as sns
import matplotlib.pyplot as plt
```

```python
tips = sns.load_dataset('tips')
# ❶ pairplot() 그리기
sns.pairplot(data=tips, hue='sex', diag_kind='hist', palette='husl')
plt.suptitle('Pairplot with Histograms by Gender', y=1.05)
plt.show()
```

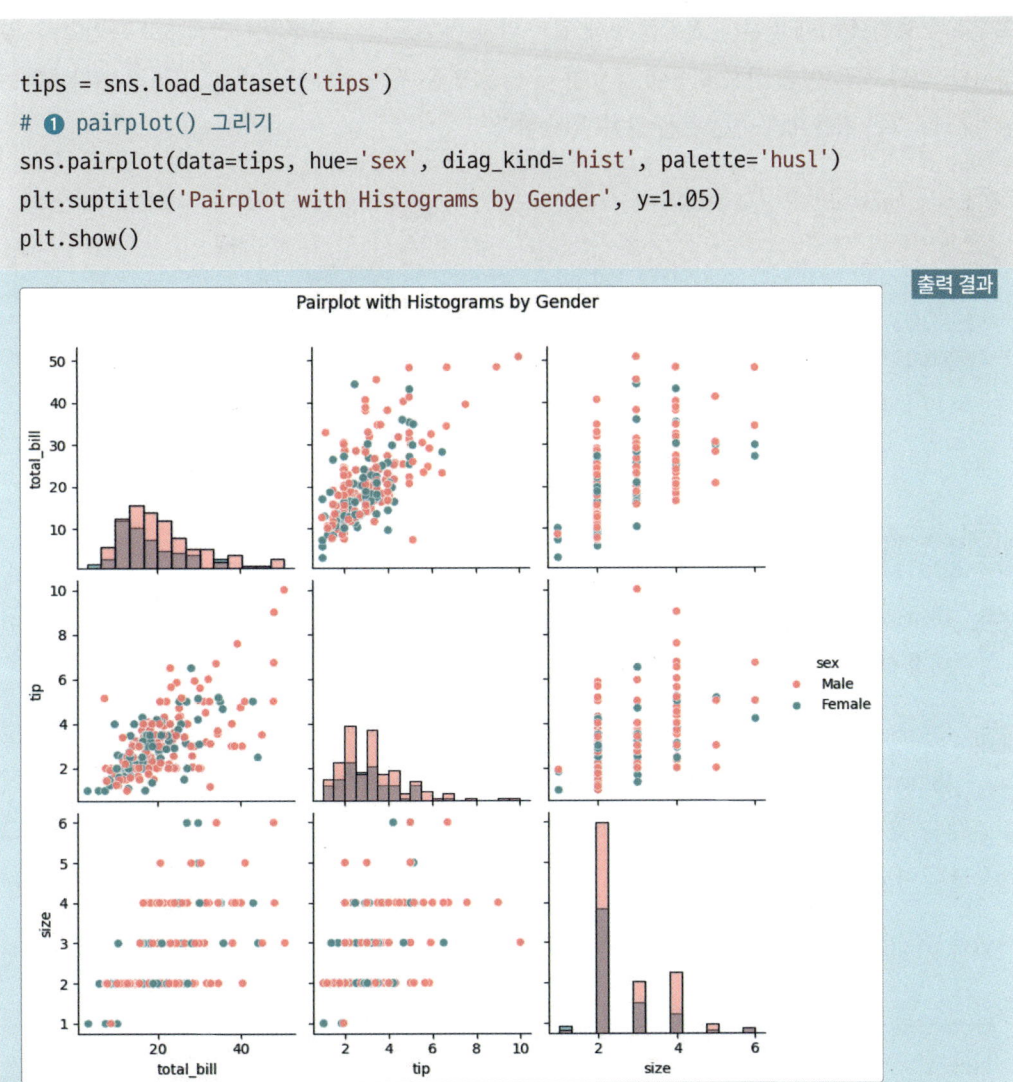

❶ pairplot( ) 함수로 연속형 변수들 간의 관계 그래프를 그립니다. data=tips는 팁 데이터셋을 활용한다는 의미입니다. hue='sex'는 sex 변수를 기준으로 데이터를 색으로 구분하여 성별에 따라 다른 색을 표시합니다. diag_kind='hist'는 왼쪽 위에서 오른쪽 아래로 가로지르는 방향에 히스토그램을 그리도록 설정합니다. palette='husl'은 색상 팔레트를 설정합니다.

> husl은 HSL 색상 공간에서 균등한 간격의 색상을 사용하는 팔레트입니다.

그래프를 보면 성별에 따른 산점도를 통해 팁과 다른 변수들 간의 관계를 시각적으로 확인할 수 있습니다. 인당 지불한 총 식사 비용이 높으면 더 많은 팁을 주는 경향이 있네요. 그리고 여자보다는 남자가 더 많은 팁을 제공하는 것을 알 수 있습니다.

> 🤖 diag_kind='hist'는 사실 기본값이지만 명시하여 코드를 작성했습니다. 이렇게 생략해도 되는 매개변수라도 현업에서는 명시적으로 작성하는 것을 권장합니다. 왜냐하면 이렇게 해야 코드의 의도를 명확히 전달할 수 있기 때문입니다. 아마 여러분이 데이터 분석가가 된다면 대부분 다른 사람과 함께 일할 것입니다. 그래서 이런 기본값이 있는 매개변수도 명시하는 습관을 들이면 다른 사람이 여러분의 코드를 더 빠르게 파악할 수 있고, 추후 요구사항이 변경되어도 쉽게 수정할 수 있습니다.

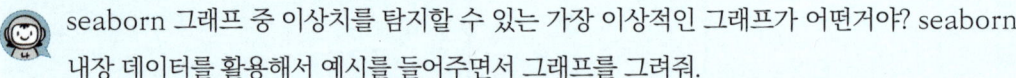

이상치 탐지 그래프는 어떤 그래프로?

🙋 seaborn 그래프 중 이상치를 탐지할 수 있는 가장 이상적인 그래프가 어떤거야? seaborn 내장 데이터를 활용해서 예시를 들어주면서 그래프를 그려줘.

🤖 Seaborn 그래프 중 이상치를 탐지할 수 있는 가장 이상적인 그래프 중 하나는 산점도(Scatter Plot)입니다. 산점도는 두 변수 간의 관계를 시각화하고 이상치(outliers)를 쉽게 식별할 수 있게 해줍니다. 예시로, Seaborn의 내장 데이터셋인 iris 데이터를 사용하여 산점도 그래프를 그려보겠습니다.

다음은 iris 데이터셋을 활용한 산점도 예시입니다.

```python
import seaborn as sns
import matplotlib.pyplot as plt

# Load the iris dataset
iris = sns.load_dataset('iris')
# Create a scatter plot to detect outliers
plt.figure(figsize=(10, 6))
sns.scatterplot(x='sepal_length', y='sepal_width', hue='species', data=iris)
plt.title('Scatter Plot of Sepal Length vs Sepal Width')
plt.xlabel('Sepal Length (cm)')
```

```
plt.ylabel('Sepal Width (cm)')
plt.show()
```

위의 코드는 iris 데이터셋에서 꽃받침의 길이(sepal_length)와 꽃받침의 너비(sepal_width) 간의 관계를 시각화합니다. 또한, 각 데이터 포인트는 종(species)에 따라 색상으로 구분됩니다. 산점도 그래프에서 중앙에 집중된 데이터 포인트 외에 멀리 떨어져 있는 점들은 이상치로 간주될 수 있습니다. 이제 이 코드를 실행하여 결과를 확인해보겠습니다.

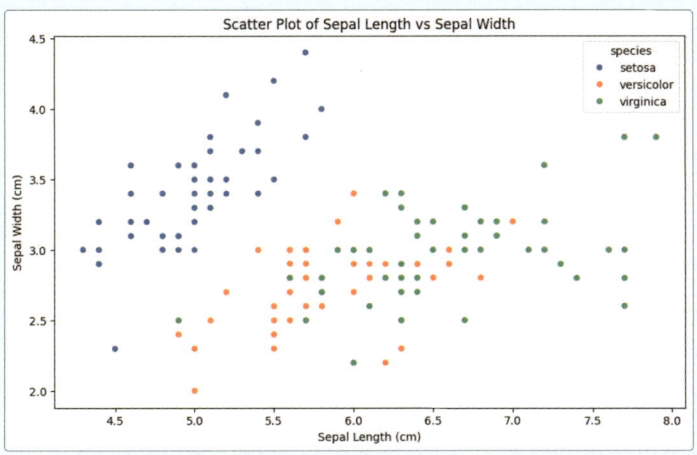

여기 산점도 그래프가 있습니다. 이 그래프는 두 변수 간의 관계를 시각화하며, 색상으로 각 카테고리를 구분합니다. 중앙에 집중된 데이터 외에 멀리 떨어져 있는 점들은 이상치로 간주될 수 있습니다. 이와 같은 산점도는 이상치를 탐지하는 데 매우 유용합니다.

산점도는 두 변수 간의 관계를 시각화하면서 이상치를 효과적으로 탐지할 수 있는 강력한 도구입니다. 시본의 scatterplot( ) 함수는 데이터 포인트를 다양한 색상으로 구분하여 각 그룹 간의 차이와 이상치를 명확하게 드러냅니다. 예를 들어 iris 데이터셋을 사용한 예시에서는 꽃받침의 길이와 너비 간의 관계를 시각화하여 종별로 구분한 데이터에서 이상치를 쉽게 확인할 수 있습니다. 또 중앙에 밀집한 데이터 포인트와 멀리 떨어져 있는 데이터 포인트를 보아도 이상치를 식별할 수 있습니다.

학습 마무리

시본은 맷플롯립을 기반으로 한 고급 데이터 시각화 라이브러리로, 다양한 그래프 스타일과 통계적 시각화 기법을 제공합니다. 이번 장에서는 시본의 기본 사용법과 주요 그래프를 학습하며, 데이터를 효과적으로 시각화하고 인사이트를 도출하는 방법을 익혔습니다. 이를 통해 데이터 분석 과정에서 시본을 활용해 더 풍부한 시각적 분석을 할 수 있는 능력을 키웠습니다.

다음 장에서는 뷰티풀수프 라이브러리를 사용해 야후 파이낸스 사이트에서 삼성전자 주가 데이터를 수집하는 방법을 배워보겠습니다.

핵심 요약

1 **시본은 다양한 내장 데이터셋을 제공**하여 별도의 데이터 다운로드 없이도 다양한 그래프를 그릴 수 있습니다.
2 **범주형 변수 산점도**는 범주형 변수와 연속형 변수 간의 관계를 점으로 시각화하는 stripplot( )과 데이터가 겹치지 않도록 나열하는 swarmplot( )을 사용합니다.
3 **빈도 그래프**는 각 카테고리의 빈도를 막대 그래프로 나타내며, countplot( )을 사용해 데이터를 시각적으로 비교합니다.
4 **선형 회귀선 그래프**는 두 변수 간의 선형 관계를 시각적으로 파악할 수 있는 회귀선이 포함된 산점도를 regplot( )을 통해 생성합니다.
5 **히스토그램과 커널 밀도 추정 그래프**는 데이터의 분포를 히스토그램과 커널 밀도 추정 그래프로 시각화하며, histplot( )을 사용합니다.
6 **조인트 그래프**는 두 연속형 변수 간의 관계를 산점도와 히스토그램으로 동시에 시각화하며, 이를 위해 jointplot( )을 사용합니다.
7 **관계 그래프**는 데이터셋의 모든 연속형 변수들 간의 상관관계를 시각화하는 pairplot( )을 통해 데이터 탐색에 유용합니다.

연습문제

시본 내장 데이터셋인 'exercise', 'flights', 'penguins'를 이용하여 그래프를 그려보세요.

> 연습 문제와 정답이 있는 코랩 파일은 bit.ly/4eNk3vR에 있습니다.

> 데이터셋의 자세한 정보는 github.com/mwaskom/seaborn-data에서 확인할 수 있습니다.

1 시본 내장 데이터셋인 'exercise'를 이용하여, 운동 종류와 식단에 따른 심박수를 분석하고자 합니다. 요구 사항에 맞는 변수형 변수 삼전도를 그리세요.

> 주요 개념 : 시본 내장 데이터셋, 범주형 변수 산점도

시본 내장 데이터셋인 'exercise'의 변수 설명
- diet : 회원들의 식단의 종류(low fat - 저지방 식단, no fat - 무지방 식단)
- pulse : 회원들의 운동 중 측정된 심박수(80, 90, 100 등)
- kind : 회원들이 수행한 운동의 종류(rest - 휴식 상태, walking - 걷기, running - 달리기)

요구 사항
- x축 : 운동의 종류
- y축 : 운동 중 측정된 심박수
- 범주형 변수 산점도 : 운동 종류와 식단에 따른 심박수 시각화
- 그래프 옵션 : 팔레트는 'Set2', 투명도는 0.7, hue는 식단의 종류로 설정
- 그래프 제목 : "Pulse(BPM) by Exercise Type and Diet"로 설정
- 축 라벨 : x축은 "Kind"로, y축은 "Pulse(BPM)"로 설정

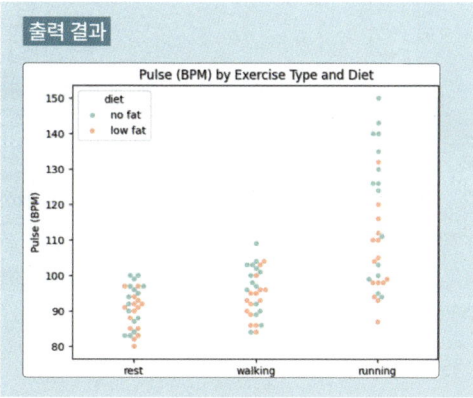
출력 결과

2 시본 내장 데이터셋인 'flights'를 이용하여, 연도별 승객 수 관계를 분석하고자 합니다. 요구 사항에 맞는 조인트 그래프를 그리세요.

> 주요 개념 : 시본 내장 데이터셋, 조인트 그래프

시본 내장 데이터셋인 'flights'의 변수 설명
- year : 연도
- passengers : 각 연도별 승객 수

요구 사항
- x축 : 연도(year)
- y축 : 승객 수(passengers)
- 조인트 그래프 : 연도별 승객 수 관계를 조인트 그래프로 시각화
- 그래프 옵션 : 색상은 'skyblue'로 설정
- 그래프 제목 : "Year vs Passengers"로 설정

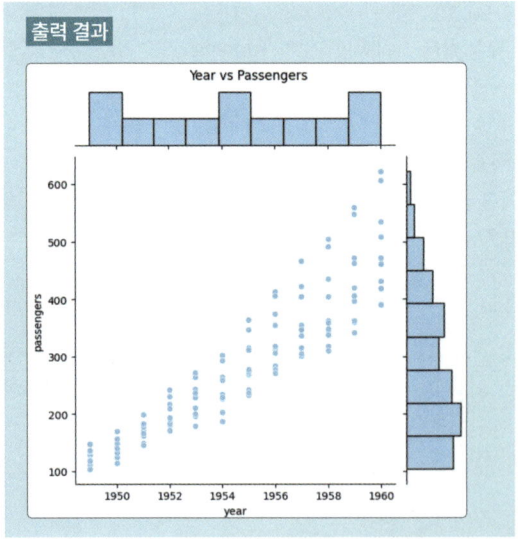
출력 결과

3 시본 내장 데이터셋인 'penguins'를 이용하여, 펭귄 종에 따른 여러 변수 간의 관계를 분석하고자 합니다. 요구 사항에 맞는 관계 그래프를 그리세요.

> 주요 개념 : 시본 내장 데이터셋, 관계 그래프

시본 내장 데이터셋인 'penguins'의 변수 설명
- bill_length_mm : 부리의 길이(밀리미터)
- flipper_length_mm : 날개의 길이(밀리미터)
- flipper_length_mm : 날개의 길이(밀리미터)
- body_mass_g : 몸무게(그램)
- species : 펭귄의 종

요구 사항
- 관계 그래프 : 여러 변수 간의 관계를 시각화(종별로 색상 구분)
- 그래프 옵션 : 색상 팔레트는 'Set2'로 설정
- 그래프 제목 : "Pairplot of Penguins' Physical Characteristics by Specie"로 설정

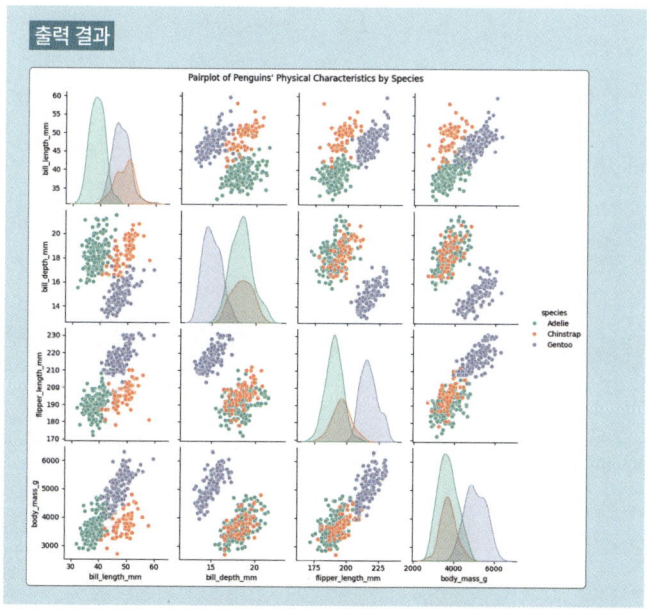

05장

웹 데이터 수집 라이브러리, 뷰티풀수프

학습 목표

이번 장에서는 웹 크롤링과 웹 스크래핑의 개념을 이해하고 차이점을 명확히 구분합니다. 그리고 웹 데이터 수집을 위한 뷰티풀수프 라이브러리를 사용하여 HTML 문서를 파싱하고, 원하는 데이터를 추출하는 방법을 익힙니다. 웹 데이터 수집 기법 중 하나인 웹 스크래핑을 중점적으로 다룹니다. 야후 파이낸스 사이트에서 삼성전자 주가 데이터를 대상으로 실제로 데이터를 수집하는 방법을 학습합니다.

핵심 키워드

- 뷰티풀수프
- 웹 스크래핑
- HTTP 요청
- 요청한 HTML 문서 회신
- 응답
- 사용자 에이전트
- HTML 파싱
- 데이터 처리
- 삼성전자 주가 데이터
- 판다스 웹 데이터 수집

학습 코스

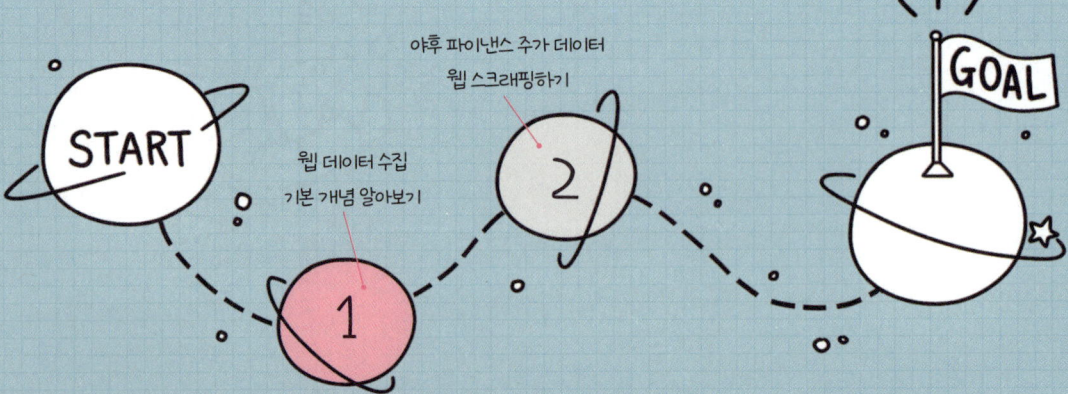

1. 웹 데이터 수집 기본 개념 알아보기
2. 야후 파이낸스 주가 데이터 웹 스크래핑하기

05.1 웹 데이터 수집 기본 개념 알아보기

여기서는 삼성전자의 주가 데이터를 뷰티풀수프^{beautifulsoup}라는 도구를 이용하여 수집할 예정입니다. 본격적인 웹 데이터를 수집하기 전에 이 분야에 관심이 있었다면 한 번 쯤 들어봤을 웹 데이터 수집 관련 용어를 좀 정리하고 넘어가겠습니다. 그리고 웹 데이터를 수집할 때 주의할 점을 이야기 하겠습니다.

> **실습을 시작하기 전에!** 본 책은 실습을 위한 코랩 파일과 정답 파일을 매 장마다 제공합니다. bit.ly/4dXk2Ef에 접속하여 두 파일을 좌우로 열어 펼쳐놓고 책을 보며 실습하세요. 그럼 더욱 편리하게 학습할 수 있습니다.

웹 데이터를 수집할 때 주의할 점 _{주의}

웹 데이터를 수집하는 행위는 불법 행위가 될 수 있으므로 주의해야 합니다. 이 책은 학습을 위한 웹 데이터 수집을 진행하는 것이지 데이터를 활용하여 수익을 내는 방법 등에 대해서는 이야기하지 않습니다. 만약 이 책에서 소개하는 방법을 활용하여 대량의 데이터를 수집하고, 이를 이용하여 웹 사이트에 게시하거나 애플리케이션을 만들어 수익 활동을 하면 법을 어기는 행위가 되므로 주의하기 바랍니다.

챗GPT와 함께 robots.txt 알아보기

웹 데이터 수집은 인터넷 상의 데이터를 가져와서 분석하거나 활용하는 데 중요한 역할을 합니다. 하지만 법적, 윤리적 규칙은 반드시 지켜야 합니다. 이러한 규칙 중 하나가 바로 robots.txt 파일을 준수하는 것입니다. robots.txt 파일은 웹 사이트 소유자가 크롤러에게 제공하는 지침서로, 크롤러가 접근할 수 있는 영역과 접근할 수 없는 영역을 명확히 정의합니다. 이 파일을 제대로 이해하고 따르는 것은 합법적이고 윤리적인 웹 데이터 수집의 첫걸음입니다. 아래에서 robots.txt 파일이 무엇인지, 그 역할과 구성 요소는 무엇인지에 대해 챗GPT를 통해 자세히 알아보겠습니다.

> 🧑 크롤링을 할 때 대상 홈페이지의 robots.txt가 무엇이고 그 역할이 어떤건지 간단히 설명해줘.

> 🤖 robots.txt는 웹사이트의 루트 디렉터리에 위치한 텍스트 파일로, 웹 크롤러(또는 로봇)들이 해당 웹사이트의 어느 부분을 크롤링(또는 스크랩)할 수 있는지, 어느 부분을 크롤링할 수 없는지를 명시합니다. 이는 웹사이트 소유자가 크롤러에게 제공하는 크롤링 지침입니다.

1. robots.txt 파일의 역할

- **크롤링 제한** : 웹사이트 소유자는 robots.txt 파일을 사용하여 특정 디렉터리나 페이지를 크롤러가 접근하지 못하도록 할 수 있습니다. 이를 통해 서버의 부하를 줄이거나, 민감한 정보가 있는 페이지를 보호할 수 있습니다.
- **서버 부하 감소** : 서버의 부하를 관리하기 위해 크롤러가 웹사이트를 얼마나 자주 크롤링할 수 있는지 조절할 수 있습니다. 예를 들어 특정 크롤러에게 특정 시간 동안 얼마나 자주 요청을 보낼 수 있는지를 지정할 수 있습니다.
- **사이트 맵 제공** : 크롤러에게 사이트 맵(sitemap.xml)의 위치를 알려줄 수 있습니다. 이를 통해 크롤러가 사이트 구조를 보다 효율적으로 파악하고 크롤링할 수 있습니다.

2. robots.txt 파일의 기본 구성 요소

- **User-agent** : 크롤러를 식별하는 부분입니다. 특정 크롤러 또는 모든 크롤러에 대해 지침을 제공할 수 있습니다.
- **Disallow** : 크롤링을 금지할 디렉터리나 페이지를 지정합니다.
- **Allow** : (Disallow와 함께 사용될 때) 크롤링을 허용할 디렉터리나 페이지를 지정합니다.
- **Sitemap** : 사이트 맵 파일의 위치를 지정합니다.

3. 예시

다음은 간단한 robots.txt 파일의 예시입니다.

```
User-agent: *
Disallow: /private/
Allow: /public/
Sitemap: https://www.example.com/sitemap.xml
```

- **User-agent** : *는 모든 크롤러에게 적용된다는 의미입니다.
- **Disallow** : /private/ 디렉터리는 크롤링이 금지되어 있습니다.
- **Allow** : /public/ 디렉터리는 크롤링이 허용되어 있습니다.
- **Sitemap** : 사이트 맵 파일의 위치는 https://www.example.com/sitemap.xml입니다.

robots.txt 파일은 크롤러가 반드시 따라야 하는 것은 아니며, 악의적인 크롤러는 이를 무시할 수 있습니다. 그러나 대부분의 합법적인 크롤러는 이 지침을 준수합니다.

웹 데이터 수집을 시작하기 전에 반드시 웹사이트의 robots.txt 파일을 확인하는 습관을 들이는 것이 중요해요. 이는 크롤러가 해당 사이트에서 허용된 영역만을 접근하도록 하여 법적, 윤리적 문제를 예방하는 데 도움을 줍니다. 많은 경우, robots.txt 파일을 준수하는 것만으로도 불필요한 법적 분쟁을 피할 수 있습니다. **기억하세요, 웹 스크래핑에도 '책임 있는 데이터 수집'이 필수입니다!**

챗GPT와 함께 야후 파이낸스와 네이버 파이낸스의 robots.txt 비교하기

이 책에서 사용하는 야후 파이낸스 사이트는 크롤링할 수 있지만 네이버 파이낸스 사이트와 같은 대부분의 사이트는 크롤링이 금지되어 있습니다. 두 사이트의 robots.txt를 비교하며, 챗GPT와 함께 그 차이를 알아보겠습니다. 챗GPT에게 그냥 물어보기 전에 직접 robots.txt를 확인하는 방법을 알아보겠습니다. 웹 크롤링을 하려는 사이트 주소 뒤에 /robots.txt를 추가하여 사이트에 접속해주세요. 저는 finance.naver.com/robots.txt와 finance.yahoo.com/robots.txt에 접속했습니다.

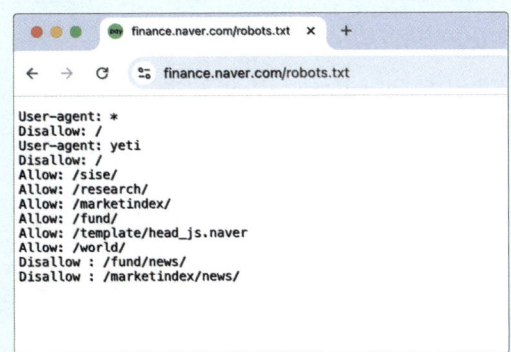
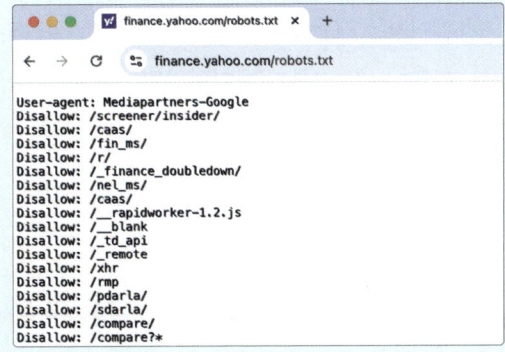

출력 결과를 보면 두 robots.txt에는 차이가 있습니다. 어떤 의미가 있을지 챗GPT를 이용해서 차이를 알아보겠습니다.

BeautifulSoup을 이용해서 주가 정보를 웹스크래핑하여 가져오려할 때 네이버 파이낸스는 불가능하고 야후 파이낸스는 가능한 이유를 robots.txt의 내용을 가지고 설명해줘.

네이버 파이낸스와 야후 파이낸스의 robots.txt 파일을 비교해 보면, 두 사이트가 크롤러에 대해 어떤 접근 제한을 두고 있는지 명확하게 알 수 있습니다. 이를 기반으로 주가 정보를 웹스크래핑할 수 있는지 여부를 판단할 수 있습니다.

1. 네이버 파이낸스 사이트의 robots.txt

```
User-agent: *
Disallow: /
User-agent: yeti
Disallow: /
Allow: /sise/
Allow: /research/
Allow: /marketindex/
Allow: /fund/
Allow: /template/head_js.naver
Disallow: /fund/news/
Disallow: /marketindex/news/
```

- **User-agent: *** : 이 지침은 모든 크롤러(User-agent)에게 적용됩니다.
- **Disallow : /** : 모든 경로에 대한 접근이 금지되어 있습니다. 즉, 네이버 파이낸스의 대부분의 페이지는 크롤러가 접근할 수 없도록 설정되어 있습니다.
- **예외** : yeti 크롤러(네이버의 자체 검색 엔진 크롤러)도 Disallow: /로 인해 기본적으로 모든 경로에 접근이 차단되지만, /sise/, /research/, /marketindex/ 등의 일부 특정 경로에 대해서는 접근이 허용됩니다.
- **결론** : 네이버 파이낸스의 robots.txt 파일은 대부분의 페이지에 대해 크롤링을 금지하고 있기 때문에, BeautifulSoup을 이용한 주가 정보 스크래핑이 사실상 불가능합니다. 특히 Disallow: / 설정은 사이트 전반에 대한 크롤링을 차단하기 때문에, 주가 정보를 가져오는 것이 어렵습니다.

2. 야후 파이낸스 사이트의 robots.txt

```
User-agent: *
Disallow: /m/
```

```
Disallow: /screener/insider/
Disallow: /caas/
...생략...
Sitemap: https://finance.yahoo.com/sitemap_en-us_desktop_index.xml
...생략...
```

- **User-agent : *** : 모든 크롤러에 대한 지침이 적용됩니다.
- **Disallow: /m/** : 이외에도 여러 특정 경로에 대해서만 크롤링을 금지하고 있습니다. 예를 들어 /screener/insider/, /caas/ 등은 크롤링이 불가능합니다.
- **허용된 경로** : 야후 파이낸스의 경우 대부분의 중요한 주가 정보가 있는 페이지는 Disallow에 포함되지 않기 때문에, 크롤링이 가능합니다.
- **Sitemap 제공** : 사이트 맵을 제공함으로써, 크롤러가 효율적으로 사이트 내의 구조를 파악하고 데이터를 수집할 수 있도록 돕고 있습니다.
- **결론** : 야후 파이낸스의 robots.txt 파일은 일부 경로에 대해서만 크롤링을 제한하고 있으며, 대부분의 주요 주가 정보가 있는 페이지는 크롤링이 가능하게 설정되어 있습니다. 따라서, BeautifulSoup을 이용하여 야후 파이낸스에서 주가 정보를 스크래핑하는 것이 가능합니다.

요약

네이버 파이낸스는 robots.txt를 통해 대부분의 크롤러에 대해 접근을 차단하고 있어, 주가 정보를 웹스크래핑하는 것이 불가능합니다. 반면, 야후 파이낸스는 특정 경로에 대해서만 제한을 두고 있어, 주요 주가 정보를 스크래핑하는 것이 가능합니다. 이는 robots.txt 파일에서의 접근 허용/금지 설정의 차이 때문입니다.

웹 데이터 수집의 첫걸음은 대상 사이트의 robots.txt 파일을 이해하는 것에서 시작됩니다. 네이버 파이낸스처럼 대부분의 페이지에 접근이 금지된 경우, 데이터 스크래핑을 시도하면 법적 문제에 휘말릴 수 있습니다. 반면, 야후 파이낸스처럼 특정 경로에 대해서만 제한을 두는 사이트는 크롤링이 가능하죠. 따라서 크롤링을 시도하기 전, 반드시 robots.txt 파일을 확인하여 해당 사이트가 허용하는 범위 내에서 데이터를 수집하는 것이 중요합니다. 윤리적이고 합법적인 웹 데이터 수집이 무엇보다 우선되어야 한다는 점, 꼭 기억해주세요!

웹 데이터 수집 용어 정리하기

웹 데이터 수집에 관심이 생기면 꼭 듣게 되는 용어가 있습니다. 바로 웹 크롤링, 웹 스크래핑입니다. 보통 '웹 크롤링으로 데이터를 수집해야 해~', '웹 크롤링 만들기'와 같은 말을 많이 들었을 겁니다. 하지만 웹 크롤링과 웹 스크래핑은 의미가 다릅니다. 여기서 정리하고 넘어가겠습니다.

웹 크롤링이 뭐예요?

웹 크롤링web crawling은 크롤러라는 프로그램을 인터넷으로 보내 인터넷 콘텐츠를 자동으로 수집하고 색인화하는 것을 말합니다. 대표적으로 구글 검색 엔진이 크롤러를 사용해서 인터넷에 무작위로 퍼져 있는 데이터를 수집하고 색인하는 것을 예로 들 수 있습니다. 이를테면 '데이터 분석'과 관련 있는 최신 웹 데이터가 인터넷에 올라오면 구글 검색 엔진의 크롤러가 이를 찾아 색인하는 것입니다. 그러면 '데이터 분석'을 검색했을 때 바르게 결과를 찾아볼 수 있겠죠.

> 색인은 많은 정보나 데이터 중에서 특정 내용을 빠르게 찾아볼 수 있도록 체계적으로 정리하고 목록을 만드는 것을 의미합니다.

> 여기서는 색인을 예로 들었지만 웹 크롤링은 색인 외의 다양한 작업을 말합니다.

웹 스크래핑이 뭐예요?

웹 스크래핑web scraping은 특정 웹 사이트에서 특정 페이지의 데이터 수집을 목표로 하는 프로그램을 말합니다. 웹 크롤링이 인터넷 전체의 콘텐츠를 수집하는 것이라면, 웹 스크래핑은 그 콘텐츠에서 특정 데이터를 추출하는 것을 의미합니다.

정리하자면, 웹 크롤링은 매우 넓은 범위에서 웹 콘텐츠를 수집하고 색인화하여 나중에 빠르게 검색할 수 있도록 하는 것이고, 웹 스크래핑은 특정 웹 페이지에서 필요한 데이터를 추출하는 것입니다. **결론적으로 우리가 주로 배울 것은 웹 스크래핑입니다.** 그래서 앞으로는 웹 스크래핑이라는 말을 사용하겠습니다.

> 두 용어의 차이에 대해 더 깊이 이야기하자면 다소 복잡해질 수 있습니다. 이 책의 범위와 목적을 고려할 때 이 정도로 간략히 설명을 마치겠습니다.

웹 스크래핑은 어떤 과정으로 수행될까?

앞서 이야기했듯이 웹 스크래핑은 특정 웹 페이지의 텍스트나 링크, 이미지와 같은 데이터를 수집하는 것을 말합니다. 그럼 웹 스크래핑은 어떤 과정으로 수행될까요? 파이썬에서 수행하는 웹 스크래핑의 과정을 다음과 같이 정리할 수 있습니다.

1 웹 서버에 특정 URL로 웹 페이지를 요청합니다. 이 과정을 요청^{request}이라고 부릅니다.
2 웹 서버는 해당 URL에 맞는 데이터를 보내줍니다. 이 과정을 응답^{response}이라고 부릅니다.
3 이제 응답에 있는 웹 페이지 데이터에서 원하는 데이터를 찾습니다.
   - 데이터를 찾을 때는 뷰티풀수프와 같은 라이브러리를 활용하고, CSS Selector와 같은 데이터 위치를 표시하는 기법을 사용합니다.

> **셀레나의 조언 | CSS Selector가 뭐예요?**
>
> CSS Selector는 웹 스크래핑을 할 때 웹 페이지 내에서 특정 요소를 찾기 위해 사용하는 중요한 기술입니다. 웹 페이지는 HTML로 구성되어 있으며, 이 HTML 구조 안에서 우리가 원하는 데이터를 선택하는 방법을 알아야 합니다. 이때 사용하는 것이 바로 CSS Selector입니다. 이 기술은 웹 스크래핑에서 매우 유용한 내용이므로 설명하겠습니다. 웹 스크래핑 과정이 처음이라면 조금 복잡하게 느껴질 수 있습니다. 간단한 HTML 데이터를 생성하며 배워보겠습니다.

```
from bs4 import BeautifulSoup

html = """
<html>
 <body>
    <h1 id='title'>파이썬 데이터 분석가 되기</h1>
    <p id='body'>오늘의 주제는 웹 데이터 수집</p>
    <p class='scraping'>삼성전자 일별 시세 불러오기</p>
    <p class='scraping'>이해 쏙쏙 Selena!</p>
 </body>
</html>
"""

soup = BeautifulSoup(html, 'html.parser')
```

> soup.select()를 사용하면 HTML 문서에서 CSS Selector를 통해 특정 요소를 찾을 수 있습니다. 결과는 선택한 요소들의 리스트로 반환합니다.

1. CSS Selector란?

CSS Selector는 CSS$^{Cascading\ Style\ Sheets}$에서 사용되는 선택자^{Selector}를 활용해 HTML 요소를 선택하는 방법입니다. 웹 스크래핑에서도 CSS Selector를 사용하여 특정 요소를 찾을 수 있습니다. CSS Selector는 HTML 문서에서 요소를 직관적으로 선택할 수 있는 강력한 도구입니다. 몇 가지 예를 들어 설명하겠습니다.

- **클래스 선택자** : CSS Selector를 사용하여 특정 클래스를 가진 요소를 선택할 수 있습니다. 아래의 코드는 HTML 문서 내에서 class 속성이 'scraping'인 모든 <p> 요소를 선택합니다.

```
soup.select('p.scraping')
```

```
[<p class='scraping'>삼성전자 일별 시세 불러오기</p>,
 <p class="scraping">이해 쏙쏙 Selena!</p>]
```
출력 결과

- **자식 선택자** : 부모 요소의 직접 자식 요소를 선택하는 방법입니다. 자식 선택자는 > 기호를 사용하여 정의합니다. 아래의 코드는 HTML에서 <body> 요소의 직접 자식인 모든 <p> 요소를 선택합니다.

```
soup.select('body > p')
```

```
[<p id='body'>오늘의 주제는 웹 데이터 수집</p>,
 <p class='scraping'>삼성전자 일별 시세 불러오기</p>,
 <p class='scraping'>이해 쏙쏙 Selena!</p>]
```
출력 결과

- **ID 선택자** : HTML 요소의 id 속성 값을 기반으로 요소를 선택하는 방법입니다. ID 선택자는 # 기호를 사용하여 정의합니다. 아래의 코드는 HTML에서 id가 title인 <h1> 요소를 선택합니다. 이 선택자는 id가 title인 단일 요소를 정확하게 선택하며, id는 문서 내에서 유일해야 하므로 하나의 요소만 반환됩니다.

```
soup.select('#title')
```

```
[<h1 id="title">파이썬 데이터 분석가 되기</h1>]
```
출력 결과

CSS Selector는 간단하고 직관적인 선택이 가능하며, CSS에서 스타일을 지정할 때 사용하는 방식과 동일해 익숙한 사람에게는 사용이 쉽습니다. 웹 스크래핑을 할 때 이 선택자들을 활용하면 원하는 데이터를 빠르고 정확하게 추출할 수 있습니다.

웹 스크래핑 과정을 설명하면서 몇 가지 용어가 나왔습니다. 일상의 용어와 크게 다르지 않으므로 용어를 그림과 함께 정리해봅시다.

요청 : 서버에 데이터 요청

요청request은 서버에 데이터를 요청하는 행위를 말합니다. 여러분이 웹 브라우저에 주소를 입력해서 어떤 사이트에 접속하는 것 자체가 요청입니다. 그런데 요청은 파이썬에서도 할 수 있으므로 파이썬과 브라우저를 같은 위치에 두었습니다. 그림의 중간 단계에서는 여러분이 흔히 보았던 웹 주소 창에 www.naver.com을 입력하는 모습을 함께 두었습니다.

응답 : 서버가 데이터 보내줌

응답response는 서버가 요청에 대해 데이터를 보내주는 행위를 말합니다. 그러면 브라우저에서는 서버로부터 받은 데이터를 가공하여 아름다운 화면으로 보여주는 것이지요. 파이썬에서는 응답으로 받은 데이터를 가지고 다양한 처리를 할 수 있습니다. 예를 들어 필요한 정보만 추출하여 저장하거나, 데이터를 분석하여 통계 자료를 만드는 등의 작업을 할 수 있습니다.

파이썬 + 뷰티풀수프 : 데이터 속에서 원하는 데이터 찾기

응답으로 받은 데이터에서 원하는 값만 찾을 때 파이썬과 뷰티풀수프가 활약합니다. 파이썬에게 '어디어디에 있는 값을 찾아와'라고 명령을 내리기만 하면 해당 웹 페이지에서 원하는 데이터를 빠르게 찾을 수 있습니다. 이때 웹 페이지에 원하는 데이터의 위치는 CSS Selector로 지정해주어야 합니다. CSS Selector는 웹 페이지에서 데이터가 위치하고 있는 자리를 표시하는 방법이라고 기억하면 됩니다. 다음 그림은 ❶ www.naver.com 웹 페이지 요청에 대한 ❷ 응답으로 받은 ❸ 데이터에서 특정 위치에 있는 데이터를 추출하여 가져오는 모습을 나타낸 것입니다. ❹ 그림에서 데이터를 찾고 추출할 때 CSS Selector로 데이터의 위치를 특정하여 알려줍니다. 구체적인 과정은 실습을 하며 알아봅니다.

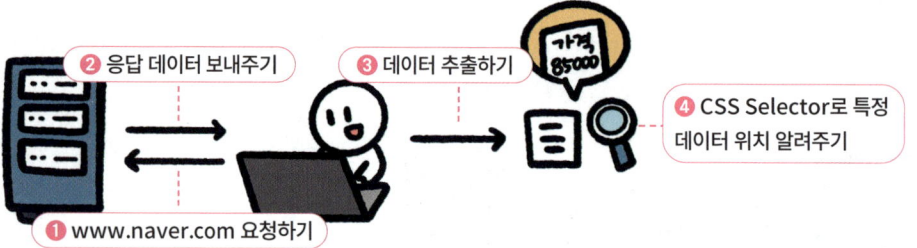

이제 웹 스크래핑이 진행되는 과정을 알았을 것입니다. 구체적인 내용은 실제로 코드를 작성하고 실행하면서 알아봅시다. 이 과정이 잘 이해되지 않았더라도 걱정마세요. 실습을 한 번만 쭈욱 진행하면 이해할 수 있을 것입니다.

뷰티풀수프를 사용한 웹 스크래핑 기초 사용 방법 알아보기

뷰티풀수프BeautifulSoup는 파이썬으로 웹 데이터를 수집할 때 사용하는 라이브러리입니다. 웹 스크래핑 및 데이터 마이닝 작업에서 웹 페이지의 태그 구조를 쉽게 탐색하고 조작할 때 유용합니다. 웹 스크래핑 과정에서는 HTTP 요청을 통해 데이터를 가져오기 위해 리퀘스트Requests 라이브러리와 함께 사용하는 경우가 많습니다. 리퀘스트 라이브러리는 HTTP 요청을 통해 HTML 코드를 받아오는 역할을 하고, 뷰티풀수프는 이 HTML을 파싱하여 분석할 수 있습니다. 그럼 이제 뷰티풀수프와 리퀘스트 라이브러리를 사용해 웹 스크래핑을 시작해봅시다.

`01단계` 웹 스크래핑을 하기 위해 HTTP 요청에 사용할 리퀘스트와 HTML 구조 파싱에 사용할 뷰티풀수프 라이브러리를 불러옵니다.

```
import requests
from bs4 import BeautifulSoup
```

라이브러리를 불러왔으면 이제 웹 스크래핑을 할 준비가 끝난 것입니다. 야후 파이낸스 사이트에서 삼성전자 주가 데이터를 스크래핑하기에 앞서 간단한 HTML 코드를 만들어 웹 스크래핑의 기본 원리를 차근차근 이해해보겠습니다.

웹 스크래핑 원리 이해하기

아주 복잡한 문제도 간단하게 만들어 살펴보면 원리를 이해하는 데 도움이 됩니다. 여기서는 간단한 HTML 코드를 입력하여 뷰티풀수프로 파싱하고 데이터를 추출하는 원리를 알아보겠습니다.

01단계 html 변수에 우리가 파싱할 HTML 코드를 문자열로 입력합니다. HTML 코드를 문자열로 직접 입력하는 일은 거의 없으며, 이 과정이 불편하게 느껴질 수 있습니다. 하지만 웹 스크래핑 원리 이해를 위해 한다고 생각하고 참고 진행합시다.

```
html = """
<html>
 <body>
    <h1 id='title'>파이썬 데이터 분석가 되기</h1>
    <p id='body'>오늘의 주제는 웹 데이터 수집</p>
    <p class='scraping'>삼성전자 일별 시세 불러오기</p>
    <p class='scraping'>이해 쏙쏙 Selena!</p>
 </body>
</html>
"""
```

html 변수에 있는 문자열의 구성을 자세히 보면 <html>~</html> 안에 <body>~</body>가 포함되어 있습니다. 그리고 <body>~</body> 안에는 제목을 나타내는 <h1>, 본문을 나타내는 <p>가 들어 있습니다. 이 HTML 코드의 구조는 아래와 같습니다. **html, body, h1, p와 같은 것들은 엘리먼트 또는 요소라고 부릅니다.** HTML 문서를 볼 때는 이 요소를 중심으로 보는 겁니다.

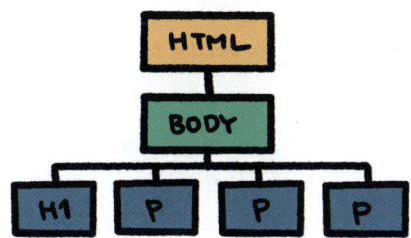

그리고 〈h1〉 안에는 id라는 것이 있습니다. **이것은 어트리뷰트 또는 속성이라고 부르는 것입니다.** h1 요소 안에는 id라는 속성이 있는데 이 속성값이 'title'로 지정되어 있는 것입니다. 〈p〉도 비슷한 방법으로 속성값들이 들어 있습니다. 첫 번째 〈p〉에는 id라는 속성값이 'body'로 지정되어 있고, 두 번째 〈p〉, 세 번째 〈p〉에는 class라는 속성값이 'scraping'으로 들어 있습니다.

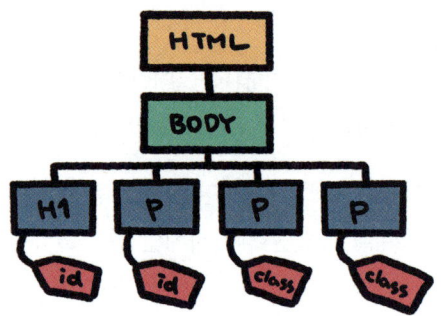

그림과 함께 여러분이 입력한 HTML 문서의 구조를 이해해보세요. 이처럼 HTML 코드를 뷰티풀 수프가 파싱하면 여러분이 이해한 것처럼 구조를 파악한 상태로 BeautifulSoup 객체라는 것을 형성합니다. 이렇게 형성한 BeautifulSoup 객체로 HTML 문서를 탐색하고 원하는 요소를 검색하거나 데이터를 추출할 수 있습니다.

`02단계` 그러면 정말로 그렇게 되는지 해봅시다. 뷰티풀수프를 불러와 html.parser로 앞에서 입력한 HTML 코드를 파싱하게 하고 그 결과를 soup에 저장합니다. 그리고 그 값을 출력해봅니다.

```python
from bs4 import BeautifulSoup

soup = BeautifulSoup(html, 'html.parser')
print(soup)
```

출력 결과
```
<html>
<body>
<h1 id='title'>파이썬 데이터 분석가 되기</h1>
<p id='body'>오늘의 주제는 웹 데이터 수집</p>
<p class='scraping'>삼성전자 일별 시세 불러오기</p>
<p class='scraping'>이해 쏙쏙 Selena!</p>
</body>
</html>
```

결과를 보면 입력한 HTML이 그대로 보입니다. 단순히 문자열을 출력한 것이 아닙니다. 뷰티풀수프를 사용하여 html 변수에 저장된 HTML 코드를 파싱하여 BeautifulSoup 객체로 만들고, 이 객체를 soup 변수에 할당한 다음 파싱한 결과를 출력한 것입니다.

03단계 BeautifulSoup 객체에는 파싱한 HTML 문서가 들어 있습니다. 이 객체를 이용하여 원하는 정보를 추출하거나 탐색하고 조작해보겠습니다. soup 객체에 있는 정제된 텍스트를 추출하는 방법은 soup.stripped_strings 속성을 사용하는 것입니다. 우선 아래 코드를 입력하여 실행해봅시다.

```
for stripped_text in soup.stripped_strings:
  print(stripped_text)
```

파이썬 데이터 분석가 되기
오늘의 주제는 웹 데이터 수집
삼성전자 일별 시세 불러오기
이해 쏙쏙 Selena!

결과를 보면 ⟨h1⟩, ⟨p⟩ 요소에 감싸져 있던 문자열을 순서대로 출력했습니다. stripped_strings 속성은 soup 객체에 있는 HTML 문서에서 모든 텍스트 내용을 찾아내 이를 순차적으로 반환합니다.

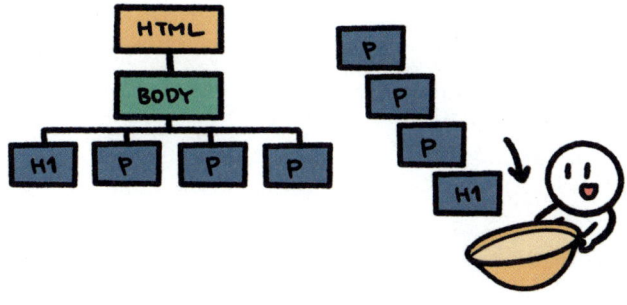

stripped_strings 속성의 순차적으로 반환하는 특성과 for문을 조합하여 HTML 문서에 있는 문자열을 하나씩 출력한 것입니다. 이 과정은 파이썬 문법에서 for문과 순회라는 개념을 이해하면 더 명확하게 알 수 있습니다. 파이썬 기초 문법은 이 책에서 다루기 어려우므로 이정도로만 설명하겠습니다. 그리고 stripped_strings 속성은 좌우 공백을 모두 제거하기도 합니다. 예를 들어 ' 파이썬 데이터 분석가 되기'라고 문자열이 입력되어 있었다면 좌우 공백을 제거하여 결과를 출력해줍니다. 다음 실행 결과 화면을 참고하여 실제로 그런지 확인해보기 바랍니다.

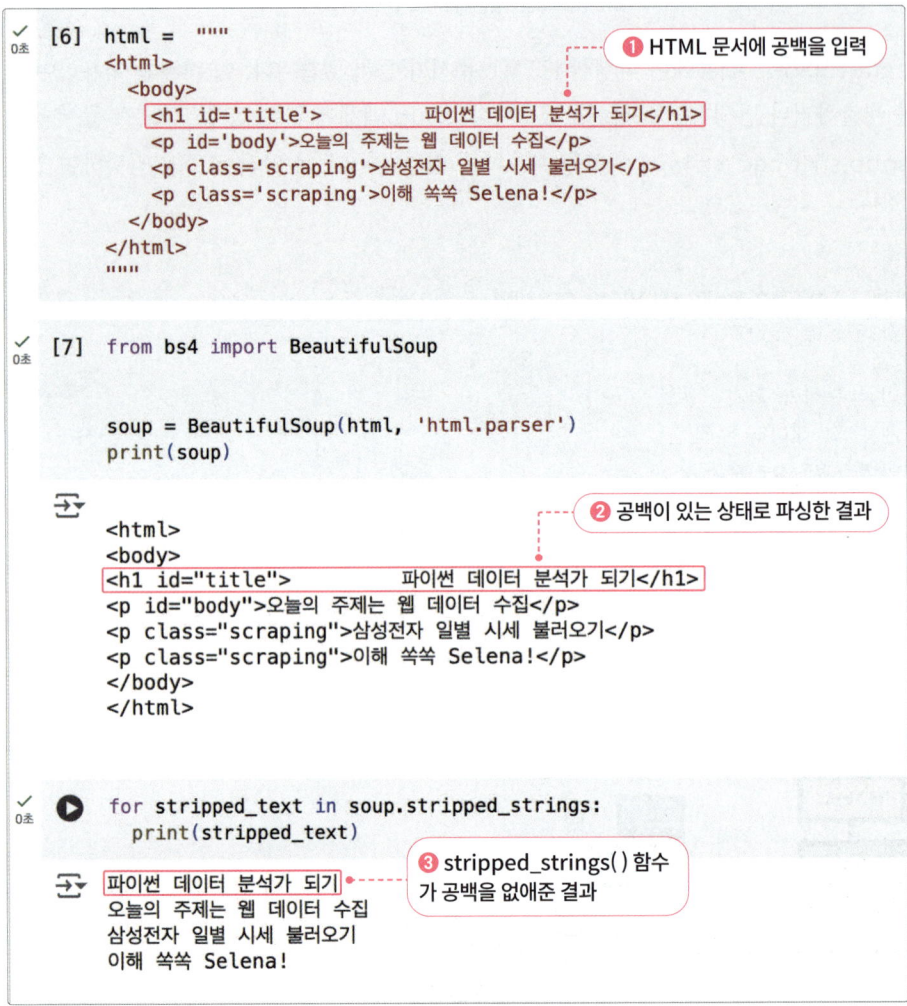

04단계 뷰티풀수프로 파싱한 결과에서 특정 조건에 맞는 요소를 찾는 주요 함수는 다음과 같습니다. 여기서는 이 함수를 모두 사용해봅니다.

- **태그 이름으로 검색** : find( ), find_all( ) 함수
  - **클래스로 검색** : class_ 매개변수 사용
  - **아이디로 검색** : id 매개변수 사용

- **속성으로 검색** : attrs 매개변수 사용
- **CSS 선택자로 검색** : select( ) 함수 사용

soup.find('tag_name')은 soup 객체에 있는 HTML 문서에서 특정 태그의 첫 번째 요소를 검색합니다. 해당 태그가 없으면 None을 반환합니다. 기본형은 다음과 같습니다.

```
soup.find('tag_name')
```

soup.find_all('tag_name')은 soup 객체에 있는 HTML 문서에서 특정 태그의 모든 요소를 검색합니다. 해당 태그가 없으면 빈 리스트를 반환합니다. 기본형은 다음과 같습니다.

```
soup.find_all('tag_name')
```

이어서 계속 작업합니다. soup 객체에서 find( ), find_all( ) 함수를 사용해 태그 이름 중 p 태그의 값을 각각 탐색하여 출력해봅시다.

```
# find() 함수를 사용하여 <p> 태그의 첫 번째 요소 검색
first_p = soup.find('p')
print(first_p)

# find_all() 함수를 사용하여 <p> 태그의 모든 요소 검색
all_p = soup.find_all('p')
print(all_p)
```

출력 결과
```
<p id="body">오늘의 주제는 웹 데이터 수집</p>
[<p id="body">오늘의 주제는 웹 데이터 수집</p>, <p class="scraping">삼성전자 일별 시세 불러오기</p>, <p class="scraping">이해 쏙쏙 Selena!</p>]
```

결과를 보면 find( ) 함수로 p 태그를 찾은 후 첫 번째 p 태그의 값만 출력했고, find_all( ) 함수로 모든 p 태그를 찾은 후 출력했습니다. 여기서 만약 id가 body인 태그나 class가 scraping인 태그만 찾으려면 어떻게 해야 할까요?

05단계 그럴 때는 find( ) 함수나 find_all( ) 함수의 매개변수로 id 또는 class_로 원하는 속성의 값을 인수로 넘겨 찾으면 됩니다.

> 매개변수가 class가 아니라 class_인 이유는 class가 파이썬의 예약어이기 때문입니다. 파이썬 예약어는 파이썬 언어의 문법에서 특별한 의미를 가지며, 변수명이나 함수명으로 사용할 수 없는 단어들입니다. 예를 들어 class, def, if, else, while 등이 있습니다. 따라서 class를 변수 이름으로 사용할 수 없으므로 이를 피하기 위해 class_를 사용합니다.

```
# ❶ id 값이 title인 조건에 해당하는 첫 번째 정보만 검색
title = soup.find(id='title')
print(title)

# ❷ class 값이 scraping인 조건에 해당하는 첫 번째 정보만 검색
scraping = soup.find(class_='scraping')
print(scraping)

# ❸ class 값이 scraping인 조건에 해당하는 모든 정보 검색
scraping_all = soup.find_all(class_='scraping')
print(scraping_all)
```

```
출력 결과
<h1 id="title">파이썬 데이터 분석가 되기</h1>
<p class="scraping">삼성전자 일별 시세 불러오기</p>
[<p class="scraping">삼성전자 일별 시세 불러오기</p>, <p class="scraping">이해 쏙쏙 Selena!</p>]
```

❶ id가 title인 요소를 검색하여 반환합니다. 반환한 요소를 title 변수에 할당하여 출력했습니다.

❷ class가 scraping인 첫 번째 요소를 검색하여 반환합니다. 반환한 요소를 scraping 변수에 할당하여 출력했습니다.

❸ class가 scraping인 모든 요소를 검색하여 리스트로 반환합니다. 반환한 리스트는 scraping_all 변수에 할당하여 출력했습니다.

06단계 더 상세한 검색을 하려면 attrs 매개변수에 딕셔너리 형태로 검색 조건을 넣으면 됩니다. 다음은 **02단계**와 같은 결과를 얻을 수 있는 코드입니다.

```
# ❶ class 속성이 scraping인 첫 번째 요소 검색
first_scraping = soup.find(attrs={'class': 'scraping'})
print(first_scraping)

# ❷ id 속성이 body인 요소 검색
body_element = soup.find(attrs={'id': 'body'})
print(body_element)
```

```
<p class="scraping">삼성전자 일별 시세 불러오기</p>
<p id="body">오늘의 주제는 웹 데이터 수집</p>
```
출력 결과

❶ class 속성이 scraping인 첫 번째 요소를 검색합니다. attrs 매개변수에 {'class': 'scraping'} 딕셔너리로 검색 조건을 지정했습니다.

❷ id 속성이 body인 요소를 검색합니다. 이 역시도 attrs 매개변수에 {'id': 'body'} 딕셔너리로 검색 조건을 지정했습니다.

뷰티풀수프를 사용하여 HTML 문서를 파싱하고, 필요한 데이터를 추출하는 방법을 배웠습니다. 뷰티풀수프는 HTML 문서를 파싱하여 구조적으로 이해할 수 있는 객체를 생성해주고, 이를 통해 웹 페이지의 특정 요소를 탐색하고 쉽게 추출할 수 있다는 것을 알았습니다.

이처럼 웹 스크래핑을 제대로 수행하려면 HTML의 요소^{Element}와 속성^{Attribute}을 이해하는 것이 중요합니다. 요소는 문서의 구조를 형성하고, 속성은 각 요소의 특성을 정의합니다. 뷰티풀수프를 사용하여 데이터를 추출할 때는 .stripped_strings 속성을 통해 텍스트를 공백 없이 추출할 수 있으며, find( )와 find_all( ) 함수를 사용해 특정 태그, 클래스, ID 또는 속성을 기반으로 원하는 HTML 요소를 검색할 수 있습니다. 또한, attrs 매개변수를 활용하면 속성을 딕셔너리 형태로 지정하여 보다 세밀하게 요소를 찾을 수 있습니다. 이러한 기본적인 원리와 기술을 이해하면, 더 복잡한 웹 페이지에서도 원하는 데이터를 효율적으로 수집할 수 있습니다. 그러면 본격적으로 야후 파이낸스 사이트에서 삼성전자 주가 데이터를 수집해보겠습니다.

05.2 야후 파이낸스 주가 데이터 웹 스크래핑하기

이제 앞에서 배운 내용을 정리하면서 야후 파이낸스 주가 데이터를 웹 스크래핑하고 데이터를 처리해봅시다. 우리는 이런 과정으로 야후 파이낸스에서 '삼성전자'의 주가 데이터를 웹 스크래핑할 것입니다.

웹 페이지 파악하기

우선 삼성전자 종목의 일별 시세를 웹 스크래핑하려면 웹 페이지에 어떤 정보가 있는지 확인하는 것이 중요합니다. 저와 함께 사이트를 차분하게 살펴봅시다.

01단계 야후 파이낸스에서 종목명 검색 창에 'Samsung Electronics'를 입력하여 해당 종목의 정보를 확인할 수 있는 페이지로 이동합니다.

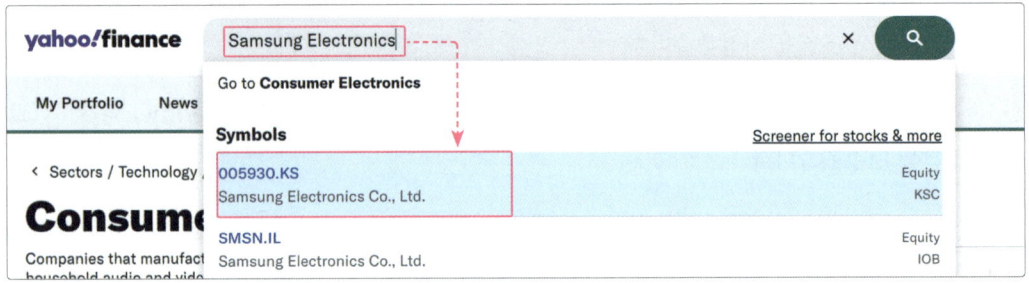

02단계 그런 다음 일별 시세를 확인할 수 있는 [Historical Data]를 누릅니다.

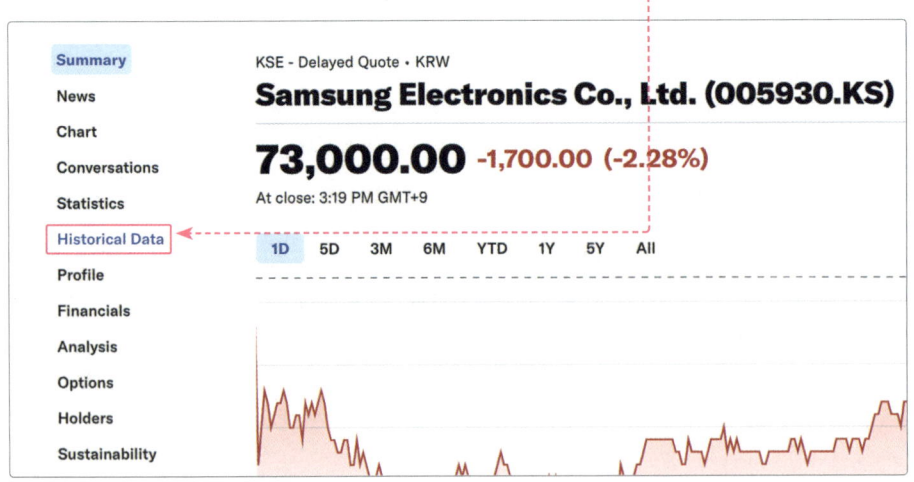

Historical Data 페이지로 이동하면 삼성전자의 지난 주가를 모두 확인할 수 있습니다.

Date	Open	High	Low	Close	Adj Close	Volume
Aug 8, 2024	73,200.00	73,900.00	72,500.00	73,000.00	73,000.00	23,370,171
Aug 7, 2024	73,000.00	76,000.00	72,800.00	74,700.00	74,700.00	32,710,428
Aug 6, 2024	74,900.00	75,300.00	72,300.00	72,500.00	72,500.00	47,295,226
Aug 5, 2024	76,700.00	76,900.00	70,200.00	71,400.00	71,400.00	54,608,790
Aug 2, 2024	81,000.00	81,400.00	79,500.00	79,600.00	79,600.00	25,800,275
Aug 1, 2024	86,000.00	86,100.00	83,100.00	83,100.00	83,100.00	20,900,338
Jul 31, 2024	81,200.00	83,900.00	80,900.00	83,900.00	83,900.00	20,744,323
Jul 30, 2024	80,400.00	81,000.00	80,000.00	81,000.00	81,000.00	13,169,636

03단계 우리가 원하는 값들은 모두 여기에 있습니다. 필요한 데이터가 잘 있는지 확인했으므로 주소 창에 있는 URL을 복사하고, HTTP 요청에 사용할 request와 뷰티풀수프를 import합니다. 그런 다음 url 변수를 저장하고 해당 url로 요청하여 값이 잘 나오는지 확인해봅시다.

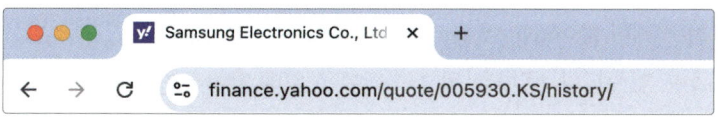

```
import requests
from bs4 import BeautifulSoup

# stock_url 변수에 URL 저장
stock_url = 'https://finance.yahoo.com/quote/005930.KS/history/'
# 웹 페이지 요청
res = requests.get(stock_url)
html = res.text # 응답에서 HTML 문서만 가져오기
print(html) # 값을 제대로 출력하지 못함(status code : 404)
```

여기까지 내용을 작성하고 html에 있는 값을 출력하면 아마 제대로 된 결과를 얻을 수 없을 겁니다. 왜냐하면 지금 여러분이 요청하고 있는 웹 스크래핑 코드는 finance.yahoo.com에서 막아

두고 있거든요. 실제로 print(html)을 실행하여 결과를 보면 status code : 404라는 내용이 보입니다.

```
    _width: 17em;
  }
    </style>
<script>
  document.write('<img src="//geo.yahoo.com/b?s=1197757129&t='+new Date().getTime()+'&src=aws&err_url='+encodeUR
</script>
</head>
<body>
<!-- status code : 404 -->
<!-- Not Found on Server -->
<table>
<tbody><tr>
    <td>
      <img src="https://s.yimg.com/rz/p/yahoo_frontpage_en-US_s_f_p_205x58_frontpage.png" alt="Yahoo Logo">
      <h1 style="margin-top:20px;">Will be right back...</h1>
      <p id="message-1">Thank you for your patience.</p>
```

이 내용은 '서버에서 찾을 수 없는 페이지'라는 것을 의미하는데요. 왜 이렇게 되었는지 다음 과정에서 간단히 알아보고, 해결하는 방법도 알아보겠습니다.

헤더 값 추가하기

이후 과정을 문제 없이 진행하려면 헤더 값이라는 것을 추가해야 합니다. 갑자기 헤더 값을 추가한다니 무슨 말인지 어리둥절할 수도 있습니다. 헤더는 웹 스크래핑을 위해 알아두면 좋은 상식입니다. 실습 코드로는 몇 줄 밖에 되지 않는 내용이지만 이참에 제대로 설명하겠습니다.

헤더가 뭐예요?

헤더header는 웹 브라우저(클라이언트)와 웹 서버 간에 주고 받는 다양한 정보를 담는 그릇과 같은 역할을 합니다. 이 그릇에는 사용자 에이전트, 데이터 형식 등 여러 중요한 값들이 담기며, 이러한 값들은 웹 페이지에 접속할 때 함께 전송합니다. 예를 들어 사용자 에이전트 정보도 웹 페이지에 접속할 때 이 헤더라는 그릇에 담겨 서버로 보내집니다. HTTP 헤더를 검색하면 자세한 정보를 얻을 수 있습니다. 다음은 mozilla 공식 사이트에서 설명하는 헤더 설명의 일부입니다.

> ## HTTP 헤더
>
> HTTP 헤더는 클라이언트와 서버가 요청 또는 응답으로 부가적인 정보를 전송할 수 있도록 해줍니다. HTTP 헤더는 대소 문자를 구분하지 않는 이름과 콜론 `:` 다음에 오는 값(줄 바꿈 없이)으로 이루어져있습니다. 값 앞에 붙은 빈 문자열은 무시됩니다.
>
> 커스텀 등록 헤더는 'X-'를 앞에 붙여 추가될 수 있지만, 이 관례는 RFC 6648 에서 비표준 필드가 표준이 되었을때 불편함을 유발하는 이유로 2012년 6월에 폐기되었습니다. 다른것들은 IANA 레지스트리 에 나열되어 있으며, 원본 컨텐츠는 RFC 4229 에서 정의되었습니다. IANA는 또한 제안된 새로운 메시지 헤더의 레지스트리 도 관리합니다.
>
> 헤더는 컨텍스트에 따라 그룹핑될 수 있습니다:

아마 웹 공부를 하지 않았다면 헤더에 대한 설명이 다소 어렵게 느껴질 수 있습니다. 쉽게 말해 여러분이 어떤 웹 사이트에 접속할 때 '난 이런 방식으로 요청을 하고 있고, 나는 이런 정보를 가진 사용자야'라는 내용이 담긴 것이 바로 헤더라고 생각하면 됩니다.

앞으로 여러분이 기억할 것은 두 가지입니다.

1 사용자 에이전트 값은 HTTP 헤더에 담을 수 있다.
2 서버에서는 HTTP 헤더에서 사용자 에이전트 값을 확인한다.

그렇다면 헤더에 추가해야 할 사용자 에이전트는 무엇일까요? 사용자 에이전트에 대해 알아보겠습니다.

사용자 에이전트가 뭐예요?

많은 웹 사이트들은 웹 스크래핑으로 인한 웹 사이트의 부정적인 영향을 최소화하기 위해 가끔 웹 스크래핑 프로그램을 차단할 때가 있습니다. **차단 기준은 사람이 웹 브라우저로 요청할 때와 봇이 요청할 때의 사용자 에이전트 값이 다르므로 사용자 에이전트 값이 무엇인지 보는 것입니다.**

이렇게 서버에서 사용자 에이전트 값을 검사하면 웹 스크래퍼를 차단할 수 있습니다. **그래서 우리는 이 사용자 에이전트 값을 임의로 코드에 입력하여 웹 서버가 스크래퍼를 일반 사용자로 인식할 수 있도록 만들겠습니다.** 이 작업은 인터넷에 공개된 자료에 한하여서는 문제가 없습니다. 하지만 사이트 운영자의 동의 없이 특정 데이터를 스크래핑하면 문제가 될 수 있으므로 서비스 이용 약관을 미리 확인하고 진행하는 것이 좋습니다.

사용자 에이전트 값 확인하고 필요한 값 미리 복사해 두기

사용자 에이전트는 여러분이 웹 브라우저를 통해 웹 사이트에 접속할 때 브라우저가 서버에 보내는 일종의 신호입니다. 이 신호에는 브라우저 종류, 운영체제, 브라우저 버전 등의 정보가 포함됩니다. 다음 그림은 사용자가 서버에게 사용자 에이전트 값을 보내고 데이터를 받는 모습입니다.

그러면 사용자 에이전트는 어디서 확인할 수 있을까요? 다음을 통해 사용자 에이전트 값을 확인하고 헤더에 필요한 값을 미리 복사해둡시다.

01단계 야후 파이낸스 삼성전자 페이지에서 F12 를 눌러 개발자 도구를 엽니다. 그런 다음 상단 메뉴에서 [Network] 탭을 클릭합니다.

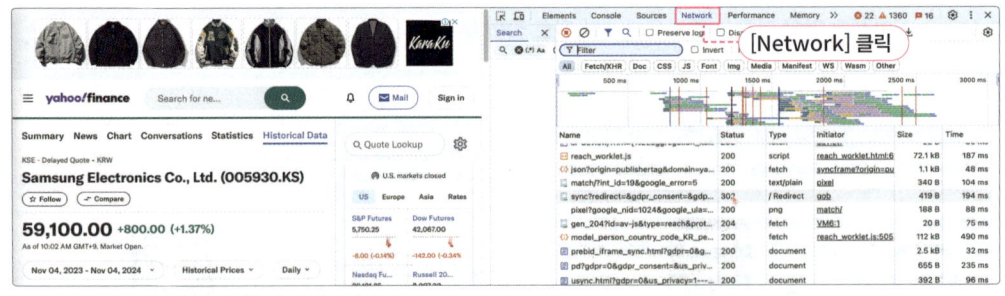

02단계 이 상태에서 새로고침을 눌러 웹 페이지를 다시 로드하여 서버로 다시 요청을 보냅니다. 그러면 history라는 항목이 나타납니다.

> 보이지 않으면 몇 번 새로고침을 다시 해보세요.

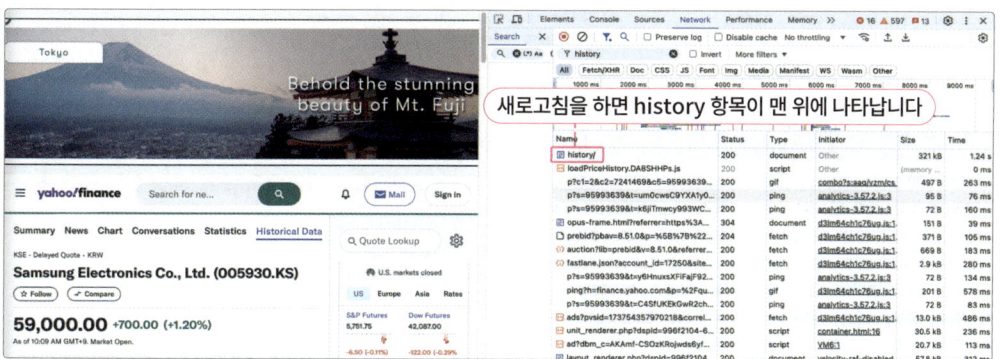

새로고침을 하면 history 항목이 맨 위에 나타납니다

03단계 ❶ history 항목을 누르면 헤더를 볼 수 있습니다. ❷ Response Headers는 닫고 ❸ Request Headers를 눌러 열면 ❹ 요청 헤더 Requests Headers에 들어 있는 내용이 나옵니다.

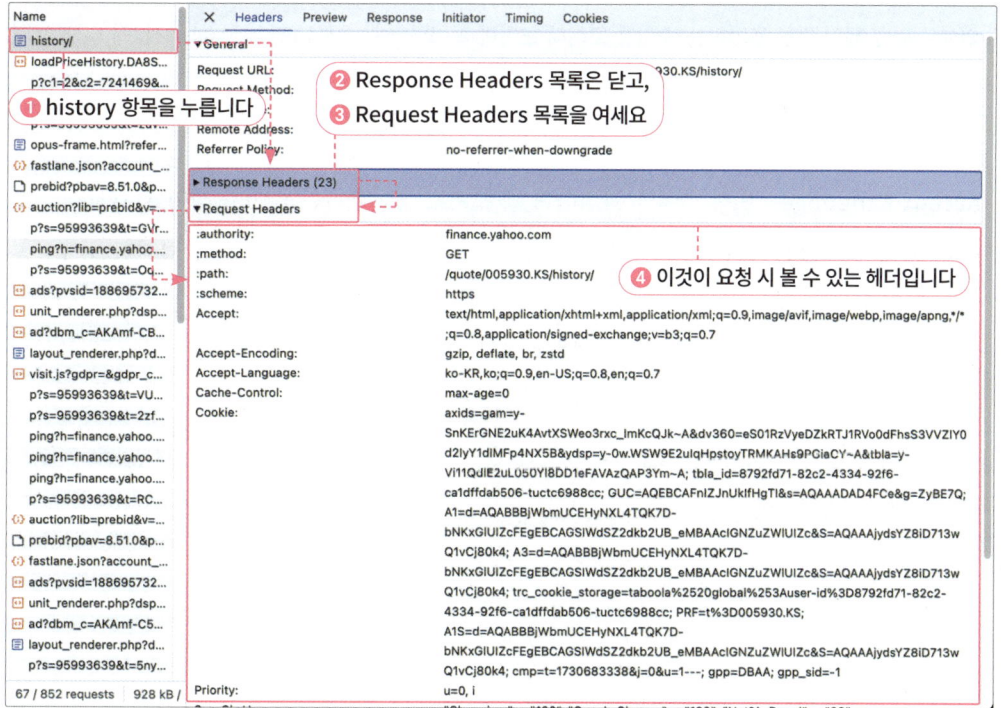

❶ history 항목을 누릅니다
❷ Response Headers 목록은 닫고,
❸ Request Headers 목록을 여세요
❹ 이것이 요청 시 볼 수 있는 헤더입니다

05.2 야후 파이낸스 주가 데이터 웹 스크래핑하기 **335**

04단계 스크롤바를 내리다보면 ❶ 사용자 에이전트^{User-Agent} 값이 있습니다. 이것을 복사합니다. 그리고 조금 후에 이야기하겠지만 ❷ Accept 값도 미리 복사합니다. 이 값도 필요합니다.

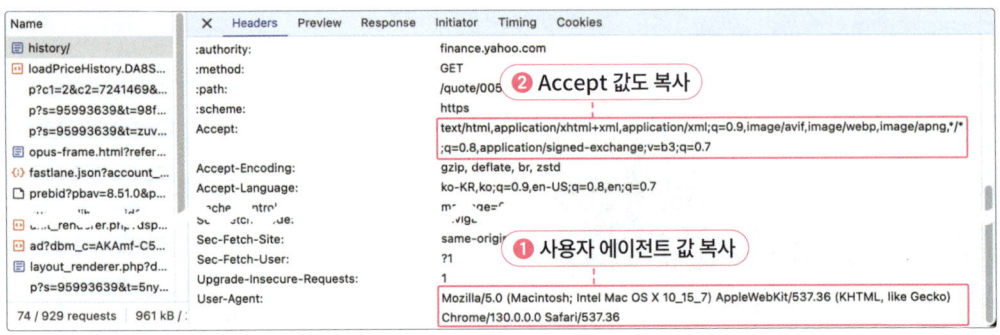

헤더에 사용자 에이전트만 포함하면 충분할까요?

대부분의 웹 사이트는 사용자 에이전트로 요청을 보낸 주체가 봇인지 사람인지 판단합니다. 하지만 사용자 에이전트만으로는 충분하지 않을 때도 있으므로 여기서는 Accept 값을 헤더에 추가합니다. 그래서 앞에서 Accept 값을 미리 복사한 것입니다. **정리하자면 사용자 에이전트 값을 헤더에 넣어 요청을 보내도 서버에서 언제든 차단할 가능성이 있으므로 더 안전하고 지속적인 접근을 위해 사용자 에이전트 외에도 다른 헤더 값을 추가하는 방법을 고려해 보아야 합니다.** 웹 스크래핑에서 사용자 에이전트 외에 자주 사용하는 4가지 헤더 값은 다음과 같습니다.

- **Accept** : 서버가 응답으로 보낼 수 있는 콘텐츠 유형을 지정합니다.
- **Accept-Language** : 요청 언어를 지정하여 웹 사이트가 반환하는 언어를 제어합니다.
- **Accept-Encoding** : 응답 데이터의 압축 방식을 지정하여 서버가 데이터를 압축하여 전송할 수 있도록 합니다.
- **Referer** : 이전에 방문한 URL을 나타내며 정상적인 브라우저 활동으로 인식되는 데 도움이 됩니다.

이정도 개념만 챙겨두고 지금까지 배운 내용들을 통합하여 삼성전자 일별 시세 정보를 얻기 위한 HTTP 요청을 진행해보겠습니다.

헤더 추가하여 삼성전자 주가 페이지 요청하기

이제 우리가 할 것은 적절한 헤더를 추가하여 삼성전자 주가 페이지를 요청하는 것입니다. 여기서는 사용자 에이전트와 Accept를 헤더에 추가합니다.

01단계 코드에 헤드를 마저 추가해서 제대로 요청해보겠습니다.

```python
import requests
from bs4 import BeautifulSoup

stock_url = 'https://finance.yahoo.com/quote/005930.KS/history/'
# ❶ 헤더 값 설정
headers = {
  'User-Agent': 'Mozilla/5.0 (Windows NT 10.0; Win64; x64) AppleWebKit/537.36 (KHTML, like Gecko) Chrome/130.0.0.0 Safari/537.36',
  'accept': 'text/html,application/xhtml+xml,application/xml;q=0.9,image/avif,image/webp,image/apng,*/*;q=0.8,application/signed-exchange;v=b3;q=0.7'
}
# ❷ stock_url을 그냥 요청하는 것이 아니라, 헤더를 담아 요청
res = requests.get(stock_url, headers=headers)
html = res.text
print(html)
```

❶ 파이썬 딕셔너리를 활용하여 웹 서버에 보낼 HTTP 요청 헤더 중 유저 에이전트^{User-Agent}를 설정합니다. 딕셔너리의 키는 'User-Agent' 문자열을, 딕셔너리의 값은 **'사용자 에이전트를 확인하는 방법'**에서 설명한 User-Agent 값을 복사하여 문자열을 입력해줍니다. 유저 에이전트값은 서버가 요청을 구체적으로 어떤 브라우저나 클라이언트로부터 받았는지 인식할 수 있도록 돕는 역할을 합니다. 그리고 HTTP 요청 헤더에 accept 값도 추가합니다. accept 값은 서버가 어떤 콘텐츠 형식을 응답으로 보낼지 결정하는 데 사용합니다. 사용자 에이전트와 동일한 방법으로 복사한 값을 설정합니다.

❷ headers 딕셔너리를 requests.get( ) 함수로 전달하여, 웹 페이지의 URL과 헤더 정보를 함께 입력하면 해당 웹 페이지의 HTML 문서를 요청할 수 있습니다.

02단계 결과를 보면 status code : 404가 아닌 제대로 된 값이 보입니다. 워낙 출력값이 방대하므로 삼성전자 주가 중 하나를 복사하여 검색해봅니다.

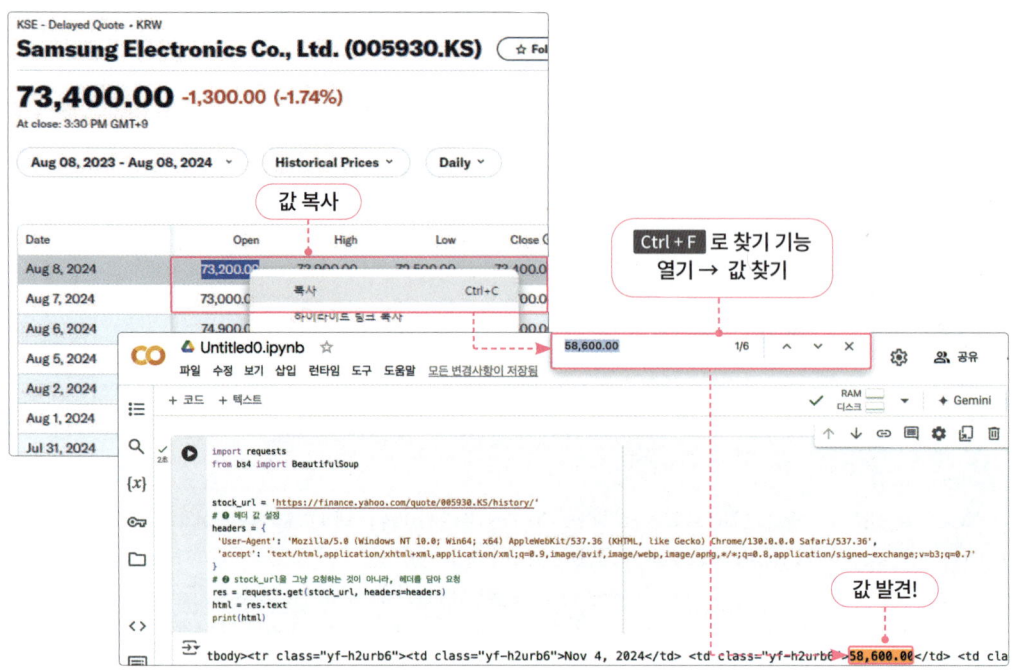

제대로 된 값이 나온 것을 보니 이번에는 값을 잘 가져온 것 같습니다.

> 만약 사용자 에이전트 값만으로 원하는 정보를 가져올 수 없다면 다른 헤더 값을 추가하여 요청해보세요.

> 다른 방법으로는 셀레니움(Selenium) 라이브러리를 사용하는 방법이 있습니다. 셀레니움 라이브러리 사용 방법은 bit.ly/3Yx8VMz을 참고하세요.

삼성전자 종목 일별 시세 페이지 요청하기

01단계 앞에서 https://finance.yahoo.com/quote/005930.KS/history URL에 있는 HTML 문서를 잘 가져와 파이썬에서 출력해봤습니다. 그러면 남은 것은 뷰티풀수프로 이 내용을 파싱하고 원하는 데이터를 추출하는 것입니다. 앞에서 입력해서 실행한 코드에 코드를 더 작성하여 실행해봅시다.

```
import requests
from bs4 import BeautifulSoup
```

```
stock_url = 'https://finance.yahoo.com/quote/005930.KS/history/'
headers = {
  'User-Agent': 'Mozilla/5.0 (Windows NT 10.0; Win64; x64) AppleWebKit/537.36
(KHTML, like Gecko) Chrome/130.0.0.0 Safari/537.36',
  'accept': 'text/html,application/xhtml+xml,application/xml;q=0.9,image/
avif,image/webp,image/apng,*/*;q=0.8,application/signed-exchange;v=b3;q=0.7'
}
res = requests.get(stock_url, headers=headers)
html = res.text

# ❶ res.text를 뷰티풀수프에 전달하여 html.parser로 파싱
soup = BeautifulSoup(html, 'html.parser')
print(soup)
```

출력 결과

...생략...

❶ 결괏값은 같으므로 생략했습니다. 여기서 우리가 다시 볼 것은 파싱한 부분의 코드입니다.

- **res.text** : HTTP 요청에 대한 응답 객체 res의 .text 속성입니다. 요청한 웹 페이지의 HTML 전체를 문자열 형태로 변환합니다.
- **'html.parser'** : BeautifulSoup는 여러 종류의 파서를 지원하며 'html.parser'는 파이썬에 내장되어 있는 라이브러리 html.parser를 의미합니다. 이 파서로 HTML 문자열을 파싱합니다.
- **soup** : 파싱을 완료한 BeautifulSoup 객체입니다.

이렇게 하면 soup 변수에는 파싱이 완료된 BeautifulSoup 객체가 할당됩니다. 이 객체로 이제 원하는 값을 찾을 수 있습니다.

뷰티풀 수프로 데이터 추출하고 날짜, 원 표시하기

이제 뷰티풀수프로 파싱한 데이터를 처리합니다. 현재 파싱한 데이터의 HTML 구조는 매우 복잡하므로 원하는 값을 찾기 위해 집중해야 합니다. 현업 과정도 이와 비슷한 방법으로 값을 찾습니다.

01단계 크롬 브라우저에서 finance.yahoo.com/quote/005930.KS/history에 접속한 다음 원하는 값에 ❶ 마우스를 올려놓고 오른쪽 클릭을 한 다음 [검사]를 누릅니다. 그러면 오른쪽에 개발자 도구가 열립니다. ❷ 이때 HTML 문서에 마우스를 올려놓고 왔다갔다 하면 해당 요소를 왼쪽 화면에 다시 하이라이트 표시해줍니다.

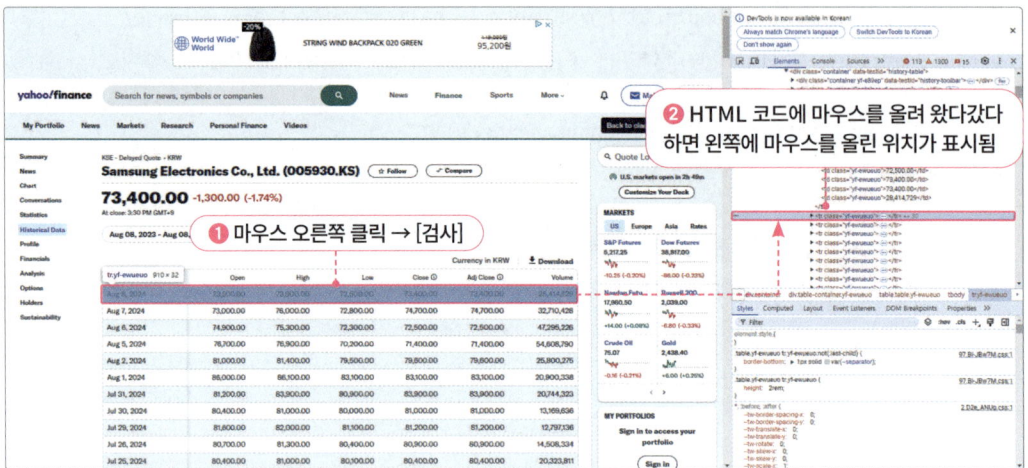

데이터 한 줄의 요소는 tr이네요. 이 값을 모두 추출하겠습니다.

> tr 태그는 HTML 문서에서 테이블 형태의 데이터를 표현하는 태그입니다. 구체적인 내용은 https://www.w3schools.com/tags/tag_tr.asp 문서를 통해 잠깐 공부하고 돌아와도 좋습니다.

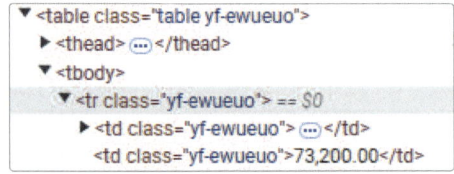

02단계 soup 객체에 있는 find_all( ) 함수에 tr 태그의 값을 추출하도록 코드를 작성해보겠습니다. 맨 아랫줄만 수정하면 됩니다.

```
import requests
from bs4 import BeautifulSoup
```

```
stock_url = 'https://finance.yahoo.com/quote/005930.KS/history/'
headers = {
  'User-Agent': 'Mozilla/5.0 (Windows NT 10.0; Win64; x64) AppleWebKit/537.36 
(KHTML, like Gecko) Chrome/130.0.0.0 Safari/537.36',
  'accept': 'text/html,application/xhtml+xml,application/xml;q=0.9,image/
avif,image/webp,image/apng,*/*;q=0.8,application/signed-exchange;v=b3;q=0.7'
}
html = res.text
soup = BeautifulSoup(html, 'html.parser')
print(soup.find_all('tr')) # ❶ 뷰티풀수프로 tr 요소 모두 찾아오기
```

출력 결과

```
[<tr class="yf-ewueuo"><th class="yf-ewueuo">Date </th><th class=
"yf-ewueuo">Open </th><th class="yf-ewueuo">High </th><th class="yf-ewueuo">Low
</th><th class="yf-ewueuo">Close
...생략...
<tr class="yf-ewueuo"><td class="yf-ewueuo">Aug 2, 2024</td> <td class="yf-
ewueuo">81,000.00</td> <td class="yf-ewueuo">81,400.00</td> <td class="yf-
ewueuo">79,500.00</td> <td class="yf-ewueuo">79,600.00</td> <td class="yf-
ewueuo">79,600.00</td> <td class="yf-ewueuo">25,800,275</td> </tr>
...생략...
```

❶ find_all( ) 함수로 tr 태그를 모두 찾아 출력합니다. 표시한 부분의 날짜 Aug 2, 2024를 참고하여 실제 화면과 비교해 제대로 값이 있는지 봅니다.

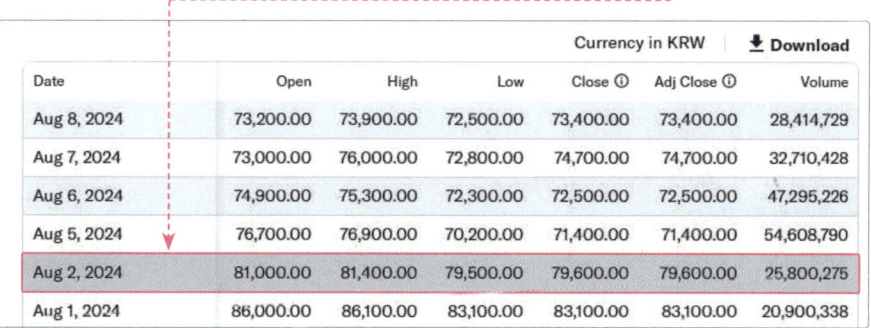

03단계 지금은 tr 요소를 모두 가져왔으므로 원하는 값만 추출했다고 보기 어렵습니다. 그럼 tr 요소 중에 우리가 원하는 값이 어디에 있는지 살펴봅시다. 다시 웹 브라우저로 돌아가 [검사] 기능을 열고 HTML에 마우스를 올려 원하는 값의 특징을 찾아봅시다.

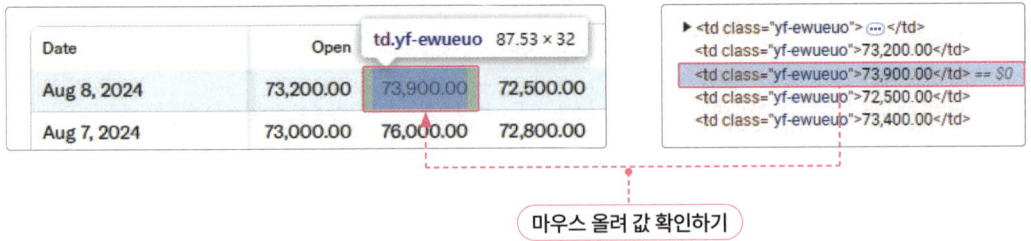

마우스 올려 값 확인하기

아하, td 태그의 class가 "yf-ewueuo"인 것들이네요. 이것을 추출하면 될 것 같습니다.

> 웹 스크래핑을 할 때, td 태그 안에 align이나 class와 같은 여러 속성이 있을 수 있습니다. 저는 코딩할 때 가능한 한 명확하게 명시하는 것을 선호합니다. 그래서 특정 속성을 가진 태그를 선택할 때는 find_all("td", class_="yf-ewueuo")와 같이 작성합니다. 지금 코딩하는 야후 파이낸스 사이트의 경우 사실상 class="yf-ewueuo"만 있으므로 생략해도 되지만, 저는 명확성을 위해 항상 적습니다. 이렇게 하면 코드의 가독성과 유지보수성이 높아집니다.

야후 파이낸스와 같은 데이터를 제공하는 사이트는 CSS 클래스 이름을 짧은 시간 내에 여러 차례 변경하여 스크래핑을 어렵게 하는 방식으로 운용합니다. 스크래핑 방지 전략의 일환이죠. **따라서 이 책을 활용해 야후 파이낸스 데이터를 스크래핑할 때는 여러분이 사이트에 방문한 시점에서의 클래스 값을 직접 확인하고 코드에 반영해야 합니다.**

04단계 야후 파이낸스와 같은 클래스 이름을 자주 바꾸는 사이트에서 스크래핑을 하기 위해 첫 번째 〈tr〉 태그의 클래스를 추출해봅니다.

```
# 첫 번째 <tr> 태그의 클래스를 추출하여 클래스 이름 확인
# ① HTML 문서에서 첫 번째 tr 요소를 찾아냄
first_tr = soup.find('tr')
# ② tr 요소가 있을 경우, 클래스 정보를 가져옴
first_class = first_tr.get('class')[0]
# 추출한 클래스 정보를 출력
print(first_class)
```

출력 결과

yf-ewueuo ← 값은 다를 수 있습니다

① HTML 문서에서 처음 나타나는 tr 요소를 찾고, 이를 first_tr 변수에 저장합니다.

② 첫 번째 tr 요소에서 클래스 정보를 리스트 형태로 추출합니다. [0] 인덱스를 추가하여 클래스

리스트에서 첫 번째 값 'yf-ewueuo'만을 가져와 first_class 변수에 저장합니다.

05단계 다음 코드로 해당 태그의 값들을 추출해봅시다. find_all("td", class_=first_class)로 찾은 값을 출력해보겠습니다.

```
import requests
from bs4 import BeautifulSoup

stock_url = "https://finance.yahoo.com/quote/005930.KS/history/"
headers = {
  'User-Agent': 'Mozilla/5.0 (Windows NT 10.0; Win64; x64) AppleWebKit/537.36 (KHTML, like Gecko) Chrome/130.0.0.0 Safari/537.36',
  'accept': 'text/html,application/xhtml+xml,application/xml;q=0.9,image/avif,image/webp,image/apng,*/*;q=0.8,application/signed-exchange;v=b3;q=0.7'
}
res = requests.get(stock_url, headers=headers)
html = res.text
soup = BeautifulSoup(html, "html.parser")
first_tr = soup.find('tr')
first_class = first_tr.get('class')[0]

# ① tr 요소에 있는 td 요소 중 class가 first_class인 경우 추출
print(soup.find_all("td", class_=first_class))
```

출력 결과

```
[<td class="yf-ewueuo">Aug 8, 2024</td>, <td class="yf-ewueuo">73,200.00</td>, <td class="yf-ewueuo">73,900.00</td>, <td class="yf-ewueuo">72,500.00</td>, <td class="yf-ewueuo">73,400.00</td>, <td class="yf-ewueuo">73,400.00</td>, <td class="yf-ewueuo">28,414,729</td>, <td class="yf-ewueuo">Aug 7, 2024</td>, <td class="yf-ewueuo">73,000.00</td>, <td class="yf-ewueuo">76,000.00</td>, <td class="yf-ewueuo">72,800.00</td>, <td class="yf-ewueuo">74,700.00</td>, <td class="yf-ewueuo">74,700.00</td>, <td class="yf-ewueuo">32,710,428</td>,
...생략...
<td class="yf-ewueuo">Aug 8, 2023</td> <td class="yf-ewueuo">69,000.00</td> <td class="yf-ewueuo">69,100.00</td> <td class="yf-ewueuo">67,400.00</td> <td class="yf-ewueuo">67,600.00</td> <td class="yf-ewueuo">66,332.79</td> <td class="yf-ewueuo">14,664,709</td>]
```

내용을 자세히 보면 주식 데이터를 한 줄씩 잘 가져온 것을 알 수 있습니다. 여기서 우리가 원하는 값은 날짜와 종가입니다. 이것만 가져오려면 어떻게 해야 할까요?

06단계 날짜, 종가만 가져오려면 td 태그이면서 class가 first_class인 것을 가져온 다음 n번째의 값이 무엇인지 보면 됩니다. 그림과 맞춰보면서 어떤 값인지 확인해봅시다.

> 이렇게 작업을 하다 보면 '어디에 무슨 값이 있는지 찾는 등의 작업'이 귀찮다는 생각이 들 수 있습니다. 초기에는 이러한 작업이 수작업처럼 느껴져 불필요하게 느껴질 수 있지만 몇 백 개의 데이터를 가져오는 코드로 완성하면 엄청나게 많은 양의 데이터를 쉽게 가져올 수 있을 것입니다.

```python
import requests
from bs4 import BeautifulSoup

stock_url = "https://finance.yahoo.com/quote/005930.KS/history/"
headers = {
  'User-Agent': 'Mozilla/5.0 (Windows NT 10.0; Win64; x64) AppleWebKit/537.36 (KHTML, like Gecko) Chrome/130.0.0.0 Safari/537.36',
  'accept': 'text/html,application/xhtml+xml,application/xml;q=0.9,image/avif,image/webp,image/apng,*/*;q=0.8,application/signed-exchange;v=b3;q=0.7'
}
res = requests.get(stock_url, headers=headers)
html = res.text
soup = BeautifulSoup(html, "html.parser")
first_tr = soup.find('tr')
first_class = first_tr.get('class')[0]

# ❶ 데이터를 확인하기 위해 일부 td 태그의 텍스트 값을 출력
# 여기서는 각 데이터를 대표하는 첫 번째 행의 값을 출력
print(soup.find_all("td", class_=first_class)[0].text) # 날짜(Date)
print(soup.find_all("td", class_=first_class)[1].text) # 시가(Open)
print(soup.find_all("td", class_=first_class)[2].text) # 고가(High)
print(soup.find_all("td", class_=first_class)[3].text) # 저가(Low)
print(soup.find_all("td", class_=first_class)[4].text) # 종가(Close)
print(soup.find_all("td", class_=first_class)[5].text) # 조정 종가(Adj Close)
print(soup.find_all("td", class_=first_class)[6].text) # 거래량(Volume)
print(soup.find_all("td", class_=first_class)[7].text)
```

```
Aug 8, 2024
73,200.00
73,900.00
72,500.00
73,400.00
73,400.00
28,414,729
Aug 7, 2024
```

출력 결과

❶ 날짜^{Date}, 시가^{Open}, 고가^{High}, 저가^{Low}, 종가^{Close}, 조정 종가^{Adj Close}, 거래량^{Volume}이 있는 1줄을 모두 가져오고 그 다음 날짜까지 가져왔습니다. 7개 단위로 주식 데이터가 1줄씩 표현되는 것 같습니다.

07단계 현업에서는 원본 데이터셋을 그대로 사용하는 경우도 있지만, 방금 실습한 것처럼 상황에 맞게 변환하여 사용하는 경우가 많습니다. 그리고 우리가 원하는 값은 날짜와 종가 데이터입니다. 날짜와 종가 데이터를 가져온 다음에 날짜는 판다스를 사용하여 YYYY년 MM월 DD일인 형식으로 포맷팅하고 종가는 .00을 원으로 대체하여 원화 단위로 표시해보겠습니다.

```python
import pandas as pd
import requests
from bs4 import BeautifulSoup

stock_url = "https://finance.yahoo.com/quote/005930.KS/history/"
headers = {
  'User-Agent': 'Mozilla/5.0 (Windows NT 10.0; Win64; x64) AppleWebKit/537.36 (KHTML, like Gecko) Chrome/130.0.0.0 Safari/537.36',
  'accept': 'text/html,application/xhtml+xml,application/xml;q=0.9,image/avif,image/webp,image/apng,*/*;q=0.8,application/signed-exchange;v=b3;q=0.7'
}
res = requests.get(stock_url, headers=headers)
html = res.text
soup = BeautifulSoup(html, "html.parser")
first_tr = soup.find('tr')
first_class = first_tr.get('class')[0]
```

```
# ❶ YYYY년 MM월 DD일인 형식으로 날짜(Date) 처리
print(pd.to_datetime(soup.find_all("td", class_=first_class)[0].text).
strftime('%Y년 %m월 %d일'))
# ❷ .00을 원으로 대체하여 종가(Close) 처리
print(soup.find_all("td", class_=first_class)[4].text.replace('.00','원'))
```

출력 결과

```
2024년 08월 08일
73,400원
```

❶ 날짜 형식을 변환하기 위해 판다스 라이브러리를 불러옵니다. 날짜 형식을 변경하는 방법은 다음과 같습니다.

1 soup.find_all("td", class_=first_class)[0].text로 날짜 Aug 8, 2024를 얻습니다.
2 pd.to_datetime( ) 함수에 날짜 Aug 8, 2024를 전달하여 datetime 객체로 변환합니다.
3 이어서 strftime('%Y년 %m월 %d일')을 입력하여 datetime 객체를 다시 적절한 날짜 문자열로 포맷팅합니다.

❷ 종가 값 73,400.00에서 .00을 찾아 '원'이라는 문자로 대체합니다. 과정은 다음과 같습니다.

1 soup.find_all("td", class_=first_class)[4].text로 73,400.00을 얻습니다.
2 replace( ) 함수로 '.00'을 '원'으로 대체합니다.

for문으로 순회하면서 전체 날짜, 종가 데이터 가져오기

매번 인덱스 숫자를 바꿔가며 각 줄의 데이터를 추출하는 방식은 비효율적입니다. 일별 시세 페이지의 각 줄은 tr 태그로 묶여 있으며, tr 태그 안에서 td 태그를 찾는 것이 더 나은 방법입니다. 단, tr[0]은 테이블의 헤더(열 이름)이므로 이를 제외하고 사용해야 합니다. 그렇게 할 수 있도록 코드를 개선합시다.

01단계 이렇게 tr 태그를 모두 찾아 순회하면서 각 값을 추출하는 코드는 다음과 같습니다.

```
import requests
from bs4 import BeautifulSoup
import pandas as pd
```

```python
stock_url = 'https://finance.yahoo.com/quote/005930.KS/history/'
headers = {
  'User-Agent': 'Mozilla/5.0 (Windows NT 10.0; Win64; x64) AppleWebKit/537.36 (KHTML, like Gecko) Chrome/130.0.0.0 Safari/537.36',
  'accept': 'text/html,application/xhtml+xml,application/xml;q=0.9,image/avif,image/webp,image/apng,*/*;q=0.8,application/signed-exchange;v=b3;q=0.7'
}
response = requests.get(stock_url, headers=headers)
soup = BeautifulSoup(response.text, 'html.parser')

# ❶ tr 태그 조건에 해당하는 모든 정보 검색
rows = soup.find_all('tr')

for i in range(1, len(rows)): # ❷ 첫 번째 tr 태그(헤더)를 제외하고 순회
  cells = rows[i].find_all('td') # ❸ 각 tr 태그 내의 모든 td 태그를 찾기
  # ❹ 조건문 : td 태그가 7개(날짜, 시가, 고가, 저가, 종가, 조정 종가, 거래량)인 경우만 처리
  # 참고, 배당금 정보 포함된 행은 td 태그가 2개이므로 len(cells)가 2임.
  # 따라서 처리하지 않음
  if len(cells) == 7:
    date = pd.to_datetime(cells[0].text).strftime('%Y년 %m월 %d일')
    close_price = cells[4].text.replace('.00','원')
    print('날짜 :', date, '/ 종가 :', close_price)
```

```
출력 결과
날짜 : 2024년 08월 08일 / 종가 : 73,400원
날짜 : 2024년 08월 07일 / 종가 : 74,700원
날짜 : 2024년 08월 06일 / 종가 : 72,500원
날짜 : 2024년 08월 05일 / 종가 : 71,400원
날짜 : 2024년 08월 02일 / 종가 : 79,600원
...생략...
```

❶ tr 요소를 모두 찾아 리스트로 반환합니다. tr 요소는 주식 데이터 테이블의 1줄을 의미합니다.

❷ 첫 번째 줄은 헤더이므로 이를 제외하고 순회합니다. for i in range(1, len(rows))로 실제 데이터가 있는 행인 인덱스 1부터 순회합니다.

❸ 각 tr 요소 내의 모든 td 요소를 찾습니다. td 요소는 앞에서 본 것처럼 행 1줄에 있는 셀을 의미합니다.

❹ 그리고 td 요소의 개수가 7개인 경우만 데이터를 가져오도록 합니다. tr 요소를 모두 가져오게 하면 배당금 정보 행이 함께 넘어오는데 해당 행에는 2개의 td 요소만 들어 있으므로 이를 if len(cells) == 7에서 제외하는 것입니다. 이후 날짜, 종가를 문자열 처리하여 출력합니다.

수집한 데이터로 그래프 시각화하기

`01단계` 수집한 삼성전자 주가 데이터의 날짜와 종가 변수를 선 그래프로 표현해보겠습니다. 앞에서 작성한 코드에서 달라진 내용만 수정하면 됩니다.

```
import requests
from bs4 import BeautifulSoup
import pandas as pd
import matplotlib.pyplot as plt

# 웹 페이지 요청 및 파싱
stock_url = 'https://finance.yahoo.com/quote/005930.KS/history/'
headers = {
    'User-Agent': 'Mozilla/5.0 (Windows NT 10.0; Win64; x64) AppleWebKit/537.36 (KHTML, like Gecko) Chrome/130.0.0.0 Safari/537.36',
```

```python
        'accept': 'text/html,application/xhtml+xml,application/xml;q=0.9,image/
avif,image/webp,image/apng,*/*;q=0.8,application/signed-exchange;v=b3;q=0.7'
}
response = requests.get(stock_url, headers=headers)
soup = BeautifulSoup(response.text, 'html.parser')
# tr 태그 조건에 해당하는 모든 정보 검색
rows = soup.find_all("tr")
# ❶ 빈 리스트 생성
dates = []
prices = []

for i in range(1, len(rows)): # 첫 번째 tr 태그(헤더)를 제외하고 순회
    cells = rows[i].find_all('td') # 각 tr 태그 내의 모든 td 태그를 찾기
    # 조건문 : td 태그가 7개(날짜, 시가, 고가, 저가, 종가, 조정 종가, 거래량)인 경우만 처리
    # 배당금 정보 포함된 행은 td 태그가 2개라서 건너뜀
    if len(cells) == 7:
        # ❷ 그래프 표시를 위해 축약형으로 날짜 처리
        date = pd.to_datetime(cells[0].text, format='%b %d, %Y')
        # ❸ 그래프 표시를 위해 종가 처리
        close_price = cells[4].text.replace(',', '').replace('.00', '')
        dates.append(date) # ❹ 날짜를 dates 리스트에 추가
        # ❺ 종가를 정수로 변환하여 prices 리스트에 추가
        prices.append(int(close_price))

# ❻ 데이터를 DataFrame으로 변환
stock_data = pd.DataFrame({'date': dates, 'price': prices})

# ❼ y축 눈금 간격 설정
min_price = min(stock_data['price'])
max_price = max(stock_data['price'])
y_ticks = range(min_price, max_price, 3000)

# ❽ 그래프 그리기
plt.figure(figsize=(10, 5))
plt.plot(stock_data['date'], stock_data['price'], marker='o', label='price')
plt.xlabel('Date')
plt.ylabel('Closing Price (KRW)')
```

```
plt.title('Samsung Electronics Stock Price')
plt.legend()
plt.grid(True)
plt.yticks(y_ticks)
plt.show()
```

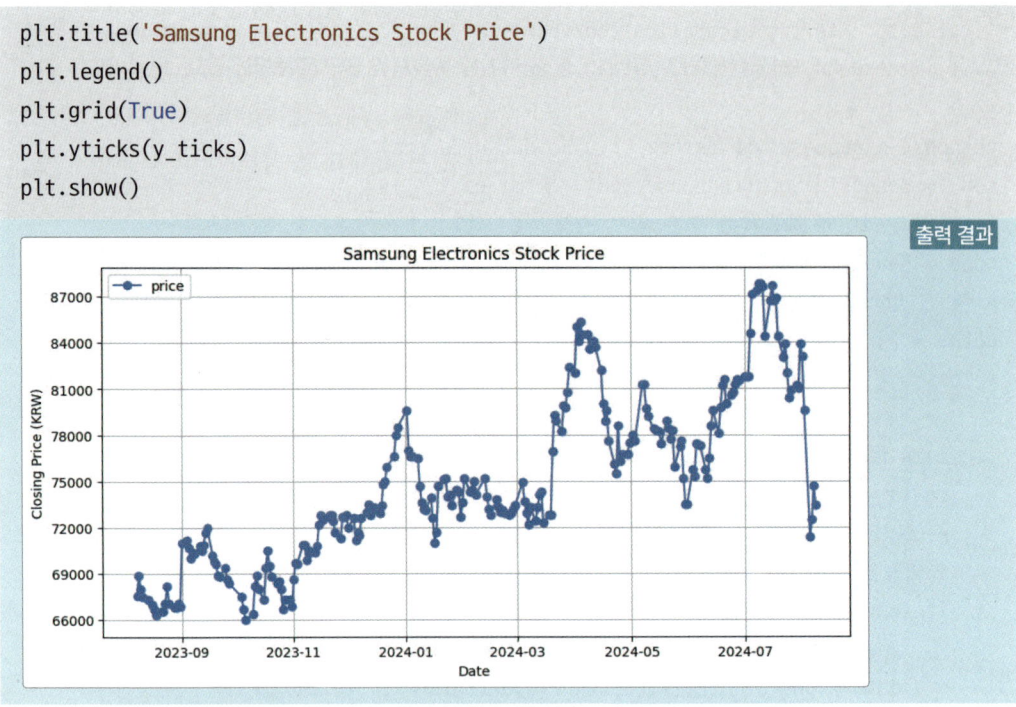

❶ 각각 날짜와 종가 데이터를 저장하기 위해 빈 리스트 dates, prices를 각각 생성합니다.

❷ x축에 날짜를 표시하기 위해 축약형으로 날짜를 형식 변환합니다. 변환 원리는 앞에서 배운 것과 같습니다.

❸ y축에 원화 표시를 하기 위해 종가 문자열에서 쉼표를 제거하고 .00을 삭제하여 정수로 변환합니다.

❹ 처리된 날짜를 dates 리스트에 추가합니다.

❺ 처리된 종가를 정수로 변환하여 prices 리스트에 추가합니다.

❻ 날짜와 종가를 포함하는 데이터프레임을 생성합니다.

❼ y축 눈금에 모든 종가 정보를 표시하면 y축이 복잡해집니다. 종가의 최솟값과 최댓값을 저장하고 range() 함수를 이용하여 종가의 최솟값부터 최댓값까지 3000 간격을 가진 숫자를 생성하여 이 숫자를 y축에 표시하면 적당한 간격으로 나타낼 수 있습니다.

❽ 맷플롯립을 사용하여 선 그래프를 그립니다.

챗GPT와 함께 날짜와 종가 데이터로 막대 그래프 그리기

앞서 날짜와 종가 데이터로 선 그래프를 그려보았습니다. 챗GPT로 막대 그래프를 그려달라고 요청해보겠습니다. 챗GPT를 이용하여 빠르고 간편하게 그래프를 그려보세요.

> (for문으로 순회하면서 전체 날짜, 종가 데이터 가져오기의 **01단계** 코드를 복사 후) 막대 그래프로 바꿔서 그려줘

> 주가 데이터를 막대 그래프로 시각화하기 위해서는 plt.bar 함수를 사용해야 합니다. 제공된 코드를 수정하여 막대 그래프로 데이터를 그려보겠습니다.

```python
# 라이브러리 불러오기
import requests
from bs4 import BeautifulSoup
import numpy as np
import pandas as pd
import matplotlib.pyplot as plt

# Yahoo Finance에서 데이터를 가져오기 위한 URL
stock_url = 'https://finance.yahoo.com/quote/005930.KS/history/'
headers = {
  'User-Agent': 'Mozilla/5.0 (Windows NT 10.0; Win64; x64) AppleWebKit/537.36 (KHTML, like Gecko) Chrome/130.0.0.0 Safari/537.36',
  'accept': 'text/html,application/xhtml+xml,application/xml;q=0.9,image/avif,image/webp,image/apng,*/*;q=0.8,application/signed-exchange;v=b3;q=0.7'
}
response = requests.get(stock_url, headers=headers)
soup = BeautifulSoup(response.text, 'html.parser')

# tr 태그 조건에 해당하는 모든 정보 검색
rows = soup.find_all("tr")

# 빈 리스트 생성
dates = []
prices = []

for i in range(1, len(rows)):  # 첫 번째 tr 태그(헤더)를 제외하고 순회
```

```python
        cells = rows[i].find_all('td')  # 각 tr 태그 내의 모든 td 태그를 찾기
        # 조건문 : td 태그가 7개(날짜, 시가, 고가, 저가, 종가, 조정 종가, 거래량)인 경우만 처리
        # 배당금 정보 포함된 행은 td 태그가 2개라서 건너뜀
        if len(cells) == 7:
            date = pd.to_datetime(cells[0].text, format='%b %d, %Y')
            # 월 축약형, 일, 연도 형식으로 날짜 처리
            close_price = cells[4].text.replace(',', '').replace('.00', '')
            # 쉼표를 제거하고 .00을 삭제하여 종가 처리
            dates.append(date)  # 날짜를 dates 리스트에 추가
            prices.append(int(close_price))  # 종가를 정수로 변환하여 prices 리스트에 추가

# 데이터를 DataFrame으로 변환
stock_data = pd.DataFrame({'date': dates, 'price': prices})

# y축 틱 간격 설정
min_price = min(stock_data['price'])
max_price = max(stock_data['price'])
y_ticks = np.linspace(min_price, max_price, 20)  # y축 틱 간격을 20개의 값으로 설정

# 그래프 그리기
plt.figure(figsize=(12, 6))
colors = plt.get_cmap('Set2')(np.linspace(0, 1, len(stock_data)))  # 색상 맵을 사용하여 색상 지정
plt.bar(stock_data['date'], stock_data['price'] - min_price, bottom=min_price,
color=colors[0], edgecolor='black')  # 막대 그래프 그리기
plt.xlabel('Date')
plt.ylabel('Closing Price (KRW)')
plt.title('Samsung Electronics Stock Price')
plt.legend(['Price'])
plt.grid(True, linestyle='--', alpha=0.7)
plt.yticks(y_ticks)
plt.xticks(rotation=45)  # 날짜 레이블을 보기 좋게 회전
plt.tight_layout()  # 그래프 레이아웃 조정
plt.show()
```

출력 결과

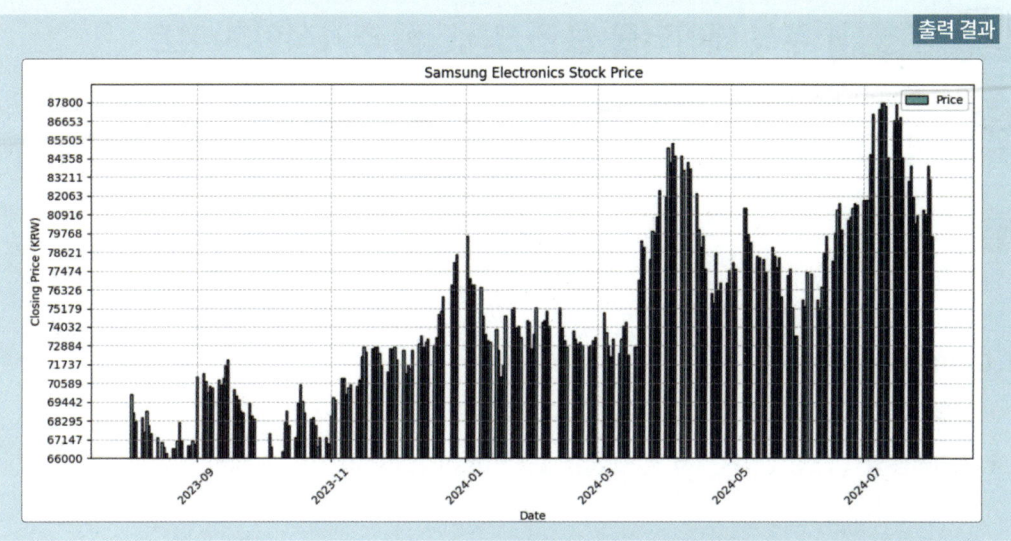

막대 그래프를 통해 주가 데이터의 시각화가 훨씬 직관적으로 변했습니다. 색상과 스타일을 세심하게 조정하여 데이터를 보다 명확히 표현할 수 있었고, y축 눈금을 세밀하게 설정함으로써 변동 범위를 잘 드러낼 수 있었습니다. x축의 날짜 레이블을 회전시킨 점도 데이터의 가독성을 높이는 데 큰 도움이 되었으며, 그리드 스타일을 통해 그래프의 전체적인 시각적 완성도를 높였습니다. 이러한 조정들은 데이터를 분석할 때 시각적으로 더 이해하기 쉬운 결과를 제공하며, 보고서나 프레젠테이션에서 활용할 때도 매우 유용합니다!

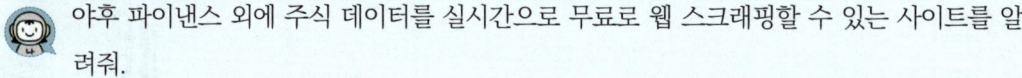
주식 데이터를 웹 스크래핑할 추가적인 사이트

야후 파이낸스 외에 주식 데이터를 실시간으로 무료로 웹 스크래핑할 수 있는 사이트를 알려줘.

실시간으로 무료로 주식 데이터를 웹 스크래핑할 수 있는 몇 가지 사이트가 있습니다. 아래에 몇 가지 추천 사이트와 그 설명을 제공합니다.

1. Google Finance
- **설명** : 간단하고 직관적인 인터페이스로 다양한 주식 정보를 제공합니다.
- **스크래핑 방법** : 웹 페이지에서 필요한 요소를 BeautifulSoup으로 파싱하여 데이터를 추출할 수 있습니다.

2. Alpha Vantage
- **설명** : 무료 API를 제공하여 주식, 암호화폐, 외환 등의 실시간 데이터와 과거 데이터를 제공합니다.
- **스크래핑 방법** : API를 통해 데이터를 요청하면 JSON 형식으로 데이터를 받을 수 있습니다.

3. Finviz
- **설명** : 금융 비주얼라이제이션 웹사이트로, 주식 차트와 여러 가지 시장 데이터를 제공합니다.
- **스크래핑 방법** : 웹 페이지에서 필요한 요소를 BeautifulSoup으로 파싱하여 데이터를 추출할 수 있습니다.

4. Trading Economics
- **설명** : 전 세계의 다양한 경제 지표와 금융 데이터를 제공합니다.
- **스크래핑 방법** : 웹 페이지에서 필요한 요소를 BeautifulSoup으로 파싱하거나, API를 통해 데이터를 요청할 수 있습니다.

주식 데이터 수집에 있어 다양한 사이트를 활용하는 것은 매우 유용합니다. Google Finance, Alpha Vantage, Finviz, Trading Economics와 같은 플랫폼은 실시간 및 과거 데이터를 제공하여 더 풍부한 분석이 가능합니다. 그러나 데이터를 수집할 때는 항상 해당 사이트의 이용 약관과 크롤링 정책을 철저히 준수하여 윤리적이고 합법적인 데이터 수집을 진행하는 것이 중요합니다.

셀레나의 조언 | 판다스로도 웹 스크래핑을 할 수 있어요!

지금까지 뷰티풀수프로 웹 스크래핑을 해보았습니다. 웹 스크래핑은 뷰티풀수프가 아니라 다른 방법으로도 할 수 있습니다. 여러분은 그중 한 가지 방법을 공부한 것이죠. 이번에는 판다스로도 웹 스크래핑을 해보겠습니다. 코드를 다 입력하면 알게 되겠지만 웹 스크래핑 방식은 어느 도구를 사용해도 다 비슷합니다. 여러분이 지금까지 공부한 내용이면 이 코드도 쉽게 이해할 수 있을 것입니다.

01단계 앞에서 입력한 코드를 수정하여 다음과 같이 입력합니다.

```python
import pandas as pd
import requests
from io import StringIO

# 빈 데이터프레임을 생성하여 이후 각 페이지에서 가져온 데이터를 추가
stock_data = pd.DataFrame()
# Yahoo Finance에서 삼성전자 주식 데이터를 가져올 URL
stock_url = 'https://finance.yahoo.com/quote/005930.KS/history/'
headers = {
  'User-Agent': 'Mozilla/5.0 (Windows NT 10.0; Win64; x64) AppleWebKit/537.36 (KHTML, like Gecko) Chrome/130.0.0.0 Safari/537.36',
  'accept': 'text/html,application/xhtml+xml,application/xml;q=0.9,image/avif,image/webp,image/apng,*/*;q=0.8,application/signed-exchange;v=b3;q=0.7'
}
response = requests.get(stock_url, headers=headers)


# ❶ HTML 페이지에서 데이터를 읽어오기
stock_data = pd.read_html(StringIO(str(response.text)), header=0)[0]
# 데이터프레임의 컬럼명 수정
stock_data.columns = [
    '날짜',         # 'Date'
    '시가',         # 'Open'
    '고가',         # 'High'
    '저가',         # 'Low'
    '종가',         # 'Close'
    '조정 종가',     # 'Adj Close'
```

```
    '거래량'          # 'Volume'
]

# ❷ 날짜 컬럼을 datetime 형식으로 변환
stock_data['날짜'] = pd.to_datetime(stock_data['날짜'])
# ❸ 결측값 행 제거
stock_data = stock_data.dropna()
stock_data
```

	날짜	시가	고가	저가	종가	조정 종가	거래량
0	2024-08-08	73200.00	73900.00	72500.00	73400.00	73400.00	28414729
1	2024-08-07	73000.00	76000.00	72800.00	74700.00	74700.00	32710428
2	2024-08-06	74900.00	75300.00	72300.00	72500.00	72500.00	47295226
3	2024-08-05	76700.00	76900.00	70200.00	71400.00	71400.00	54608790
4	2024-08-02	81000.00	81400.00	79500.00	79600.00	79600.00	25800275
...	...	...	...	...	...	...	...
245	2023-08-14	67500.00	67900.00	66900.00	67300.00	66038.41	9352343
246	2023-08-11	68400.00	68800.00	67500.00	67500.00	66234.66	9781038
247	2023-08-10	68300.00	68500.00	67800.00	68000.00	66725.29	10227311
248	2023-08-09	68000.00	69600.00	67900.00	68900.00	67608.42	17259673
249	2023-08-08	69000.00	69100.00	67400.00	67600.00	66332.79	14664709

250 rows × 7 columns

헤더를 전달하여 URL에 요청하는 내용은 모두 같고, 판다스 함수를 사용하거나 컬럼명을 수정하는 내용은 조금씩 다릅니다. 하나씩 자세히 설명해보겠습니다.

❶ pd.read_html( ) 함수로 요청한 HTML에서 데이터를 읽어 DataFrame 객체로 저장한 리스트를 반환합니다. 구체적인 설명은 아래와 같습니다.

- StringIO(response.text) : StringIO는 문자열 데이터를 파일처럼 다룰 수 있게 해주는 클래스입니다. response.text에는 응답 내용을 문자열로 포함하고 있습니다. 그런데 이 값은 판다스가 바로 처리할 수 없습니다. 판다스가 응답 내용을 처리하려면 response.text를 StringIO로 감싸야 합니다. 전문 용어로 말하면 response.text를 StringIO 객체로 변환하여 파일과 유사한 형태로 변환해야 합니다.

- header=0 : 첫 번째 행을 열 이름으로 사용하기 위한 것입니다. 이렇게 하면 테이블로 가져온 값의 첫 번째 행(헤더)을 데이터프레임의 헤더로 설정할 수 있습니다.

- [0] : pd.read_html( ) 함수가 반환한 값은 요청한 HTML 코드의 모든 테이블을 읽어 리스트로 반환하는데 인덱스 0번째인 값은 첫 번째 DataFrame 객체를 의미합니다. 우리가 가져올 테이블은 0번째 테이블이므로 이것을 가져오기 위해 인덱싱하였습니다.

❷ 날짜 컬럼을 datetime 형식으로 변환합니다.

- pd.to_datetime( ) : 날짜 문자열을 datetime 객체로 변환하여 날짜 기반의 데이터 분석을 용이하게 합니다.

❸ 결측값 행을 제거합니다.

- dropna( ) : 결측값이 있는 행을 제거하여 데이터의 품질을 높입니다.

결과를 보면 데이터를 잘 가져왔습니다. 이번 장에서는 뷰티풀수프 웹 스크래핑과 판다스를 사용하여 삼성전자 주가 데이터를 수집하였습니다. 이를 통해 최신 주가 데이터를 자동으로 수집할 수 있는 기반을 마련하였고, 향후 다양한 데이터 분석을 수행할 준비를 마쳤습니다. 웹 스크래핑과 판다스의 강력한 기능을 활용하여 실시간 데이터 수집 및 분석의 중요성을 확인할 수 있었습니다.

학습 마무리

뷰티풀수프는 파이썬에서 HTML 파일을 파싱하고 데이터를 쉽게 추출할 수 있도록 도와주는 웹 스크래핑 라이브러리입니다. 이번 장에서는 웹 스크래핑을 통해 야후 파이낸스에서 삼성전자 주가 데이터를 수집하고, 이를 파싱하여 날짜와 종가 데이터를 추출하는 방법을 배웠습니다. 또한, 웹 스크래핑 과정에서 robots.txt 파일의 중요성과 사용자 에이전트를 사용한 차단 회피 방법, 그리고 윤리적인 데이터 수집의 필요성에 대해서도 강조되었습니다.

다음 장에서는 그동안 배운 데이터 분석 라이브러리를 활용하여 넷플릭스 데이터 분석 프로젝트를 진행해보겠습니다.

핵심 요약

1. **뷰티풀수프**는 HTML 문서를 파싱하여 웹 데이터를 추출하는 강력한 도구입니다.
2. **웹 스크래핑**과 **웹 크롤링**은 목적에 따라 구분되며, 이번 장에서는 특정 데이터를 추출하는 웹 스크래핑에 집중했습니다.
3. **robots.txt** 파일을 확인하여 웹 사이트가 허용하는 크롤링 범위를 준수하는 것이 중요합니다.
4. 웹 스크래핑은 **요청, 응답**, 그리고 **응답에 있는 웹 페이지 데이터에서 원하는 데이터 찾기**의 3단계로 이루어집니다.
5. **요청(request)**은 서버에 데이터를 요청하는 행위입니다.
6. **응답(response)** 서버가 요청에 대해 데이터를 보내주는 행위입니다.
7. **데이터 찾기**는 파이썬과 뷰티풀수프를 사용해 특정 데이터 위치를 지정하고, 필요한 데이터를 추출하는 과정입니다.
8. **사용자 에이전트** 값을 헤더에 추가하여, 웹 스크래핑을 봇이 아닌 실제 사용자가 웹 브라우저를 통해 접속한 것처럼 동작하게 할 수 있습니다.
9. **판다스**를 활용하여 웹에서 수집한 데이터를 정리하고, **맷플롯립**과 같은 시각화 도구를 사용해 그래프로 표현하면, 데이터를 보다 체계적으로 분석하고 명확한 인사이트를 도출할 수 있습니다.

연습문제

Selena 회사 웹 사이트에서 주요 정보 추출해보겠습니다. 아래 HTML 코드가 Selena 회사의 웹사이트 일부라고 가정합니다. 이 HTML에서 페이지 제목, 회사 소개, 그리고 이메일과 전화번호 정보를 추출하세요.

연습 문제와 정답이 있는 코랩 파일은 bit.ly/4eNk3vR에 있습니다.

주요 개념 : 뷰티풀수프의 HTML 파싱

HTML 코드

```
<html>
  <head>
    <title>Selena Company - Welcome</title>
  </head>
  <body>
    <h1>Welcome to Selena Company</h1>
    <p>
      We are a leading tech company providing AI solutions and data analytics
      services.
    </p>
    <div class="contact-info">
      <h2>Contact Us</h2>
      <p>contact@selenacompany.com</p>
      <p>010-1234-5678</p>
    </div>
  </body>
</html>
```

1 HTML에서 페이지 제목을 추출하세요.

요구 사항
- find( ) 함수를 사용하여 데이터를 추출하세요.
- HTML 문서에서 페이지 제목(<title> 태그) 추출하세요.

```
Page Title: Selena Company - Welcome
```
출력 결과

2 HTML에서 회사 소개를 추출하세요.

요구 사항
- find( ) 함수를 사용하여 데이터를 추출하세요.
- 회사 소개 부분의 텍스트(<h1>, <p> 태그)를 추출하세요.

```
Company Introduction: We are a leading tech company providing
AI solutions and data analytics services.
```
출력 결과

3 HTML에서 이메일과 전화번호 정보를 추출하세요.

요구 사항
- find( )와 find_all( ) 함수를 사용하여 데이터를 추출하세요.
- 이메일과 전화번호(<div> 내의 <p> 태그)를 추출하세요.

```
Email: contact@selenacompany.com
Phone: 010-1234-5678
```
출력 결과

06장

넷플릭스 데이터 분석 프로젝트

학습 목표

이번 장에서는 그동안 배운 데이터 분석 라이브러리를 활용하여 넷플릭스 프로젝트를 진행해보겠습니다. 넷플릭스 데이터셋을 수집하고 내용을 파악한 다음 데이터 결측치를 처리하고, 피처 엔지니어링 기법을 통해 새로운 변수를 생성합니다. 그런 다음 전처리를 완료한 데이터셋으로 시각화를 진행하여 인사이트를 얻겠습니다. 시각화는 파이 차트, 막대 그래프, 히트맵을 사용하며, 마지막으로는 워드 클라우드를 그려봅니다. 그럼 본격적인 프로젝트를 시작해봅시다.

핵심 키워드

- 넷플릭스 데이터셋
- 데이터 수집
- 데이터 파악
- 결측치 처리
- 피처 엔지니어링
- 파이 차트
- 막대 그래프
- 히트맵
- 워드 클라우드

학습 코스

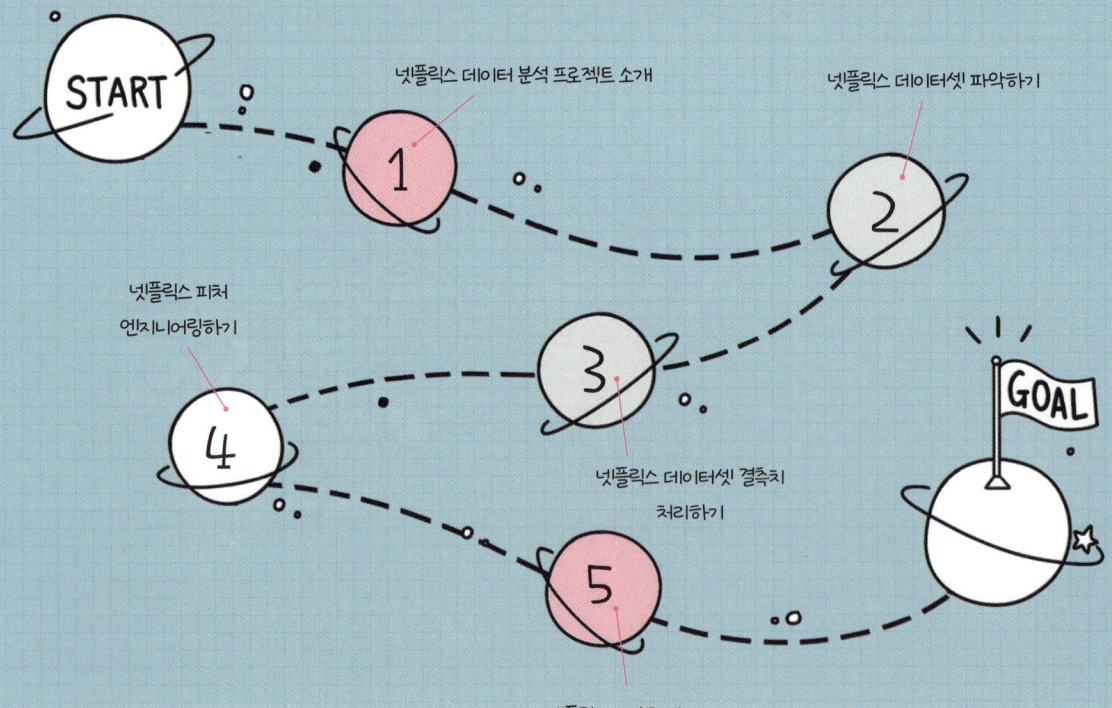

1. 넷플릭스 데이터 분석 프로젝트 소개
2. 넷플릭스 데이터셋 파악하기
3. 넷플릭스 데이터셋 결측치 처리하기
4. 넷플릭스 피처 엔지니어링하기
5. 넷플릭스 시각화하기

06.1 넷플릭스 데이터 분석 프로젝트 소개

이 프로젝트에서는 넷플릭스의 데이터를 지금까지 배운 내용을 총 동원하여 실무 분석을 진행합니다. 분석의 전반적인 흐름과 접근 방법을 설명하겠습니다.

> **실습을 시작하기 전에!** 본 책은 실습을 위한 코랩 파일과 정답 파일을 매 장마다 제공합니다. bit.ly/4dXk2Ef에 접속하여 두 파일을 좌우로 열어 펼쳐놓고 책을 보며 실습하세요. 그럼 더욱 편리하게 학습할 수 있습니다.

여기서 사용하는 라이브러리

여기서 사용하는 라이브러리는 다음과 같습니다.

- **넘파이** : 수치 해석을 하기 위해 사용합니다.
- **판다스** : 데이터를 분석하고 전처리하기 위해 사용합니다.
- **맷플롯립, 시본** : 데이터 시각화를 위해 사용합니다.

데이터 분석 목표

데이터를 빠르게 파악하고, 전처리를 수행한 다음 데이터 분석을 통해 여러 인사이트를 도출해봅니다. 실무와 완전히 같을 수는 없겠지만 대부분 업무는 이런 흐름을 가지고 진행하므로 여러분이 데이터 분석가가 되는 것이 목표라면 이 과정이 큰 도움이 될 것입니다.

데이터 전처리 과정

- 데이터 결측치 처리하기
- 피처 엔지니어링으로 파생 변수 생성하기

데이터 시각화 미리보기

이 프로젝트에서 생성할 시각화 자료는 다음과 같습니다. 넷플릭스 기업 색상에 맞춰 시각화하여 시각적 완성도를 높일 수 있습니다.

1 **브랜드 색상 미리 만들기** : 데이터 시각화 전에 사용할 색상을 미리 정해두는 것이 중요합니다. 색상을 데이터의 성격에 맞게 선택하고, 중요도에 따라 강

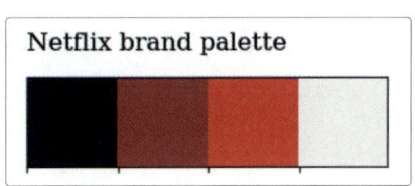

조 방법을 계획하면 시각화의 효과를 극대화할 수 있습니다. 이 사전 작업은 사소하게 보일 수 있지만, 데이터 시각화를 더 명확하고 효과적으로 만드는 데 큰 도움을 줍니다.

2 파이 차트 만들기 : 파이 차트는 데이터의 카테고리별 비율을 시각적으로 직관적으로 표현하는 데 효과적입니다. 특히, 비율을 쉽게 비교할 수 있도록 해주며, 각 카테고리의 상대적 중요성을 한눈에 파악할 수 있습니다. 이 차트에서는 넷플릭스에서 영화와 TV 쇼의 비율을 명확히 보여주며, 영화가 더 많은 비중을 차지하고 있음을 시각적으로 확인할 수 있습니다. 이러한 시각화는 데이터의 구성 비율을 이해하고자 할 때 유용합니다.

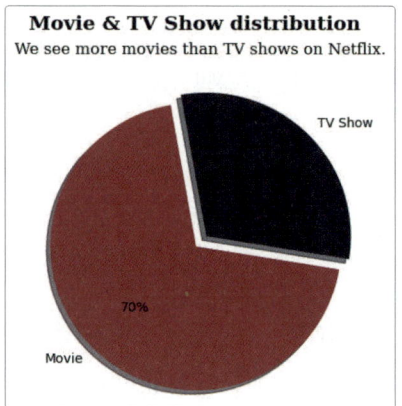

3 막대 그래프 만들기 : 막대 그래프는 데이터 항목 간의 비교를 명확하게 시각화하는 데 유용합니다. 각 장르의 빈도를 막대의 길이로 표현하여 어떤 장르가 넷플릭스에서 가장 많이 등장하는지 쉽게 파악할 수 있습니다.

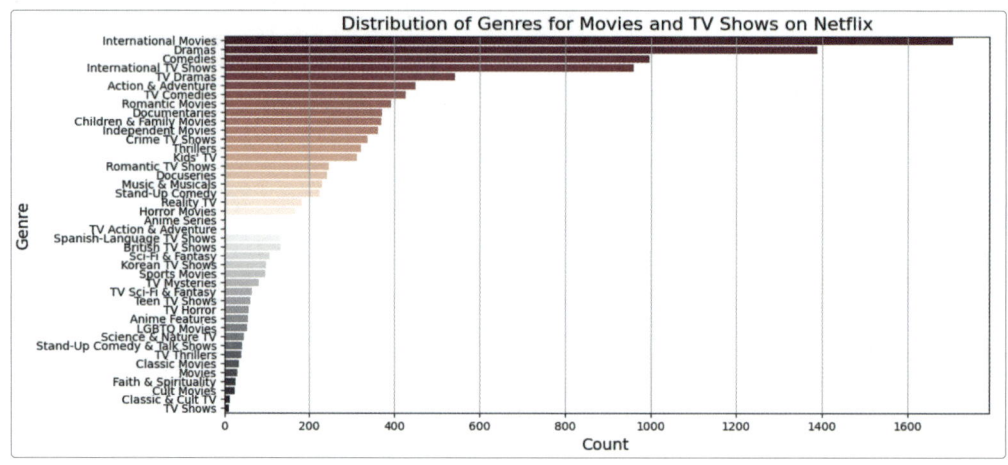

4 히트맵 만들기 : 히트맵은 데이터의 밀도나 강도를 색상으로 시각화하여 복잡한 데이터셋에서 패턴이나 트렌드를 쉽게 파악할 수 있도록 돕습니다. 넷플릭스 데이터셋에서는 나이 그룹별로 국가별 콘텐츠 비율을 히트맵으로 표현함으로써 각 국가에서 어떤 나이 그룹을 타겟으로 하는 콘텐츠가 많은지 시각적으로 이해할 수 있습니다. 이러한 시각화를 통해 넷플릭스 콘텐츠의

국가별 시청층을 이해하고, 각 국가의 시청 트렌드나 콘텐츠 기획에 대한 인사이트를 얻을 수 있습니다. 예를 들어 특정 국가에서 성인 대상 콘텐츠가 많이 제공되고 있는지, 또는 청소년이나 어린이 대상 콘텐츠가 부족한지 등을 한눈에 파악할 수 있습니다.

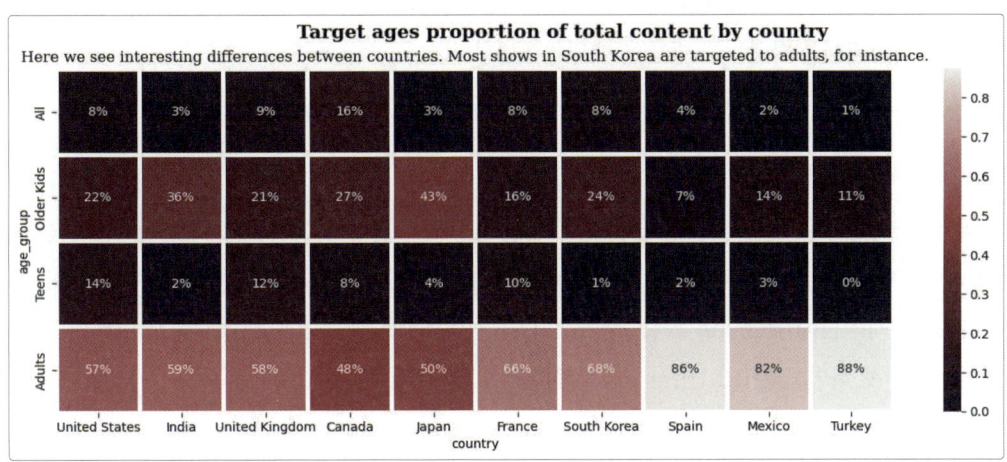

5 **워드 클라우드 만들기** : 워드 클라우드는 텍스트 데이터에서 빈도 높은 단어를 시각적으로 강조하여, 데이터의 주요 주제나 키워드를 한눈에 파악할 수 있도록 돕습니다. 넷플릭스 데이터셋에서는 콘텐츠 설명에서 가장 많이 사용된 단어들을 시각화하여, 어떤 주제나 키워드가 자주 등장하는지, 콘텐츠의 주요 테마가 무엇인지 파악할 수 있습니다. 결과적으로, 워드 클라우드를 통해 콘텐츠의 주요 키워드와 주제를 쉽게 시각화하고, 이를 기반으로 콘텐츠 기획, 마케팅 전략, 사용자 분석 등 다양한 분야에서 유용한 인사이트를 얻을 수 있습니다.

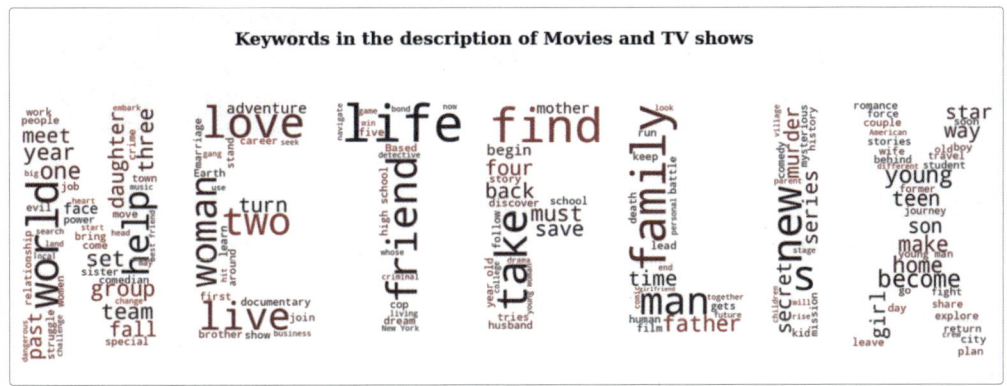

06.2 넷플릭스 데이터셋 파악하기

캐글kaggle은 데이터 분석 경진 대회를 주최하는 플랫폼입니다. 캐글에서는 분석이 필요한 다양한 데이터를 제공합니다. 여기서는 캐글에서 제공하는 넷플릭스 데이터셋을 이용하여 코랩으로 불러온 다음, 데이터셋을 파악하는 방법을 배워보겠습니다.

캐글의 넷플릭스 데이터셋?

넷플릭스Netflix는 세계적으로 가장 인기 있는 온라인 스트리밍 서비스입니다. 넷플릭스 데이터셋은 2008년 1월부터 2021년 9월까지 방영했던 총 8,000편의 영화와 티비쇼 정보로 구성되어 있습니다. 캐글 사이트에 로그인한 다음 vo.la/sfQdlm으로 이동하여 [Download(1MB)] 버튼을 누르면 데이터셋 파일 netflix_titles.csv를 다운로드할 수 있습니다.

> 제가 제공하는 실습 파일 폴더에도 넷플릭스 데이터셋이 있습니다. 캐글 사이트에서 직접 다운로드하기 어렵다면 실습 파일 폴더에서 다운로드해주세요. 같은 파일이므로 어느 것을 사용해도 좋습니다.

> 실습용 데이터는 bit.ly/4e1LQay에 있습니다.

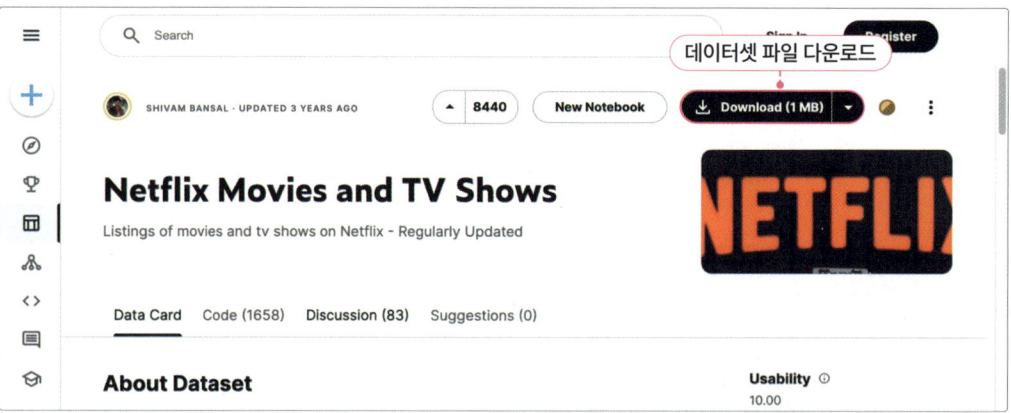

 **캐글의 데이터 분석할 데이터셋 추천받기!**

이번 장에서는 넷플릭스 데이터셋을 이용하여 데이터 분석을 진행해볼 예정입니다. 캐글에는 다양한 데이터가 있는데요. 챗GPT에게 데이터 분석 데이터셋을 추천 받아보겠습니다.

 캐글에서 넷플릭스 데이터셋 이외에도 분석연습을 하기 좋은 데이터셋을 추천해줘.

 캐글에서 넷플릭스 데이터셋 외에도 다양한 분야에서 분석 연습을 할 수 있는 데이터셋들이 많이 있습니다. 아래는 데이터 분석 및 머신러닝 연습에 유용한 데이터셋들을 소개합니다.

1. Titanic: Machine Learning from Disaster

- **설명** : 타이타닉 호의 승객 데이터로, 생존 예측 문제를 다룹니다. 승객의 나이, 성별, 탑승 클래스 등의 정보를 사용하여 생존 여부를 예측합니다.
- **연습 포인트** : 데이터 전처리, 결측치 처리, 분류 모델 훈련 및 평가.

2. House Prices: Advanced Regression Techniques

- **설명** : 주택 가격 예측 문제를 다루며, 다양한 특성(예 : 면적, 방 개수, 위치 등)을 기반으로 주택 가격을 예측합니다.
- **연습 포인트** : 회귀 분석, 피처 엔지니어링, 모델 튜닝.

3. Heart Disease UCI

- **설명** : 심장병 예측을 위한 데이터셋으로, 다양한 생리적 지표를 사용하여 심장병 유무를 예측합니다.
- **연습 포인트** : 분류 문제, EDA(탐색적 데이터 분석), 모델 비교.

4. Wine Quality Prediction

- **설명** : 레드 와인의 품질을 예측하기 위한 데이디셋입니다. 화학적 특성 데이터를 기반으로 와인의 품질을 평가합니다.
- **연습 포인트** : 회귀 분석, 모델 평가, 특성 선택.

5. Mall Customer Segmentation

- **설명** : 고객 데이터를 사용하여 고객 세그먼트를 분석하고, 군집화^{clustering} 분석을 통해 고객을 그룹화합니다.
- **연습 포인트** : 군집화, K-means 알고리즘, 데이터 시각화.

6. COVID-19 Data Repository by Johns Hopkins CSSE

- **설명** : COVID-19의 전 세계 확산 데이터를 포함하며, 감염자 수, 사망자 수, 회복자 수 등의 정보를 제공합니다.
- **연습 포인트** : 시계열 분석, 데이터 시각화, 예측 모델링.

이 데이터셋들은 각각 다른 분석 문제를 제공하므로, 다양한 데이터 분석 및 머신러닝 기술을 연습하는 데 유용합니다. 데이터 전처리, 시각화, 모델링 등 다양한 기술을 익히는 데 도움이 될 것입니다.

데이터 분석에서 다양한 데이터셋을 경험하는 것은 매우 중요합니다. 저는 병원에서 근무하고 있어서 주로 의료 데이터를 분석합니다. 하지만 부족한 분석 역량을 보완하기 위해 다양한 도메인의 데이터 분석도 함께 공부하고 있습니다. 여러 데이터셋을 다뤄야 어떤 유형의 데이터가 주어지더라도 효과적으로 분석할 수 있는 능력을 기를 수 있으니까요. 만약 그렇게 공부해야겠다는 생각이 들면 캐글^{Kaggle}의 다양한 데이터셋을 활용하면 좋습니다. 다만 캐글에는 워낙 많은 데이터셋이 있으므로 어떤 데이터셋을 골라 공부하면 좋을지 고민이 될 때는 챗GPT의 도움을 받아 적합한 데이터셋을 선정하는 것도 좋습니다.

넷플릭스 데이터셋 변수 살펴보기

넷플릭스 데이터셋에는 다양한 변수가 들어 있습니다. 실습하기 전에 미리 어떤 변수가 있는지 살펴보겠습니다.

변수 이름	변수 설명
show_id	각 쇼의 고유 ID
type	쇼의 카테고리로 영화 또는 TV 쇼
title	쇼의 이름
director	쇼의 감독 이름
cast	배우의 이름 및 쇼의 다른 출연진 정보
country	넷플릭스에서 프로그램을 시청할 수 있는 국가의 이름
date_added	넷플릭스에 프로그램이 추가된 날짜
release_year	쇼의 출시 연도
rating	넷플릭스 등급 표시(쇼의 적합 연령대)
duration	쇼의 지속 시간
listed_in	쇼의 장르
description	쇼를 설명하는 일부 텍스트(개요 또는 줄거리)

넷플릭스 데이터셋 불러와 살펴보기

1장부터 4장까지 데이터 분석에 필요한 라이브러리를 배웠습니다. 이번 장에서는 앞에서 배운 모든 라이브러리를 이용하여 넷플릭스 데이터를 분석합니다. 먼저 데이터 분석 라이브러리를 불러온 다음, 데이터의 내용을 파악하겠습니다. 또한 열과 행의 개수와 같은 데이터 요약을 통해 넷플릭스 데이터셋의 기본 정보를 파악해보겠습니다. 이러한 기본 파악이 이루어져야 이후 데이터 분석에 적합한 형태로 가공할 수 있습니다. 데이터 분석가가 되었다고 생각하면서 함께 분석해봅시다!

01단계 넘파이, 판다스, 맷플롯립, 시본 라이브러리를 불러와서 별칭으로 지정했습니다.

```
import numpy as np
import pandas as pd
import matplotlib.pyplot as plt
import seaborn as sns
```

`02단계` 판다스 라이브러리를 통해 캐글 사이트에서 다운로드한 넷플릭스 데이터셋을 불러오겠습니다. 먼저 다운로드한 파일을 세션에 드래그 앤 드롭하여 업로드하세요. 그런 다음 세션에 업로드한 csv 파일을 읽어 변수에 할당하고 head() 함수를 사용해 데이터의 앞부분만 출력하여 데이터를 잘 불러왔는지 확인하겠습니다.

> 실습용 데이터는 bit.ly/4e1LQay에 있습니다.

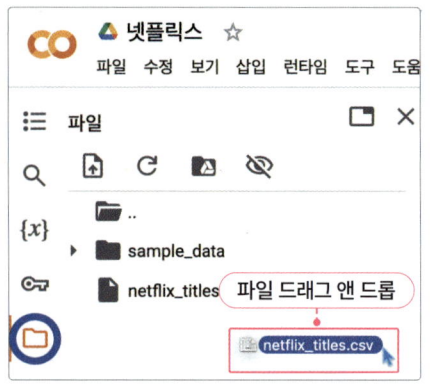

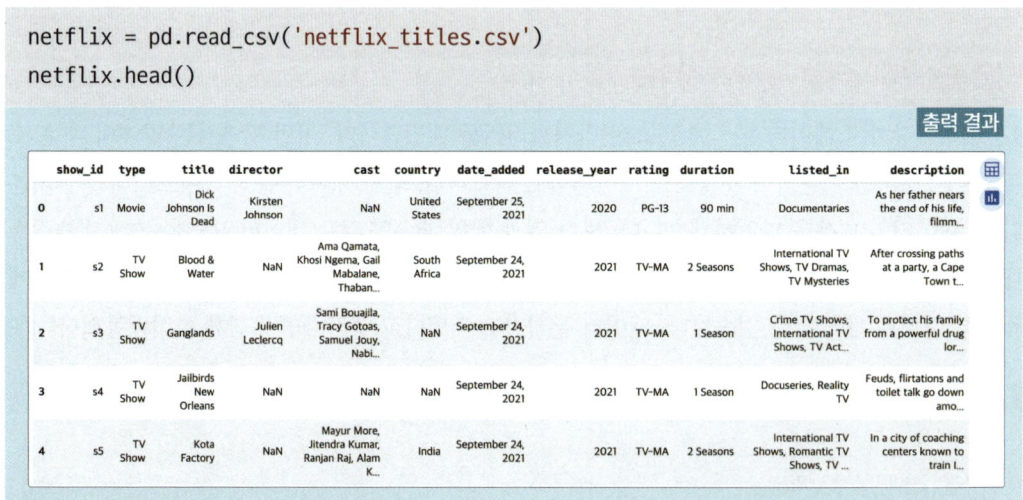

`03단계` .columns를 이용하여 넷플릭스 데이터프레임의 열 이름을 확인해봅시다. 데이터프레임의 모든 열 이름을 list() 함수로 파이썬 리스트 형태로 변환했습니다. 열 이름은 앞에서 설명했으므로 생략하겠습니다.

```
# .columns : 열 이름 확인
list(netflix.columns)
```

출력 결과

```
['show_id',
 'type',
 'title',
 'director',
 ...생략...
 'duration',
 'listed_in',
 'description']
```

04단계 앞에서 head( ) 함수로 데이터를 파악해보기는 했지만 한 번 더 복습합시다. head( ) 함수에 인수를 전달하면 첫 n개의 행을 반환합니다. 처음 3개의 행을 추출하여 전체 데이터 구조를 빠르게 파악해보겠습니다.

```
# .head(3) : 데이터 처음 3개의 행 출력
netflix.head(3)
```

출력 결과

	show_id	type	title	director	cast	country	date_added	release_year	rating	duration	listed_in	description
0	s1	Movie	Dick Johnson Is Dead	Kirsten Johnson	NaN	United States	September 25, 2021	2020	PG-13	90 min	Documentaries	As her father nears the end of his life, filmm...
1	s2	TV Show	Blood & Water	NaN	Ama Qamata, Khosi Ngema, Gail Mabalane, Thaban...	South Africa	September 24, 2021	2021	TV-MA	2 Seasons	International TV Shows, TV Dramas, TV Mysteries	After crossing paths at a party, a Cape Town t...
2	s3	TV Show	Ganglands	Julien Leclercq	Sami Bouajila, Tracy Gotoas, Samuel Jouy, Nabi...	NaN	September 24, 2021	2021	TV-MA	1 Season	Crime TV Shows, International TV Shows, TV Act...	To protect his family from a powerful drug lor...

결과를 살펴보면, 첫 번째 행은 Dick Johnson Is Dead라는 영화에 대한 정보가 나와 있습니다. 이 영화는 2020년에 미국에서 개봉되었으며, PG-13 등급을 받았습니다. 장르는 다큐멘터리(Documentaries)이며 영화의 설명도 함께 제공됩니다. 두 번째 행은 Blood & Water라는 TV 쇼에 대한 정보가 나와 있습니다. 이 TV 쇼는 2021년에 남아프리카에서 방영되었으며 TV-MA 등급을 받았습니다. TV 쇼의 캐스트와 줄거리 설명이 함께 제공됩니다. 세 번째 행은 Ganglands라는 TV 쇼에 대한 정보가 나와 있습니다. 이 TV 쇼는 2021년에 방영되었으며, TV-MA 등급을 받았습니다. TV 쇼의 감독과 캐스트, 그리고 줄거리 설명이 함께 제공됩니다.

이렇게 데이터의 분위기를 미리 살펴보고 분석 단계로 넘어가기를 추천합니다. 계속해서 데이터프레임의 요약 정보를 확인해봅시다.

05단계 요약 정보를 확인하기 위해 info( ) 함수를 사용합니다.

```
# .info() : 열에 대한 요약 정보 확인
netflix.info()

<class 'pandas.core.frame.DataFrame'>
RangeIndex: 8807 entries, 0 to 8806
Data columns (total 12 columns):
 #   Column        Non-Null Count  Dtype
---  ------        --------------  -----
 0   show_id       8807 non-null   object
 1   type          8807 non-null   object
 2   title         8807 non-null   object
 3   director      6173 non-null   object
 4   cast          7982 non-null   object
 5   country       7976 non-null   object
 6   date_added    8797 non-null   object
 7   release_year  8807 non-null   int64
 8   rating        8803 non-null   object
 9   duration      8804 non-null   object
 10  listed_in     8807 non-null   object
 11  description   8807 non-null   object
dtypes: int64(1), object(11)
memory usage: 825.8+ KB
```

결과를 보면서 데이터프레임의 구조와 각 열의 데이터 타입, 그리고 결측치의 유무 등을 확인해보면 다음과 같습니다.

- **<class 'pandas.core.frame.DataFrame'>** : 판다스 데이터프레임임을 나타냅니다.
- **RangeIndex: 8807 entries, 0 to 8806** : 데이터프레임은 총 8,807개의 행을 가지고 있습니다.
- **Data columns (total 12 columns)** : 총 12개의 열이 있음을 알려줍니다.

- **열 정보** :
  - show_id, type, title, director, cast, country, date_added, rating, duration, listed_in, description 열들의 데이터 타입은 object입니다.
  - release_year 열의 데이터 타입은 int64입니다.
- **결측치 유무** :
  - director, cast, country, date_added, rating, duration 열에 결측치가 있습니다.
    - non-null은 비 결측치를 의미하며, 전체 행인 8,807개보다 non-null의 개수가 작다면 해당 열에 결측치가 존재한다고 판단합니다.
    - 또한, 결측치의 개수는 각 열마다 다릅니다. 예를 들어 cast 열은 7,982개의 비결측치 (non-null) 값을 가지고 있으며 동시에 825개의 결측치 값을 가지고 있습니다.

이제 넷플릭스 데이터셋의 결측치를 처리해보겠습니다. 먼저 결측치가 있는 열과 그 비율을 확인하고 결측치를 대체하거나 제거하는 작업을 진행할 것입니다. 이렇게 처리된 데이터셋을 통해 이후 분석 작업을 수행할 수 있습니다.

06.3 넷플릭스 데이터셋 결측치 처리하기

이제 결측치를 처리해봅시다. 앞서 설명했듯이 결측치^{Missing value}는 데이터셋에서 비어 있는 값이나 누락된 값을 의미합니다. 데이터를 분석할 때 결측치 처리는 중요합니다. 만약 결측치가 있는 데이터를 그대로 사용하면 분석 결과가 왜곡될 수 있고 예측 모델의 성능이 저하될 수 있습니다. 그리고 상황에 맞게 적절한 결측치 처리 방법을 사용해야 합니다.

넷플릭스 결측치 비율 확인하고 처리하기

결측치 비율에 따라 처리하는 기법은 판다스를 공부하며 이미 익혔습니다. 복습을 위해 아래에 결측치 비율에 따른 처리 방법을 요약했습니다. 눈으로 읽어보고 실습으로 넘어가기 바랍니다.

결측치가 데이터의 5% 미만이라면 일부분에만 결측치가 존재하므로 결측치가 있는 행을 삭제하는 것이 적절합니다. 이렇게 하면 데이터 손실이 최소화할 수 있고 분석의 신뢰성에 큰 영향을 미치지 않습니다.

결측치가 데이터의 5%에서 20% 사이라면 결측치가 꽤 많은 상태이므로 삭제보다는 대체하는 방법이 더 적합합니다. 평균, 중간값, 최빈값 등을 사용해 대체하거나, 필요에 따라 모델 기반 처리도 고려할 수 있습니다.

결측치가 데이터의 20% 이상이라면 결측치가 너무 많은 상태이므로 결측치가 있는 열 전체를 제거하는 것이 권장되지만, 데이터 손실이 크기 때문에 신중한 판단이 필요합니다. 특히 데이터셋이 작거나 해당 변수가 중요한 역할을 할 때는 모델 기반 대체나 예측 모델을 통해 결측치를 보완하는 것이 더 적합할 수 있습니다. 따라서 결측치가 20% 이상이라도 변수의 중요성, 분석 목적, 데이터 양을 종합적으로 고려해 열을 제거 여부를 결정하는 것이 중요합니다.

다만, 이러한 기준은 이론적인 가이드라인일 뿐 절대적인 규칙은 아닙니다. 데이터의 특성이나 실무 환경에 따라 유연하게 적용할 필요가 있습니다.

`01단계` 넷플릭스 데이터프레임의 각 열의 결측치 비율을 계산하여 출력해봅시다. 여기서는 결측치 비율이 0보다 큰 경우에만 해당 열의 이름과 결측치 비율을 출력합니다.

```
for i in netflix.columns :  # ❶ 각 열에 대해 반복
    # ❷ 결측치 비율 계산
```

```
    missingValueRate = netflix[i].isna().sum() / len(netflix) * 100
    if missingValueRate > 0 : # ❸ 결측치가 있을 때 실행
        # ❹ 열 이름과 결측치 비율 출력
        print("{} null rate: {}%".format(i,round(missingValueRate, 2)))
```

출력 결과
```
director null rate: 29.91%
cast null rate: 9.37%
country null rate: 9.44%
date_added null rate: 0.11%
rating null rate: 0.05%
duration null rate: 0.03%
```

❶ 넷플릭스 데이터프레임의 각 열에 대해 반복했습니다.

❷ 해당 열의 결측치 개수를 계산한 다음 전체 행의 개수로 나누어 결측치 비율을 계산했습니다. 비율을 표시해야 하므로 100을 곱한 점도 주목하세요.

❸ 결측치 비율이 0보다 클 때만, 다시 말해 결측치가 있을 때만 if문을 수행했습니다.

❹ 해당 열의 이름과 결측치 비율을 출력합니다. format( ) 함수를 사용하여 열 이름과 결측치 비율을 문자열에 삽입하고, round( ) 함수를 사용하여 결측치 비율을 소수점 둘째 자리까지 반올림합니다.

director, cast, country, date_added, rating, duration 열에 결측치가 있습니다. 결측치 비율을 보면 director 열의 결측치 비율이 29.91%로 가장 높습니다. **country** 열과 **cast** 열은 5%~20% 미만의 결측치를 보이고 있으며 나머지 열들은 5% 미만의 결측치 비율을 가지고 있습니다. 앞서 배운 이론에 따르면 결측치 비율이 20% 이상인 **director** 열(29.91%)은 열 전체를 제거하는 것이 적절할 수 있습니다. 그러나 실습 데이터셋의 양이 적기 때문에 열 전체를 제거하기보다는, 결측치를 대체하는 방식으로 처리해보겠습니다. 또한 결측치 비율이 5%~20%인 **country** 열(9.44%)과 **cast** 열(9.37%) 역시 대체할 계획입니다. 한편 결측치 비율이 5% 미만인 **date_added** 열(0.11%), **rating** 열(0.05%), **duration** 열(0.03%)은 결측치 비율이 매우 낮기 때문에 결측치가 있는 행을 삭제하는 것이 적절합니다.

02단계 country 열의 결측치를 fillna( ) 함수를 이용하여 'No Data'로 대체하겠습니다.

> 원본 데이터를 직접 수정하는 이유는 데이터프레임의 다른 부분과의 일관성을 유지하고, 데이터 처리 과정에서 발생할 수 있는 혼란을 줄이기 위함입니다. 특히, 결측치 처리와 같은 데이터 전처리 작업에서는 원본 데이터를 일관되게 유지하는 것이 중요합니다. 원본 데이터를 수정하지 않고 별도의 데이터프레임을 만들면, 이후 작업에서 어떤 데이터프레임을 사용해야 할지 혼란이 생길 수 있습니다. 따라서, 데이터 전처리 단계에서 원본 데이터를 직접 수정함으로써 이러한 문제를 예방할 수 있습니다.

```
# .fillna( ) : 결측치를 다른 값으로 대체하여 처리
# 결측치 비율 : country(9.44%)
netflix['country'] = netflix['country'].fillna('No Data')
```

03단계 넷플릭스 데이터프레임의 director 열과 cast 열의 결측치를 다른 값으로 대체하기 위해 replace( ) 함수를 사용합니다.

```
# .replace(np.nan, 'b') : 결측치를 문자열 바꾸기 함수를 통해 처리
# 결측치 비율 : director(29.91%), cast(9.37%)
netflix['director'] = netflix['director'].replace(np.nan, 'No Data')
netflix['cast'] = netflix['cast'].replace(np.nan, 'No Data')
```

04단계 이제 결측치 비율이 낮은 열의 행을 제거하겠습니다. dropna( )를 사용하여 결측치를 제거할 때 axis 매개변수에 0을 전달하여 결측치가 있는 행을 제거했습니다.

> axis 매개변수에 1을 전달하면 열을 제거할 수 있습니다.

> 특정 행만 제거하고 싶다면, dropna( ) 대신 drop( )를 사용합니다.

```
# .dropna(axis = 0) : 결측치가 있는 행 전체 제거
# 원본 객체를 수정하려면 inplace = True 옵션 추가
# 결측치 비율 : date_added(0.11%), rating(0.05%), duration(0.03%)
netflix.dropna(axis = 0, inplace=True)
```

05단계 넷플릭스 데이터셋의 결측치를 대체하거나 제거하여 결측치 처리를 완료했습니다. 결측치가 잘 처리되었는지 확인해봅시다. info( ) 함수를 사용하여 넷플릭스 데이터프레임의 각 열의 비결측치 개수를 확인합니다.

```
# .info() : 열에 대한 요약 정보 확인
# 8807 rows(원본 데이터 행 개수) - 17 rows(결측치 행) = 8790 rows(결측치가 제거된 행 개수)
netflix.info()
```

출력 결과

```
<class 'pandas.core.frame.DataFrame'>
Index: 8790 entries, 0 to 8806
Data columns (total 12 columns):
 #   Column        Non-Null Count  Dtype
---  ------        --------------  -----
 0   show_id       8790 non-null   object
 1   type          8790 non-null   object
 2   title         8790 non-null   object
...생략...
 8   rating        8790 non-null   object
 9   duration      8790 non-null   object
 10  listed_in     8790 non-null   object
 11  description   8790 non-null   object
dtypes: int64(1), object(11)
memory usage: 892.7+ KB
```

원본 데이터셋의 행의 개수는 8,807개였으나 결측치 처리 후 8,790개의 행으로 변경된 것을 확인할 수 있습니다.

06단계 넷플릭스 데이터프레임의 각 열의 결측치 개수를 구하여 결측치가 잘 처리되었는지 확인하기 위해 isna( ) 함수를 사용합니다. 이 함수는 데이터프레임의 각 요소가 결측치인지 여부를 확인하여 True 또는 False로 표시한 데이터프레임을 반환합니다. 이때 True는 결측치를 의미하고 False는 결측치가 아닌 값을 의미합니다. sum( ) 함수는 True 값의 개수를 열별로 합산하여 반환합니다.

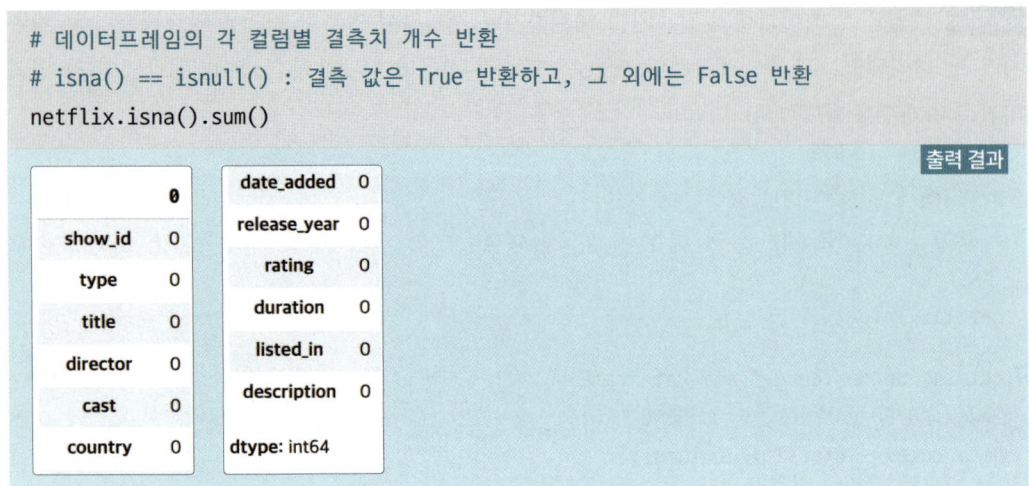

정리하자면 netflix.isna( ).sum( )은 넷플릭스 데이터프레임의 각 열에 대해 결측치의 개수를 계산하고, 해당 결과를 열 이름과 함께 출력합니다. 이 출력 결과를 통해 각 열에 몇 개의 결측치가 있는지 확인할 수 있습니다. 결과를 보면 모든 열이 결측치가 없음을 확인할 수 있습니다.

06.4 넷플릭스 피처 엔지니어링하기

여기서는 피처 엔지니어링Feature engineering으로 새로운 변수를 생성하는 방법을 알아보겠습니다. 피처 엔지니어링이란 데이터프레임의 기존 변수를 조합하거나 변형하여 새로운 변수를 만드는 것을 의미합니다. 예를 들어 소득과 나이를 곱하여 가구별 소득 변수를 만들거나, 날짜 데이터에서 요일 값을 추출하여 평일과 주말 변수를 생성할 수 있습니다.

피처 엔지니어링은 어디에 쓰이나요?

피처 엔지니어링은 데이터 분석 과정에서 사용되는 기술입니다. 이는 데이터 분석과 머신러닝 모델링에서 매우 중요한 단계로, 현업에서는 예측 모델이 데이터의 패턴을 잘 이해하고 학습할 수 있도록 돕습니다. 피처 엔지니어링을 잘해서 명확하고 의미 있는 피처를 만들어 사용하면 모델의 결과를 쉽게 해석할 수 있게 됩니다. 또한, 데이터의 다양한 측면을 고려하여 더 정확한 분석을 할 수 있습니다.

넷플릭스 시청 등급 변수 생성하기

넷플릭스 데이터프레임에 있는 rating(시청 등급) 변수를 활용하여 새로운 변수인 age_group(나이 등급) 변수를 만들어보겠습니다. rating 변수는 프로그램의 등급을 나타내며, 주로 미국의 MPAA 등급 시스템과 TV 등급 시스템을 따릅니다. 각각의 의미는 다음과 같습니다.

> 넷플릭스 등급에 대한 설명은 vo.la/uhSkv에서 확인해보세요.

- **일반(All)** : 모든 연령층을 대상으로 하는 일반 대중 프로그램
  - G, TV-G, TV-Y
- **어린이(Older Kids)** : 7세 이상을 대상으로 하는 어린이 프로그램
  - PG, TV-Y7, TV-Y7-FV, TV-PG
- **청소년 초반(Teens)** : 13세 이상을 대상으로 하는 프로그램
  - PG-13
- **청소년 후반(Young Adults)** : 14세 이상을 대상으로 하는 프로그램
  - TV-14

- **성인(Adults)** : 17세 이상을 대상으로 하는 성인을 위한 프로그램
  - NC-17, NR, UR, R, TV-MA

그런데 rating 변수의 값들은 G, TV-G와 같이 보자마자 의미를 알기 어려울 수 있습니다. 여기서는 이러한 등급을 더 이해하기 쉽도록 age_group 변수로 새롭게 생성하겠습니다.

01단계 파이썬 딕셔너리를 이용하여 rating 변수를 'All', 'Older Kids', 'Teens'와 같이 조금 더 이해하기 쉬운 표현으로 매핑하겠습니다. 그런 다음, 딕셔너리 값을 기반으로 map( ) 함수를 사용하여 age_group으로 가공하겠습니다.

> map( ) 함수는 주어진 함수를 시퀀스(리스트, 딕셔너리 등)의 각 요소에 대해 적용하여 새로운 값을 반환합니다.

> map( ) 함수가 궁금하다면 vo.la/MxlgW에 접속하여 공부하기 바랍니다.

```python
# ❶ rating 컬럼의 값을 age_group이라는 새로운 컬럼으로 복사
netflix['age_group'] = netflix['rating']

# ❷ 시청 등급 코드를 더 이해하기 쉬운 표현으로 매핑할 딕셔너리 정의(key, value 선언)
age_group_dic = {
    'G': 'All',
    'TV-G': 'All',
    'TV-Y': 'All',
    'PG': 'Older Kids',
    'TV-Y7': 'Older Kids',
    'TV-Y7-FV': 'Older Kids',
    'TV-PG': 'Older Kids',
    'PG-13': 'Teens',
    'TV-14': 'Young Adults',
    'NC-17': 'Adults',
    'NR': 'Adults',
    'UR': 'Adults',
    'R': 'Adults',
    'TV-MA': 'Adults'
}
```

```
# ❸ map 함수를 이용하여 rating 컬럼의 값을 딕셔너리를 기반으로 변환하여 age_group 컬
럼에 저장
netflix['age_group'] = netflix['age_group'].map(age_group_dic)
netflix.head(2)
```

출력 결과

	show_id	type	title	director	cast	country	date_added	release_year	rating	duration	listed_in	description	age_group
0	s1	Movie	Dick Johnson Is Dead	Kirsten Johnson	No Data	United States	September 25, 2021	2020	PG-13	90 min	Documentaries	As her father nears the end of his life, filmm...	Teens
1	s2	TV Show	Blood & Water	No Data	Ama Qamata, Khosi Ngema, Gail Mabalane, Thaban...	South Africa	September 24, 2021	2021	TV-MA	2 Seasons	International TV Shows, TV Dramas, TV Mysteries	After crossing paths at a party, a Cape Town t...	Adults

❶ rating 컬럼의 값을 기반으로 새로운 age_group 컬럼을 생성합니다. 이 컬럼은 초기에는 rating과 동일한 값을 가지게 됩니다.

❷ 시청 등급을 더 쉽게 이해할 수 있도록 변환하기 위해, 딕셔너리를 정의합니다. 이 딕셔너리는 시청 등급 코드를 All, Older Kids, Teens, Young Adults, Adults와 같은 그룹으로 매핑합니다.

❸ map() 함수를 사용하여 rating 컬럼의 각 값을 딕셔너리 age_group_dic에 정의된 그룹으로 변환합니다. map() 함수는 딕셔너리의 키를 기준으로 원래 값을 변환합니다.

결과를 살펴보면 데이터셋에는 age_group 컬럼이 추가된 것을 확인할 수 있습니다. 기존의 rating의 표현보다 훨씬 이해하기 쉽습니다. 이렇게 피처 엔지니어링을 통해 데이터의 가독성과 분석 효율성을 높일 수 있습니다.

02단계 전처리가 완료된 데이터를 CSV 파일로 저장합니다.

```
# 데이터 전처리 완료한 데이터셋 csv 파일로 저장
netflix.to_csv('netflix_preprocessed.csv', index=False)
```

데이터 전처리를 완료한 넷플릭스 데이터프레임을 csv 파일로 저장했습니다. index 매개변수를 False로 설정하여 행 번호는 파일에 저장되지 않도록 했습니다.

03단계 이제 이 파일을 사용하여 실습을 진행할 수 있습니다. 파일은 구글 코랩 세션에 저장되지만, 데스크톱에 보관하고 싶다면 그림을 따라 파일을 따로 저장하시기 바랍니다.

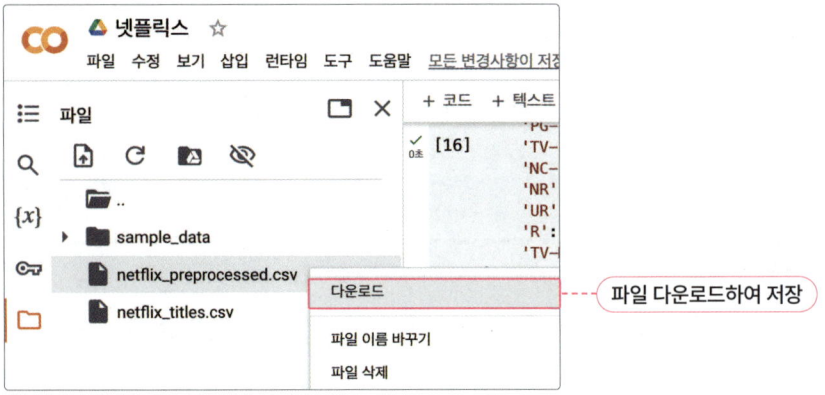

챗GPT와 함께 | 피처 엔지니어링 더 해보기

피처 엔지니어링을 어떻게 할지 바로 떠올리기 어렵다면 챗GPT의 도움을 받아 하나씩 해보는 것을 추천합니다. 저는 이렇게 질문하여 이런 답변을 받았습니다.

> 넷플릭스 데이터셋에서 어떤 추가적인 변수를 피처 엔지니어링을 통해 얻을 수 있을까?

> 넷플릭스 데이터셋에서 추가적인 변수를 피처 엔지니어링을 통해 얻는 것은 모델 성능을 향상시키는 데 매우 유용할 수 있습니다. 아래는 넷플릭스 데이터셋에서 유용할 수 있는 몇 가지 추가 변수를 피처 엔지니어링을 통해 얻는 방법입니다.

1. 장르별 가중치
영화나 TV 프로그램이 여러 장르에 속할 수 있으므로 각 장르별 가중치를 계산하여 장르별 인기나 중요도를 반영할 수 있습니다.

2. 쇼를 설명하는 텍스트의 길이
쇼를 설명하는 텍스트의 길이는 콘텐츠의 복잡도나 깊이를 나타낼 수 있습니다. 설명의 단어 수를 변수로 추가할 수 있습니다.

```
netflix['description_length'] = netflix['description'].apply(lambda x:
len(x.split()))
```

3. 제목 길이
쇼의 제목 길이를 변수로 추가할 수 있습니다.

```
netflix['title_length'] = netflix['title'].apply(lambda x: len(x))
```

4. 출시 연도
쇼가 언제 출시되었는지를 나타내는 변수를 추가할 수 있습니다. 이 변수는 시간에 따른 트렌드 분석에 유용할 수 있습니다.

```
netflix['release_year'] = pd.to_datetime(netflix['release_date']).dt.year
```

5. 쇼의 유형
영화인지 TV 프로그램인지 여부를 나타내는 변수를 추가할 수 있습니다.

```
netflix['is_movie'] = netflix['type'].apply(lambda x: 1 if x == 'Movie' else 0)
```

> 실질적인 피처 엔지니어링 아이디어를 제공했습니다. 챗GPT를 통해 얻은 추가 변수 제안은 데이터 분석의 정확성을 높이기 위한 구체적이고 실용적인 예시를 제공합니다. 피처 엔지니어링은 데이터의 가치를 극대화하고, 더 나은 인사이트를 도출하기 위한 중요한 과정입니다. 이러한 추가 변수를 통해 여러분들이 넷플릭스 데이터셋의 숨겨진 패턴을 더 잘 이해하고, 다양한 분석 작업을 효과적으로 수행할 수 있습니다.

06.5 넷플릭스 시각화하기

이제는 실제 데이터를 분석하면서 인사이트를 얻어보겠습니다. 앞서 피처 엔지니어링까지 완료한 넷플릭스 데이터셋을 불러와 시각화해보겠습니다.

데이터 전처리 완료한 데이터셋 불러오기

01단계 데이터 전처리를 완료한 데이터셋인 netflix_preprocessed.csv 파일을 불러오고 데이터 분석에 필요한 넘파이, 판다스, 맷플롯립, 시본 라이브러리를 불러옵니다. 만약 netflix_preprocessed.csv 파일을 세션에 올려두지 않은 상태라면 세션에 파일을 업로드한 후 시작하세요.

```python
import numpy as np
import pandas as pd
import matplotlib.pyplot as plt
import seaborn as sns

# 데이터 전처리가 완료된 데이터셋 불러오기
netflix = pd.read_csv('netflix_preprocessed.csv')
```

넷플릭스 색상 시각화하기

실습을 시작하기 전에 앞으로 진행할 시각화에는 넷플릭스의 브랜드 상징 색상을 사용할 예정입니다. 함께 색상을 출력해보겠습니다.

01단계 시각화에서 사용할 넷플릭스 브랜드 상징 색상을 출력해보세요.

```python
# ❶ 넷플릭스 브랜드 상징 색깔 시각화
sns.palplot(['#221f1f', '#b20710', '#e50914', '#f5f5f1'])
# ❷ 제목 정하기
plt.title('Netflix brand palette', loc='left', fontfamily='serif', fontsize=15, y=1.2)
plt.show()
```

❶ palplot( ) 함수는 주어진 색상 팔레트를 시각화합니다. 색상 코드는 RGB 체계를 사용하여 나타냅니다.

❷ 여기서는 Netflix brand palette라는 제목을 왼쪽에 위치시키고, 글꼴을 serif로, 글꼴 크기를 15로 설정하고, y축 방향으로 1.2만큼 이동시켜서 제목을 추가했습니다.

시각화를 하기 전에는 대상의 특성에 맞춰 색상을 미리 출력해보고 고민해보는 것이 좋습니다.

넷플릭스 오징어 게임 검색하기

에미상 6관왕을 수상한 넷플릭스 한국 드라마인 오징어 게임을 넷플릭스 데이터에서 찾아보겠습니다. 2008년 1월부터 2021년 9월까지 방영된 총 8,000편의 영화와 티비쇼 정보로 구성되어 있는 넷플릭스 데이터셋에서 오징어 게임을 찾아봅시다.

01단계 넷플릭스 데이터셋에서 오징어 게임Squid Game을 검색해봅니다.

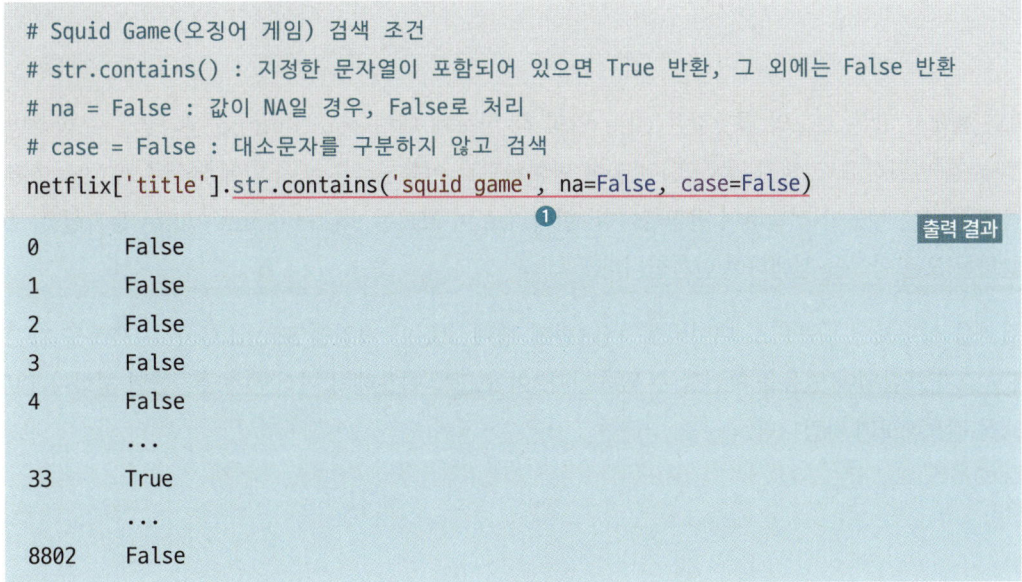

```
8803    False
8804    False
8805    False
8806    False
Name: title, Length: 8790, dtype: bool
```

❶ 'squid game'이라는 문자열이 netflix['title']에 있는지 확인합니다. 문자열이 있으면 True를, 없으면 False를 반환합니다. 그리고 na=False는 결측값이 있을 때 False로 처리하게 하고, case=False는 대소문자를 구분하지 않고 검색합니다. 결과를 보면 33번째 행에 'squid game' 문자열이 포함되어 있어 True 값을 반환하고 있습니다. 이제 실습을 계속 진행해보겠습니다.

02단계 01단계에서 확인한 값을 다시 netflix[...]에 넣으면 오징어 게임 정보를 볼 수 있습니다.

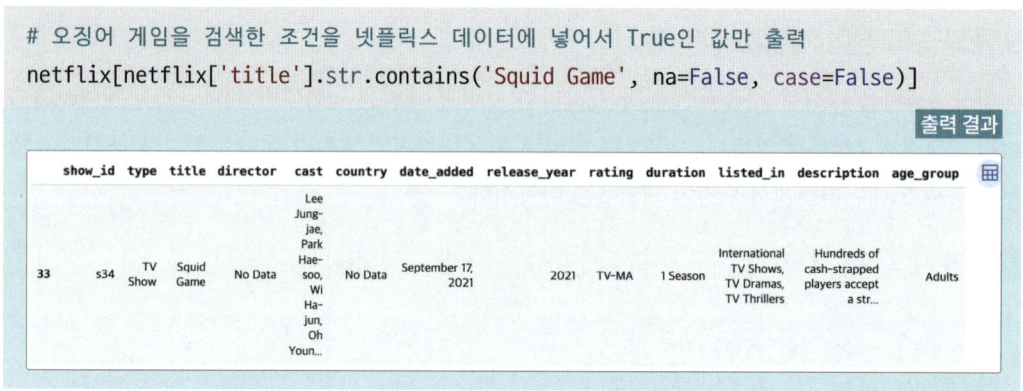

01단계에서 만든 코드의 결괏값은 title 열의 각 항목에 대해 squid game 문자열을 포함하면 True를 반환하고, 그렇지 않으면 False를 반환하므로 이를 netflix[...] 안에 넣어주면 해당 조건을 만족하는 행들만 선택하여 반환합니다. 한마디로 이 코드는 Squid Game이라는 문자열을 포함하는 모든 항목을 선택하여 반환합니다.

결과를 살펴보면 넷플릭스 데이터셋의 33번째 행에 오징어 게임인 Squid Game 제목을 가진 TV 쇼가 포함되어 있음을 확인할 수 있습니다. 이 코드를 이용해서 여러분이 궁금했던 영화나 TV 쇼를 검색해보기 바랍니다.

넷플릭스 파이 차트 그리기

넷플릭스 데이터셋은 TV쇼와 영화, 두 개의 카테고리로 이루어져 있습니다. 각각 어떤 비율로 넷플릭스가 구성되는지 파이 차트를 통해 시각화하여 분석해보겠습니다.

01단계 넷플릭스 데이터셋의 type 열에 있는 TV쇼와 영화 데이터가 각각 몇 개씩 있는지 세어봅니다.

```
# Movies & TV shows의 각각 value_counts 출력
# .value_counts() : 값의 개수 출력
type_counts = netflix['type'].value_counts()
print(type_counts)
```

출력 결과
```
type
Movie      6126
TV Show    2664
Name: count, dtype: int64
```

value_counts( ) 함수는 시리즈 객체에 있는 각 값의 빈도를 셉니다. 이를 이용하여 type 열의 값의 개수를 세고, 각 쇼의 카테고리의 비율을 파악할 수 있습니다. 결과를 보면 넷플릭스 데이터셋에서 Movies와 TV Show의 개수가 각각 6,126편과 2,664편임을 알 수 있습니다. 얼추 6:2.6의 비율인 것 같네요.

02단계 이 결과를 기반으로 파이 차트를 그려보겠습니다.

```
plt.figure(figsize=(5, 5)) # ① 5 x 5 크기의 플롯 만들기

# ② pie plot 통해 Movies & TV shows 각각 비율 시각화
plt.pie(type_counts, labels=type_counts.index, autopct='%0.f%%', startangle=100,
        explode=[0.05, 0.05], shadow=True, colors=['#b20710', '#221f1f'])
plt.suptitle('Movie & TV Show distribution', fontfamily='serif', fontsize=15,
fontweight='bold')
plt.title('We see more movies than TV shows on Netflix.', fontfamily='serif',
fontsize=12)
plt.show()
```

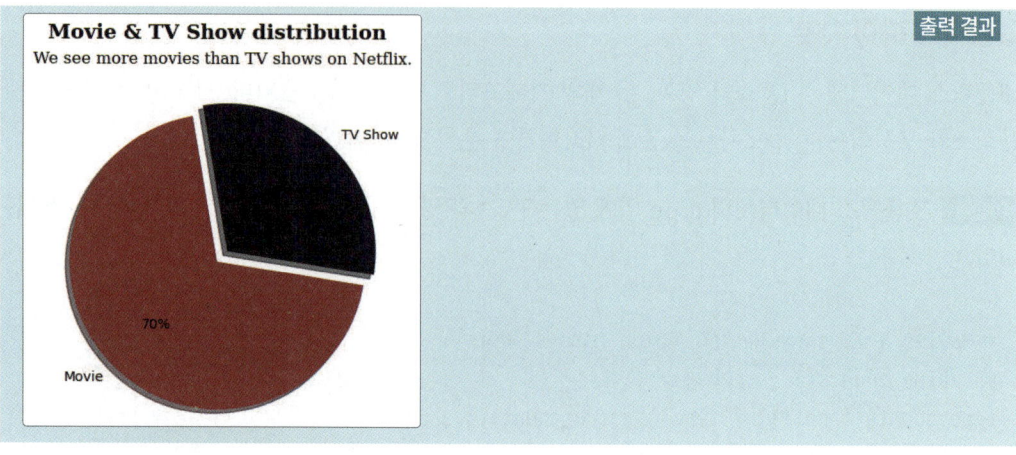

출력 결과

❶ 플롯의 크기를 5×5인치로 생성합니다.

❷ 파이 차트를 생성합니다. 각 매개변수와 인수를 복습할 겸 구체적으로 설명하겠습니다.

- **type_counts** : 파이 차트를 생성할 각 쇼의 카테고리별 개수가 포함된 시리즈 객체입니다.
- **labels** : 각 부채꼴에 표시할 라벨에 type_counts의 인덱스인 Movies와 TV Show를 사용합니다.
- **autopct** : 부채꼴 안에 표시될 비율 형식을 지정합니다. 소수점 이하 자리를 제거하고 정수 형태로 표시하도록 %0.f%%로 설정했습니다. 이 표시는 파이썬 포맷 문자열에서 사용하는 형식입니다.
- **startangle** : 부채꼴이 그려지는 시작 각도를 설정합니다. 여기서는 시계 방향으로부터 시각화의 시작을 100도로 설정합니다.
- **explode** : 부채꼴이 중심에서 벗어나는 정도를 설정합니다. 여기서는 Movies와 TV Show 부채꼴이 각각 중심에서 5% 벗어나도록 설정합니다.
- **shadow** : 부채꼴에 그림자 효과를 추가합니다. 그림자는 각 부채꼴의 아래쪽에 표시됩니다.
- **colors** : 각 부채꼴에 사용할 색상을 지정합니다. 여기서는 Movies와 TV Show를 각각 빨간색과 검은색으로 지정합니다.

그래프를 보면 숫자로 볼 때보다 Movie가 TV Show보다 비중이 높은 것이 잘 보입니다. 이를 통해 Movies와 TV Show의 상대적인 중요성과 분포를 시각적으로 쉽게 이해할 수 있습니다. 그리고 특정 카테고리에 대한 선호도나 비중을 분석하기도 좋습니다. Movie가 TV Show보다 더 큰 비율을 차지하고 있으므로 넷플릭스 사용자는 영화 카테고리에 대한 관심이나 소비가 더 크다는 것을 알 수 있습니다. 아마도 넷플릭스에서는 영화 관련 콘텐츠나 제품에 대한 마케팅 전략을 더 신중하게 수립해야 할 것 같네요.

넷플릭스 막대 그래프 그리기

여기서는 시본의 막대 그래프를 이용하여 시각화하겠습니다. 막대 그래프를 그리면 넷플릭스 데이터셋에서 어떤 장르가 인기가 가장 많은지 파악하기 쉽습니다. 넷플릭스 데이터셋의 Movie와 TV Show는 각각 다양한 장르listed_in를 가지고 있습니다.

01단계 netflix.head(3)을 입력하여 데이터를 확인해보면 다양한 장르를 확인할 수 있습니다.

```
netflix.head(3)
```

출력 결과

	show_id	type	title	director	cast	country	date_added	release_year	rating	duration	listed_in	description	age_group
0	s1	Movie	Dick Johnson Is Dead	Kirsten Johnson	No Data	United States	September 25, 2021	2020	PG-13	90 min	Documentaries	As her father nears the end of his life, filmm...	Teens
1	s2	TV Show	Blood & Water	No Data	Ama Qamata, Khosi Ngema, Gail Mabalane, Thaban...	South Africa	September 24, 2021	2021	TV-MA	2 Seasons	International TV Shows, TV Dramas, TV Mysteries	After crossing paths at a party, a Cape Town t...	Adults
2	s3	TV Show	Ganglands	Julien Leclercq	Sami Bouajila, Tracy Gotoas, Samuel Jouy, Nabi...	No Data	September 24, 2021	2021	TV-MA	1 Season	Crime TV Shows, International TV Shows, TV Act...	To protect his family from a powerful drug lor...	Adults

1번째, 2번째 행의 listed_in 열을 보면 International TV Shows, TV Dramas, TV Mysteries, Crime TV Shows, International TV Shows, TV Act…와 같이 여러 개의 장르로 구성되는 걸 확인할 수 있습니다. 장르의 등장 횟수를 구하고자 할 때는 먼저 각각의 장르에 대해 `,(쉼표)`를 기준으로 분리한 후 계산해줘야 합니다. 그러면 함께 계산해보겠습니다.

02단계 넷플릭스 데이터셋의 장르별 등장 횟수를 계산해봅니다.

```
genres = netflix['listed_in'].str.split(', ', expand=True).stack().value_counts()
genres
```

출력 결과

```
International Movies    2752
Dramas                  2426
```

06.5 넷플릭스 시각화하기

```
Comedies                    1674
...생략...
TV Shows                      16
Name: count, dtype: int64
```

결과를 보면 장르별로 영화 및 TV 쇼의 개수를 보여줍니다. 여기에는 영화와 TV 쇼가 혼합되어 있으며 가장 많은 장르부터 내림차순으로 나열되어 있습니다. 가장 많이 등장한 장르는 International Movies로, 총 2,752편 영화가 해당 장르에 속합니다. 그다음으로는 Dramas와 Comedies가 각각 2,426편과 1,674편으로 나타나고 있습니다. 그리고 International TV Shows, Documentaries, Action & Adventure 등의 장르가 순차적으로 등장합니다.

이 코드가 어떻게 동작했는지 알기 위해서는 각 코드의 실행 과정을 분리하여 보는 것이 좋습니다.

03단계 다음 코드를 실행하면 나오는 결과를 보며 설명하겠습니다.

```
netflix['listed_in'].str.split(', ', expand=True)
```

출력 결과

	0	1	2
0	Documentaries	None	None
1	International TV Shows	TV Dramas	TV Mysteries
2	Crime TV Shows	International TV Shows	TV Action & Adventure
3	Docuseries	Reality TV	None
4	International TV Shows	Romantic TV Shows	TV Comedies
...	...	...	...
8785	Cult Movies	Dramas	Thrillers
8786	Kids' TV	Korean TV Shows	TV Comedies
8787	Comedies	Horror Movies	None
8788	Children & Family Movies	Comedies	None
8789	Dramas	International Movies	Music & Musicals

8790 rows × 3 columns

코드를 실행해보면 listed_in 열에 있는 장르를 쉼표로 분할한 것임을 알 수 있습니다. expand=True는 분할된 결과를 확장하여 여러 열로 변환합니다. 이 옵션을 사용하면 각 분할된 문자열 조각이 개별적인 열로 배치된 데이터프레임을 생성합니다. 각 작품이 가진 장르가 최대 3

개인 것 같네요. 예를 들어 **01단계**에서 head( ) 함수로 구한 결과와 비교하면 더 쉽게 이해할 수 있습니다. 넷플릭스 데이터셋의 인덱스가 0인 행은 Documentaries만 장르로 가지고 있기 때문에 0 열에는 Documentaries, 1 열에는 None, 2 열에는 None이 나옵니다.

04단계 여기에 .stack( )을 사용하면 여러 열로 구성한 데이터프레임을 1개의 열로 만들어 쌓습니다.

```
netflix['listed_in'].str.split(', ', expand=True).stack()
```

```
0      0                 Documentaries
1      0         International TV Shows
       1                     TV Dramas
       2                   TV Mysteries
2      0                Crime TV Shows
                   ...
8788   0       Children & Family Movies
       1                      Comedies
8789   0                        Dramas
       1            International Movies
       2                Music & Musicals
Length: 19294, dtype: object
```

stack( ) 함수로 각 영화의 장르를 개별적인 행으로 정리한 시리즈입니다. 결과를 보면 첫 번째 인덱스는 넷플릭스 데이터셋의 행 번호를 나타내고 두 번째 인덱스는 분할된 문자열의 열 번호를 나타냅니다. 예를 들어 넷플릭스 데이터셋의 인덱스 값이 0인 행은 Documentaries만 장르로 가지고 있기 때문에 0 열에 해당하는 Documentaries만 추출되는 것을 확인할 수 있습니다.

05단계 마지막으로 .value_counts( )를 붙여 장르의 등장 횟수를 계산합니다. 결괏값은 **02단계**에서 봤으므로 생략하겠습니다.

```
genres = netflix['listed_in'].str.split(', ', expand=True).stack().value_counts()
```

이러한 결과를 통해 넷플릭스에는 다양한 장르의 영화와 TV 쇼가 포함되어 있으며, 어떤 장르가 가장 인기 있는지 파악할 수 있습니다. 하지만 시각적으로 보이지 않으니 한 눈에 보이지 않으므로 막대 그래프를 이용하여 잘 보이게 만들어 보겠습니다.

06단계 넷플릭스 데이터셋의 장르별 등장 횟수를 막대 그래프로 표현합니다.

```python
plt.figure(figsize=(12, 6))

# ① bar plot 통해 장르별 등장 횟수 시각화
sns.barplot(x=genres.values, y=genres.index, hue=genres.index, palette='RdGy')
plt.title('Distribution of Genres for Movies and TV Shows on Netflix', fontsize=16)
plt.xlabel('Count', fontsize=14)
plt.ylabel('Genre', fontsize=14)
plt.grid(axis='x')
plt.show()
```

출력 결과

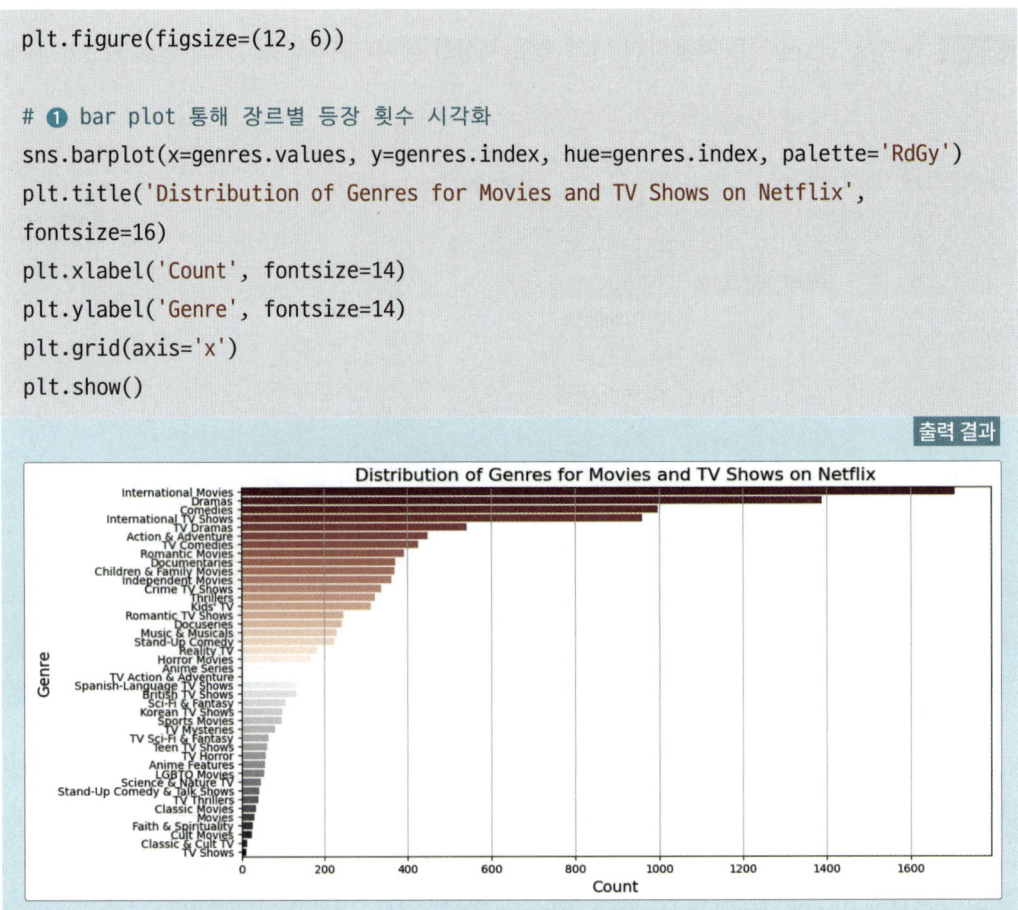

❶ 시본의 barplot( ) 함수를 사용하여 막대 그래프를 생성합니다.

- **x** : 장르의 등장 횟수가 위치합니다.
- **y** : 장르의 이름이 위치합니다.
- **hue** : 장르를 분류합니다. 여기서는 장르의 이름을 사용합니다.
- **palette** : 그래프에 사용할 색상 팔레트를 지정합니다. 여기서는 RdGy 팔레트를 사용하여 넷플릭스 고유 색상과 유사한 팔레트로 시각화를 진행합니다.

그래프를 보면 International Movies와 Dramas가 가장 큰 비중을 차지하는 것이 한 눈에 보입니다. 넷플릭스에서 이들 장르의 콘텐츠가 인기가 높음을 나타냅니다. 그리고 Movie 장르가 TV Show에 비해 더 다양한 분포를 보입니다. 특히 Comedy, Documentary, Action & Adventure 등의 장르가 TV Show에 비해 더 많이 등장합니다. 이는 TV Show보다 Movie가 더 폭넓은 장르와 스타일을 포괄하는 경향이 있음을 시사합니다.

이 그래프를 통해 넷플릭스의 콘텐츠 전략을 이해할 수 있습니다. 넷플릭스는 드라마와 국제 영화에 집중하고 있네요. 글로벌한 콘텐츠 제공과 깊이 있는 스토리 라인으로 시청자들의 다양한 취향을 만족시키려 하는 것 같습니다. 또한, 다양한 영화 장르의 제공을 통해 시청자들에게 보다 풍부한 선택지를 제공합니다. 정리하자면 넷플릭스의 콘텐츠 전략은 장르 다양성과 글로벌 사용자들의 요구를 동시에 충족시키기 위한 방향으로 나아가고 있음을 알 수 있습니다.

넷플릭스 히트맵 그리기

이번에는 넷플릭스 데이터셋을 이용해 나이 그룹별 국가별 콘텐츠 수를 집계해보겠습니다. 이를 통해 각 국가에서 어느 나이 그룹이 어떤 콘텐츠를 가장 많이 소비하는지 분석할 수 있고, 이를 통해 특정 나이층의 시청 선호도를 파악해 마케팅 전략을 세우는 데 활용할 수 있습니다. 또한 특정 국가에서 특정 나이 그룹을 위한 콘텐츠가 부족하다면 이를 확인하여 해당 연령층을 겨냥한 새로운 콘텐츠를 개발할 기회로 삼을 수 있을 것입니다. 여기서는 넷플릭스에서 프로그램을 시청할 수 있는 국가의 이름인 country 열과 시청에 적합한 나이 등급인 age_group 열을 주로 활용하여 분석합니다. 이를 위해 쉼표로 구분되어 있는 country 열의 값을 분리하는 과정을 거치겠습니다.

01단계 넷플릭스 데이터에서 title 열의 값이 'Sankofa'인 행을 확인하여 country 열과 age_group 열에 어떤 값이 들어 있는지 살펴보겠습니다.

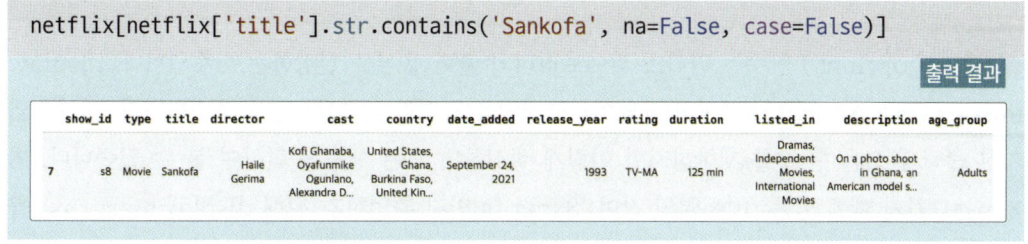

title 열의 값이 'Sankofa'인 행을 검색하여 출력하고 country 열과 age_group 열의 값을 확인

합니다. 그러면 country 열에는 아주 많은 국가가 쉼표로 구분되어 있음을 볼 수 있습니다. age_group 열은 Adults 등급으로 분류되어 있습니다. 넷플릭스에서 나이 그룹에 따른 국가별 콘텐츠 수를 정확하게 집계하려면 country 열의 값에 있는 여러 국가를 개별행으로 분리해야 합니다.

02단계 그러려면 먼저 country 열에 있는 문자열 형태의 값을 쉼표를 기준으로 구분하여 파이썬 리스트로 만들어야 합니다.

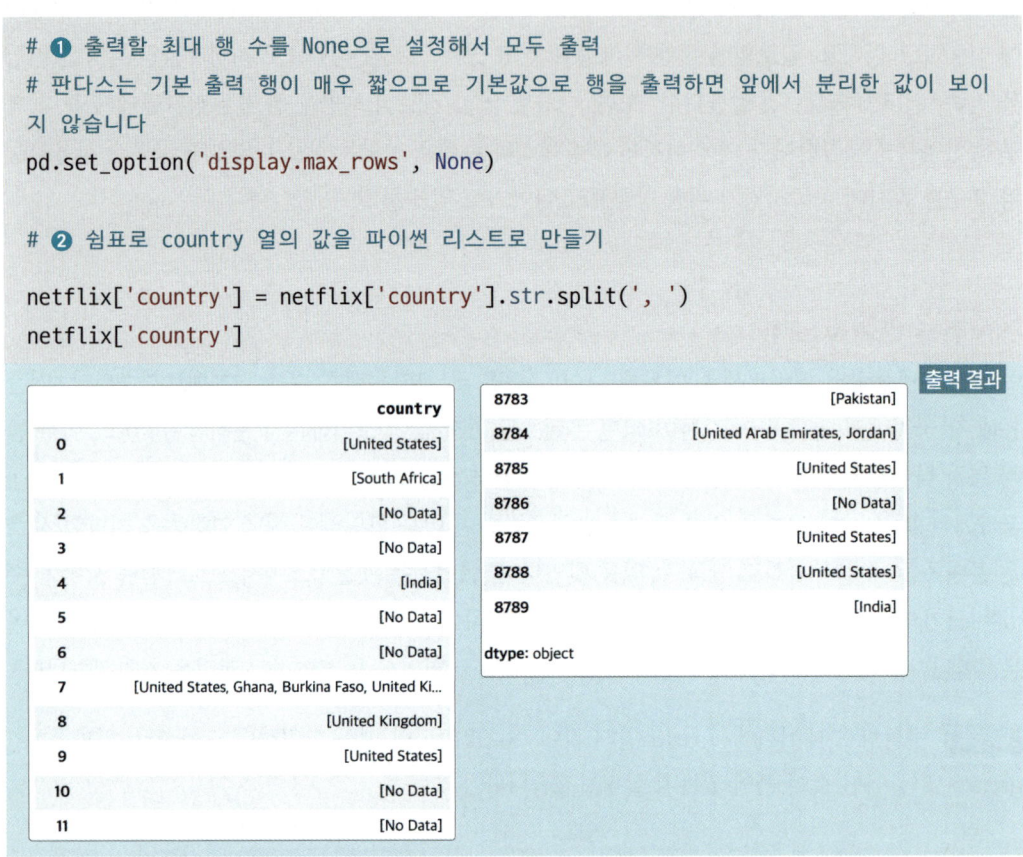

❶ pd.set_option( ) 함수는 판다스 라이브러리의 출력 옵션을 설정하는 함수입니다. display.max_rows를 None으로 설정하면 데이터프레임을 출력할 때 모든 행을 출력합니다. 판다스의 기본 출력 옵션은 행 수를 제한하지만 이렇게 설정하면 모든 행을 출력하여 볼 수 있습니다. 여기서는 7번째 행에 있는 title 열의 값이 'Sankofa'인지 확인하기 위해 display.max_rows를 None으로 설정했습니다.

❷ 넷플릭스 데이터프레임의 country 열에서 쉼표와 공백(,)으로 구분되어 있는 국가 목록을 split( ) 함수로 분리하여 파이썬 리스트로 만든 다음 다시 netflix['country']에 대입합니다. 예를 들어 7번째 행인 United States, Ghana, Burkina Faso, United Kingdom, Germany, Ethiopia는 [United States, Ghana, Burkina Faso, United Kingdom, Germany, Ethiopia]로 변환되어 다시 country 열에 삽입됩니다.

03단계 이제 파이썬 리스트로 바꾼 country 열의 값에 explode( ) 함수를 적용하여 개별 행으로 분리합니다. 이를 통해 country 열의 각 행에 하나의 국가만 포함되도록 변환할 수 있습니다.

```
netflix_age_country = netflix.explode('country')
netflix_age_country
```

출력 결과

	show_id	type	title	director	cast	country	date_added	release_year	rating	duration	listed_in
0	s1	Movie	Dick Johnson Is Dead	Kirsten Johnson	No Data	United States	September 25, 2021	2020	PG-13	90 min	Documentaries
1	s2	TV Show	Blood & Water	No Data	Ama Qamata, Khosi Ngema, Gail Mabalane, Thaban...	South Africa	September 24, 2021	2021	TV-MA	2 Seasons	International TV Shows, TV Dramas, TV Mysteries
2	s3	TV Show	Ganglands	Julien Leclercq	Sami Bouajila, Tracy Gotoas, Samuel Jouy, Nabi...	No Data	September 24, 2021	2021	TV-MA	1 Season	Crime TV Shows, International TV Shows, TV Act...
7	s8	Movie	Sankofa	Haile Gerima	Kofi Ghanaba, Oyafunmike Ogunlano, Alexandra D...	United States	September 24, 2021	1993	TV-MA	125 min	Independent Movies, International Movies
7	s8	Movie	Sankofa	Haile Gerima	Kofi Ghanaba, Oyafunmike Ogunlano, Alexandra D...	Ghana	September 24, 2021	1993	TV-MA	125 min	Dramas, Independent Movies, International Movies
7	s8	Movie	Sankofa	Haile Gerima	Kofi Ghanaba, Oyafunmike Ogunlano, Alexandra D...	Burkina Faso	September 24, 2021	1993	TV-MA	125 min	Dramas, Independent Movies, International Movies
7	s8	Movie	Sankofa	Haile Gerima	Kofi Ghanaba, Oyafunmike Ogunlano, Alexandra D...	United Kingdom	September 24, 2021	1993	TV-MA	125 min	Dramas, Independent Movies, International Movies
7	s8	Movie	Sankofa	Haile Gerima	Kofi Ghanaba, Oyafunmike Ogunlano, Alexandra D...	Germany	September 24, 2021	1993	TV-MA	125 min	Dramas, Independent Movies, International Movies
7	s8	Movie	Sankofa	Haile Gerima	Kofi Ghanaba, Oyafunmike Ogunlano, Alexandra D...	Ethiopia	September 24, 2021	1993	TV-MA	125 min	Dramas, Independent Movies, International Movies
...	...	TV ...	The Ga...	...	Mel Giedroyc, Sue Perkins ...	...	September ...	...	...	...	British TV Reality...
8787	s8805	Movie	Zombieland	Ruben Fleischer	Jesse Eisenberg, Woody Harrelson, Emma Stone, ...	United States	November 1, 2019	2009	R	88 min	Comedies, Horror Movies
8788	s8806	Movie	Zoom	Peter Hewitt	Tim Allen, Courteney Cox, Chevy Chase, Kate Ma...	United States	January 11, 2020	2006	PG	88 min	Children & Family Movies, Comedies
8789	s8807	Movie	Zubaan	Mozez Singh	Vicky Kaushal, Sarah-Jane Dias, Raaghav Chanan...	India	March 2, 2019	2015	TV-14	111 min	Dramas, International Movies, Music & Musicals

explode( ) 함수는 country 열에 있는 파이썬 리스트의 원소를 분리하여 개별 행으로 만듭니다. 예를 들어 [United States, Ghana, Burkina Faso, United Kingdom, Germany, Ethiopia]는 6개의 행으로 만듭니다.

04단계 title열의 값이 'Sankofa'인 행 전체를 확인하여 country 열과 age_group 열의 값이 어떻게 이루어져 있는지 다시 확인합니다.

```
netflix_age_country[netflix_age_country['title'].str.contains('Sankofa',
na=False, case=False)]
```

출력 결과

show_id	type	title	director	cast	country	date_added	release_year	rating	duration	listed_in	description	age_group
7	s8	Movie	Sankofa	Haile Gerima	Kofi Ghanaba, Oyafunmike Ogunlano, Alexandra D...	United States	September 24, 2021	1993	TV-MA	125 min	Dramas, Independent Movies, International Movies	On a photo shoot in Ghana, an American model s...	Adults
7	s8	Movie	Sankofa	Haile Gerima	Kofi Ghanaba, Oyafunmike Ogunlano, Alexandra D...	Ghana	September 24, 2021	1993	TV-MA	125 min	Dramas, Independent Movies, International Movies	On a photo shoot in Ghana, an American model s...	Adults
7	s8	Movie	Sankofa	Haile Gerima	Kofi Ghanaba, Oyafunmike Ogunlano, Alexandra D...	Burkina Faso	September 24, 2021	1993	TV-MA	125 min	Dramas, Independent Movies, International Movies	On a photo shoot in Ghana, an American model s...	Adults
7	s8	Movie	Sankofa	Haile Gerima	Kofi Ghanaba, Oyafunmike Ogunlano, Alexandra D...	United Kingdom	September 24, 2021	1993	TV-MA	125 min	Dramas, Independent Movies, International Movies	On a photo shoot in Ghana, an American model s...	Adults
7	s8	Movie	Sankofa	Haile Gerima	Kofi Ghanaba, Oyafunmike Ogunlano, Alexandra D...	Germany	September 24, 2021	1993	TV-MA	125 min	Dramas, Independent Movies, International Movies	On a photo shoot in Ghana, an American model s...	Adults

결과를 보면 'Sankofa'라는 영화가 다양한 국가에서 제작되었음을 알 수 있습니다. United States, Ghana, Burkina Faso, United Kingdom, Germany, Ethiopia의 여섯 국가가 포함되어 있습니다. 처음에 이 작업을 하지 않았을 때와 비교하면 결과에서 차이가 분명히 드러납니다. 이렇게 분리된 국가명을 기반으로 각 나이 그룹에 따른 국가별 넷플릭스 콘텐츠 수를 구해보겠습니다.

05단계 각 나이 그룹에 따른 국가별 넷플릭스 콘텐츠 수를 구해보겠습니다. 코드는 막대 그래프를 그렸을 때와 비슷합니다.

```
netflix_age_country_unstack =
  netflix_age_country.groupby('age_group')['country'].value_counts().unstack()
netflix_age_country_unstack
```

> 출력 결과

country	Afghanistan	Albania	Algeria	Angola	Argentina	Armenia	Australia	Austria	Azerbaijan	...	United Kingdom	United Kingdom,	United States	United States,
age_group														
Adults	1.0	1.0	1.0	2.0	1.0	71.0	1.0	68.0	7.0	NaN	...	408.0	2.0	1803.0	1.0
All	NaN	NaN	NaN	NaN	NaN	5.0	NaN	18.0	NaN	NaN	...	63.0	NaN	255.0	NaN
Older Kids	NaN	NaN	NaN	NaN	NaN	5.0	NaN	40.0	3.0	NaN	...	145.0	NaN	694.0	NaN
Teens	NaN	NaN	NaN	NaN	NaN	NaN	NaN	11.0	NaN	NaN	...	84.0	NaN	433.0	NaN
Young Adults	1.0	NaN	NaN	1.0	NaN	10.0	NaN	21.0	2.0	1.0	...	103.0	NaN	495.0	NaN

5 rows × 128 columns

코드 한 줄에 value_counts( ) 함수, unstack( ) 함수를 한꺼번에 사용했으므로 의미 단위로 나눠 설명하겠습니다.

- **value_counts( )** : age_group 열을 기준으로 데이터를 그룹화한 후, 각 그룹 내에서 country 열의 값이 얼마나 자주 등장하는지를 계산합니다. 이렇게 하면 각 나이 그룹에 대해 각 국가별 넷플릭스 콘텐츠 수를 집계할 수 있습니다.
- **unstack( )** : 그룹화된 데이터를 풀어서 다시 데이터프레임 형태로 만듭니다. 그 결과 age_group 열을 인덱스로, country 열을 열로 만든 새로운 데이터프레임을 만듭니다.

결과로 나온 데이터프레임을 보면 각 나이 그룹에 따른 국가별 넷플릭스 콘텐츠 수를 보여줍니다. 예를 들어 Adult 나이 그룹에서 United Kingdom에는 408편의 콘텐츠가, United States에는 1,803편의 콘텐츠가 있습니다. 다른 나이 그룹에 대해서도 각 나라에서 이용 가능한 콘텐츠 수를 확인할 수 있습니다. 많은 국가들이 보여 한 눈에 파악하기 어렵네요. 이를 해결하기 위해 특정 국가와 나이 그룹을 필터링하여 비교해보겠습니다. 그리고 결측치 값을 0으로 처리하겠습니다.

> **셀레나의 조언** | 데이터프레임의 열 이름에 쉼표가 포함된 값이 있어요!
>
> 열이름에 쉼표가 포함된 열이 있다면 원본 데이터셋에 이상치가 있는 건지 아니면 데이터를 가공하는 과정에서 생긴 것인지 확인해야 합니다. 다음 단계를 따라하면서 찾아보세요.

1 country 열을 쉼표 기준으로 분리시켜 각각의 행으로 만든 netflix_age_country 데이터프레임에서 United States,를 검색해보세요.

```
netflix_age_country[netflix_age_country['country'].
str.contains('United States,', na=False, case=False)]
```

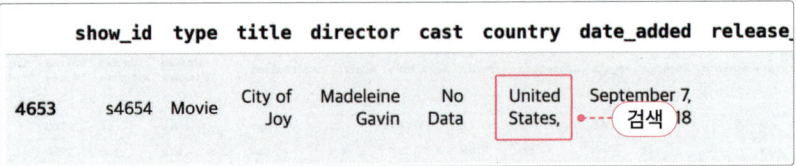

2 검색 결과에서 title 열의 결과를 확인합니다. 검색 결과를 보면 title 열의 값이 'City of Joy'인 걸 확인할 수 있습니다.

3 원본 데이터셋인 netflix 데이터프레임에서 title 열의 제목을 입력하여 country 열의 값이 United States,인지 확인합니다.

```
netflix = pd.read_csv('netflix_preprocessed.csv')
netflix[netflix['title'].str.contains('City of Joy', na=False, case=False)]
```

결과를 보면 원본 데이터셋인 netflix 데이터프레임에서 country 열의 값으로 'United States,'가 있음을 확인할 수 있습니다. 캐글에서 넷플릭스 데이터셋을 구축하는 단계에서 이상치가 잘못 들어갔네요.

저는 이 값을 이상치로 여기고 제외하여 실습을 진행하겠습니다. 이 값을 United State로 쉼표를 제거하여 진행해도 됩니다. 변경한 후, 기존의 United States와 동일한 값으로 처리하여 진행해주면 됩니다. 이처럼 이상한 데이터를 발견하면 하나하나 분석해보고 원인을 찾는 것은 데이터 분석가에게 아주 중요한 역량 중 하나입니다.

06단계 특정 나이 그룹에 따른 특정 나라별 콘텐츠로 필터링한 결과를 보겠습니다.

```
# ❶ 연령, 국가 리스트
age_order = ['All', 'Older Kids', 'Teens', 'Adults']
country_order = ['United States', 'India', 'United Kingdom', 'Canada', 'Japan',
                 'France', 'South Korea', 'Spain', 'Mexico', 'Turkey']

netflix_age_country_unstack = netflix_age_country_unstack.loc[age_order,
country_order] # ❷ 데이터 필터링
```

```python
# ❸ 결측치 0으로 처리
netflix_age_country_unstack = netflix_age_country_unstack.fillna(0)
netflix_age_country_unstack
```

출력 결과

country age_group	United States	India	United Kingdom	Canada	Japan	France	South Korea	Spain	Mexico	Turkey
All	255.0	16.0	63.0	64.0	6.0	29.0	11.0	9.0	3.0	1.0
Older Kids	694.0	169.0	145.0	108.0	93.0	54.0	35.0	15.0	20.0	9.0
Teens	433.0	11.0	84.0	32.0	9.0	35.0	1.0	5.0	4.0	0.0
Adults	1803.0	278.0	408.0	192.0	110.0	227.0	98.0	185.0	120.0	71.0

❶ age_order와 country_order 변수에 있는 리스트 값들은 특정 행과 열을 선택하고 원하는 순서대로 정렬하기 위한 것입니다.

❷ 데이터프레임에서 원하는 특정 행과 열로 필터링하여 저장합니다. 행은 연령 그룹을 나타내며, 열은 각 국가를 나타냅니다.

❸ 결측치를 0으로 채워줍니다.

코드를 실행하면 데이터프레임의 행과 열이 리스트 순서대로 정렬되고 NaN 값을 0으로 대체한 결과가 보입니다. 그런데 이 값은 나이 그룹과 각 국가별 넷플릭스 콘텐츠 수를 나타내므로 이대로 시각화하면 데이터를 한 눈에 파악하기 어렵습니다. 값들을 비율로 변경해보겠습니다.

07단계 나이 그룹에 따른 국가별 넷플릭스 콘텐츠 비율을 구해보세요.

```python
netflix_age_country_unstack = netflix_age_country_unstack.div(netflix_age_country_unstack.sum(axis=0), axis=1)
netflix_age_country_unstack
```

출력 결과

country age_group	United States	India	United Kingdom	Canada	Japan	France	South Korea	Spain	Mexico	Turkey
All	0.080063	0.033755	0.090000	0.161616	0.027523	0.084058	0.075862	0.042056	0.020408	0.012346
Older Kids	0.217896	0.356540	0.207143	0.272727	0.426606	0.156522	0.241379	0.070093	0.136054	0.111111
Teens	0.135950	0.023207	0.120000	0.080808	0.041284	0.101449	0.006897	0.023364	0.027211	0.000000
Adults	0.566091	0.586498	0.582857	0.484848	0.504587	0.657971	0.675862	0.864486	0.816327	0.876543

각 열의 값을 열 합으로 나누면 비율이 나옵니다. netflix_age_country_unstack.sum(axis=0)로 열 방향 합을 구합니다. netflix_age_country_unstack.div( )의 axis 매개변수에 1을 전달하면 각 열의 값을 열의 합으로 나눌 수 있습니다. United States를 예로 설명해보겠습니다. netflix_age_country_unstack의 열 합을 계산하면 255명(All) + 694명(Older Kids) + 433명(Teens) + 1803명(Adults)이므로 3185명이라는 결과를 얻을 수 있습니다. 이 열 합으로 각 열의 값을 나눠 정규화한 값을 구하면 됩니다. 이와 같은 방법으로 다른 국가에 대해서도 정규화된 값들을 얻을 수 있습니다.

- **All**: 255 / 3185 = 0.0800
- **Older Kids**: 694 / 3185 = 0.2178
- **Teens**: 433 / 3185 = 0.1359
- **Adults**: 1803 / 3185 = 0.5660

이제 마지막입니다. 정규화한 값으로 히트맵을 그리면 됩니다.

08단계 히트맵을 이용하여 시각화해보세요.

```python
plt.figure(figsize=(15, 5))
# ❶ 사용자 정의 컬러맵 만들기
cmap = plt.matplotlib.colors.LinearSegmentedColormap.from_list('', ['#221f1f',
'#b20710','#f5f5f1'])
sns.heatmap(netflix_age_country_unstack, cmap = cmap, linewidth=2.5, annot=True,
fmt='.0%') # ❷ 데이터 시각화

plt.suptitle('Target ages proportion of total content by country',
fontweight='bold', fontfamily='serif', fontsize=15)
plt.title('Here we see interesting differences between countries. Most
shows in South Korea are targeted to adults, for instance.', fontsize=12,
fontfamily='serif')
plt.show()
```

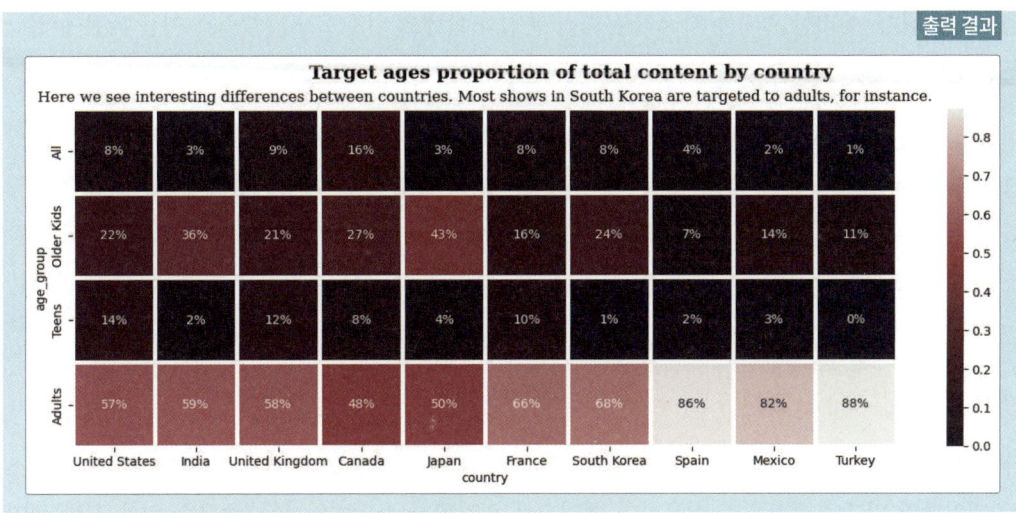

❶ 사용자 정의 컬러맵을 만들기 위해 LinearSegmentedColormap.from_list( ) 함수를 사용합니다. 여기서는 흑백과 빨강, 흰색의 3가지 색상을 사용하고 이후 sns.heatmap( ) 함수를 사용하여 데이터를 시각화합니다. 여기서 cmap은 특정 색상 리스트를 기반으로 만든 LinearSegmentedColormap 객체입니다.

❷ 시본의 heatmap( ) 함수를 사용하여 데이터를 시각화합니다.

- **cmap** : 앞서 만든 컬러맵을 전달합니다.
- **linewidth** : 각 셀 사이의 공간을 결정합니다.
- **annot** : 각 셀에 숫자를 표시합니다.
- **fmt='.0%'** : 숫자를 표시할 때 백분율 형식으로 표시하도록 지정합니다.

결과를 보면 United States와 Canada는 모든 나이 그룹 All, Older Kids, Teens, Adults에서 골고루 이용자를 가지고 있음을 알 수 있습니다. 이는 두 국가에서 넷플릭스가 다양한 연령층에 걸쳐 널리 사용되고 있음을 나타냅니다.

그리고 모든 국가에서 성인 이용자가 가장 많습니다. 이는 넷플릭스의 콘텐츠가 성인들의 관심사와 취향을 충족시키는 데 중점을 두고 있다는 것을 보여줍니다. 성인층의 높은 비율은 넷플릭스의 다양한 장르와 깊이 있는 콘텐츠가 성인 이용자들에게 특히 매력적임을 시사합니다.

한편, 청소년과 어린이의 비율은 국가마다 다르네요. India나 Japan은 Older Kids의 비율이 꽤 높습니다. 이는 해당 국가들에서 넷플릭스가 어린이와 가족 단위의 콘텐츠를 많이 제공하고 있음을 나타냅니다. 이러한 결과는 각국의 문화적 특성과 콘텐츠 선호도가 넷플릭스 이용 패턴에 영향을 미친다는 것을 시사합니다.

이러한 분석을 통해 넷플릭스는 각 국가별로 이용자의 연령대에 맞춘 콘텐츠 전략을 수립할 수 있습니다. 예를 들어 어린이 비율이 높은 국가에서는 가족 중심의 콘텐츠와 교육적인 프로그램을 강화할 수 있으며, 성인 비율이 높은 국가에서는 성인 대상의 드라마, 영화, 다큐멘터리 등을 더욱 강조할 수 있습니다.

넷플릭스 워드 클라우드

유용한 시각화 방법 중 하나인 워드 클라우드Word Cloud도 그려보겠습니다. 워드 클라우드는 텍스트 데이터의 빈도나 중요도를 이용하여 데이터를 시각화하는 방법입니다. 중요한 것을 진한 색이나 크기를 크게 하여 만드는 것이 일반적입니다. 현업에서는 주로 텍스트 마이닝, 감성 분석, 키워드 분석 등의 분야에서 활용합니다. 넷플릭스 데이터셋을 이용하여 워드 클라우드도 구현해보겠습니다.

01단계 워드 클라우드 실습을 하기 전에 넷플릭스 로고 파일 netflix_logo.jpg를 다운로드하여 세션에 업로드하세요. 세션에 파일을 업로드했으면 넷플릭스 데이터의 description 열을 이용한 워드 클라우드 생성해보겠습니다.

> 넷플릭스 데이터를 불러오지 못했다면 netflex_preprocessed.csv 파일을 사용하여 데이터를 불러온 다음 실습을 시작하세요.

> 실습용 데이터는 bit.ly/4e1LQay에 있습니다.

```python
# ❶ 라이브러리 import
from wordcloud import WordCloud
from PIL import Image

plt.figure(figsize=(15, 5))
text = str(list(netflix['description'])) # ❷ description 열을 리스트 → 문자열로 변환
# ❸ 로고 이미지 열고 넘파이 배열로 변환
mask = np.array(Image.open('netflix_logo.jpg'))
```

```
cmap = plt.matplotlib.colors.LinearSegmentedColormap.from_list('', ['#221f1f',
'#b20710']) # ❹ 워드 클라우드 색상맵 만들기

wordcloud = WordCloud(background_color = 'white', width = 1400, height = 1400,
max_words = 170, mask = mask, colormap=cmap).generate(text) # ❺ 워드 클라우드 생성

plt.suptitle('Keywords in the description of Movies and TV shows',
fontweight='bold', fontfamily='serif', fontsize=15)
plt.imshow(wordcloud) # ❻ 워드 클라우드 표시
plt.axis('off') # ❼ 축 감추기
plt.show()
```

출력 결과

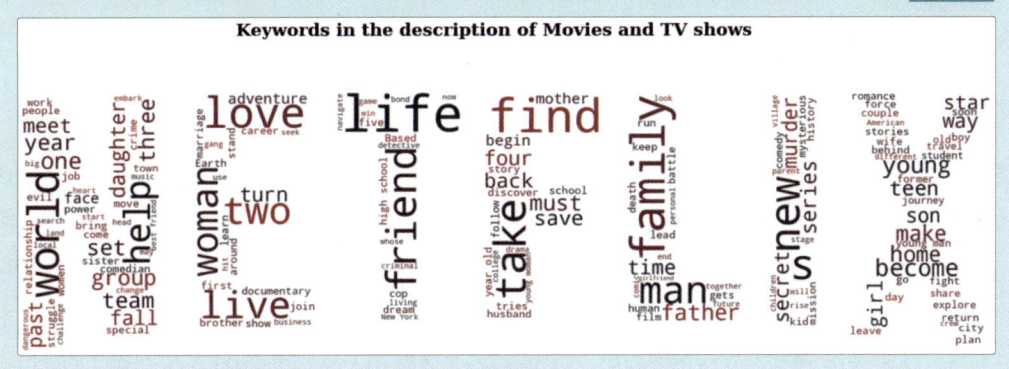

❶ 워드 클라우드를 사용하려면 WordCloud와 Image 라이브러리를 가져와야 합니다. WordCloud는 워드 클라우드를 생성하는 라이브러리이고 Image는 이미지를 처리하고 여는 데 사용하는 라이브러리입니다.

❷ netflix 데이터프레임의 description 열을 리스트로 변환한 후 문자열로 변환합니다. 이 문자열은 워드 클라우드에 사용할 텍스트 데이터입니다.

❸ netflix_logo.jpg 이미지를 열고 이를 넘파이 배열로 변환합니다. 워드 클라우드의 형태를 지정하는 데 사용합니다.

❹ 워드 클라우드의 색상을 지정하는 색상맵을 만듭니다. 넷플릭스 색상인 짙은 회색(#221f1f)과 빨간색(#b20710)을 사용합니다. 색상 리스트를 사용하여 선형 색상 분할 색상맵을 생성합니다.

❺ WordCloud( ) 함수를 사용하여 주어진 텍스트를 기반으로 워드 클라우드를 생성합니다. 세부

적으로 설명해보겠습니다.

- **background_color='white'** : 배경색을 흰색으로 설정합니다.
- **width=1400, height=1400** : 워드 클라우드의 너비와 높이를 각각 1400 픽셀로 설정합니다.
- **max_words=170** : 워드 클라우드에 표시할 최대 단어 수를 170으로 설정합니다.
- **mask=mask** : 워드 클라우드의 모양을 지정하는 마스크 이미지를 설정합니다.
- **colormap=cmap** : 워드 클라우드의 색상을 지정하는 색상맵을 설정합니다.

마지막으로 generate(text) 코드를 통해 text 변수에 담긴 문자열로 워드 클라우드를 생성합니다.

❻ 생성된 워드 클라우드를 이미지로 표시합니다.

❼ 축을 숨겨서 표시하지 않습니다. 워드 클라우드만 깔끔하게 보이도록 설정합니다.

결과를 보면 자주 사용하는 단어가 크게 보입니다. 예를 들어 life, family, love, world, friend 라는 단어가 가장 많이 나옵니다. 넷플릭스 콘텐츠의 핵심 주제가 인간 관계와 감정, 생활과 관련된 이야기임을 나타냅니다. 이는 넷플릭스가 감동적이고 인간적인 이야기, 즉 가족 중심의 드라마와 같은 콘텐츠를 많이 제공한다는 것을 의미할 수 있습니다. 그리고 love와 friend 같은 단어가 두드러진다는 것은 넷플릭스가 감정적인 연결과 인간관계를 중심으로 한 콘텐츠를 많이 다루고 있음을 시사합니다. 이는 드라마, 로맨스, 가족 관련 콘텐츠가 주요 테마로 자주 사용된다는 것을 나타냅니다.

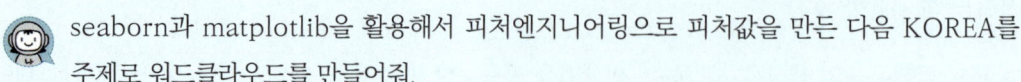

이번에는 시본과 맷플롯립을 활용하여 'KOREA'를 주제로 워드 클라우드를 생성해보겠습니다.

- seaborn과 matplotlib을 활용해서 피처엔지니어링으로 피처값을 만든 다음 KOREA를 주제로 워드클라우드를 만들어줘.

- Seaborn과 Matplotlib을 활용하여 피처 엔지니어링을 통해 'KOREA'를 주제로 한 데이터를 더 잘 분석하고 시각화할 수 있습니다. 이를 위해 다음 단계를 따르겠습니다.

- **필터링** : 'Korea'와 관련된 항목 필터링.
- **피처 엔지니어링** : 텍스트 데이터를 전처리하여 워드클라우드에 사용할 피처값 생성.
- **시각화** : 워드클라우드 생성 및 시각화.

이를 위해 먼저 필요한 라이브러리를 불러오고, 데이터를 전처리한 후 시각화를 진행하겠습니다.

1. 코드

```python
import pandas as pd
from sklearn.feature_extraction.text import CountVectorizer
import seaborn as sns
import matplotlib.pyplot as plt
from wordcloud import WordCloud

# 1. 데이터 로드
file_path = 'netflix_preprocessed.csv'
netflix_data = pd.read_csv(file_path)

# 2. 필터링 : 'Korea'와 관련된 항목 필터링
korea_data = netflix_data[
    netflix_data['description'].str.contains('Korea', case=False, na=False) |
    netflix_data['title'].str.contains('Korea', case=False, na=False) |
    netflix_data['listed_in'].str.contains('Korea', case=False, na=False)
]

# 3. 텍스트 데이터 결합
text = ' '.join(korea_data['description'].dropna().tolist())

# 4. 피처 엔지니어링 : CountVectorizer를 사용하여 단어 빈도수 추출
vectorizer = CountVectorizer(stop_words='english')
word_matrix = vectorizer.fit_transform([text])
word_freq = word_matrix.toarray().flatten()

# 단어와 빈도수를 데이터프레임으로 생성
words_df = pd.DataFrame({
    'word': vectorizer.get_feature_names_out(),
```

```python
    'freq': word_freq
}).sort_values(by='freq', ascending=False)

# 상위 10개 단어 출력
top_words_df = words_df.head(10)
print(top_words_df)

# 5. 시각화 : 상위 단어를 seaborn을 사용하여 시각화
plt.figure(figsize=(10, 6))
sns.barplot(data=top_words_df, x='freq', y='word', palette='viridis')
plt.title('Top 10 Words in Descriptions Related to Korea')
plt.xlabel('Frequency')
plt.ylabel('Words')
plt.show()

# 6. 시각화 : 워드클라우드 생성
wordcloud = WordCloud(width=800, height=400, background_color='white').generate_from_frequencies(dict(zip(words_df['word'], words_df['freq'])))

# 워드클라우드 시각화
plt.figure(figsize=(10, 5))
plt.imshow(wordcloud, interpolation='bilinear')
plt.axis('off')
plt.show()
```

2. 설명

- **데이터 로드** : CSV 파일을 Pandas DataFrame으로 로드합니다.
- **필터링** : 'description', 'title', 'listed_in' 컬럼에서 'Korea'를 포함하는 행을 필터링합니다.
- **텍스트 데이터 결합** : 필터링된 설명 텍스트를 하나의 문자열로 결합합니다.
- **피처 엔지니어링** : CountVectorizer를 사용하여 텍스트 데이터에서 단어 빈도수를 추출합니다.
- **시각화** : 상위 10개의 단어를 seaborn을 사용하여 막대 그래프로 시각화합니다.

- **워드클라우드 시각화** : 단어 빈도수를 기반으로 워드클라우드를 생성하고 시각화합니다.

이 과정을 통해 'Korea'와 관련된 주요 키워드를 쉽게 시각화할 수 있습니다.

이번 시각화를 통해 'KOREA'와 관련된 주요 키워드를 시각적으로 분석할 수 있었습니다. 'KOREA'라는 주제로 필터링하여 한국 콘텐츠의 글로벌 인기가 급증하고 있는 요즘, 어떤 요소들이 한국 콘텐츠의 인기에 기여하는지 파악해보고 싶었기 때문입니다. 단순히 워드클라우드를 생성하는 것이 아니라, 필터링으로 'KOREA'와 관련된 특정 키워드를 추출하여 데이터의 유의미한 패턴과 트렌드를 명확히 파악해보고 싶었습니다. 특히, 시본과 맷플롯립을 활용하여 텍스트 데이터를 분석하고, 워드클라우드를 생성함으로써 데이터의 패턴과 트렌드를 명확히 파악할 수 있었습니다.

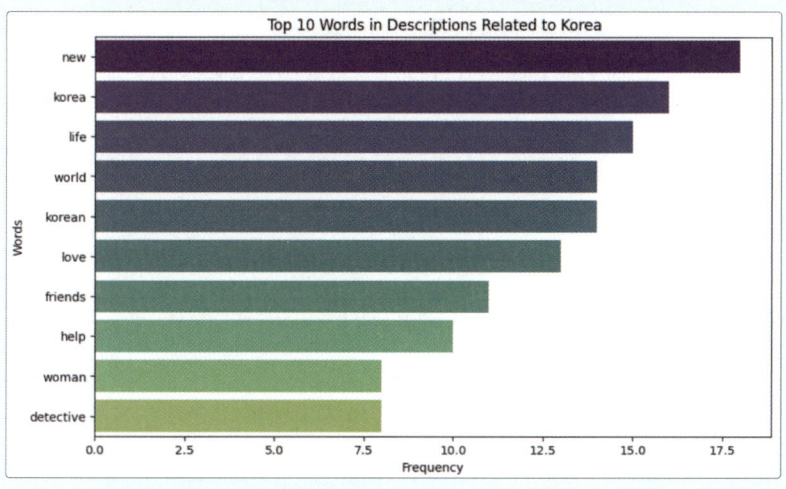

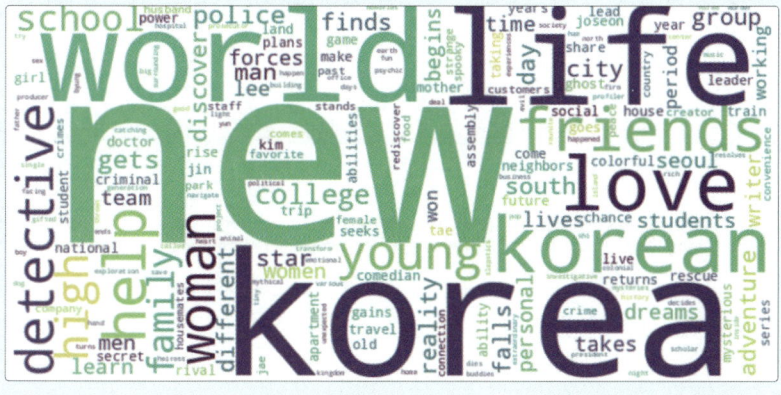

학습 마무리

이번 장에서는 캐글의 넷플릭스 데이터셋을 활용하여 데이터 분석 프로젝트를 진행했습니다. 그동안 배운 데이터 분석 라이브러리와 시각화 도구를 사용하여 실전 분석 경험을 쌓았으며, 결측치 처리, 피처 엔지니어링, 데이터 시각화 등 다양한 단계를 거치며 분석 과정을 체계적으로 학습했습니다. 다음 장에서는 의료 데이터 분석 프로젝트 통해 더욱 심화된 분석을 진행해보겠습니다.

핵심 요약

1. **데이터 수집 및 파악**
   - 캐글에서 넷플릭스 데이터셋을 수집하고, 기본적인 데이터 구조와 결측치를 파악했습니다.
2. **결측치 처리**
   - 결측치 비율에 따라 삭제 또는 대체 방법을 사용하여 데이터를 처리했습니다.
3. **피처 엔지니어링**
   - 시청 등급을 바탕으로 나이 그룹을 새롭게 정의하고, 다른 유의미한 변수를 생성하여 데이터를 확장했습니다.
4. **데이터 시각화**
   - **파이 차트** : 넷플릭스의 영화와 TV 쇼 비율을 시각적으로 나타냈습니다.
   - **막대 그래프** : 각 장르의 빈도를 시각화하여 넷플릭스에서 인기 있는 장르를 확인했습니다.
   - **히트맵** : 나이 그룹별로 국가에서 제공되는 콘텐츠 비율을 시각화하여 국가별 트렌드를 분석했습니다.
   - **워드 클라우드** : 콘텐츠 설명에서 자주 사용되는 단어를 시각화하여 주요 키워드와 테마를 파악했습니다.

07장

의료 데이터 분석 프로젝트

학습 목표

이 장에서는 그동안 배운 내용을 모두 이용하여 의료 데이터 중 하나인 심부전 데이터셋 분석 프로젝트를 진행하겠습니다. 프로젝트 과정은 목표 설정 → 데이터셋 불러오기 → 데이터셋 파악 → 필터링 → 결측치 처리 → 통계 → 시각화 순으로 진행합니다. 이 과정을 통해 다양한 인사이트를 도출하며, 실제 업무에서 제가 어떻게 일하는지 노하우를 알려드리겠습니다. 이 장이 현업에서 데이터 분석을 시작하려는 여러분에게 큰 도움이 되리라 믿습니다.

핵심 키워드

- 심부전 데이터셋
- 데이터 수집
- 데이터 파악
- 데이터 필터링
- 결측치 처리
- 데이터 통계
- 파이 차트
- 빈도 그래프
- 데이터 영역 그래프
- 범주형 산점도 그래프
- 워드 클라우드

학습 코스

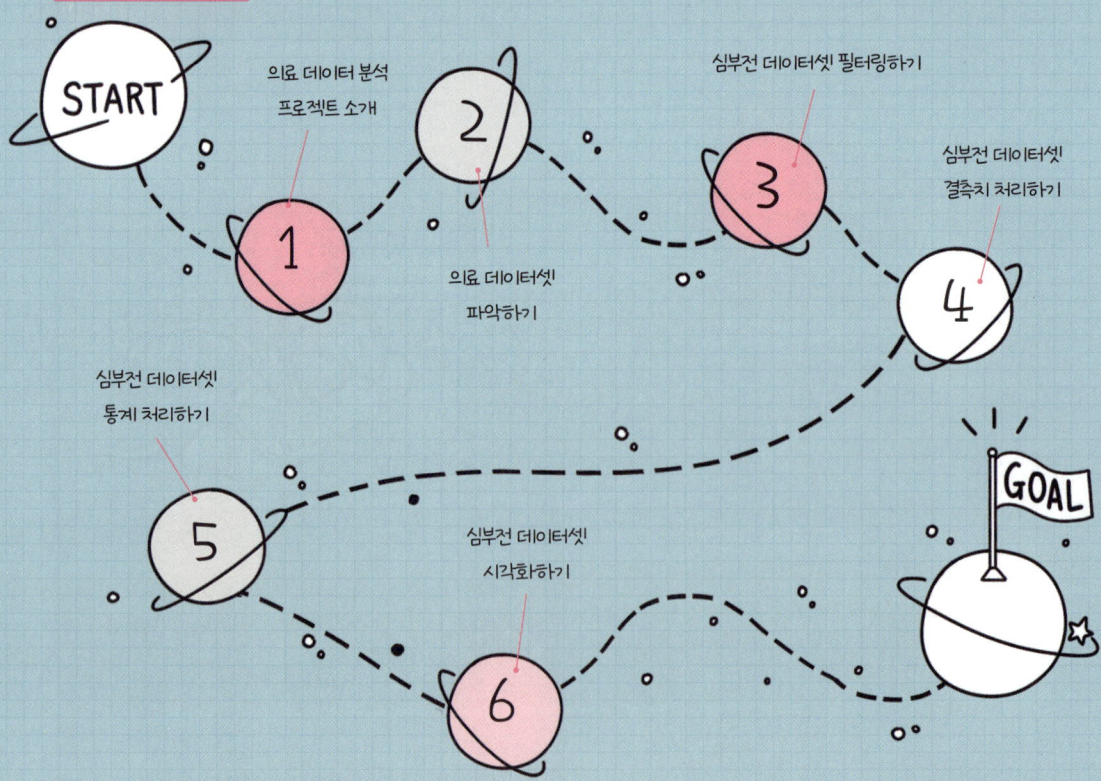

1. 의료 데이터 분석 프로젝트 소개
2. 의료 데이터셋 파악하기
3. 심부전 데이터셋 필터링하기
4. 심부전 데이터셋 결측치 처리하기
5. 심부전 데이터셋 통계 처리하기
6. 심부전 데이터셋 시각화하기

07.1 의료 데이터 분석 프로젝트 소개

이 프로젝트에서는 의료 데이터를 분석하여 유의미한 인사이트를 도출합니다. 분석의 전반적인 흐름과 접근 방법을 설명하겠습니다.

> **실습을 시작하기 전에!** 본 책은 실습을 위한 코랩 파일과 정답 파일을 매 장마다 제공합니다. bit.ly/4dXk2Ef에 접속하여 두 파일을 좌우로 열어 펼쳐놓고 책을 보며 실습하세요. 그럼 더욱 편리하게 학습할 수 있습니다.

여기서 사용하는 라이브러리

여기서 사용하는 라이브러리도 '6장 넷플릭스 데이터 분석 프로젝트'와 같습니다.

- **넘파이** : 수치 해석에 사용합니다.
- **판다스** : 데이터를 분석하고 전처리하는 데 사용합니다.
- **맷플롯립, 시본** : 데이터 시각화에 사용합니다.

데이터 분석 목표

전반적인 흐름은 '6장 넷플릭스 데이터 분석 프로젝트'와 같으나 **여기서 조금 더 중점적으로 진행할 내용은 논리형 인덱싱입니다.** 논리형 인덱싱을 통해 특정 조건을 만족하는 데이터를 선택하고 분석하여 의료 데이터의 패턴과 트렌드를 발견하겠습니다.

데이터 전처리 과정

- 논리형 인덱싱으로 특정 조건의 데이터 선택하기
- 데이터 결측치 처리하기
- 데이터 통계로 요약하기

데이터 시각화 미리보기

여기서 여러분이 만들어 볼 시각화 자료는 다음과 같습니다. 심부전 데이터를 주로 다루므로 시각화 자료를 통해 데이터의 주요 패턴과 트렌드를 명확하게 이해할 수 있습니다.

1 **색상 미리 만들기** : 데이터 시각화 전에 사용할 색상을 미리 선택하는 것이 중요합니다. 색상을 데이터의 성격에 맞게 선택하고 중요도에 따라 강조 방법을 계획하면, 시각화의 효과를 극대화할 수 있습니다. 비록 작은 작업처럼 보일 수 있지만, 이러한 사전 준비는 데이터 시각화를 더 명확하고 효과적으로 만드는 데 큰 역할을 합니다.

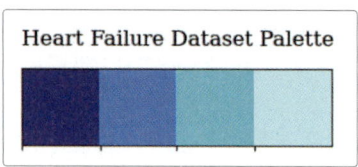

2 **파이 차트 만들기** : 파이 차트는 데이터의 카테고리별 비율을 시각적으로 직관적으로 표현하는 데 효과적입니다. 특히, 비율을 쉽게 비교할 수 있도록 해 주며, 각 카테고리의 상대적 중요성을 한눈에 파악할 수 있습니다. 이 차트에서는 환자의 흉통 유형 분포를 명확히 보여줍니다. 이러한 시각화는 데이터의 구성 비율을 이해하고자 할 때 유용합니다.

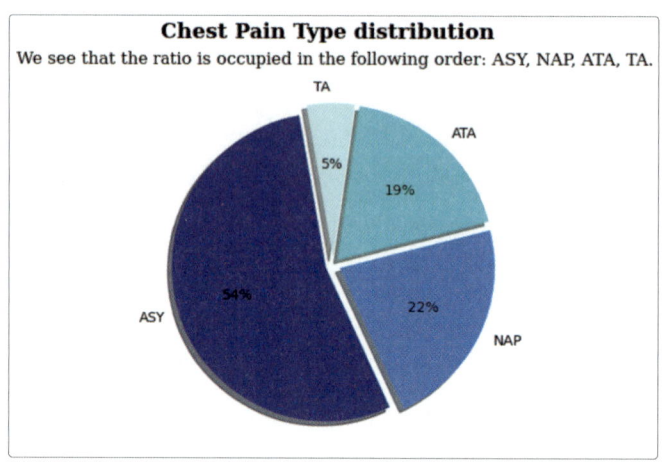

3 **빈도 그래프 그리기** : 빈도 그래프는 데이터 항목 간의 분포를 비교하는 데 유용합니다. 심부전 데이터에서 빈도 그래프를 사용하여 심장병 여부에 따른 흉통 유형의 분포를 시각화했습니다. 이 그래프는 심장병 환자와 비환자 간의 흉통 유형 빈도를 비교할 수 있게 해 주며, 각 유형의 상대적 빈도를 쉽게 확인할 수 있습니다. 이러한 시각화는 흉통 유형과 심장병 간의 관계를 이해하고, 각 그룹 간의 주요 차이점을 발견하는 데 유용합니다.

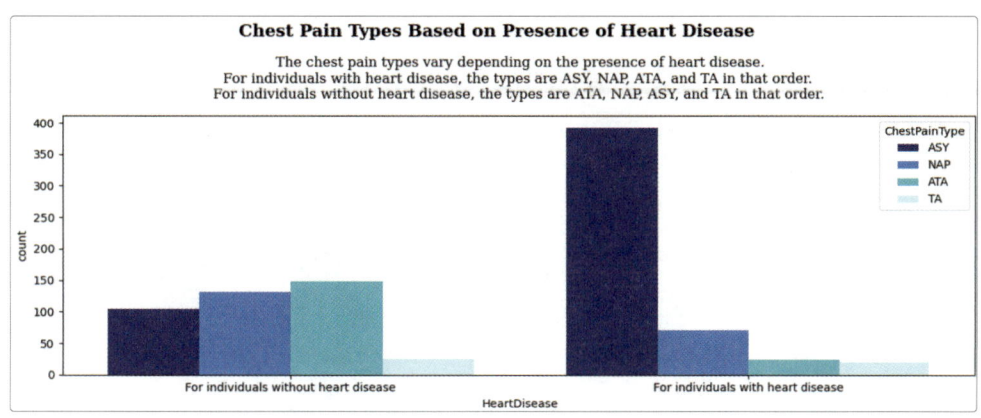

4 **데이터 영역 그래프 그리기** : 데이터 영역 그래프는 두 개의 데이터 세트를 겹쳐 시각화하는 데 유용합니다. 이 그래프는 각각의 데이터 세트를 서로 다른 색상으로 구분하여 표시하여 두 데이터 간의 분포 차이를 직관적으로 비교할 수 있게 해줍니다. 예를 들어 연령대별 심장병 유무를 시각화할 때 나이에 따른 심장병 발생 분포와 변화를 한눈에 파악할 수 있습니다. 이를 통해 연령이 증가함에 따라 심장병 발생률이 어떻게 달라지는지 더 명확하게 이해할 수 있습니다.

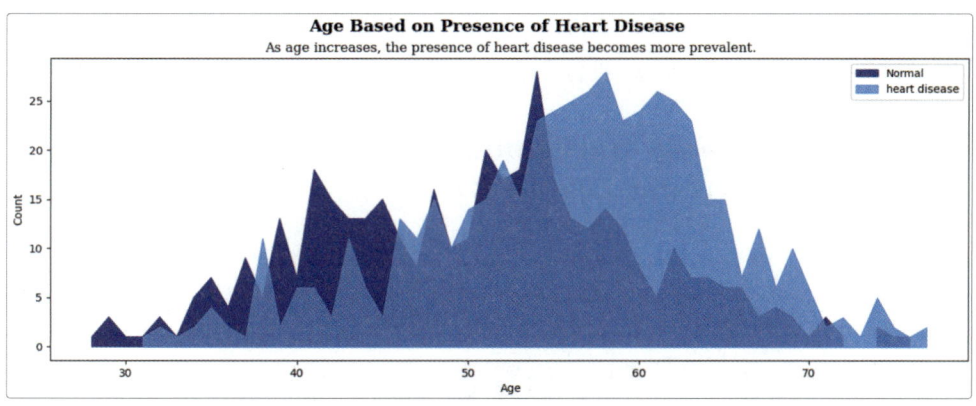

5 **범주형 산점도 그래프 그리기** : 범주형 산점도 그래프는 범주형 변수와 연속형 변수 간의 관계를 시각적으로 표현하는 데 유용합니다. 이 그래프는 각 데이터 포인트의 분포를 범주별로 색상으로 구분하여 시각화합니다. 이 시각화를 통해 심장병의 존재 여부에 따른 안정된 상태에서 측정된 심전도(RestingECG)와 연령(Age)의 패턴을 비교할 수 있으며, 운동시 협심증

여부(ExerciseAngina)가 미치는 영향을 관찰할 수 있습니다. 이러한 분석은 심장병의 발생과 관련된 요인들의 관계를 깊이 이해하는 데 도움을 줍니다.

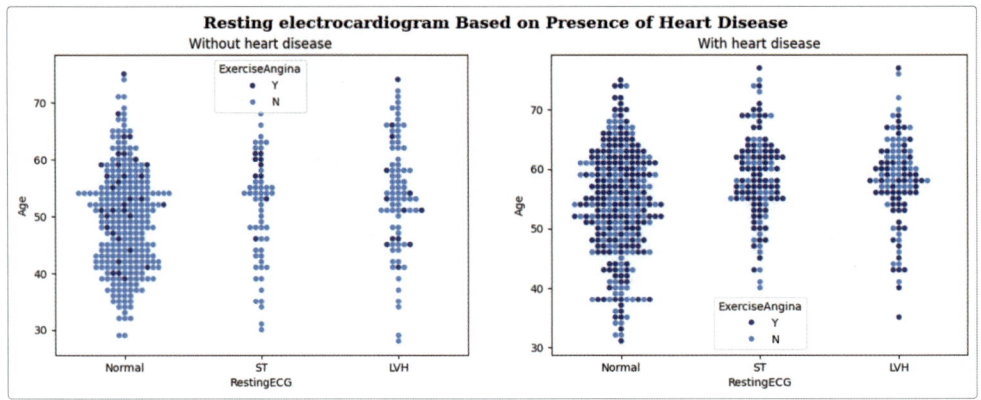

6 **워드 클라우드 그리기** : 워드 클라우드는 텍스트 데이터에서 단어의 빈도를 시각적으로 표현하는 유용한 도구입니다. 이 시각화 방법은 자주 등장하는 단어를 강조하여 데이터의 주요 주제와 트렌드를 직관적으로 파악할 수 있게 도와줍니다. 심부전 데이터셋의 논문 제목을 기반으로 워드 클라우드를 생성함으로써, 연구 제목에서 자주 사용되는 단어들을 시각적으로 나타내어 심부전 관련 연구의 주요 키워드와 트렌드를 이해하는 데 유용합니다. 이를 통해 연구 주제의 주요 초점과 관련 분야의 관심사에 대한 인사이트를 얻을 수 있습니다.

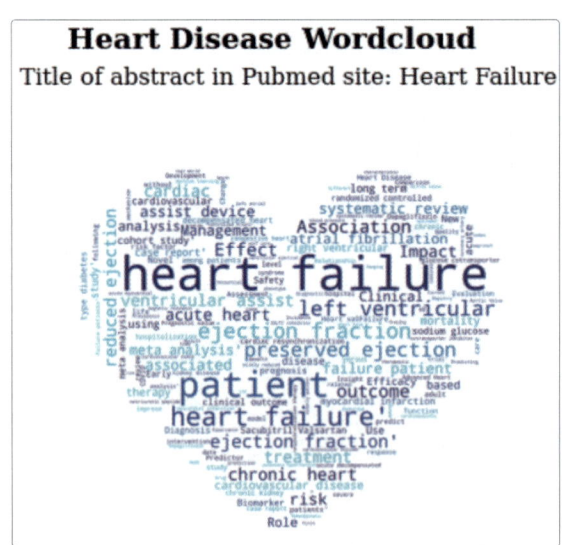

07.2 의료 데이터셋 파악하기

심부전 데이터셋이란?

심혈관 질환은 전 세계적으로 사망 원인 1위를 차지하고 있으며, 매년 약 1,790만 명의 목숨을 앗아갑니다. 이는 전 세계 사망자의 31%에 해당합니다. 심혈관 질환으로 인한 사망 5명 중 4명은 심장마비와 뇌졸중으로 인해 발생하고, 1/3은 70세 미만의 나이로 조기 사망입니다. 심부전 Heart Failure은 심혈관 질환으로 인해 발생하는 일반적인 사건 중 하나입니다. 이 데이터셋은 심장병을 예측하는 데 사용할 수 있는 10가지 변수를 포함하고 있습니다. 구체적인 내용은 표로 정리해두었습니다.

변수	변수 설명
Age	환자의 나이
Sex	환자의 성별
ChestPainType	흉통 유형 - TA[Typical Angina] : 전형적인 협심증(심장과 관련된 가슴 통증) - ATA[Atypical Angina] : 비전형적인 협심증(TA의 통증과는 다른 통증이며, 불쾌감, 어깨 통증, 호흡 곤란 등 다양한 형태의 통증) - NAP[Non-Anginal Pain] : 비협심증 흉통(심장과 관련된 원인이 아닌 다른 요인에 의해 발생하는 가슴 통증) - ASY[Asymptomatic] : 무증상
RestingBP	[resting blood pressure] : 안정된 상태에서 측정된 혈압
Cholesterol	[serum cholesterol] : 혈액 내의 콜레스테롤 농도
FastingBS	[fasting blood sugar] : 공복 상태에서 측정된 혈당 - 1 : 만약 공복 혈당이 120mg/dl 보다 높으면 - 0 : 그 외 수치
RestingECG	[resting electrocardiogram results] : 안정된 상태에서 측정된 심전도 - Normal : 정상적인 상태 - ST : ST-T에 이상을 가지고 있는 상태(심전도 검사에서 관찰되는 ST 세그먼트와 T파에 이상이 생기면 심장 혈류에 영향으로 심장 문제 발현) - LVH : 심장의 좌심실이 비정상적으로 커진 상태
MaxHR	[maximum heart rate achieved] : 최대 심박수(60 – 220 사이)

ExerciseAngina	운동 시 협심증(심장과 관련된 가슴 통증)을 경험했는지 여부 - Y : 예 - N : 아니요
HeartDisease	- 1 : 심장병 - 0 : 정상적인 상태

심부전 데이터셋 불러온 다음 내용 확인하기

01단계 이 책은 심부전 데이터셋 분석을 위한 실습 파일을 제공합니다. bit.ly/4e1LQay에 접속하여 심부전 데이터셋을 다운로드하세요. 이 데이터는 캐글에 공개된 공용 심부전 데이터셋이며 자유롭게 사용할 수 있습니다. 따라서 의학연구윤리심의위원회IRB 승인이 필요하지 않으며 교육 및 연구 목적으로 안심하고 활용할 수 있습니다.

02단계 넘파이, 판다스, 맷플롯립, 시본 라이브러리를 불러와서 별칭으로 지정하고 실습용 파일을 세션에 불러옵니다. heart.csv 파일을 구글 코랩에 추가한 다음 read_csv( ) 함수를 사용하여 데이터를 읽어 heart 변수에 할당합니다.

```python
import numpy as np
import pandas as pd
import matplotlib.pyplot as plt
import seaborn as sns

heart = pd.read_csv("heart.csv")
```

03단계 앞서 표로 확인한 내용과 일치하는지 심부전 데이터셋의 열 이름을 확인합니다.

```python
list(heart.columns)
```
출력 결과
```
['Age',
 'Sex',
 'ChestPainType',
 'RestingBP',
 'Cholesterol',
 'FastingBS',
```

```
'RestingECG',
'MaxHR',
'ExerciseAngina',
'HeartDisease']
```

심부전 데이터셋의 열을 보면 다양한 임상 변수들에 대한 정보를 제공함을 알 수 있습니다. 예를 들어 심장병 유무에 따른 최대 심박수에 어떤 차이점이 있는지, 혈액 내의 콜레스테롤 농도는 어떠한 변화가 있는지 살펴볼 수 있습니다.

04단계 이제 head( ) 함수를 사용하여 심부전 데이터셋의 처음 3개의 행을 추출해 확인하겠습니다. 늘 말했지만 데이터 분석을 하기 전에 데이터셋의 앞 부분이나 뒷 부분을 확인하는 것은 중요합니다.

```
heart.head(3)
```

출력 결과

	Age	Sex	ChestPainType	RestingBP	Cholesterol	FastingBS	RestingECG	MaxHR	ExerciseAngina	HeartDisease
0	40	M	ATA	140.0	289	NaN	Normal	172	N	0.0
1	49	F	NAP	160.0	180	NaN	Normal	156	N	NaN
2	37	M	ATA	NaN	283	NaN	ST	98	N	NaN

결과를 살펴봅시다. 처음으로 보는 의학 용어가 있으므로 한 번은 자세히 짚고 넘어가겠습니다. 첫 번째 행에 주목하면 됩니다.

- **나이**Age**와 성별**Sex : 40세 남성입니다.
- **흉통 타입**ChestPainType : ATA^{Atypical Angina}는 비전형적인 협심증(전형적인 협심증^{TA}과는 다른 통증이며, 불쾌감, 어깨 통증, 호흡 곤란 등 다양한 형태의 통증)을 의미합니다.
- **안정된 상태에서 측정된 혈압**RestingBP : 140.0입니다.
- **혈액 내 콜레스테롤 농도**Cholesterol : 289입니다.
- **공복 상태에서 측정된 혈당**FastingBS : 값이 누락되어 있습니다.
- **안정된 상태에서 측정된 심전도**RestingECG : Normal는 정상입니다.
- **최대 심박수**MaxHR : 172입니다.
- **운동 시 협심증을 경험했는지 여부**ExcerciseAngina : N은 발생하지 않음을 의미합니다.
- **심장병**HeartDisease : 0은 정상입니다.

나머지 행도 이렇게 데이터를 살펴보면 됩니다.

두 번째 행은 49세의 여성으로, 비협심증 흉통[NAP](심장과 관련된 원인이 아닌 다른 요인에 의해 발생하는 가슴 통증)을 경험하며 안정 시 혈압이 160.0이고 혈액 내 콜레스테롤 농도는 180입니다. 공복 혈당 데이터는 누락되어 있으며, 안정시 심전도 결과는 정상이고 최대 심박수는 156입니다. 운동 시 협심증(심장과 관련된 가슴 통증)은 발생하지 않았으며, 심장병에 대한 정보는 결측값입니다.

세 번째 행은 37세의 남성으로, 비전형적인 협심증[ATA]을 경험하며 안정시 혈압 데이터는 누락되어 있고 혈액 내 콜레스테롤 농도는 283입니다. 공복 혈당 데이터는 누락되어 있으며, 안정시 심전도 결과는 이상을 가지고 있는 상태이고 최대 심박수는 98입니다. 운동 시 협심증(심장과 관련된 가슴 통증)은 발생하지 않았으며, 심장병에 대한 정보는 결측값입니다.

심부전 데이터셋의 목적이 심장병의 유무를 예측하거나 관련된 패턴을 분석하는 것이므로, 가장 중요한 변수는 심장병 여부를 나타내는 HeartDisease 변수임을 알 수 있습니다. 그런데 두 번째, 세 번째 행의 값은 결측값이므로 이 부분도 신경쓰도록 하겠습니다.

05단계 이제 열 요약 정보를 확인하겠습니다.

```
heart.info()
```

출력 결과
```
<class 'pandas.core.frame.DataFrame'>
RangeIndex: 918 entries, 0 to 917
Data columns (total 10 columns):
 #   Column          Non-Null Count  Dtype
---  ------          --------------  -----
 0   Age             918 non-null    int64
 1   Sex             918 non-null    object
 2   ChestPainType   918 non-null    object
 3   RestingBP       891 non-null    float64
 4   Cholesterol     918 non-null    int64
 5   FastingBS       827 non-null    float64
 6   RestingECG      918 non-null    object
 7   MaxHR           918 non-null    int64
 8   ExerciseAngina  918 non-null    object
 9   HeartDisease    916 non-null    float64
dtypes: float64(3), int64(3), object(4)
memory usage: 71.8+ KB
```

출력 결과를 자세히 살펴봅시다.

- **<class 'pandas.core.frame.DataFrame'>** : 판다스 데이터프레임임을 나타냅니다.
- **RangeIndex: 918 entries, 0 to 917** : 데이터프레임은 총 918개 행을 가지고 있습니다.
- **Data columns (total 10 columns)** : 총 10개 열이 있음을 알려줍니다.
- 열 정보 :
    - **Age** : 환자의 나이를 나타내는 열로, 정수형(int64) 데이터입니다. 결측값이 없습니다.
    - **Sex** : 환자의 성별을 나타내는 열로, 문자열(object) 데이터입니다. M은 남성을, F는 여성을 나타냅니다. 결측값이 없습니다.
    - **ChestPainType** : 환자의 가슴 통증 유형을 나타내는 열로, 문자열(object) 데이터입니다. 다양한 가슴 통증 유형이 포함되어 있습니다. 결측값이 없습니다.
    - **RestingBP** : 환자의 안정시 혈압을 나타내는 열로, 부동소수점(float64) 데이터입니다. 결측값이 존재하며, 결측값이 아닌 데이터는 891개 있습니다.
    - **Cholesterol** : 환자의 혈액 내의 콜레스테롤 농도를 나타내는 열로, 정수형(int64) 데이터입니다. 결측값이 없습니다.
    - **FastingBS** : 환자의 공복 상태에서 측정된 혈당 여부를 나타내는 열로, 부동소수점(float64) 데이터입니다. 결측값이 존재하며, 결측값이 아닌 데이터는 827개 있습니다.
    - **RestingECG** : 환자의 안정시 심전도 결과를 나타내는 열로, 문자열(object) 데이터입니다. 다양한 심전도 결과가 포함되어 있습니다. 결측값이 없습니다.
    - **MaxHR** : 환자의 최대 심박수를 나타내는 열로, 정수형(int64) 데이터입니다. 결측값이 없습니다.
    - **ExerciseAngina** : 환자의 운동 시 협심증(심장과 관련된 가슴 통증) 여부를 나타내는 열로, 문자열(object) 데이터입니다. Y는 협심증이 발생했음을 나타내며, N은 발생하지 않았음을 나타냅니다. 결측값이 없습니다.
    - **HeartDisease** : 환자의 심장병 여부를 나타내는 열로, 부동소수점(float64) 데이터입니다. 결측값이 존재하며, 결측값이 아닌 데이터는 916개 있습니다.

이렇게 열 정보를 출력하면 데이터셋의 구조를 빠르게 파악할 수 있습니다. 또한 결측치가 있는 열을 처리하거나 데이터 타입을 변경하는 등의 전처리 작업에 유용합니다. 이제 심부전 데이터셋의 구조를 파악했으니, 필터링으로 원하는 형태로 가공해보겠습니다.

07.3 심부전 데이터셋 필터링하기

여기서는 논리형 인덱싱을 사용하여 심부전 데이터셋을 필터링하는 방법을 살펴보겠습니다. 논리형 인덱싱을 통해 원하는 조건에 맞는 데이터를 쉽게 추출할 수 있습니다. 단계별로 심부전 데이터셋을 필터링하고, 이를 실전에서 유연하게 활용하는 방법을 익혀보겠습니다.

논리형 인덱싱으로 데이터 필터링하기

논리형 인덱싱을 사용하여 심부전 데이터셋을 필터링해보겠습니다.

01단계 먼저 심부전 데이터셋에서 심장병 여부를 나타내는 HeartDisease 변수를 5행 추출하여 살펴봅니다. HeartDisease 변수의 값은 1(심장병) 또는 0(정상)입니다.

```
import numpy as np
import pandas as pd
import matplotlib.pyplot as plt
import seaborn as sns

heart = pd.read_csv("heart.csv")
heart['HeartDisease'].head()
```

```
0    0.0
1    NaN
2    NaN
3    1.0
4    0.0
Name: HeartDisease, dtype: float64
```

처음 5개의 행을 출력해보면 결측값 NaN이 포함되어 있는 것을 확인할 수 있습니다. 이는 해당 환자의 심장병 정보가 누락되었음을 의미합니다. 이러한 값들을 필터링하려면 어떻게 해야 할까요?

02단계 심부전 데이터셋에서 심장병이 있는 경우만 보겠습니다. 심장병이 있을 때는 True, 없을 때는 False를 추출하도록 해봅니다.

```
heart['HeartDisease'] == 1
```

```
0      False
1      False
...생략...
       ...
916    True
917    False
Name: HeartDisease, Length: 918, dtype: bool
```

HeartDisease 열의 각 행마다 심장병 여부가 1인지 아닌지를 확인하여 1이면 True를, 1이 아니면 False를 출력하게 했습니다. 0과 NaN은 모두 False로 나왔습니다. 이는 결측값이 있더라도 조건이 충족되지 않기 때문에 False를 반환한 것입니다. 이렇게 하면 1, 0, NaN으로 분산된 데이터를 True 또는 False로 간단히 확인할 수 있습니다. 이 결과를 사용하여 데이터프레임에서 심장병이 있는 환자들의 정보를 필터링하거나 집계할 수 있습니다.

03단계 True, False로 구성된 필터링 데이터를 심부전 데이터셋에 적용하여 심장병이 있는 사람만 추출할 수 있습니다.

```
H = heart[heart['HeartDisease'] == 1]
H.head()
```

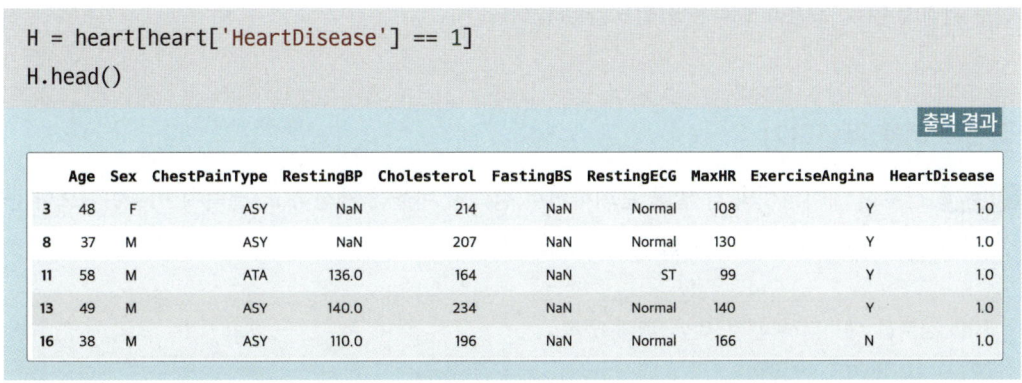

HeartDisease 열에서 True인 값, 즉, heart['HeartDisease'] == 1인 행들만 선택하여 새로운 데이터프레임을 만들고 이를 H 변수에 할당했습니다. 결과를 보면 HeartDisease 열의 값이 모두 1입니다. 제대로 필터링했습니다.

07.4 심부전 데이터셋 결측치 처리하기

이제 결측치를 처리해봅시다. 먼저 결측치 처리 기법을 복습하겠습니다.

결측치가 데이터의 5% 미만이라면 일부분에만 결측치가 존재하므로 결측치가 있는 행을 삭제하는 것이 적절합니다. 이렇게 하면 데이터 손실이 최소화되며, 분석의 신뢰성에 큰 영향을 미치지 않습니다.

결측치가 데이터의 5%에서 20% 사이라면 결측치가 꽤 많은 상태이므로 삭제보다는 대체하는 방법이 더 적합합니다. 평균, 중간값, 최빈값 등을 사용해 대체하거나, 필요에 따라 모델 기반 처리도 고려할 수 있습니다.

결측치가 데이터의 20% 이상이라면 결측치가 너무 많은 상태이므로 결측치가 있는 열 전체를 제거하는 것을 권장합니다. 다만 그렇게 하면 데이터 손실이 크기 때문에 신중한 판단이 필요합니다. 특히 데이터셋이 작거나 해당 변수가 중요한 역할을 할 때는 모델 기반 대체나 예측 모델을 통해 결측치를 보완하는 것이 더 적합할 수 있습니다. 따라서 결측치가 20% 이상이라도 변수의 중요성, 분석 목적, 데이터 양을 종합적으로 고려해 열을 제거할지, 대체할지를 결정하는 것이 중요합니다.

다만 이러한 기준은 이론에 따른 가이드라인일 뿐 절대적인 규칙은 아닙니다. 데이터의 특성이나 실무 환경에 따라 유연하게 적용할 필요가 있습니다.

결측치 비율 확인하기

01단계 심부전 데이터셋의 각 열을 순회하면서 결측치 비율을 계산하고, 결측치 비율이 0보다 큰 경우 해당 열의 이름과 결측치 비율을 출력했습니다.

```
# ❶ 심부전 데이터셋의 각 열에 대해 반복
for i in heart.columns :
    # ❷ 결측치 비율 계산
    missingValueRate = heart[i].isna().sum() / len(heart) * 100
    # ❸ 결측치가 있으면 조건문 실행
    if missingValueRate > 0 :
        print("{0} null rate: {1}%".format(i,round(missingValueRate, 2)))
# ❹ 열 이름과 결측치 비율 출력
```

```
RestingBP null rate: 2.94%
FastingBS null rate: 9.91%
HeartDisease null rate: 0.22%
```

❶ 심부전 데이터셋의 각 열에 대해 반복합니다.

❷ 해당 열의 결측치 개수를 계산하여 결측치 비율을 계산합니다.

❸ 결측치 비율이 0보다 크면 if문을 실행합니다.

❹ 해당 열의 이름과 결측치 비율을 출력합니다. round( ) 함수로 결측치 비율을 소수점 둘째 자리까지 반올림합니다.

결과를 보면 RestingBP 열(안정된 상태에서 측정된 혈압), FastingBS 열(공복 상태에서 측정된 혈당), HeartDisease 열(심장병 여부)에 결측치가 있습니다. FastingBS 열의 결측치 비율이 9.91%로 가장 높네요. 나머지 열들은 3% 미만의 결측치 비율을 가지고 있습니다.

결측치 처리하기

심부전 데이터셋의 결측치 비율을 정리하자면 아래와 같습니다.

- **RestingBP** : 안정된 상태에서 측정된 혈압을 나타내는 열이며, 결측치 비율은 약 2.94%입니다.
- **FastingBS** : 공복 상태에서 측정된 혈당을 나타내는 열이며, 결측치 비율은 약 9.91%입니다.
- **HeartDisease** : 심장병 여부를 나타내는 열이며, 결측치 비율은 약 0.22%입니다.

앞서 배운 이론에 따르면, 5% 미만의 결측치가 있는 행을 삭제하는 것이 일반적입니다. 하지만 이 데이터셋은 918개의 행을 가지고 있습니다. 여러분의 학습을 위해 제가 가공하여 제공한 결측치 데이터라 비교적 양이 적은 것이죠. 따라서 이론대로 결측치가 있는 모든 행을 삭제하지 않고 RestingBP 열(2.94%)과 FastingBS 열(9.91%)의 결측치는 다른 값으로 대체하고 HeartDisease 열(0.22%)의 결측치는 삭제하겠습니다.

결측치를 다른 값으로 대체하기

01단계 fillna( ) 함수를 사용하여 심부전 데이터셋의 FastingBS 열의 결측치를 0으로 대체하겠습니다.

```
heart['FastingBS'] = heart['FastingBS'].fillna(0)
```

02단계 심부전 데이터셋의 RestingBP 열의 결측치를 중앙값으로 대체하겠습니다.

```
heart['RestingBP'] = heart['RestingBP'].replace(np.nan, heart['RestingBP'].median())
```

np.nan은 넘파이 라이브러리에서 결측치를 나타내는 값입니다. 현업에서는 결측치를 대체할 때 평균이나 중앙값 등의 대표값을 사용합니다. 의료 데이터는 개인의 건강 상태에 관한 정보를 포함하고 있으며, 이러한 데이터는 종종 이상치나 극단적인 값이 포함될 수 있습니다. 이러한 이유로 의료 데이터에서는 중앙값이 평균보다 더 안정적인 대안으로 사용합니다.

결측치를 가진 행 제거하기

03단계 이제 HeartDisease 열에서 결측치가 있는 행을 삭제합니다. 918개의 데이터 중 2개의 값이 결측치이므로, 이를 삭제해도 괜찮습니다.

```
heart.dropna(axis=0, inplace=True)
```

dropna( ) 함수로 결측치를 제거했습니다. axis = 0이면 결측치가 있는 행을 제거하고, axis = 1이면 결측치가 있는 열을 제거합니다. 정리하자면 heart.dropna(axis=0, inplace=True)는 심부전 데이터셋에서 결측치가 있는 모든 행을 제거하면서 원본 데이터프레임을 수정합니다.

> 특정 행만 제거하고 싶다면, dropna( )가 아닌 drop( )를 사용합니다.

결측치 처리 후에 결측치 개수 다시 확인하기

심부전 데이터셋의 결측치를 대체하거나 제거하여 결측치를 처리했습니다. 이제 결측치가 잘 처리되었는지 확인해봅시다.

01단계 심부전 데이터셋의 각 열의 비 결측치 개수를 구해보겠습니다.

```
heart.info()
```

출력 결과
```
<class 'pandas.core.frame.DataFrame'>
Index: 916 entries, 0 to 917
Data columns (total 10 columns):
 #   Column          Non-Null Count  Dtype
---  ------          --------------  -----
 0   Age             916 non-null    int64
 1   Sex             916 non-null    object
 2   ChestPainType   916 non-null    object
 3   RestingBP       916 non-null    float64
 4   Cholesterol     916 non-null    int64
 5   FastingBS       916 non-null    float64
 6   RestingECG      916 non-null    object
 7   MaxHR           916 non-null    int64
 8   ExerciseAngina  916 non-null    object
 9   HeartDisease    916 non-null    float64
dtypes: float64(3), int64(3), object(4)
memory usage: 78.7+ KB
```

Non-Null Count는 비 결측치 값의 개수를 나타냅니다. 원본 데이터셋의 행의 개수는 918개였으나 결측치 처리를 진행한 후에는 916개 행으로 변경되었습니다. 이는 HeartDisease 열에서 2개 행을 삭제했기 때문입니다. 이처럼 결측치 처리 후에는 결측치가 잘 처리되었는지 확인하는 것이 중요합니다.

챗GPT와 함께 | 결측치를 처리하는 방법이 궁금해!

심부전 데이터 외에도 다른 의료 데이터들의 결측치를 처리하는 방식을 결정할 때 의료 관점에서 고려해야 하는 항목이 있다면 어떤 게 있을까?

의료 데이터를 다룰 때 결측치를 처리하는 방식은 단순한 데이터 전처리 문제를 넘어서 환자의 건강과 관련된 중요한 결정에 영향을 미칠 수 있습니다. 의료적인 관점에서 결측치를 처리할 때 고려해야 할 주요 항목은 다음과 같습니다.

1. 결측치의 원인 이해

- **결측의 원인 분석** : 결측치가 발생한 원인을 이해하는 것이 중요합니다. 예를 들어 데이터 수집 과정에서의 오류, 환자의 특정 상태나 치료 과정으로 인한 결측 등이 있을 수 있습니다. 결측치가 무작위인지 특정 패턴을 가지고 있는지를 파악해야 합니다.

2. 데이터의 중요성 평가

- **의료적 중요성** : 결측치가 있는 변수나 항목이 환자의 건강 상태나 진단에 중요한지 평가해야 합니다. 예를 들어 중요한 생리적 지표나 치료 반응에 관한 데이터가 결측된 경우, 이 데이터를 어떻게 처리하느냐가 분석 결과에 큰 영향을 미칠 수 있습니다.

3. 결측치 처리 방법의 의료적 합리성

- **대체 방법의 적합성** : 결측치를 대체할 때, 대체 방법이 의료적으로 합리적인지 평가합니다. 예를 들어 평균값으로 대체하는 것이 적절한지, 아니면 중앙값이나 예측 모델을 사용하는 것이 더 나은지 고려해야 합니다.

4. 데이터의 변동성 및 불확실성

- **데이터의 변동성** : 의료 데이터는 종종 개인 간의 차이가 크기 때문에, 결측치를 처리할 때 데이터의 변동성을 고려해야 합니다. 변동성을 무시하면 분석 결과의 신뢰성이 떨어질 수 있습니다.

5. 결측치의 양과 분포

- **결측치의 양과 분포** : 결측치가 많은 경우, 그 비율과 분포를 분석하여 적절한 조치를 취해야 합

니다. 특정 변수나 환자군에서 결측치가 집중되는 경우, 이러한 정보를 바탕으로 분석 전략을 조정할 수 있습니다.

6. 환자 안전 및 윤리적 고려
- **환자 안전** : 결측치를 처리하는 과정에서 환자의 안전과 관련된 정보가 왜곡되거나 손실되지 않도록 주의해야 합니다. 예를 들어 중요한 치료 정보가 결측된 경우, 이를 처리하는 방법이 환자의 진단 및 치료에 부정적인 영향을 미치지 않도록 해야 합니다.
- **윤리적 고려** : 결측치를 처리할 때는 윤리적인 문제도 고려해야 합니다. 예를 들어 결측치를 처리하면서 데이터의 진실성을 왜곡하거나 환자의 권리를 침해하지 않도록 해야 합니다.

7. 결측치 처리의 모델 적합성
- **모델의 적합성** : 결측치 처리 방법이 후속 분석에 사용될 모델의 적합성에 영향을 미칠 수 있습니다. 예를 들어 결측치를 무시하거나 대체할 때, 이를 모델에 어떻게 반영할지 결정해야 합니다.

8. 데이터의 시간적 변화
- **시간적 요소** : 의료 데이터는 시간에 따라 변동할 수 있으므로, 결측치 처리 시 시간적 변화를 고려해야 합니다. 예를 들어 환자의 상태가 시간이 지남에 따라 변화하는 경우, 이러한 변화를 반영할 수 있는 결측치 처리 방법을 적용해야 합니다.

9. 결측치 처리 방법 예시
- **다중 대체법 (Multiple Imputation)** : 결측치를 여러 번 대체하여 다양한 대체 값을 생성하고, 이를 바탕으로 분석을 수행하는 방법입니다. 이는 결측치 처리의 불확실성을 반영할 수 있습니다.
- **모델 기반 대체법** : 예측 모델을 사용하여 결측치를 대체하는 방법입니다. 예를 들어 결측치가 있는 변수의 값은 다른 변수들의 값을 바탕으로 예측할 수 있습니다.
- **시간적 고려** : 시간에 따라 변동할 수 있는 변수에 대해서는 시계열 분석을 통해 결측치를 처리할 수 있습니다.

결측치 처리는 데이터 품질과 분석 신뢰성을 높이기 위해 중요하지만, 특히 의료 데이터에서는 환자의 안전과 윤리적인 문제도 함께 고려해야 합니다. 데이터를 어떻게 처리할지 결정할 때 이러한 다양한 요소를 종합적으로 고려하는 것이 필요합니다.

챗GPT와 함께 결측치를 처리하는 방법을 학습하며 의료 데이터에서 결측치를 다룰 때 고려해야 할 중요한 요소들을 알게 되었습니다. 의료 데이터는 결측치의 원인과 데이터의 중요성을 평가하고, 의료적 합리성을 고려하는 대체 방법을 선택하는 것이 중요합니다. 환자 안전과 윤리적 고려는 물론, 데이터의 변동성과 시간적 변화를 분석하라는 조언에 눈에 띄네요. 결측치 처리가 단순한 통계적 기법만으로는 하기 어렵고, 의료 데이터의 특성을 깊이 이해해야 함을 의미합니다.

07.5 심부전 데이터셋 통계 처리하기

결측치 처리가 끝났습니다. 이제는 심부전 데이터셋의 특성과 패턴을 파악할 차례입니다. 데이터 통계는 데이터의 특성과 패턴을 파악할 때 유용합니다. 지금까지 배웠던 내용을 총동원하여 여러 가지 통계값을 계산하고 심부전 데이터셋을 분석해보겠습니다.

평균값과 중앙값 구하기

평균값은 mean( ) 함수를, 중앙값은 median( ) 함수를 사용합니다. 평균값은 전체 값을 더한 후 값의 개수로 나눈 값입니다. 반면, 중앙값은 데이터를 크기순으로 정렬했을 때 중간에 위치한 값입니다. 중앙값은 데이터의 중심 경향성을 나타내며, 이상치의 영향을 덜 받습니다. 이상치가 있을 경우 평균값은 크게 왜곡될 수 있지만, 중앙값은 이러한 영향을 받지 않기 때문에 더 안정적인 지표로 사용합니다. 심부전 데이터셋에 있는 MaxHR 변수의 평균값과 중앙값을 구해봅시다.

```
print(heart["MaxHR"].mean())
print(heart["MaxHR"].median())
```

```
136.80936819172112
138.0
```

결과를 보면 평균값은 136.8, 중앙값은 138.0입니다. 이를 통해 MaxHR 변수의 분포가 대체로 균형 잡혀 있음을 알 수 있습니다. 평균값과 중앙값이 비슷하다는 것은 데이터에 극단적인 이상치가 많지 않다는 것을 시사하며, MaxHR 값들이 큰 왜곡 없이 고르게 분포되어 있음을 나타냅니다.

열의 빈도수 구하기

이번에는 열의 빈도수를 구해봅시다. 열의 빈도수는 value_counts( ) 함수로 구합니다. ChestPainType 열의 각 값(TA, ATA, NAP, ASY)의 빈도수를 출력하겠습니다.

> TA는 전형적인 협심증, ATA는 비전형적인 협심증, NAP는 비협심증 흉통, ASY는 무증상입니다.

```
heart['ChestPainType'].value_counts()
```
```
ASY    496
NAP    202
ATA    172
TA      46
Name: ChestPainType, dtype: int64
```

이를 통해 심부전 데이터셋에서 가장 흔한 가슴 통증 유형은 무증상(ASY)으로, 496건을 차지하고 있음을 알 수 있습니다. 비협심증 흉통(NAP)은 202건, 비전형적인 협심증(ATA)은 172건, 전형적인 협심증(TA)은 46건으로 나타났습니다. 이는 무증상이 다른 유형에 비해 훨씬 더 빈번하게 발생하고 있음을 보여줍니다.

통계량 요약하기

통계량 요약 함수를 사용하면 앞에서 사용한 평균값, 중앙값, 빈도수 외에도 자주 사용하는 통계량을 빠르게 출력할 수 있습니다. 또한 여러 데이터셋을 서로 비교할 때 일괄적으로 분석하고 비교할 수 있는 것도 장점입니다. 이번에는 통계량 요약 함수로 심부전 데이터셋을 분석해보겠습니다. 통계량 요약 함수는 describe( )입니다. 복습 차원에서 한 번 더 이야기하자면 이 함수는 숫자형 데이터에 대해서만 통계 요약을 제공한다는 점에 주의해야 합니다. 이 함수가 계산하는 주요 통계량은 다음과 같습니다.

- 개수(count), 평균(mean), 표준편차(std), 최솟값(min), 1분위수(25%), 중앙값(50%), 3분위수(75%), 최댓값(max)

심부전 데이터셋 Age, MaxHR, Cholesterol 열의 주요 통계량 요약을 출력하면 다음과 같습니다.

```
heart[['Age', 'MaxHR', 'Cholesterol']].describe()
```

	Age	MaxHR	Cholesterol
count	916.000000	916.000000	916.000000
mean	53.533843	136.830786	198.728166
std	9.425923	25.447917	109.466452
min	28.000000	60.000000	0.000000
25%	47.000000	120.000000	173.000000
50%	54.000000	138.000000	223.000000
75%	60.000000	156.000000	267.000000
max	77.000000	202.000000	603.000000

주요한 통계량은 데이터의 분포와 중심 경향을 나타냅니다. 이 값들은 다음과 같이 해석할 수 있습니다.

1. **평균(mean)** : 데이터의 중심 경향을 보여줍니다. 평균을 통해 대략의 중심점을 파악할 수 있습니다. 예를 들어 Age의 평균값은 53.53이므로 데이터셋에 있는 사람들은 대부분 50대 초반이라는 것을 알 수 있습니다.

2. **표준편차(std)** : 표준편차는 데이터가 평균에서 얼마나 떨어져 있는지에 대한 값입니다. 예를 들어 Cholesterol의 표준편차가 109.47인데 이 값은 평균값에 비해 비교적 큽니다. 따라서 콜레스테롤 데이터가 평균값 주변에 넓게 분포되어 있음을 알 수 있습니다.

3. **최솟값(min)과 최댓값(max)** : 최솟값과 최댓값은 데이터의 범위를 보여줍니다. 데이터가 어떤 값들을 가지고 있는지 확인할 수 있습니다. 예를 들어 MaxHR의 최솟값은 60이고 최댓값은 202로, 최대 심박수 수치가 매우 다양하게 분포되어 있음을 알 수 있습니다.

4. **제 1사분위수(25%)와 제 3사분위수(75%)** : 데이터의 상하위 25%와 75%를 나타냅니다. 이를 통해 데이터의 분포를 파악할 수 있습니다. 또한 사분위수 범위를 통해 데이터의 중앙 50%인 사분위 범위를 파악할 수 있습니다. 예를 들어 Age의 1사분위수는 47, 3사분위수는 60으로, 나이 데이터의 중앙 50%가 47세에서 60세 사이에 분포하고 있음을 알 수 있습니다.

5. **중앙값(50%)** : 중앙값은 데이터의 중심을 나타냅니다. 데이터가 왜곡된 경우에는 평균보다 중앙값이 더 의미 있는 값일 수 있습니다. 예를 들어 MaxHR의 중앙값은 138로 평균값인 136.83과 큰 차이가 없지만, 데이터 분포의 특성을 더 잘 반영할 수 있습니다.

이와 같은 통계량 요약은 데이터셋의 전반적인 특성과 경향을 이해하는 데 중요한 역할을 합니다.

그룹별 집계하기

그룹별 집계는 데이터를 특정 기준으로 나누고 각 그룹에 대해 원하는 작업을 수행할 때 유용합니다. 예를 들어 주어진 데이터에서 특정 열을 기준으로 그룹화하여 그룹별로 평균값, 합계, 개수 등을 계산하거나 그룹별 데이터의 분포를 분석하는 등의 작업을 수행할 수 있습니다.

01단계 심부전 데이터셋의 HeartDisease 열과 ChestPainType 열로 그룹화한 다음 Age, MaxHR, Cholesterol 열의 평균을 구해보겠습니다. 이를 통해 심장병 유무와 흉통 유형에 따른 나이, 최대 심박수, 콜레스테롤 수치를 더 명확하게 볼 수 있습니다.

```
heart.groupby(['HeartDisease', 'ChestPainType'])[['Age', 'MaxHR',
'Cholesterol']].mean()
```

출력 결과

HeartDisease	ChestPainType	Age	MaxHR	Cholesterol
0.0	ASY	52.317308	138.548077	226.865385
	ATA	48.236486	152.621622	232.668919
	NAP	51.045802	150.641221	221.503817
	TA	54.692308	150.500000	222.730769
1.0	ASY	55.660714	125.806122	175.974490
	ATA	55.958333	137.500000	233.291667
	NAP	57.549296	129.394366	153.281690
	TA	55.000000	144.500000	186.700000

groupby(['HeartDisease', 'ChestPainType'])은 HeartDisease 열과 ChestPainType 열을 기준으로 데이터셋을 그룹화합니다. 이어서 [['Age', 'MaxHR', 'Cholesterol']]을 입력하여 그룹화된 데이터프레임에서 Age 열, MaxHR 열, Cholesterol 열을 선택하고 .mean( ) 함수로 평균을 계산했습니다.

결과를 보면 심장병이 없는 정상적인 사람(0.0)의 나이, 최대 심박수, 콜레스테롤 수치가 각각 어떠한 흉통 유형에 따라 어떻게 달라지는지를 알 수 있습니다. 또한, 심장병이 있는 사람(1.0)의 나이, 최대 심박수, 콜레스테롤 수치도 흉통 유형에 따라 어떻게 달라지는지를 확인할 수 있습니다.

예를 들어 심장병이 없는 사람(0.0)의 전형적인 협심증(TA) 유형과 심장병이 있는 사람(1.0)의 비전형적인 협심증(ATA) 유형을 비교하면 다음과 같습니다.

	심장병이 없는 사람(0.0)의 TA 유형	심장병이 있는 사람(1.0)의 ATA 유형
평균 나이	54.69세	55.95세
평균 최대 심박수	150.50	137.50
평균 콜레스테롤 수치	222.73	233.29

이와 같이 그룹별로 나이, 최대 심박수, 콜레스테롤 수치의 평균을 비교함으로써 심장병 유무와 흉통 유형에 따른 건강 상태의 차이를 명확하게 볼 수 있습니다.

02단계 이번에는 Sex 열로 그룹화한 다음 RestingBP 열의 평균을 구하겠습니다.

```
heart.groupby('Sex')['RestingBP'].mean()

Sex
F    132.119792
M    132.421271
Name: RestingBP, dtype: float64
```

결과를 통해 성별에 따른 안정 시 혈압의 평균을 비교해볼 수 있습니다.

- **여성(F)의 평균 안정 시 혈압** : 약 132.12mmHg
- **남성(M)의 평균 안정 시 혈압** : 약 132.42mmHg

우리는 여기서 여성과 남성의 평균 안정 시 혈압이 거의 비슷하다는 것을 알 수 있습니다. 약간의 차이는 있지만 유의미하지는 않습니다. 이는 성별에 따른 안정 시 혈압의 차이가 거의 없음을 시사합니다. 따라서 이 데이터로만 볼 때는 성별에 따른 건강 관리보다는 개인의 건강 상태에 맞춘 관리가 더 중요하다고 할 수 있겠네요. 그리고 평균값의 차이가 크지 않다는 것은 성별에 따른 데이터가 비교적 균일하게 수집되었음을 의미합니다. 여기까지 분석한 결과를 정리하면 다음과 같습니다.

1 **성별에 따른 안정 시 혈압의 평균** : 성별에 따른 RestingBP의 평균을 통해 남성과 여성 간의 혈압 차이가 거의 없음을 확인했습니다.

2 **심부전 유무와 흉통 유형에 따른 나이, 최대 심박수, 콜레스테롤 수치의 평균** : 그룹화된 데이터에서 심부전 유무와 흉통 유형에 따라 나이, 최대 심박수, 콜레스테롤 수치의 평균을 비교하여, 건강 상태의 차이를 명확하게 파악했습니다.

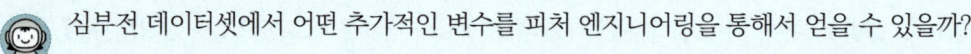
심부전 데이터셋을 이용한 피처 엔지니어링

챗GPT로 심부전 데이터셋에서 피처 엔지니어링 기법을 사용해보겠습니다.

> 심부전 데이터셋에서 어떤 추가적인 변수를 피처 엔지니어링을 통해서 얻을 수 있을까?

> 심부전 데이터셋에서 피처 엔지니어링을 통해 생성할 수 있는 추가적인 변수들을 아래와 같이 제안드립니다. 이러한 변수들은 모델의 예측 능력을 향상시킬 수 있으며, 복잡한 관계나 숨겨진 패턴을 더 잘 파악하는 데 도움을 줄 수 있습니다.

1. 연령대 그룹

환자의 나이를 기반으로 연령대 그룹을 구분하여 분석에 활용할 수 있습니다. 예를 들어 연령대별로 심부전 발생률의 차이를 분석할 수 있습니다.

```python
def age_group(age):
    if age < 45:
        return 'Young'
    elif age < 65:
        return 'Middle-aged'
    else:
        return 'Old'
df['AgeGroup'] = df['Age'].apply(age_group)
```

2. 콜레스테롤 구간 분류

콜레스테롤 수치를 기준으로 리스크 레벨을 구분할 수 있습니다. 이를 통해 고콜레스테롤의 심부전 위험성을 평가할 수 있습니다.

```python
def cholesterol_risk(cholesterol):
    if cholesterol < 200:
        return 'Low'
    elif cholesterol < 240:
        return 'Medium'
    else:
        return 'High'
df['CholesterolRisk'] = df['Cholesterol'].apply(cholesterol_risk)
```

3. 복합 위험도 지수

여러 위험 요소를 결합하여 복합 위험도 지수를 생성할 수 있습니다. 예를 들어 고혈압, 고콜레스테롤, 고혈당을 동시에 가진 환자의 위험도를 높게 평가할 수 있습니다.

```python
df['RiskIndex'] = (df['RestingBP'] > 140).astype(int) + (df['Cholesterol'] > 240).astype(int) + (df['FastingBS'] == 1).astype(int)
```

4. 운동 관련 변수 변환

운동 시 나타나는 증상(예 : 운동성 협심증)을 이진 변수로 변환하여, 운동 시 발생하는 심장 스트레스의 영향을 분석할 수 있습니다.

```python
df['ExerciseAnginaBinary'] = (df['ExerciseAngina'] == 'Y').astype(int)
```

5. 심전도 결과를 이진 변수로 변환

심전도 결과에 따른 변수를 이진형으로 변환하여 각 심전도 결과의 심부전 발생 위험도를 평가합니다.

```python
df['RestingECG_Normal'] = (df['RestingECG'] == 'Normal').astype(int)
df['RestingECG_ST'] = (df['RestingECG'] == 'ST').astype(int)
df['RestingECG_LVH'] = (df['RestingECG'] == 'LVH').astype(int)
```

6. 최대 심박수의 비율 계산

피험자의 최대 심박수를 예상 최대 심박수(220 - 나이)와 비교하여 비율을 계산할 수 있습니다. 이를 통해 심장의 운동능력을 평가할 수 있습니다.

```
df['MaxHR_Ratio'] = df['MaxHR'] / (220 - df['Age'])
```

7. 수치 데이터의 로그 변환

일부 수치 데이터(예 : 콜레스테롤, 혈압)의 로그 변환을 수행하여 데이터의 분포를 안정화시키고, 이상치의 영향을 줄일 수 있습니다.

```
import numpy as np
df['Log_Chol'] = np.log(df['Cholesterol'] + 1)
```

이러한 추가적인 변수들을 통해 심부전 데이터셋에 대한 더 깊은 분석과 더 정확한 예측 모델을 구축할 수 있습니다. 데이터의 특성을 이해하고 분석 결과를 해석하는 데에도 도움이 됩니다.

> 다양한 피처 엔지니어링 기법을 통해 심부전 데이터셋의 숨겨진 패턴과 중요한 변수를 발굴하기 위해 챗GPT를 이용했습니다. 이를 통해 연령대 그룹화, 콜레스테롤 리스크 분류, 복합 위험도 지수 생성 등의 인사이트를 얻을 수 있었습니다. 이러한 접근으로 데이터의 특성을 명확히 파악하고, 심부전 위험 요소를 정밀하게 분석할 수 있었습니다. 현업에서도 이러한 방법은 데이터를 효과적으로 활용하여 신뢰성 있는 인사이트를 제공하는 데 큰 도움이 됩니다.

07.6 심부전 데이터셋 시각화하기

이제 심부전 데이터셋의 여러 값을 분석했으니, 이를 시각화하여 더욱 명확하게 이해해보겠습니다. 이 과정을 통해 데이터를 종합적으로 분석하고, 심부전과 관련된 인사이트를 도출하는 작업을 마무리하기 바랍니다.

심부전 색상 시각화하기

이제 이러한 분석 결과를 시각화하여 데이터를 더욱 직관적으로 이해할 수 있도록 하겠습니다. 먼저 데이터셋을 시각화하기 전에 우선 사용자 지정 색상을 정하고 넘어가겠습니다. 파란색 계열의 색상을 쓰기 위해 다음과 같이 색상을 정하고 출력해보았습니다.

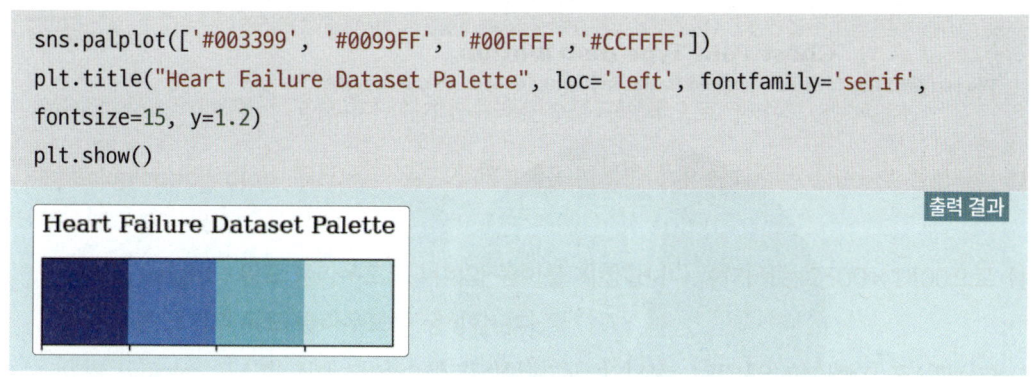

시본의 palplot( ) 함수는 주어진 색상 팔레트를 시각화합니다. 맷플롯립의 plt.title( ) 함수를 사용하여 그래프에 제목을 추가하였습니다. 글꼴은 serif로, 글꼴 크기는 15로, y축 방향으로 1.2만큼 이동시켜 제목을 추가했습니다. 이를 통해 앞으로 사용할 색상을 확인해보았습니다. 이제부터는 다양한 플롯을 통해 시각화를 시켜서 인사이트를 얻어보겠습니다.

심부전 파이 차트 그리기

심부전 데이터셋에서 파이 차트를 사용하여 특정 열의 비율을 시각적으로 표현해봅시다. 여기서는 흉통 유형을 카테고리화한 다음 개수를 세고, 이를 파이 차트로 표현하겠습니다.

```
ratio = heart['ChestPainType'].value_counts()
```

```python
# ❶ 파이 차트 시각화
plt.pie(x=ratio, labels=ratio.index,
        autopct='%0.f%%', startangle=100,
        explode=[0.05, 0.05, 0.05, 0.05], shadow=True,
        colors=['#003399', '#0099FF', '#00FFFF','#CCFFFF'])

# plt.suptitle : 전체 플롯의 제목
# plt.title : 서브 플롯의 제목
plt.suptitle('Chest Pain Type distribution', fontfamily='serif', fontsize=15, fontweight='bold')
plt.title('We see that the ratio is occupied in the following order: ASY, NAP, ATA, TA.', fontfamily='serif', fontsize=12)
plt.show()
```

출력 결과

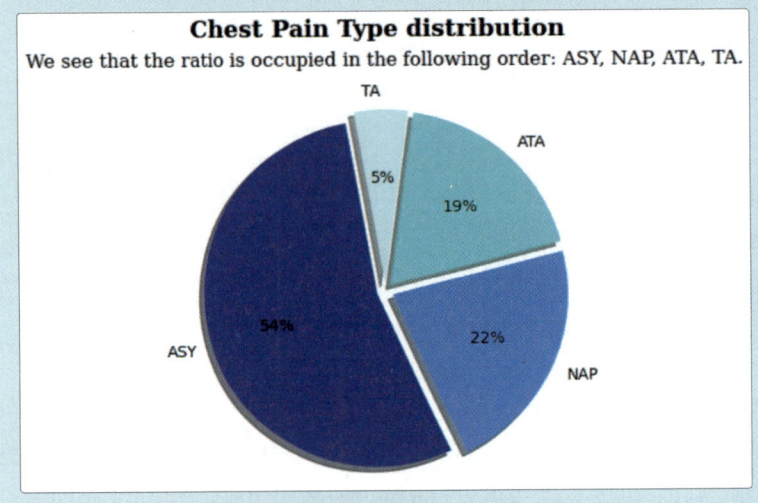

❶ 파이 차트를 생성합니다. pie( )에 쓰이는 매개변수를 복습할 겸 다시 한번 설명하겠습니다.

- **ratio** : 파이 차트를 생성할 데이터입니다. 여기서는 각 흉통 유형의 카테고리별 개수를 포함한 시리즈 객체를 사용했습니다.
- **labels** : 각 부채꼴에 표시할 라벨입니다. ratio의 인덱스인 ASY, NAP, ATA, TA를 사용했습니다.
- **autopct='%0.f%%'** : 숫자 비율 형식을 지정합니다. 여기서는 소수점을 제거하고 정수 형태로 표시되도록 설정했습니다.

- **startangle=100** : 부채꼴이 그려지는 시작 각도를 설정합니다. 저는 100도로 설정했습니다.
- **explode=[0.05, 0.05, 0.05, 0.05]** : 부채꼴이 중심에서 벗어나는 정도를 설정합니다. 여기서는 ASY, NAP, ATA, TA의 부채꼴이 각각 중심에서 5% 벗어나도록 설정했습니다.
- **shadow=True** : 부채꼴에 그림자 효과를 추가합니다.
- **colors=['#003399', '#0099FF', '#00FFFF', '#CCFFFF']** : 각 부채꼴에 사용할 색상을 지정합니다.

파이 차트를 보면서 의미를 생각해봅시다. 첫 번째로 흉통 유형의 분포 비율을 파악할 수 있습니다. 파이 차트를 통해 ASY(무증상), NAP(비협심증 흉통), ATA(비전형적인 협심증), TA(전형적인 협심증)의 흉통 유형이 각각 어느 정도의 비율을 차지하는지 쉽게 파악할 수 있습니다. 그림을 보면 ASY가 54%로 가장 많습니다. 그다음으로는 NAP가 22%, ATA가 19%, TA가 5%를 차지하는 것을 알 수 있습니다.

ASY(무증상)의 높은 비율은 심장병 여부를 평가할 때, 전형적인 증상 외에도 무증상 상태에서의 흉통 검토가 중요하다는 점을 시사합니다. 심장병 진단 시 무증상 흉통을 고려해야 할 필요성이 크다는 것이죠.

NAP(비협심증 흉통)과 ATA(비전형적인 협심증)의 비율이 상대적으로 높은 것은 다양한 흉통 유형이 심장병의 가능성을 나타낼 수 있음을 나타냅니다. 정리하자면 심장병 진단 시 흉통 유형을 세밀히 분석하는 것이 중요하다고 할 수 있습니다.

TA(전형적인 협심증)의 낮은 비율은 전형적인 흉통 증상이 드물다는 점을 보여줍니다. 이는 심장병 환자들 사이에서 전형적인 협심증 증상보다는 다른 형태의 흉통이 더 흔할 수 있음을 시사합니다.

이러한 인사이트는 심장병의 조기 진단 및 예방에 있어서 다양한 흉통 유형을 잘 이해하고 적절히 대응할 필요가 있음을 강조합니다. 심장병 진단 시 흉통 유형의 패턴을 분석함으로써 더 효과적으로 환자의 상태를 평가할 수 있습니다.

심부전 빈도 그래프 그리기

이제 그룹별 집계한 결과를 막대 그래프로 그려서 결과를 확인해봅시다. 이를 통해 심부전증이 있을 때와 없을 때 ASY(무증상)가 압도적인지 보겠습니다. 다음은 심장병 여부에 따른 흉통 유형을 빈도 그래프로 그린 것입니다.

```python
plt.figure(figsize=(12, 5))
# ❶ 빈도 그래프 그리기
sns.countplot(data=heart, x='HeartDisease', hue='ChestPainType',
              hue_order=["ASY", "NAP", "ATA", "TA"],
              palette=['#003399', '#0099FF', '#00FFFF','#CCFFFF'])

plt.suptitle('Chest Pain Types Based on Presence of Heart Disease',
fontfamily='serif', fontsize=15, fontweight='bold')
plt.title('The chest pain types vary depending on the presence of heart disease.
\nFor individuals with heart disease, the types are ASY, NAP, ATA, and TA in
that order. \nFor individuals without heart disease, the types are ATA, NAP,
ASY, and TA in that order.',
          fontfamily='serif', fontsize=12, pad=15)
plt.xticks([0, 1], ['For individuals without heart disease', 'For individuals
with heart disease'])
plt.tight_layout() # ❷ 레이아웃 조정
plt.show()
```

출력 결과

❶ 빈도 그래프를 그릴 매개변수를 구체적으로 설명하겠습니다.

- **hue** : 심장병 여부에 따른 흉통 유형을 시각화하기 위해 HeartDisease 열을 x축에, ChestPainType 열을 hue로 설정했습니다.
- **hue_order** : 표시되는 hue의 순서를 지정합니다. ASY, NAP, ATA, TA로 설정합니다.

- **palette** : 각 hue 값에 대한 색상을 지정합니다.

❷ 그림의 레이아웃을 조정하여 겹치는 부분을 최소화합니다.

결과를 보면 첫 번째로 심장병 여부에 따른 흉통 유형의 분포를 파악할 수 있습니다. 심장병 환자와 비환자 간에 흉통 유형의 분포가 다르네요. 특히 심장병 환자의 ASY(무증상) 비율이 높습니다.

두 번째로 심장병 환자의 경우 흉통 유형의 발생 순서가 ASY(무증상), NAP(비협심증 흉통), ATA(비전형적인 협심증), TA(전형적인 협심증) 순서로 나타납니다. 이는 심장병 환자들이 주로 무증상 흉통을 겪는다는 것을 의미하며, NAP와 ATA도 빈번히 발생하지만 TA는 상대적으로 드물게 발생합니다. 이 정보는 심장 질환과 흉통 유형 간의 강한 관련성을 시사합니다. 이를 통해 심장병 환자들 사이에서 ASY(무증상)의 높은 비율은 심장병이 심각한 단계에 이를 때까지 증상이 나타나지 않을 수 있음을 경고합니다. 이는 의료진이 무증상 환자에 대한 모니터링을 강화하고, 조기 검진을 통해 심장병을 조기 발견하는 것이 중요함을 강조합니다.

세 번째로 심장병 환자와는 다르게, 비환자의 경우 흉통 유형의 발생 순서가 ATA(비전형적인 협심증), NAP(비협심증 흉통), ASY(무증상), TA(전형적인 협심증) 순서로 나타납니다. 이는 ATA(비전형적인 협심증)와 NAP(비협심증 흉통)의 빈번한 발생은 비환자들에게도 심장 건강에 대한 경각심을 일깨워 줍니다. 특히, 이러한 유형의 흉통을 경험하는 비환자들은 심장 건강에 대한 추가 검사를 고려해야 할 필요가 있습니다. 이로 인해 특정 유형의 흉통이 심장 질환과 연관이 있을 수 있다는 가능성을 시사합니다.

심부전 데이터 영역 그래프 그리기

영역 채우기 그래프는 두 개의 선 또는 곡선 사이의 영역을 강조하여 시각적으로 나타내는 그래프입니다. 여기서는 두 영역 채우기 그래프를 사용하여 비교해보겠습니다. 이 그래프는 두 영역을 서로 다른 색상으로 표시하여, 각각의 데이터셋 간의 분포와 차이를 비교할 수 있게 도와줍니다. 심부전 데이터셋에서 연령대에 따른 심장병의 유무와 그 분포의 변화를 살펴보겠습니다.

01단계 그래프를 그리기 전에 나이에 따른 HeartDisease 데이터를 준비하고 head( )로 결과를 살펴봅니다.

```
Heart_Age = heart.groupby('Age')['HeartDisease'].value_counts().
unstack(level='HeartDisease')
```

```
Heart_Age.head()
```

	HeartDisease	0.0	1.0
	Age		
	28	1.0	NaN
	29	3.0	NaN
	30	1.0	NaN
	31	1.0	1.0
	32	3.0	2.0

Age 열을 기준으로 한 각 연령 그룹 내에서 심부전 여부에 따른 빈도를 표시하는 데이터프레임을 얻었습니다. 이 결과를 만든 과정은 다음과 같습니다.

- **groupby('Age')** : Age 열을 기준으로 데이터를 그룹화합니다.
- **['HeartDisease'].value_counts( )** : 각 그룹 내에서 HeartDisease 열의 값에 대한 빈도를 셉니다.
- **unstack(level='HeartDisease')** : HeartDisease 값을 열로 변경하고, 해당 값에 따른 빈도를 각각의 열로 표시합니다.

결과를 정리하면 다음과 같습니다.

- **첫 번째 행** : 28살, HeartDisease가 없음을 나타내는 값 1개, 있음을 나타내는 값 NaN
- **두 번째 행** : 29살, HeartDisease가 없음을 나타내는 값 3개, 있음을 나타내는 값 NaN
- **세 번째 행** : 30살, HeartDisease가 없음을 나타내는 값 1개, 있음을 나타내는 값 NaN
- **네 번째 행** : 31살, HeartDisease가 없음을 나타내는 값 1개, 있음을 나타내는 값 1개
- **다섯 번째 행** : 32살, HeartDisease가 없음을 나타내는 값 3개, 있음을 나타내는 값 2개

이때 NaN 값은 특정 나이 대에서 심장병이 있거나 없는 경우가 아예 없음을 의미합니다. 예를 들어 28살, 29살, 30살에서는 심장병이 있는 사람이 없으므로 해당 열이 NaN으로 나타납니다. 그리고 숫자 값은 해당 나이대에서 심장병이 있는 사람과 없는 사람의 수를 나타냅니다. 예를 들어 31살에서는 심장병이 있는 사람 1명, 없는 사람 1명으로 양쪽 모두 값이 있습니다. 이렇게 데이터를 정리하면 나이에 따른 심장병 분포를 쉽게 파악할 수 있습니다.

02단계 01단계에서 구한 나이에 따른 심부전 여부의 값을 통해 데이터 영역 그래프를 그려봅니다.

```python
plt.figure(figsize=(15, 5))
# ❶ 심장병이 없는 환자의 x축을 기준으로 그래프 영역 채우기
plt.fill_between(x=Heart_Age[0].index, y1=0, y2=Heart_Age[0],
                 color='#003399', alpha=1, label = 'Normal')
# ❷ 심장병이 있는 환자의 x축을 기준으로 그래프 영역 채우기
plt.fill_between(x=Heart_Age[1].index, y1=0, y2=Heart_Age[1],
                 color='#0099FF', alpha=0.8, label = 'heart disease')
# 그래프에 범례 표시
plt.legend()
# x축, y축에 대한 레이블 표시
plt.xlabel('Age')
plt.ylabel('Count')
plt.suptitle('Age Based on Presence of Heart Disease', fontfamily='serif',
fontsize=15, fontweight='bold')
plt.title('As age increases, the presence of heart disease becomes more
prevalent.', fontfamily='serif', fontsize=12)
plt.show()
```

출력 결과

❶ plt.fill_between( )는 두 선 또는 곡선 사이를 채워주는 함수입니다. 이 함수에 쓰인 매개변수와 인수를 세분화하여 설명해보겠습니다.

- **x=Heart_Age[0].index** : x축 값으로 심장병이 없는 환자의 연령 데이터를 사용합니다.

- **y1=0** : 아래쪽 채우기 영역의 범위를 지정합니다.
- **y2=Heart_Age[0]** : 위쪽 채우기 영역의 범위를 심장병이 없는 환자의 영역으로 지정합니다. 심장병이 없는 환자의 빈도에 해당하는 데이터를 사용합니다.
- **color='#003399'** : 색상을 파란색으로 지정합니다.
- **alpha=1** : 투명도를 1로 설정합니다.
- **label='Normal'** : 범례는 Normal 문자열로 지정합니다.

❷ 같은 함수를 사용했지만 매개변수에 쓰인 인수가 다르므로 한 번 더 설명하겠습니다. ❶과 비교하여 읽어보기 바랍니다.

- **x=Heart_Age[1].index** : x축 값으로 심장병이 있는 환자의 연령 데이터를 사용합니다.
- **y1=0** : 아래쪽 채우기 영역의 범위를 지정합니다.
- **y2=Heart_Age[1]** : 위쪽 채우기 영역의 범위를 심장병이 있는 환자의 영역으로 지정합니다. 심장병이 있는 환자의 빈도에 해당하는 데이터를 사용합니다.
- **color='#0099FF'** : 색상을 연한 파란색으로 지정합니다.
- **alpha=0.8** : 투명도를 0.8로 설정합니다.
- **label='heart disease'** : 범례는 heart disease 문자열로 지정합니다.

연령에 따른 심장병 여부를 시각화했습니다. 연한 파란색 영역은 심장병을 가진 환자들의 연령 분포를 나타냅니다. 이 영역은 연령이 증가함에 따라 조금씩 증가하는 추세를 보입니다. 특히 50대에서 70대 사이에 높은 빈도를 보이고 있습니다. 진한 파란색 영역은 심장병이 없는 환자들의 연령 분포를 나타냅니다. 이 영역은 상대적으로 더 넓고, 심장병을 가진 환자들보다는 적은 것으로 보입니다.

이를 통해 심장병이 50대 이후로 더 많이 발생하는 경향을 파악할 수 있습니다. 하지만 단순히 빈도수가 높다는 이유만으로 심장병 발생률이나 위험 수준이 더 높다고 결론내릴 수는 없습니다. 해당 연령대에 속한 전체 환자 수가 많을 경우, 그 빈도수도 자연스럽게 높아질 수 있기 때문입니다. 심장병이 없는 사람들도 같은 연령대에서 많을 수 있으므로, 빈도와 발생률을 혼동하지 않도록 주의해야 합니다. 따라서 심장병 발생률이나 위험도를 정확히 평가하려면 전체 인구 대비 심장병 환자의 비율을 확인해야 하며, 단순히 빈도에 의존한 해석은 주의가 필요합니다. 예를 들어 심장병 환자가 많이 분포하는 50대에서 70대 사이의 연령대는 정기적인 검진과 예방 조치가 중요하지만 실제로 심장병 발생률이 더 높은지 여부는 추가 분석이 필요합니다.

심부전 범주형 산점도 그래프 그리기

01단계 심부전 데이터셋에서 심장병의 발병 여부에 따라 환자군을 각각 추출해봅니다. HeartDisease 열의 값이 0인 경우와 1인 경우를 따로 추출하여 새로운 데이터프레임을 만듭니다.

```
# 조건 : 심장병의 발병 여부에 따라 환자 데이터만 추출 (True, False 반환)
# 논리형 인덱싱 : 조건의 결과가 True 값인 행만 추출
H_0 = heart[heart['HeartDisease'] == 0] # ❶ 심장병이 없는 환자의 데이터 추출
H_1 = heart[heart['HeartDisease'] == 1] # ❷ 심장병이 있는 환자의 데이터 추출
```

❶ HeartDisease 열의 값이 0인 행들만 추출하여 새로운 데이터프레임 H_0을 생성하고 ❷ HeartDisease 열의 값이 1인 행들만 추출하여 새로운 데이터프레임 H_1을 생성합니다. 이렇게 하면 HeartDisease 열의 값이 0인 경우와 1인 경우를 각각 다른 데이터프레임으로 분리하여 분석할 수 있습니다.

02단계 이제 심장병의 발병 여부에 따라 환자군을 통해 범주형 산점도 그래프를 그려보겠습니다. 여기서는 figure 하나에 서브 플롯 2개를 생성하겠습니다.

> plt.figure(figsize=(15, 5))와 fig.add_subplot(1, 2, 1), fig.add_subplot(1, 2, 2)는 figure를 만들고 figure 안에 서브 플롯을 만드는 과정입니다.

```
# 그래프 객체 생성 (figure에 2개의 서브 플롯을 생성)
fig = plt.figure(figsize=(15, 5))
ax1 = fig.add_subplot(1, 2, 1)
ax2 = fig.add_subplot(1, 2, 2)

# 심장병이 없는 환자의 나이별 안정된 상태에서 측정된 혈압 수치 시각화(운동 시 협심증 여
부를 색상으로 구분)
sns.swarmplot(x='RestingECG', y='Age', data=H_0, ax=ax1, hue='ExerciseAngina',
              palette=['#003399', '#0099FF'], hue_order=['Y', 'N'])
# 심장병이 있는 환자의 나이별 안정된 상태에서 측정된 혈압 수치 시각화(운동 시 협심증 여
부를 색상으로 구분)
sns.swarmplot(x='RestingECG', y='Age', data=H_1, ax=ax2, hue='ExerciseAngina',
              palette=['#003399', '#0099FF'], hue_order=['Y', 'N'])
```

```
plt.suptitle('Resting electrocardiogram Based on Presence of Heart Disease',
             fontfamily='serif', fontsize=15, fontweight='bold')
ax1.set_title('Without heart disease')
ax2.set_title('With heart disease')
plt.show()
```

출력 결과

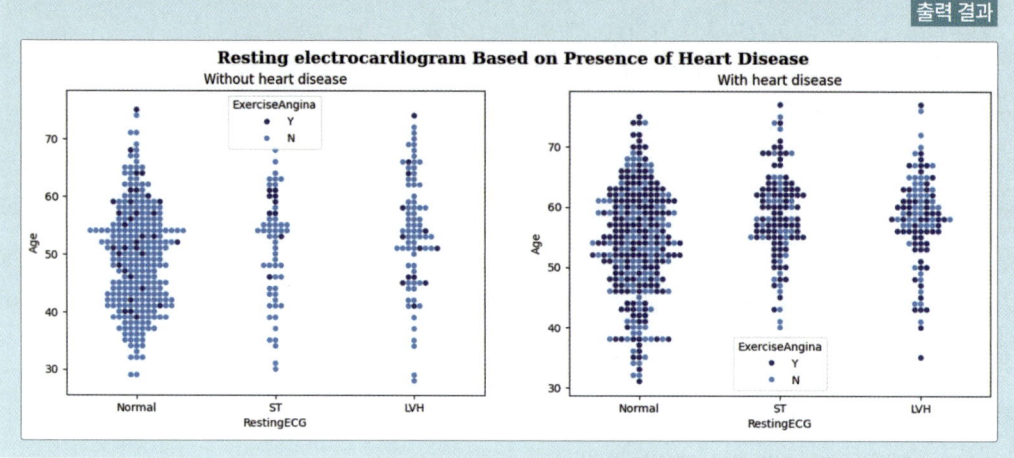

범주형 산점도 그래프를 그리는 swarmplot( ) 함수의 매개변수와 인수에 대해 설명하겠습니다. 큰 맥락을 설명하자면 첫 번째 서브 플롯(ax1)은 심장병이 없는 환자 데이터를 시각화하고, 두 번째 서브 플롯(ax2)은 심장병이 있는 환자 데이터를 시각화합니다.

- **x='RestingECG'** : x축에는 안정된 상태에서 측정된 심전도(RestingECG)를 사용합니다.
- **y='Age'** : y축에는 연령(Age)을 사용합니다.
- **hue='ExerciseAngina'** : 운동 시 협심증(ExerciseAngina) 여부에 따라 데이터를 구분합니다.
- **palette=['#003399', '#0099FF']** : 심장병 유무에 따라 다른 색상을 사용합니다.

이 그래프를 통해 심장병의 존재 여부에 따라 안정된 상태에서 측정된 심전도(RestingECG)와 연령(Age)의 관계를 시각적으로 비교할 수 있습니다. 예를 들어 50대 ~ 60대 사이의 심장병이 없는 환자들(H_0)의 경우, 안정된 상태의 측정한 심전도 값이 정상적인 상태(Normal), 심장의 좌심실이 비정상적으로 커진 상태(LVH), ST-T에 이상을 가지고 있는 상태(ST) 순서로 분포를 관찰할 수 있습니다. 이는 심장병이 없는 환자들이 대체로 정상적인 심전도 값을 유지하고 있다는 것을 시사합니다. 특히, 이 연령대에서 LVH와 ST 상태가 나타나기는 하지만, 이는 비교적 덜 빈번하게 발생하며, 일반적으로 심전도가 정상인 경우가 더 많습니다.

반면에 0대 ~ 60대 사이의 심장병이 있는 환자들(H_1)의 경우, 안정된 상태의 측정한 심전도 값이 정상적인 상태(Normal), ST-T에 이상을 가지고 있는 상태(ST), 심장의 좌심실이 비정상적으로 커진 상태(LVH) 순서로 분포를 관찰할 수 있습니다. 이는 심장병이 있는 환자들이 심전도에서 비정상적인 ST-T 파형을 보이는 경우가 더 많음을 나타냅니다. ST-T 파형의 이상은 심장 근육의 산소 부족이나 손상을 의미할 수 있습니다. 따라서 심장병이 있는 환자들에서 이와 같은 이상이 더 많이 관찰됩니다. 또한, LVH 상태도 심장병과 연관되어 더 자주 나타나는 것을 볼 수 있습니다.

추가적으로, 운동 시 협심증(ExerciseAngina) 여부를 통해 심장병의 발생과 관련된 요인들을 더 잘 이해할 수 있습니다. 운동 중에 발생하는 흉통으로, 이는 심장 근육에 충분한 혈액이 공급되지 않을 때 발생합니다. 따라서, 협심증 여부를 통해 심장병의 심각도를 평가할 수 있습니다. 예를 들어 심장병이 있는 환자 중 운동 시 협심증을 겪는 비율이 높다면 이는 해당 환자들이 심장 질환의 더 심각한 형태를 가지고 있을 가능성이 높습니다. 반면에 심장병이 없는 환자들 중에서도 운동 시 협심증이 나타날 수 있는데, 이는 이들이 잠재적인 심장 문제를 가지고 있을 가능성을 시사합니다.

이러한 분석을 통해 연령과 심전도 패턴을 통해 심장병의 발생 가능성을 조기에 발견할 수 있습니다. 특히 연령대별로 심전도 패턴을 분석하여 비정상적인 경우에 대한 조기 경고 신호를 제공할 수 있습니다. 그리고 운동 시 협심증 여부를 통해 심장병 환자들의 상태를 더 잘 이해하고 더 효과적인 치료 계획을 세울 수 있습니다.

심부전 워드 클라우드 그리기

마지막으로 심부전 데이터셋을 이용하여 워드 클라우드를 구현해보겠습니다. 이미 워드 클라우드는 넷플릭스를 실습하며 해보았으므로 바로 코드를 작성하며 만들어보겠습니다.

01단계 심부전 논문 데이터셋 파일 pubmed_title.csv와 하트 이미지 image.jpg를 다운로드 받아서 코랩 세션 파일 저장소에 업로드하세요. 그런 다음 업로드한 파일을 구글 코랩 세션으로 불러옵니다.

> 실습용 데이터는 bit.ly/4e1LQay에 있습니다.

```
pubmed_title = pd.read_csv("pubmed_title.csv")
```

02단계 워드 클라우드를 이용하여 시각화하겠습니다.

```python
# ❶ 라이브러리 import
from wordcloud import WordCloud
from PIL import Image

plt.figure(figsize=(10, 5))
text = str(list(pubmed_title['Title']))  # ❶ 워드 클라우드에 쓸 데이터프레임 변환
mask = np.array(Image.open('image.jpg'))  # ❷ 단어를 그릴 위치 선정, 흰색은 마스킹된 것으로 간주
# ❸ 컬러맵 생성
cmap = plt.matplotlib.colors.LinearSegmentedColormap.from_list('',
['#000066','#003399', '#00FFFF'])
# ❹ text에서 워드 클라우드 생성
wordcloud = WordCloud(background_color='white', width=2500, height=1400,
                      max_words=170, mask=mask, colormap=cmap).generate(text)
plt.imshow(wordcloud) # ❺ array에 색을 채워서 이미지로 표시
plt.axis('off') # ❻ 축 삭제
plt.suptitle('Heart Disease Wordcloud', fontweight='bold', fontfamily='serif', fontsize=15)
plt.title('Title of abstract in Pubmed site: Heart Failure', fontfamily='serif', fontsize=12)
plt.show()
```

출력 결과

❶ 워드 클라우드를 사용하려면 WordCloud와 Image 라이브러리를 가져와야 합니다. WordCloud는 워드 클라우드를 생성하는 라이브러리이고 Image는 이미지를 처리하고 여는 데 사용하는 라이브러리입니다.

❷ 워드 클라우드에 데이터셋을 활용하려면 데이터를 문자열로 변환해야 합니다. Title 열의 모든 값을 하나의 문자열로 변환합니다. Title 열은 심부전 관련 논문들의 제목을 의미합니다.

❸ 워드 클라우드 모양을 지정하기 위해 이미지 파일을 로드하고 넘파이 배열로 변환합니다. mask는 단어를 그릴 위치를 설정하는 것입니다. 흰색(#FFFFFF) 항목은 마스킹된 것으로 간주합니다.

❹ 사용자 정의 컬러맵을 만들기 위해 LinearSegmentedColormap.from_list( ) 함수를 사용합니다. 여기서 cmap은 LinearSegmentedColormap 객체로, 특정 색상 리스트를 기반으로 만들어집니다.

❺ WordCloud 객체를 생성합니다. 매개변수와 인수를 구체적으로 설명해보겠습니다.

- **background_color** : 워드 클라우드의 배경색을 지정합니다. 여기서는 white로 설정되어 흰색 배경을 가집니다.
- **width, height** : 워드 클라우드의 너비와 높이를 지정합니다. 여기서는 2500×1400으로 설정되어 큰 크기의 워드 클라우드를 생성합니다.
- **max_words** : 표시할 최대 단어 수를 지정합니다. 여기서는 170개의 단어까지 표시합니다.
- **mask** : 마스크 이미지를 지정합니다. 마스크는 워드 클라우드의 모양을 결정하는 데 사용됩니다.
- **colormap** : 워드 클라우드의 색상을 지정하는 데 사용됩니다. 여기서는 cmap으로 정의된 컬러맵을 사용합니다.

워드 클라우드를 보니 가장 빈번하게 등장하는 4개 단어가 눈에 띕니다. 여기서 얻을 수 있는 인사이트는 다음과 같습니다.

- **heart failure(심부전)** : 워드 클라우드에서 가장 두드러지게 보이는 단어입니다. 심부전이 연구의 주요 초점임을 보여줍니다.
- **patient(환자)** : 많은 연구들이 환자 데이터를 기반으로 하고 있으며, 임상 시험과 관찰 연구가 주요한 연구 방법임을 보여줍니다. 향후 연구는 특정 인구 집단, 예를 들어 노인, 젊은 환자,

동반 질환이 있는 환자 등에 대한 세부 연구가 필요할 수 있습니다.

- **ejection fraction(배출 계수 - 심장이 한 심박동 시에 내보내는 혈액의 백분율을 나타내는 지표)** : 심장이 혈액을 얼마나 효율적으로 펌프질하는지를 나타내는 중요한 지표로, 심부전 평가에서 필수적인 요소입니다. Ejection Fraction의 중요성은 심장 기능을 개선하는 새로운 치료법 개발에 초점이 맞춰질 가능성을 시사합니다. 이는 약물 치료, 생활 습관 변화, 심장 재활 등의 분야에서 중요한 연구 주제가 될 수 있습니다.
- **ventricular(심실 - 심장의 심실은 상대적으로 크고 근육으로 이루어진 심장의 하부 부분)** : 심장의 구조와 기능, 특히 심실의 역할이 심부전 연구에서 중요하게 다루어지고 있음을 시사합니다. 향후 연구는 심실의 기능 및 구조적 변화에 대한 심층 분석이 필요할 것입니다.

이와 같은 분석을 통해 심부전 연구의 현재 상태와 미래 방향에 대한 중요한 인사이트를 얻을 수 있습니다. 이는 연구자들이 심부전의 복잡성을 이해하고, 효과적인 치료법을 개발하는 데 중요한 자료가 될 것입니다.

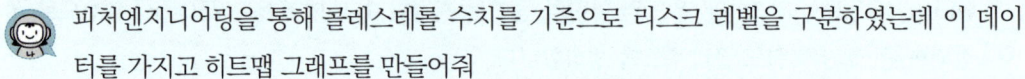

추가적인 시각화를 진행해보자

피처엔지니어링을 통해 콜레스테롤 수치를 기준으로 리스크 레벨을 구분하였는데 이 데이터를 가지고 히트맵 그래프를 만들어줘

콜레스테롤 수치를 기준으로 리스크 레벨을 구분한 후, 이 데이터를 사용하여 히트맵을 생성하는 방법을 단계별로 설명하겠습니다.

1. 콜레스테롤 피처 엔지니어링

콜레스테롤 수치를 기준으로 리스크 레벨을 구분합니다. 일반적인 기준은 다음과 같습니다.

- **정상 (Normal)** : 200 mg/dL 미만
- **경계 (Borderline High)** : 200-239 mg/dL
- **높음 (High)** : 240 mg/dL 이상

2. 피벗 테이블 생성

히트맵을 생성하기 위해 피벗 테이블을 만듭니다. 이 테이블은 각 나이대별로 콜레스테롤 리스크

레벨의 분포를 보여줍니다.

3. 히트맵 생성
Seaborn과 Matplotlib 라이브러리를 사용하여 피벗 테이블을 히트맵으로 시각화합니다.

4. 코드

```python
import pandas as pd
import seaborn as sns
import matplotlib.pyplot as plt

# 데이터 불러오기
file_path = 'heart.csv'
heart_data = pd.read_csv(file_path)

# 콜레스테롤 리스크 레벨 정의 함수
def cholesterol_risk_level(cholesterol):
    if cholesterol < 200:
        return 'Normal'
    elif 200 <= cholesterol < 240:
        return 'Borderline High'
    else:
        return 'High'

# 콜레스테롤 리스크 레벨 컬럼 추가
heart_data['CholesterolRisk'] = heart_data['Cholesterol'].apply(cholesterol_risk_level)

# 히트맵을 위한 피벗 테이블 생성
pivot_table = heart_data.pivot_table(index='CholesterolRisk', columns='Age', aggfunc='size', fill_value=0)

# 히트맵 생성
plt.figure(figsize=(14, 7))
sns.heatmap(pivot_table, cmap='coolwarm', annot=True, fmt='d')
plt.title('Heatmap of Age by Cholesterol Risk Levels')
```

```
plt.xlabel('Age')
plt.ylabel('Cholesterol Risk Level')
plt.show()
```

이 예제 코드는 데이터를 불러옵니다. cholesterol_risk_level 함수를 사용하여 CholesterolRisk 컬럼을 추가합니다. 각 나이대별로 콜레스테롤 리스크 레벨의 분포를 집계한 피벗 테이블을 생성합니다. 피벗 테이블을 히트맵으로 시각화합니다.

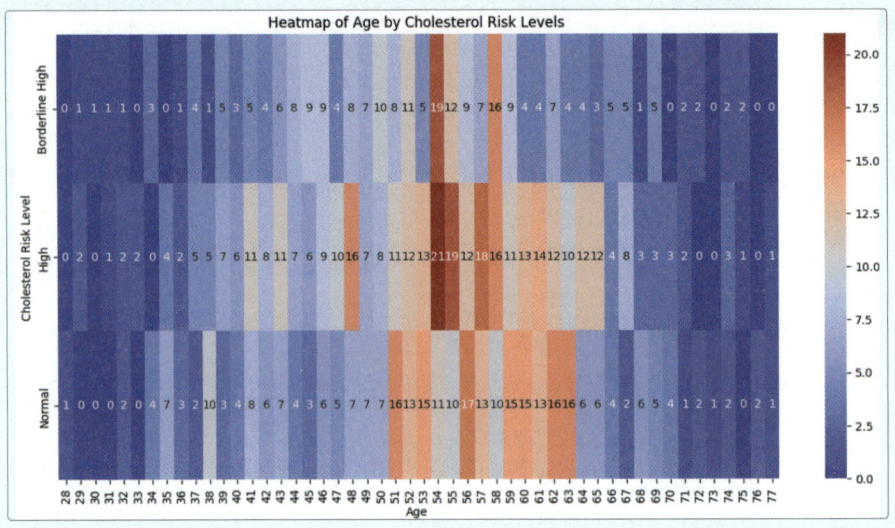

추가적인 데이터 분석을 위해 챗GPT와 함께 시각화를 진행하였습니다. 특히, 심부전 데이터셋을 활용하여 콜레스테롤 리스크 레벨을 기준으로 히트맵을 생성하는 작업을 수행했습니다. 결과를 보면 나이대별 콜레스테롤 리스크 레벨의 분포를 시각적으로 파악할 수 있습니다. 50~60대 사이에 리스크 레벨이 높아지는 경향을 보입니다. 이를 통해 해당 연령대에 맞춘 건강 관리 전략이나 예방 조치를 우선적으로 고려할 수 있습니다. 이 접근 방식을 통해 나이별 콜레스테롤 리스크의 변화를 깊이 있게 분석할 수 있었으며, 데이터셋을 보다 명확히 이해하는 데 큰 도움이 되었습니다.

학습 마무리

이번 장에서는 심부전 데이터셋을 활용하여 의료 데이터 분석 프로젝트를 진행했습니다. 결측치 처리, 논리형 인덱싱, 통계 분석, 그리고 다양한 시각화 방법을 통해 데이터를 분석하고 인사이트를 도출하는 과정을 체계적으로 학습했습니다. 또한 실제 의료 데이터를 다루면서 데이터의 특성과 패턴을 파악하는 데 필요한 실무적인 방법론을 다뤘습니다. 이 과정을 통해 의료 데이터 분석의 기본적인 틀을 이해했으며, 심부전 예측과 관련된 중요한 변수들을 심도 있게 분석할 수 있었습니다.

핵심 요약

1 **데이터 수집 및 파악**
   - 심부전 데이터셋을 수집하고, 기본적인 데이터 구조와 결측치를 파악했습니다.

2 **결측치 처리**
   - 결측치 비율에 따라 삭제 또는 대체 방법을 사용하여 데이터를 처리했습니다.

3 **논리형 인덱싱**
   - 심장병 유무를 기준으로 데이터를 필터링하고, 특정 조건에 맞는 데이터를 선택하여 분석했습니다.

4 **통계 요약**
   - 연령, 최대 심박수, 콜레스테롤 등의 통계값을 분석하여 데이터의 전반적인 경향을 파악했습니다.

5 **데이터 시각화**
   - **파이 차트** : 흉통 유형의 분포를 시각적으로 나타냈습니다.
   - **빈도 그래프** : 심장병 여부에 따른 흉통 유형의 빈도를 시각화했습니다.
   - **데이터 영역 그래프** : 나이대별 심장병 유무에 따른 분포 변화를 시각적으로 표현했습니다.
   - **범주형 산점도** : 심전도와 나이, 운동 시 협심증 여부를 비교하여 심장병과 관련된 패턴을 시각화했습니다.
   - **워드 클라우드** : 심부전 관련 연구 논문에서 자주 사용되는 단어들을 시각화하여 연구의 주요 키워드와 트렌드를 파악했습니다.

찾아보기

기타

% 포맷팅 224
1차원 배열 23
2차원 배열 24
3차원 배열 25

한글

개별 서브플롯을 동시에 생성 259
개별 서브플롯을 하나씩 생성 254
결측치 135
결측치 처리 142
결측치 확인 139
관계 그래프 301
그래프 제목 설정 197
그리드 설정 201
넘파이 21
넘파이 배열 23
논리 연산자 & 122
논리 연산자 | 122
논리형 인덱싱 64
눈금 설정 200
단일 요소 인덱싱 61
데이터 타입 29
데이터 타입 코드 30
데이터 통계 150
데이터프레임 94
데이터프레임 반환 114
로그 스케일 187
로그-선형 스케일 187
리퀘스트 라이브러리 322
마커 설정 191
맷플롯립 175
바이올린 플롯 240
박스 235
박스 플롯 235
배열 분할 81

배열 합치기 80
배열의 형태 변형 71
범례 지정 183
범주형 변수 288
범주형 변수 산점도 그래프 287
벡터화 연산 55
부정 연산자 ~ 122
뷰티풀수프 322
브로드캐스팅 36
비교 연산자 > 120
빈도 그래프 291
사용자 에이전트 333
산점도 그래프 218
새로운 열 추가 165
새로운 행 추가 164
선 그래프 210
선 색상 설정 193
선 종류 설정 190
선형 스케일 187
선형 회귀선이 있는 산점도 그래프 294
선형-로그 스케일 187
셀레니움 라이브러리 338
수염 236
수직 막대 그래프 213
수평 막대 그래프 216
슈퍼 타이틀 설정 198
슬라이싱 63
시리즈 93
시리즈 반환 113
시본 279
시본의 내장 데이터 279
아스키 문자열 32
어트리뷰트 324
에러 바 247
엘리먼트 323
연속형 변수 288
영역 채우기 그래프 231

요소별 연산 50
요청 321
워드 클라우드 402
웹 스크래핑 318
웹 크롤링 318
유니코드 문자열 32
응답 321
이변량과 이변량 분포 299
이상치 236
인덱스 61
자식 선택자 320
전치 연산 78
정수 배열 인덱싱 67
조인트 그래프 299
집계 함수 56
초기화 함수 43
축 레이블 지정 181
축 범위 지정 185
축 스케일 설정 187
클래스 선택자 320
텍스트 추가 202
파이 차트 222
판다스 91
피처 엔지니어링 379
하나의 서브플롯에 여러 그래프 263
행과 열 삭제 165
헤더 332
히스토그램 224
히스토그램과
  커널 밀도 추정 그래프 296
히트맵 228

영문

Accept 336
Accept-Encoding 336
Accept-Language 336

agg() 156
arange() 46
argmax() 57
array() 22
axis() 187
bar() 215
barh() 217
BeautifulSoup 객체 339
bool 32
columns 104
count() 154
countplot() 291
CSS Selector 319
cumsum() 57
DataFrame() 95
describe() 155
drop() 165
dropna() 144
dtype 40
empty() 45
enumerate() 204
errorbar() 250
fill_between() 234
fillna() 142
find_all() 326
find() 326
float 31
generate() 404
grid() 201
groupby() 159
head() 106
hist() 226
histplot() 297
hsplit() 81
hstack() 80
html.parser 339
ID 선택자 320

iloc[ ] 129
Image 라이브러리 403
imshow() 228
index 104
info() 108
int 30
isin() 131
isna().sum() 139
itemsize 40
jointplot() 299
legend() 183
linestyle 190
linspace() 47
loc[ ] 127
map() 380
matshow() 228
max() 151
mean() 150
median() 151
min() 151
ndim 40
object 데이터 타입 101
ones() 44
pad 198
pairplot() 301
pd.to_datetime() 346
pie() 223
plot() 177
plt.show() 177
ravel() 77
read_csv() 98
Referer 336
regplot() 294
replace() 143
requests.get() 337
res.text 339
reshape() 71

reshape(-1) 77
resize() 75
robots.txt 313
savefig() 269
scatter() 221
Series() 93
shape 39
size 40
soup 339
std() 153
strftime() 346
stripplot() 288
subplot() 254
subplots() 259
sum() 151
suptitle() 196
swarmplot() 288
tail() 107
text() 204
title() 196
to_csv() 99
twinx() 264
uint 30
unstack() 233
value_counts() 154
var() 153
violinplot() 241
vsplit() 81
vstack() 80
WordCloud() 403
xlabel() 182
xlim() 187
xticks() 201
ylabel() 182
ylim() 187
zeros() 43

파이썬
데이터 분석가 되기 + 챗GPT
파이썬+넘파이+판다스+맷플롯립+시본+뷰티풀수프
파이썬 데이터 분석 입문자를 위한 풀 패키지

초판 1쇄 발행 2024년 11월 15일

지은이 셀레나 · **감수** 박영민, 박운상, 오지선, 채희준
펴낸이 최현우 · **기획** 박현규 · **편집** 박현규, 최혜민, 김성경
디자인 Nuːn · **조판** SEMO · **일러스트** 주형
펴낸곳 골든래빗(주)
등록 2020년 7월 7일 제2020-000183호
주소 서울 마포구 양화로 186, 5층 512호
전화 0505-398-0505 · **팩스** 0505-537-0505
이메일 ask@goldenrabbit.co.kr
홈페이지 www.goldenrabbit.co.kr
SNS facebook.com/goldenrabbit2020

ISBN 979-11-94383-03-1   93000

* 파본은 구입한 서점에서 바꿔드립니다.

우리는 가치가 성장하는 시간을 만듭니다.

골든래빗은 가치가 성장하는 도서를 함께 만드실 저자님을 찾고 있습니다.
내가 할 수 있을까 망설이는 대신, 용기 내어 골든래빗의 문을 두드려보세요.
apply@goldenrabbit.co.kr

이 책은 대한민국 저작권법의 보호를 받습니다.
일부를 인용 또는 재사용하려면 반드시 저자와 골든래빗(주)의 동의를 구해야 합니다.